电力电子新技术系列图书

电力电子技术在汽车中的应用

第 2 版

马骏杰　王旭东　编著

机械工业出版社

本书针对电力电子技术在汽车中的应用,较深入和系统地介绍了汽车电子技术,尤其是电动汽车中涉及的电力电子技术基础、电力电子电路和电力电子装置。本书从介绍组成汽车电力电子装置的元器件特性开始,全面系统地分析了常用驱动电路的原理和设计方法,重点介绍了汽车中具体电力电子应用电路的设计。全书共分8章,分别为汽车电子技术概述、汽车电子技术基础、汽车中直流电动机的驱动控制、交流电动机的驱动控制、汽车动力转向系统、汽车电源系统、电动汽车充电系统及汽车总线系统。

本书适合从事汽车电气与电子领域的工程技术人员阅读,也可作为大专院校车辆工程等相关专业的教材和教学参考书。

图书在版编目(CIP)数据

电力电子技术在汽车中的应用/马骏杰,王旭东编著.—2版.—北京:机械工业出版社,2019.10
(电力电子新技术系列图书)
ISBN 978-7-111-63759-2

Ⅰ.①电… Ⅱ.①马… ②王… Ⅲ.①电力电子学-应用-汽车工程 Ⅳ.①U46

中国版本图书馆 CIP 数据核字(2019)第 205790 号

机械工业出版社(北京市百万庄大街22号 邮政编码100037)
策划编辑:罗 莉　责任编辑:罗 莉
责任校对:樊钟英　封面设计:马精明
责任印制:张 博
三河市国英印务有限公司印刷
2020年1月第2版第1次印刷
169mm×239mm·23.75印张·458千字
0 001—3 000册
标准书号:ISBN 978-7-111-63759-2
定价:99.00元

电话服务	网络服务
客服电话:010-88361066	机 工 官 网:www.cmpbook.com
010-88379833	机 工 官 博:weibo.com/cmp1952
010-68326294	金 书 网:www.golden-book.com
封底无防伪标均为盗版	机工教育服务网:www.cmpedu.com

第3届
电力电子新技术系列图书
编 辑 委 员 会

主　任：徐德鸿

副主任：韩晓东　范兴国　康　勇
　　　　　李崇坚　杨　耕　刘进军

委　员：(按姓名拼音字母排序)
　　　　　陈道炼　陈治明　杜　雄　范兴国　郭　宏
　　　　　郭世明　韩晓东　胡存刚　康　勇　李崇坚
　　　　　梁　琳　林信南　刘　扬　刘国海　刘进军
　　　　　罗　莉　阮新波　盛　况　粟　梅　孙玉坤
　　　　　同向前　王宏华　王旭东　吴莉莉　徐德鸿
　　　　　徐殿国　杨　耕　杨　旭　查晓明　张　波
　　　　　张　兴　张承慧　张纯江　张卫平　赵善麒
　　　　　赵争鸣　钟文兴　周　波

秘书组：吴莉莉　罗　莉　钟文兴

电力电子新技术系列图书
序　　言

1974 年美国学者 W. Newell 提出了电力电子技术学科的定义，电力电子技术是由电气工程、电子科学与技术和控制理论三个学科交叉而形成的。电力电子技术是依靠电力半导体器件实现电能的高效率利用，以及对电机运动进行控制的一门学科。电力电子技术是现代社会的支撑科学技术，几乎应用于科技、生产、生活各个领域：电气化、汽车、飞机、自来水供水系统、电子技术、无线电与电视、农业机械化、计算机、电话、空调与制冷、高速公路、航天、互联网、成像技术、家电、保健科技、石化、激光与光纤、核能利用、新材料制造等。电力电子技术在推动科学技术和经济的发展中发挥着越来越重要的作用。进入 21 世纪，电力电子技术在节能减排方面发挥着重要的作用，它在新能源和智能电网、直流输电、电动汽车、高速铁路中发挥核心的作用。电力电子技术的应用从用电，已扩展至发电、输电、配电等领域。电力电子技术诞生近半个世纪以来，也给人们的生活带来了巨大的影响。

目前，电力电子技术仍以迅猛的速度发展着，电力半导体器件性能不断提高，并出现了碳化硅、氮化镓等宽禁带电力半导体器件，新的技术和应用不断涌现，其应用范围也在不断扩展。不论在全世界还是在我国，电力电子技术都已造就了一个很大的产业群。与之相应，从事电力电子技术领域的工程技术和科研人员的数量与日俱增。因此，组织出版有关电力电子新技术及其应用的系列图书，以供广大从事电力电子技术的工程师和高等学校教师和研究生在工程实践中使用和参考，促进电力电子技术及应用知识的普及。

在 20 世纪 80 年代，电力电子学会曾和机械工业出版社合作，出版过一套"电力电子技术丛书"，那套丛书对推动电力电子技术的发展起过积极的作用。最近，电力电子学会经过认真考虑，认为有必要以"电力电子新技术系列图书"的名义出版一系列著作。为此，成立了专门的编辑委员会，负责确定书目、组稿和审稿，向机械工业出版社推荐，仍由机械工业出版社出版。

本系列图书有如下特色：

本系列图书属专题论著性质，选题新颖，力求反映电力电子技术的新成就和新经验，以适应我国经济迅速发展的需要。

理论联系实际，以应用技术为主。

本系列图书组稿和评审过程严格，作者都是在电力电子技术第一线工作的专家，且有丰富的写作经验。内容力求深入浅出，条理清晰，语言通俗，文笔流畅，便于阅读学习。

本系列图书编委会中，既有一大批国内资深的电力电子专家，也有不少已崭露头角的青年学者，其组成人员在国内具有较强的代表性。

希望广大读者对本系列图书的编辑、出版和发行给予支持和帮助，并欢迎对其中的问题和错误给予批评指正。

电力电子新技术系列图书
编辑委员会

第 2 版前言

为系统地总结国内外作者在这一领域的最新理论和技术研究成果,总结汽车电力电子产品的研发经验,沟通汽车电子技术的学术交流,促进汽车电力电子技术的进步,并使广大工程技术人员了解、掌握和运用这一领域的最新技术,我们编写了本书第 1 版。

自本书第 1 版面世以来,实验室依托汽车电子驱动控制与系统集成教育部工程研究中心,先后在汽车用特种电机技术、汽车电子驱动控制装置及相关技术、汽车传感技术等方面,成功申报了 863 计划"十万台高性能电机产业化及电机系统系列化"、广东省重大科技专项项目"增程式电动车双能源动力集成单元及其控制系统的研发与产业化"、黑龙江省科技攻关计划重点项目"高寒地区具有低温运行模式的电动汽车电驱动系统关键技术研究与开发",获得国家自然科学基金"非接触式同步电机转子励磁新方法研究"等项目资助,在《中国电机工程学报》《电工技术学报》《电机与控制学报》《汽车工程》以及《哈尔滨工业大学学报》等国内著名刊物上发表论文数十篇;此外,实验室与国内众多汽车厂商在混合动力特种电机及其驱动控制系统、整车控制单元、新能源汽车用高速电机及控制系统等方面进行了深入广泛的合作,已具备开发 30~120kW 系列特种电机的成熟技术及相应驱动控制技术。

本书第 2 版旨在对实验室近年来的研究工作做一个阶段整理,并将所取得的研究成果及实际产品研发过程中所遇到的问题进行总结,希望能对电力电子技术在汽车中的发展略尽绵薄之力。

本书从应用角度出发,从组成汽车电力电子装置的元器件特性分析开始,力求深入浅出,着重介绍汽车电力电子技术应用的具体结构和设计思想,突出理论联系实际,面向广大工程技术人员,具有较强的工程性和实用性。本书适合从事汽车电子领域的工程技术人员阅读,也可作为大专院校车辆工程等相关专业的教材和教学参考书。

本书共分 8 章。第 1 章为汽车电子技术概述,第 2 章介绍了汽车电子技术基础,是汽车电力电子装置硬件电路设计的基础。第 3~8 章为具体的应用设计实例,内容包括:汽车中直流电动机的驱动控制、交流电动机的驱动控制、汽车动力转向系统、汽车电源系统、电动汽车充电系统及汽车总线系统。本书的第 1~3 章由哈尔滨理工大学的王旭东执笔,第 4~8 章由哈尔滨理工大学的马骏杰执笔。本书编写过程中参考了王旭东及高晗璎教授的研究成果,引用了许多专家学者的论文和论著，作者在此表示衷心感谢。

在本书选题、编写、定稿和出版过程中得到了电力电子新技术系列图书编辑委员会和机械工业出版社的大力支持和帮助。本书编写过程中曾参考和引用了许多专家学者的论文和论著，作者在此表示衷心感谢。

由于编写的时间匆促、资料不足和作者水平有限，书中的缺点和错误一定不少，恳切地希望同行和读者批评指正。

作　者

第1版前言

据中国汽车工业协会 2009 年 11 月 9 日发布的最新统计，2009 年 1~10 月我国汽车产销量双双超过 1000 万辆，实现了历史性突破。我国已成为汽车大国，正在向着汽车强国的方向努力。汽车工业的快速发展和市场竞争的需求极大地促进了汽车电子技术的应用和发展，而汽车电子技术本身的创新和进步也为汽车产业的发展提供了技术保证，并为汽车向电子化、智能化、网络化和多媒体方向发展创造了条件。汽车电子技术的发展正在改变着汽车的传统结构和扩展着汽车的功能。在汽车技术的发展过程中，随着环保、节能、安全和舒适的要求越来越高，汽车中逐步采用了各种汽车电子装置，汽车电子装置大体上可以分为：车载电子装置、电子控制单元（ECU）、汽车总线系统和汽车电子驱动控制装置。其中，汽车电子驱动控制装置是电力电子技术在汽车中应用的重要领域。它主要包括汽车自动变速器的驱动控制、汽车电磁执行机构的驱动控制、汽车电子点火系统、汽车动力转向系统、汽车照明系统、汽车电源系统和汽车电动机驱动控制系统。其中，电动机驱动控制系统应用最为广泛，为新能源汽车的核心技术。由于汽车中各种控制单元的使用，可使汽车在各种工况下都处于最佳工作状态，提高了汽车的动力性和经济性，并使汽车排放污染减到最低。

汽车中电子系统的成本占整车总成本的比例越来越高。在我国，中高级轿车电子装置的配置已经接近或达到了国外汽车工业发达国家的水平。但我国汽车电子技术与国外差距还很大，关键汽车电子零部件的自主知识产权很少，汽车电子产业核心技术大部分被国外垄断，国家和有关部委制定了有关"汽车电子发展规划"，加强了汽车电子产品的开发能力。最近几年，许多大专院校、科研院所和企事业单位都加大了汽车电子的研究力量和投入力度。具有我国自主知识产权的汽车电子产品逐年增加。特别是近几年来，节能与环保已成为全球的热点问题，通过采用电力电子技术在汽车中的应用实现节能与环保，受到了专家学者的高度关注。汪槱生、韩英铎、陈清泉等 9 位院士联名向国务院提出《关于发展电力电子技术和产业的建议》，得到国务院的高度重视，从而大大推动了我国电力电子技术和产业的发展，建议中也明确指出了电力电子技术在交通运输领域应用的现状和广阔的发展空间。随着电力电子技术在现代交通运输领域里的应用范围不断扩大，其作用也越发突出，由汽车中辅助装置的驱动控制到整车动力总成的驱动控制，电力电子技术在汽车中扮演着越来越重要的角色。

近几年来，国内外有大量的涉及汽车中电力电子技术应用方面的论文发表。

为了系统地总结国内外作者在这一领域的最新理论和技术研究成果，总结汽车电力电子产品的研发经验，沟通汽车电子技术的学术交流，促进汽车电力电子技术的进步，并使广大工程技术人员了解、掌握和运用这一领域的最新技术，我们编写了本书。本书从应用角度出发，从组成汽车电力电子装置的元器件特性分析开始，力求深入浅出，着重介绍汽车电力电子技术应用的具体结构和设计思想，突出理论联系实际，面向广大工程技术人员，具有较强的工程性和实用性。本书适合从事汽车电子领域的工程技术人员阅读，也可作为大专院校车辆工程等相关专业的教材和教学参考书。

本书共分10章。第1章为汽车电子技术概述，第2章介绍了汽车电子技术基础，是汽车电力电子装置硬件电路设计的基础。第3~9章为具体的应用设计实例，内容包括：汽车中直流电动机的驱动控制、汽车自动变速器的驱动控制、汽车电磁执行机构的驱动控制、汽车交流发电机、汽车电子点火系统、汽车动力转向系统和汽车照明系统。第10章为汽车电源系统。全书由王旭东教授主编，第1~3、5章由哈尔滨理工大学的王旭东执笔，第4、10章由哈尔滨理工大学的吴晓刚执笔，第6~9章由哈尔滨理工大学的余腾伟执笔。

在本书选题、编写、定稿和出版过程中得到了电力电子新技术系列图书编辑委员会和机械工业出版社的大力支持和帮助，特别感谢机械工业出版社的孙流芳老师。本书编写过程中曾参考和引用了许多专家和学者的论文和论著，作者在此一并表示衷心的感谢。

由于编写的时间匆促、资料不足和作者水平有限，书中的缺点和错误一定不少，恳切地希望同行和读者批评指正。

作　者

目 录

电力电子新技术系列图书序言
第2版前言
第1版前言
第1章　汽车电子技术概述 1
1.1　汽车电子技术的发展概况 1
1.1.1　汽车电子技术回顾 1
1.1.2　现代汽车电子技术 2
1.1.3　汽车电子技术的应用现状 6
1.1.4　汽车电子发展趋势 9
1.2　汽车电子驱动控制技术 11
1.3　无人驾驶汽车概述 14
1.3.1　无人驾驶汽车的发展历程 14
1.3.2　面临的挑战 15
参考文献 16

第2章　汽车电子技术基础 17
2.1　汽车电子中常用的功率开关器件 17
2.1.1　功率MOSFET 18
2.1.2　绝缘栅双极型晶体管（IGBT） 22
2.1.3　MOSFET与IGBT的驱动电路 26
2.2　SiC器件在汽车中的应用 32
参考文献 34

第3章　汽车中直流电动机的驱动控制 36
3.1　电动机控制常用传感器 36
3.1.1　位置传感器 36
3.1.2　速度传感器 40
3.1.3　电压、电流传感器 41
3.2　直流电动机的基本参数与数学建模 43
3.2.1　直流电动机的主要用途、构成及特性参数 45
3.2.2　直流电动机的起动及稳定运行条件 47
3.2.3　直流电动机的工作原理 49

3.2.4 直流电动机的基本模型 …………………………………… 50
3.2.5 汽车上直流电动机应用简介 ………………………………… 50
3.3 直流电动机的控制方式 ……………………………………………… 51
3.4 直流电动机的 PWM 控制 …………………………………………… 52
3.4.1 电动机导通瞬间分析 ………………………………………… 53
3.4.2 电动机堵转分析 ……………………………………………… 54
3.4.3 电动机正常工作分析 ………………………………………… 54
3.4.4 电动机续流情况分析 ………………………………………… 54
3.4.5 死区分析 ……………………………………………………… 56
参考文献 …………………………………………………………………… 57

第 4 章 交流电动机的驱动控制 …………………………………… 59

4.1 三相交流逆变器及 PWM 控制 ……………………………………… 59
　4.1.1 空间矢量 PWM 算法及数字化实现 ………………………… 59
　4.1.2 三次谐波注入式 SVPWM 算法及数字化实现 ……………… 74
　4.1.3 基于 120°坐标的 SVPWM 快速算法及数字化实现 ………… 75
　4.1.4 SVPWM 的过调制策略及改进方法 ………………………… 85
4.2 永磁同步电动机的矢量控制 ………………………………………… 91
　4.2.1 永磁同步电动机的结构及数学模型 ………………………… 91
　4.2.2 控制系统设计 ………………………………………………… 93
　4.2.3 控制代码示例 ………………………………………………… 98
4.3 永磁同步电动机的直接转矩控制（DTC） ………………………… 103
　4.3.1 SVPWM – DTC 控制方法 …………………………………… 103
　4.3.2 基于 DTC 的非线性控制器设计 …………………………… 111
　4.3.3 反馈线性化 DTC 基础上的 MTPA 控制 …………………… 120
　4.3.4 基于 LabCar 的半实物仿真 ………………………………… 128
4.4 永磁同步电动机的无传感器控制 …………………………………… 132
　4.4.1 虚拟电流环无电流传感器控制策略 ………………………… 132
　4.4.2 基于滑模观测器无位置检测系统 …………………………… 140
4.5 三相四桥臂电动机控制系统及容错设计 …………………………… 155
　4.5.1 三相四桥臂电动机控制策略 ………………………………… 156
　4.5.2 仿真及实验结果分析 ………………………………………… 163
4.6 多电平逆变控制系统 ………………………………………………… 170
　4.6.1 初识多电平系统 ……………………………………………… 170
　4.6.2 十一电平控制器设计 ………………………………………… 177
4.7 多相永磁电动机控制系统 …………………………………………… 191

  4.7.1 十二相 PMSM 的基本数学模型 ·········· 192
  4.7.2 十二相电动机的解耦变换矩阵 ·········· 196
  4.7.3 仿真分析 ·········· 200
  4.7.4 容错控制策略 ·········· 202
 参考文献 ·········· 206

第 5 章 汽车动力转向系统 ·········· 208
 5.1 汽车动力转向系统概述 ·········· 208
 5.2 汽车动力转向系统工作原理 ·········· 209
  5.2.1 液压动力转向系统 ·········· 209
  5.2.2 电动助力转向系统 ·········· 210
  5.2.3 嵌入式线控转向系统 ·········· 214
 5.3 汽车电动助力转向系统 ·········· 218
  5.3.1 EPS 的三种控制方式 ·········· 218
  5.3.2 电动助力转向系统对传感器的要求 ·········· 219
  5.3.3 电动助力转向系统各部分特点及选用 ·········· 219
  5.3.4 BLDC 的模拟控制系统示例 ·········· 223
  5.3.5 数字化 BLDC 控制系统示例 ·········· 226
 参考文献 ·········· 230

第 6 章 汽车电源系统 ·········· 232
 6.1 汽车电源的特点 ·········· 232
 6.2 汽车中的线性电源 ·········· 233
 6.3 汽车中的开关电源 ·········· 236
  6.3.1 开关电源概述 ·········· 236
  6.3.2 常见拓扑结构 ·········· 237
 6.4 精密电源 ·········· 252
 6.5 电源的效率 ·········· 253
 6.6 Boost + LLC 两级式 DC/DC 电源变换器设计 ·········· 254
  6.6.1 变换器工作原理详解 ·········· 255
  6.6.2 系统硬件电路设计及参数计算 ·········· 265
  6.6.3 实验结果分析 ·········· 270
 参考文献 ·········· 274

第 7 章 电动汽车充电系统 ·········· 275
 7.1 铅酸电池及锂电池的充电特点 ·········· 275
  7.1.1 电池——电动汽车的动力源 ·········· 275
  7.1.2 铅酸电池简介及其充电特点 ·········· 275

    7.1.3 锂电池简介及其充电特点 ………………………………………………… 276
  7.2 电动汽车充电系统概述 ……………………………………………………… 277
    7.2.1 充电桩及其分类 …………………………………………………………… 278
    7.2.2 充电系统的拓扑分析 ……………………………………………………… 280
  7.3 充电系统 AC–DC 设计 ……………………………………………………… 282
    7.3.1 三电平 VIENNA 整流器原理 …………………………………………… 282
    7.3.2 三电平 VIENNA 整流器的数学模型 …………………………………… 288
    7.3.3 VIENNA 整流器的空间矢量调制 ……………………………………… 292
    7.3.4 输出电容中点电位平衡的研究 …………………………………………… 304
    7.3.5 实验结果分析 ……………………………………………………………… 309
  参考文献 …………………………………………………………………………… 311

第8章 汽车总线系统 ……………………………………………………………… 313
  8.1 CAN 通信原理 ………………………………………………………………… 316
    8.1.1 CAN 的标准化 …………………………………………………………… 316
    8.1.2 CAN 的实现及数据帧格式 ……………………………………………… 318
    8.1.3 德州仪器 F28x 系列 CAN 模块应用 …………………………………… 322
  8.2 FlexRay 总线原理 …………………………………………………………… 329
    8.2.1 总线概述 …………………………………………………………………… 329
    8.2.2 FlexRay 通信协议 ………………………………………………………… 332
    8.2.3 FlexRay 与 CAN 总线的区别 …………………………………………… 339
  8.3 基于 CAN/LIN 总线的车灯驱动控制系统 ………………………………… 340
    8.3.1 汽车照明系统概述 ………………………………………………………… 340
    8.3.2 控制系统硬件电路设计 …………………………………………………… 343
    8.3.3 控制系统软件设计 ………………………………………………………… 356
    8.3.4 CAN/LIN 总线的部分信号图 …………………………………………… 361
  参考文献 …………………………………………………………………………… 362

第1章 汽车电子技术概述

汽车在当今社会和经济发展中的重要性已显而易见，汽车电子化已被视为衡量一个国家汽车工业发展水平的重要标志。随着汽车工业与电子工业的不断发展，今天的汽车已经逐步进入了计算机控制的时代，汽车将由单纯的机械产品向高级的机电一体化产品方向发展，成为"电子汽车"。随着中国未来汽车市场的快速发展和汽车电子的价值含量迅速提高，中国汽车电子产业将形成巨大的经济规模效应，汽车电子产品占汽车的成本将进一步提高。未来的汽车电子产品中，围绕安全、节能、环保、舒适和娱乐等方面的元器件及其周边产品将发展最快。目前，中国消费者对车辆需求的增加、网络在车辆中的高速发展、安全与防盗需求的增加、机械系统与电子系统之间的转换以及动力总成方面性能的提高，都进一步推动了中国汽车电子产品市场的发展。

自从20世纪70年代引入电子发射规范和最初的发动机电子控制实用化以来，电子学和汽车就建立了不可分割的联系。以微型计算机为代表的控制技术和半导体技术的快速进步，使它们之间的关系愈加密切。现在，一辆汽车中就可能装有20～30台微型计算机。如果没有电子学，就不可能在汽车的基本特性之外再实现舒适、环保和安全等要求。展望未来，电子学在实现电动汽车、智能车辆并最终达到"自动驾驶"的目标上所起的作用也将日益增加。

21世纪汽车的三大任务是：安全、节能、环保。其中环保与节能主要体现在发动机与传动系的电子控制以及燃料电池、CAN（Controller Area Network，控制器局域网）通信、X-By-Wire（线控）为代表的电动汽车、整车控制技术方面，而行驶安全性则主要体现在ABS（Anti-lock Braking System，防抱死制动系统）、TCS（Traction Control System，牵引力控制系统）、VDC（Vehicle Dynamic Control，车辆动力学控制）系统、4WS（四轮转向系统）、TPMS（Tire Pressure Monitoring System，轮胎压力检测系统）等核心电子控制技术的发展上。此外，还有为提高行驶舒适性而开发的电子悬架技术，以及为提高汽车智能化而开发的自动避撞系统、车载导航系统等电子控制技术。

1.1 汽车电子技术的发展概况

1.1.1 汽车电子技术回顾

1902年在汽车上安装了第一个电子系统，那就是磁电点火系统。尽管这个系统只包括磁发电机、点火分配器、点火线圈以及火花塞,但是这些部件用电线连接起来,毫无疑问,就是一个电子系统。

博世公司曾花了 11 年的时间完成了整车电子系统的安装,此系统包括:含火花塞的磁电点火系统、起动电机、直流电机、车灯、蓄电池以及电压调节器。它标志着真正意义上的车载电子系统的开始。1958 年,博世公司画出了最完整的汽车电子系统的线束框图,每个部分都是用素描画出来的,而不是用符号代替。1967 年,D 型电控燃油喷射系统的应用标志着电子技术进入汽车行业。

在过去几十年中,汽车上各部件规模不断加大,复杂程度不断提高,导致汽车电气负载不断加重。汽车最初的主要负载只有起动机、点火系统以及车灯系统;而现在,在原有负载的基础上又增加了电子点火系统、燃油喷射系统,此外还有舒适系统及安全系统,增加了大量的驱动电机等负载。

当今汽车上的电气以及电子设备已经复杂到再也无法用线束图来表示,而只能用电路原理图来表示车载电子各部分之间的相互关系。

1.1.2 现代汽车电子技术

现代汽车电子技术的发展可分为以下六大类:发动机电子控制、底盘系统电子控制、车身电子控制、电动汽车技术、智能汽车与智能交通(ITS)技术、整车控制技术。现代汽车电子控制系统主要由传感器、电子控制单元(ECU)、执行器三个部分组成。传感器作为输入部分,用于测量物理信号(温度、压力等),将其转换为电信号;ECU 的作用是接受传感器的输入信号,并按设定的程序进行计算处理,输出处理结果;执行器则根据 ECU 输出的电信号驱动执行机构,使之按要求变化。

1. 发动机电子控制

目前,汽油机的电子控制技术已日趋完善,而国内外的柴油机电子控制技术则发展迅猛,新技术层出不穷。近年来,高压燃油直喷系统和高压共轨喷射系统的发展使柴油机的燃油经济性和排放性都有了很大的改善。废气再循环(EGR)技术、氧化催化器和微粒捕捉器改善了柴油机的各项排放。

发动机管理系统则对喷油和进气过程进行综合控制,保证发动机能够在保持良好动力性的基础上,达到最优的燃油经济性和排放性,同时降低噪声和振动。发动机管理系统的核心技术是单片机(MCU),它为汽车动力传动系统从机械系统向电子系统转变提供了更强的计算处理能力。近几年由于单片机功能的增强,智能传感器、智能功率集成电路的出现,使得电子控制单元(ECU)硬件电路的设计变得非常简单,工作更为可靠。燃油喷射系统使用的主要传感器,如进气歧管压力传感器和曲轴转速、曲轴位置传感器,随着半导体制造工艺技术的提高,已将敏感元件及其输出信号的处理电路都集成在一块硅片上,传感器的输出信号可以直接送给单片机。此外，还增加了过电压、电源极性反接和抗干扰输出保护的功能。智能功率集成电路，已将线性放大电路、数字电路和功率器件都集成在一块硅片上，并且还增加了一些特定的功能。例如，喷油器驱动电路是一片 4 路低端开关智能功率集成电路，可分别驱动 4 个独立的喷油器，并且还具有负载开路检测、电感性负载高电压钳位、过热、过电压和过电流、断电保护以及自恢复等功能。器件的输入端可以直接和单片机引脚相连，还可将工作状态诊断报告，通过串行外围设备接口（SPI）送给单片机进行处理。使用新器件设计电路板时，可以省去传感器输入信号的调理电路和用于驱动功率管的前置放大电路以及监测电路，使电路板变得非常简单。

2. 底盘系统电子控制

该系统主要用以改善汽车的行驶、转向和制动三项基本功能。现已出现电子控制动力转向系统、无级自动变速器、防抱死制动系统及电子悬架系统等。制造这类产品有相当难度，并要求高可靠性，其包含的主要内容有：

（1）自动变速器

电子控制的自动变速器，可以根据发动机的负荷、转速、车速、制动器工作状态及驾驶人所控制的各种参数，经过计算机的计算、判断后能自动地改变变速杆的位置，从而实现变速器换档的最佳控制，即可得到最佳档次和最佳换档时间。这种变速器的优点是加速性能好、灵敏度高，能准确地反映行驶负荷和道路条件等。货车传动系统的电子控制装置，能自动适应瞬时工况变化，保持发动机以尽可能低的转速工作。

采用自动变速器，在驾驶时可以不踩离合器，实现自动换档，而且发动机不会熄火，从而可以有效地提高驾驶方便性。20 世纪 80 年代以来，随着电子技术的发展，变速器自动控制更加完善，在各种使用工况下均能实现发动机与传动系的最佳匹配。

（2）电子悬架系统

目前，汽车的悬架系统一般是弹簧刚度和减振器阻尼特性不能改变的被动悬架，它不能根据工况和路面输入的变化进行控制和调整，故难以满足汽车平顺性和操纵稳定性的更高要求。近年来，随着电子控制和随动液压技术的发展，弹簧刚度和减振器阻尼特性参数可调的电子控制主动和半主动悬架，在汽车上逐步得到应用和发展。

主动悬架：一般由传感器检测系统运动的状态信号，反馈到电子控制单元（ECU），然后由 ECU 发出指令给执行机构主动力发生器，构成闭环控制。通常采用电液伺服液压缸作为主动力发生器，它由外部油源提供能量。主动力发生器产生主动控制力作用于振动系统，自动改变弹簧刚度和减振器阻尼系数。主动悬架除可控制振动外，还可以控制车的姿态和高度。

半主动悬架：实时闭环控制的半主动悬架——主要是通过电磁阀控制可调阻尼减振器，其控制方法和主动悬架类似，属于实时闭环控制；车速控制的可调阻尼悬架——可调阻尼减振器由直流电动机带动具有不同节流孔的转向阀得到舒适（软）、正常（中）、运动（硬）三个等级的阻尼；空气弹簧半主动悬架由刚度控制阀改变主、副气室的通道面积而得到软、中、硬不同的刚度，其控制与由车速控制的可调阻尼悬架类似。

（3）改善操纵稳定性的电子控制系统

随着计算机、传感器和执行机构的迅速发展，各国研发了各种显著改善操纵稳定性和安全性的电子控制系统。如防抱死制动系统（ABS）、牵引力控制系统（TCS，也称为ASR）、四轮转向系统（4WS）、车辆动力学控制（VDC，也称为VSC、ESP）系统、轮胎压力检测系统（TPMS）等。

电子防抱死制动系统可分为全电子阻尼系统和ABS，前者可在选定的匀速制动工况下自动调整阻尼量，实现阻尼制动；后者基于对车轮转速的检测，通过车轮转速与车速的比较，测出相应滑移量，既能保证行驶稳定性，又可保证尽可能短的制动距离，还能延长制动器的使用寿命。ABS的开发始于20世纪60年代，到70年代末国外开始应用于汽车上，ABS的结构也发生了较大变化，现已进入第四、第五代产品开发阶段。国外ABS大多是通过轮边的脉冲轮和感应式传感器把车轮速度信号传递给电子处理器，进行逻辑筛选，并向电气调制器发出指令控制制动气室内的压力大小，从而使车轮滑移率维持在12%~75%的最佳状态。值得一提的是：ABS现已作为汽车必备装置。

车辆动力学控制（VDC）系统是在ABS和TCS的基础上，增加汽车转向行驶时横摆运动的角速度传感器，通过ECU控制各个车轮的驱动力和制动力，确保汽车行驶的横向稳定性，防止转向时车辆被推离弯道或从弯道甩出。它综合了ABS和TCS的功能，用左右两侧车轮制动力之差产生的横摆力矩来防止出现难以控制的侧滑现象。从而使汽车由被动改变进入主动控制，使驾驶人以正常操作方式即可顺利地通过难以驾驭的危险工况。

四轮转向系统（4WS）是指使后轮与前轮一起转向，是一种提高车辆响应性和稳定性的关键技术。使后轮与前轮同相位转向，可以减小车辆转向时的旋转运动（横摆），改善高速行驶的稳定性。使后轮与前轮逆相位转向，能够改善车辆中低速行驶的操纵性，提高快速转向性。

轮胎压力检测系统（TPMS）是在每一个轮胎上安装高灵敏度的传感器，在行驶状态下实时监视轮胎的各种数据，通过无线方式发射到接收器，并在显示器上显示各种数据，任何原因（如铁针扎入轮胎、气门芯漏气等）导致轮胎的漏气、温度升高，系统都会自动报警。从而确保汽车行驶中的安全，延长了轮胎的使用寿命，降低了燃油的消耗，是一种真正不同于ABS、安全带、安全气囊等现有汽车安全装备的"事先主动"型安保产品。目前，TPMS 主要分为两种类型，一种是 Wheel-Speed Based TPMS（简称 WSB TPMS，或称为间接式 TPMS），这种系统是通过汽车 ABS 的轮速传感器来比较车轮之间的转速差别，以达到监视轮胎压力的目的。该类型系统的主要缺点是无法对两个以上的轮胎同时缺气的状况和速度超过 100km/h 的情况进行判断。另一种是 Pressure-Sensor Based TPMS（简称 PSB TPMS，或称为直接式 TPMS），这种系统是利用安装在每一个轮胎里的压力传感器来直接测量轮胎的气压，并对各轮胎压力进行显示及监视，当轮胎压力太低或有渗漏时，系统会自动报警。一般认为 PSB TPMS 从功能和性能上均优于 WSB TPMS。

3. 车身电子控制

汽车车身电子控制技术所涉及的内容很多，如汽车的视野性、方便性、舒适性、娱乐性、通信功能等。

视野性是指驾驶人在驾驶过程中，不改变操作姿势时对道路及周围环境观察的可见范围。视野控制技术指的是对汽车照明灯（包括前照灯、钥匙孔照明灯、车门灯和荧光灯）和转向信号灯的电子控制，以及对电动刮水器、洗涤器和除霜器等的电子控制；方便性除指驾驶人、乘员进出车厢和行李货物装卸方便外，还包括对汽车电动门窗、电动门锁与点火钥匙锁、电动后视镜、电动车顶（天窗）等的控制；车身电子控制设备主要包括照明系统、自动座椅系统（如存储式座椅）、自动空调系统、自动刮水器和车窗系统、多媒体系统等。

目前车身电子控制技术呈现如下发展趋势：进一步满足用户个性化的需求；更强调乘坐舒适性、安全性和环保性；先进的驾驶和乘坐信息系统，如车辆遥控检测、智能型汽车防盗、乘坐适应性控制、42V 电子系统、环保设计系统等。

4. 混合动力电动汽车

随着传统内燃机汽车的大范围推广应用，人们的生活变得日益方便舒适，但同时也引起了一系列的能源与环境问题。混合动力电动汽车以及燃料电池电动汽车，作为解决环境和能源问题的一种切实可行的方案，逐渐得到了世界各大汽车厂商的青睐。这是因为与传统汽车、纯电动汽车技术相比，它们具有以下一些优势：①效率高；②续驶里程长；③绿色环保；④过载能力强；⑤噪声低；⑥设计方便灵活。

随着 Toyota Prius 在日本市场的出现和畅销，混合动力电动汽车以其优良的性能、极高的燃油经济性和低排放性能引起了汽车界的高度重视。而在燃料电池电动汽车领域，从 20 世纪 90 年代初开始，戴姆勒-奔驰汽车公司就先后推出了 Necar1～Necar4 系列的燃料电池电动汽车；美国通用汽车公司在 2003 年国际巡展北京站中展出的燃料电池原型车"氢动三号"和基于"Hy-by wire"技术的燃料电池概念车已经具备了较好的动力性和燃油经济性能。

1.1.3 汽车电子技术的应用现状

汽车电子技术经过两个阶段的发展，现正处在第三阶段。第一阶段的汽车电子设备主要采用分立电子元件组成电子控制器，并开始由分立电子元件产品向集成电路产品过渡；第二阶段则主要采用集成电路和 8 位微处理器开发汽车专用的独立控制系统；第三阶段开始于 20 世纪 90 年代，汽车电子设备广泛采用 16 位或 32 位微处理器进行控制，控制技术向智能化、网络化方向发展。该阶段出现了很多新的研究领域和研究热点，这里就其中几个典型的方面进行简单介绍。

1. 线控（Control By—Wire）**技术**

汽车的各种操纵系统正向电子化、自动化方向发展，传统的汽车机械操纵系统将变成通过高速容错通信总线与高性能 CPU 相连的电气系统。如汽车将采用电动机和电子控制信号来实现线控驾驶（Steer By—Wire）、线控制动（Brake By—Wire）、线控油门（Throttle By—Wire）和线控悬架（Suspension By—Wire）等，采用这些线控系统将完全取代现有系统中的液压和机械控制。X – By – Wire 也称为 Anything – By – Wire，它的全称是"没有机械和液力后备系统的与安全相关的容错系统"。"X"表示任何与安全相关的操作，包括转向、制动等。"By – Wire"表示 X – By – Wire 是一个电子系统。在 X – By – Wire 系统中，所有元件的控制和通信都通过电子元件来实现。X – By – Wire 系统是没有机械和液力后备系统的，传统的机械和液力后备系统由于结构（间隙、运动惯量等）的原因，从控制指令发出到指令执行会有一定的延迟，这在极限情况下是不允许的。X – By – Wire 系统用电来控制，会大大地减小延迟，为危险情况下的紧急处理赢得了宝贵的时间。

X – By – Wire 系统主要由三部分组成：控制系统、执行系统、通信系统。控制系统的功能是根据驾驶人的意图和车辆行驶状况，对执行器给出执行的设定值。执行系统的功能是在控制系统的控制下，完成具体的执行动作（转向、制动等）。通信系统的功能是实现控制系统和执行系统内部及它们之间的信息传输。

使用线控技术的优点很多，比如使用线控制动无须制动液，保护生态，减少维护；重量轻；性能高（制动响应快）；制动磨损最小（向轮胎施力更均匀）；安装测试更简单快捷（模块结构）；更稳固的电子接口；隔板间无机械联系；简单布置就能增加电子控制功能；踏板特性一致；比液压系统的元件更少等。

2. CAN 通信

由于至今仍没有一个通信网络可以满足未来汽车的所有成本和性能要求，因此，汽车原车设备制造商（OEM）仍将采用多种联网协议（包括 CAN、LIN 和 MOST、1394 等）。

随着电子控制单元在汽车中的应用越来越多,车载电子设备间的数据通信变得越来越重要,以分布式控制系统为基础构造汽车车载电子网络系统是很有必要的。大量数据的快速交换、高可靠性及廉价性是对汽车电子网络系统的要求。在该网络系统中,各处理机独立运行,控制改善汽车某一方面的性能,同时在其他处理机需要时提供数据服务。汽车内部网络的构成主要依靠总线传输技术。汽车总线传输是通过某种通信协议将汽车各种电子控制单元、智能传感器、智能仪表等连接起来,从而构成汽车内部网络。其优点有:

1)减少了线束的数量和线束的容积,提高了电子系统的可靠性和可维护性。

2)采用通用传感器,达到数据共享的目的。

3)改善了系统的灵活性,即通过系统的软件可以实现系统功能的变化。

CAN 总线是德国博世公司在 20 世纪 80 年代初开发的一种串行数据通信协议。它的短帧数据结构、非破坏性总线仲裁技术及灵活的通信方式使 CAN 总线具有很高的可靠性和抗干扰性,满足了汽车对总线的实时性和可靠性的要求。

CAN 遵循 ISO/OSI 参考模型,但只规定了 7 层协议中的数据链路层,而应用层则留给了用户自己定义。到目前为止,在 CAN 的基础上定义的高层协议有很多,影响较大的有:CAN Kingdom/J1939/OSEK/Device Net(AB 公司)/SDS(Honeywell 公司)/CAL/CAN Open(CIA 公司),其中 J1939 和 OSEK 在汽车上应用较广泛。

国外的汽车总线技术已经十分成熟,并已在汽车上推广应用。国内引进技术生产的奥迪 A6 车型已于 2000 年起采用总线替代原有线束,帕萨特 B5、宝来、波罗、菲亚特的派立奥、西耶那、哈飞赛马等车型都不同程度地使用了 CAN 总线技术。此外,部分高档客车、工程机械也都开始应用总线技术。

目前使用 CAN 总线网络的汽车大多具有两条或两条以上总线,一条是动力 CAN 总线,主要包括发动机、ABS 和自动变速器三个节点,通信速率一般为 500kbit/s;另一条是舒适 CAN 总线,主要包括中央控制器和四个门模块,通信速率一般为 62.55kbit/s 或 100kbit/s。

3. 电子巡航控制系统(CCS)

它是汽车在行驶中为了达到所希望的速度,驾驶人不必踩踏加速踏板调整车速,只需通过操纵调整开关,汽车就能以设定的车速进行定速行驶的装置。这个装置的优点主要体现在:当在高速公路上长时间行驶时,能够减轻驾驶人的疲劳;且对紧急情况下动作解除的可靠性与对排除装置故障等安全性方面做了充分的考虑。

4. 乘员感知系统(OPDS)

本田第 7 代雅阁 V6 轿车装备了前排侧安全气囊,因此在前排乘客座椅相应地配备了乘员感知系统（OPDS）。乘员感知系统的作用是，当前排座椅上坐着小孩或者小孩侧着头打瞌睡时，乘员座椅侧安全气囊将自动关闭，从而减小侧撞事故发生时安全气囊对儿童的伤害。那么安全气囊是怎么知道这一切的呢？原来在看似普通的乘客座椅内暗藏了7个传感器，座椅靠背内的6个传感器负责观察乘员的坐姿高度，来判断坐着的是儿童还是大人，或者饮料瓶等其他物体；靠背侧边的一个传感器则专门检查儿童是不是侧着头打瞌睡，判断儿童的头部是不是处于侧安全气囊展开的范围内。OPDS传感器是根据乘员的导电体量来做出这些判断的，座椅在出厂之前已经设定了一个座椅自身的导电体量，座椅安装到车上并坐了人后，OPDS检测出一个总体的导电体量，总导电体量减去座椅的导电体量就是乘员的导电体量，如果乘员导电体量低于系统初始设定的判断临界值，则OPDS认为坐着的是儿童或儿童的头部处于侧安全气囊引爆的范围中，从而自动关闭安全气囊，同时仪表板上的"SIDE AIRBAG OFF"黄色指示灯亮起，告诉驾驶人侧安全气囊已经关闭。有了OPDS这样一个关怀备至的"看护人"，儿童就可以在旅途中尽情地享受自己的梦乡了。

5. 电子液压制动（EHB）系统

奔驰SL轿车特有的动态操纵控制系统，包括一个电子液压制动（EHB）系统，称之为感应控制（SBC）系统。该系统的主要特点是通过传感器建立了运动状态、制动压力的动态监测和危险工况的预警。SBC增加了制动管路的压力控制和制动准备功能，一旦踩下制动踏板，汽车即以最大的压力、最快的响应实施制动，前后制动压力比会随路况的不同而变化，从而提高弯道制动时的安全性。其优点（也是技术难点）在于提高了制动的舒适性并能提前做出响应，而不是像传统的ABS在制动后通过信号反馈进行控制；此外，可以实现完全的干式制动，在潮湿的气候或路面条件下，制动盘表面也不会形成水膜，保证了汽车快速响应。

6. 可移动式轿车顶篷

为了能在轿车的行李箱里放置大件物品，一般都采用敞篷或软帐篷，其缺点是显而易见的。奔驰公司在其SL轿车上应用了一种可以移动的顶篷，顶篷通过可移动和翻转的铰链机构及车身的骨架相连，后风窗玻璃也可以旋转，由发动机带动的7个执行器执行相关的运动。该顶篷目前还用于新款奔驰CLK的敞篷跑车上。

7. 座椅调节记忆与后视镜调节记忆

每个人的高度不同，坐姿也不同，故都有一个最佳的座椅位置高度、角度及相应的后视镜位置。每次调节座椅的高度、前后位置、靠背的倾角及左右后视镜的角度都比较耗费时间。每换一个驾驶人就要重调一遍，既费时又费事，故出现了可将调整好的位置存储起来的记忆系统。不同的人有不同的代号，换驾驶人后只要按其代号，即可调到该驾驶人最适合的状态，还可存储到电子门锁的智能卡上。这些装置目前还只能在较豪华的车上提供。

1.1.4 汽车电子发展趋势

当前，汽车电子技术进入了优化人-汽车-环境的整体关系的阶段，它向着超微型磁体、超高效电机以及集成电路的微型化方向发展，并为汽车上的集中控制（例如制动、转向和悬架的集中控制以及发动机和变速器的集中控制）提供了基础。汽车电子技术成就汽车工业的未来，未来汽车电子技术应在以下几方面进行突破。

1. 传感器技术

由于汽车电子控制系统的多样化，使其所需要的传感器种类和数量不断增加。为此，研制新型、高精度、高可靠性和低成本的传感器是十分必要的。未来的智能化集成传感器可自动进行时漂、温漂和非线性的自校正，具有较强的抵抗外部电磁干扰的能力，保证传感器信号的质量不受影响，即使在特别严酷的使用条件下，仍能保持较高的精度。它还具有结构紧凑、安装方便的优点，从而免受机械特性的影响。

2. 微处理器技术

微处理器的出现给汽车仪表带来了革命性的变化，世界汽车工业的微处理器用量激增，由从前单一的仪器逐步发展为多用途、智能化仪表，不但可以很精确地把汽车上所有的待测量都检测出来，而且还有运算、判断、预测和引导等功能。如可监视汽车各大部件的工作情况，还可以对蓄电池电压、轮胎气压、车速等检测量的高低限量进行报警。微处理器将更广泛地应用于安全、环保、发动机、传动系统、速度控制和故障诊断中。

3. 软件新技术应用

随着汽车电子技术应用的增加，对有关控制软件的需求也将会增加，并可能要求进一步计算机联网。因此，要求使用多种软件，并开发出通用的高水平编程语言，以满足多种硬件的要求。轿车上多通道传输网络将大大地依赖于软件，软件总数的增加及其功能的提高，将使计算机能完成越来越复杂的任务。

4. 智能汽车及智能交通系统的研究及应用

汽车智能化相关技术已受到汽车制造商们的高度重视。智能汽车是指运行于智能交通系统中的车辆。智能交通系统（Intelligent Transportation System，ITS）是指将先进的电子技术、计算机技术、通信技术、传感技术、运筹学等有效地综合用于"道路-车辆-行人"系统中，以形成统一、高效的汽车智能系统。它具有自动控制车速、自主寻路、自动导航、主动避撞、自动电子收费、无人驾驶等功能。其主要技术中"自动驾驶仪"的构想必将依赖于电子技术实现。智能交通系统（ITS）的开发将与电子、卫星定位等多个交叉学科相结合，它能根据驾驶人提供的目标资料，向驾驶人提供距离最短而且能绕开车辆密度相对集中的最佳行驶路线。它装有电子地图，可以采用卫星导航显示出前方道路。从全球定位卫星获取沿途天气、车流量、交通事故、交通堵塞等各种情况，自动筛选出最佳行车路线。未来的某天，如2020奥运会，路上行驶的可能都会是由计算机控制的智能汽车。智能汽车是今后国内外汽车发展的热点领域，是未来汽车发展的必由之路。智能交通系统主要包括以下几部分内容：

自动避撞系统：利用装于车辆上的传感器及计算机控制器，实时准确判断发生碰撞的可能，随时提醒驾驶人注意，并在必要时采取紧急措施，以避免或减轻碰撞危险；

交通管理系统：为防止由交通事故引发的二次损失，尽早发现交通事故，并在实施相应交通管制的同时，通过车载机或其他信息提供装置，将交通管制信息提供给驾驶人；

电子收费系统：解决收费站的堵塞问题，为驾驶人提供更多的便利、减少管理费用，在收费站实施无须停车的自动收费；

救援系统：当驾驶人需要应急服务（如感觉不适、发生交通事故）时，启用车载设备呼叫救援中心，为驾驶人提供救援服务；

车载定位、导航系统：将经由路线的堵塞信息、所需时间、交通管制信息、停车场的满空信息等通过导航系统提供给驾驶人来辅助驾驶汽车。车辆定位及导航系统是ITS环境中驾驶人信息支持系统的核心设备。其主要功能包括查询、寻路、导航、行车信息服务及提供车载娱乐等。

5. 多通道传输技术

多通道传输技术将由试验室逐步进入实用阶段。采用这种技术后，使各个数据线成为一个网络，以便分离汽车中计算机的信息。微处理器可通过网络接收其他单元的信号。传感器和执行机构之间要有一个新式接口，以便与多通道传输系统相联系。

6. 数据传输载体方面的电子新技术应用

汽车电子技术未来将实现整车控制系统。该系统要求有一个庞大而复杂的信息交换与控制系统，车用计算机的容量要求更大，计算速度则要求更高。由于汽车用计算机控制系统的数量日益增多，采用高速数据传输网络显得日益必要。光纤可为此传输网络提供传输介质，以解决电子控制系统防电磁干扰的问题。

7. 汽车车载电子网络

随着电子控制器件在汽车上的应用越来越多，车载电子设备间的数据通信变得越来越重要。以分布式控制系统为基础构造汽车车载电子网络系统是很有必要的。大量数据的快速交换、高可靠性及价廉是对汽车电子网络系统的要求。在该系统中，各个从处理机独立运行，改善汽车某一方面的性能，同时在其他处理器需要时提供数据服务。主处理机收集整理各个从处理机的数据，并生成车况显示。通信控制器保证数据的正常流动。

此外，电子技术中的集成化制造技术等在未来几年内也将会有大的突破。

纵观近10年来汽车技术的重大成就，大都是在应用电子技术上进行的突破，电子技术已成为汽车工业发展的重要动力源泉。目前，我国汽车工业面临入世后的巨大冲击，能否在未来的世界汽车业竞争中掌握主动权，关键取决于能否在电子技术上占领制高点。加快汽车电子技术新领域的研究是我国汽车工业发展的当务之急。

电子技术已经广泛应用于汽车的各个领域，极大地改善了汽车的综合性能，使汽车在安全、节能、环保、舒适等各方面都有了长足的进步。目前，汽车电子控制技术发展的最新动向包括：智能控制方法（自适应控制、模糊控制、神经网络控制、鲁棒控制、最优控制等）的引入；控制系统开发方式（车载CAN的采用、现代开发工具dSPACE的运用、层次化系统结构、X－By－Wire控制方式开发等）的革新；控制系统单元技术［半导体、多重通信、故障探测与识别（FDI）与故障诊断支持、ECU软件开发系统等］的发展，从而形成了汽车电子技术中信息处理部分的集中化，控制处理部分的分散化（危险分散、功能分散）等分层控制思想的发展趋势。

1.2 汽车电子驱动控制技术

1. 新能源汽车中的电机控制

混合动力汽车和电动汽车中最常见的5种电机是感应电机（IM）、开关磁阻电机（SRM）、绕线转子同步电机（SM）、直流电机（DC）和永磁同步电机（PMSM）。储能电池最常见为4种，包含镍的电池，例如镍－铁－碱，镍金属氢化物（Ni－MH）和镍镉（NiCd）；包含钠的电池，例如氯化镍/氯化钠（Na/NiCl$_2$）和硫化钠（NaS）；包含锂的电池，例如锂离子电池以及铅酸电池。

图1-1为上述电机与储能电池所构成的组合，其中PMSM + 锂电池的方案最常见。表1-1为目前汽车中驱动电动机及储能电池的使用情况。

2. 网络通信

近年车载网络中车身网络尤为普及，各种车身处理器的数量也随之增加。为支持这些单元，MCU需具备一些通用功能：CAN/LIN网络支持，对应于各种单元规模的封装/内存，克服车内线路引起的电磁辐射的低EMI设计，待机时为降低电池消耗的低功耗设计。另外，自带CAN/LIN的MCU还需适应不同的车身控制要求。目前，瑞萨等众多半导体厂商都能为汽车安全提供最佳的解决方案，拥

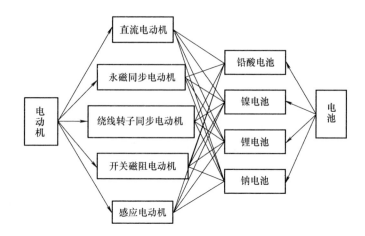

图 1-1 多种电机与储能电池所构成的组合

表 1-1 目前汽车中驱动电动机及储能电池的使用情况

汽车型号	电动机 种类	电动机 功率	电池	汽车型号	电动机 种类	电动机 功率	电池
BMW ActiveHybrid 7	PMSM	40	Li	Citroen DS5	PMSM	27	Ni
Chevrolet Volt	PMSM	55 + 111	Li	Fiat 500	NA	NA	NA
CODA Sedan	PMSM	100	Li	Fisker Karma EcoChic	NA	NA	Li
Fiat Doblo	IM	43	Li	Ford C – Max Hybrid	NA	NA	NA
Ford Focus EV	IM	100	Li	Ford Focus	PMSM	NA	Li
Ford Fusion Hybrid	PMSM	79	Ni	Honda Fit EV	IM	NA	Li
Ford Tourneo Connect EV	IM	50	Li	Honda Jazz	PMSM	10	Ni
Honda CR – Z Hybrid	NA	NA	NA	Hyundai Blue on	PMSM	61	Li
Hyundai Sonata Hybrid	NA	NA	NA	Hyundai Sonata Hybrid	PMSM	30	Li
Infiniti M Hybrid	NA	NA	NA	Infiniti M35h Hybrid	PMSM	NA	Li
Kangoo Express ZE	NA	44	Li	Lighting GT	PMSM	150	Li
Kia Optima Hybrid	PMSM	30	Li	Mercedes E300 Diesel Hybrid	NA	NA	NA
Lexus CT 200h	NA	NA	Ni	Mercedes SLS Hybrid	NA	NA	NA
Lincoln MKZ Hybrid Sedan	PMSM	NA	Ni	Peugeot 508 RXH	NA	NA	NA
Opel Ampera	NA	NA	NA	Peugeot RCZ Hybrid	NA	NA	NA
Peugeot 308	PMSM	27	Ni	Proton Exora Hybrid	NA	NA	NA
Peugeot iOn	PMSM	35	Li	Suzuki Swift Plug – in Hybrid	NA	NA	NA
Porsche Cayenne	NA	NA	NA	Tesla Moel S	IM	215	Li

(续)

汽车型号	电动机		电池	汽车型号	电动机		电池
	种类	功率			种类	功率	
Renault Fluence ZE	SM	70	Li	Toyota Highlander Hybrid	PMSM	50+30	Ni
Renault Twizy	SM	15	Li	Toyota Prius C	NA	NA	NA
Renault ZOE	SM	60	Li	Toyota Prius Liftback	NA	NA	NA
REVA NXR	IM	13	Li	Toyota Prius Plug-in	PMSM	60+42	Li
Saab 9-3 epower	PMSM	135	Li	Toyota Prius v	NA	NA	NA
Skoda Octavia EV	PMSM	85	Li	Toyota Rav4 EV	IM	NA	Li
Tata Indica Vista EV	PMSM	55	Li	Toyota Yaris Hybrid	NA	NA	NA
Toyota Auris	NA	NA	NA	Voltswagen emotion hybrid	NA	NA	NA
Toyota Prius	PMSM	27	Ni	Acura ILX	PMSM	17	Li
Voltswagen Touareg Hybrid	PMSM	35	Ni	Chevrolet Malibu Eco	IM	11	Li
Volvo C30 DRIVEe	PMSM	82	Li	GMC Sierra Hybrid	NA	NA	Ni
Audi A8	PMSM	40	Li	Honda Fit Shuttle	NA	NA	NA
Audi Q5 Hybrid	PMSM	40	Li	Lexus ES300h	NA	NA	NA
BMW ActiveHybrid 5	PMSM	40	Li	Lincoln MKZ Hybrid	PMSM	NA	Li
Buick LaCrosse	PMSM	15	Li	Nissan Sports-Coupe Plug-in	NA	NA	NA
Buick Regal	PMSM	15	Li	Voltswagen Jetta Hybrid	PMSM	20	Li

有从低端到高端的微控制器产品线，包括从乘客检测到气囊展开控制器。伴随着如白线探测、障碍物探测等车辆安全功能的多样化，对微控制器内 CPU 的性能、内置存储器的容量等提出了更高的要求。为了对应安全行驶支持系统，瑞萨公司提供了内置大容量存储器的 32 位微处理器 M32R。此外，具备可直接存取内置 RAM 中的 CCD 相机及雷达数据的 DRI（Direct RAM Interface）功能的多种产品正在开发中。

FlexRay™是下一代 X-By-Wire 系统用车载网络协议，具有高速、高灵活性、高可靠性的特点。瑞萨公司很早就开始了内置 FlexRay™控制器的微控制器的开发和产品化。由 M32C 系列开始向 SH、M32R 拓展，使该协议在网关、制动、EPS、发动机等各项目中得到应用。其他公司也紧随其后，实现了内置 FlexRay™微控制器的产品化。

电动助力转向（Electronic Power Steering，EPS）系统要求有一个高性能的 CPU、大容量的嵌入式存储空间以及高速、高精度的 A-D 转换器。而且还必须有通信接口（FlexRay，CAN），以保证与动力传动系统的协调控制。为满足这种需要，众多半导体厂商提供用于电动机的专用驱动 IC 和 PowerMOS（第 7 代），使得汽车电子工程师们能够较为轻松地面对复杂的汽车电子控制问题。

LIN 是性价比较高的单主车载网络协议，用于开关输入、传感器输入、执行器控制等各种车身控制领域。市场提供封装形式丰富、低功耗、高工作温度、EMI/EMS 性能优异的多种适于车身控制的 LIN 微控制器。

CAN 在当今的车载网络中已成为标准网络协议，从骨干网络到动力传动系统、车身系统都得到了广泛的应用。当今的 CAN 微控制器具有多种封装、低功耗、高工作温度、优异的 EMI/EMS 性能、丰富的产品线等特点，以最大限度地满足用户的各种系统需求。

ASRB2.0 是以安全气囊系统网络化为目标，由 Safe – By – Wire Plus 联盟制定的网络协议，被标准化为 ISO 22896。

1.3 无人驾驶汽车概述

随着智能化技术在汽车驾驶领域的发展与应用，汽车行业正在向无人驾驶的智能化方向转型和发展，智能化汽车的主要表现形式就是无人驾驶汽车。其开发和应用关系到未来汽车行业以及能源行业的发展前景。无人驾驶汽车本质上是一种依靠计算机技术的智能化技术汽车，因此也被叫作轮式的移动机器人，无人驾驶汽车内部的主要原理便是以计算机智能驾驶仪为主导来达到无人驾驶的目标。

1.3.1 无人驾驶汽车的发展历程

美国、英国、德国等从 20 世纪 70 年代开始对无人驾驶汽车的可行性和实用性进行了研究和突破，20 世纪 90 年代我国国防科技大学研制出了国产的无人驾驶汽车。目前已经研发的最先进的无人驾驶汽车的无人驾驶里程已经达到了 8 万 km。我国百度公司的无人驾驶汽车的发展有着自身的独特性，在商用和量产方面是当前无人驾驶汽车领域面临的主要问题。自动驾驶研究领域对无人驾驶汽车量产的估量是当前社会上的热点问题，现阶段一些大型计算机集团对于无人驾驶汽车的研究已经处于激烈竞争的地步。全球包含汽车公司和互联网公司的大型企业对无人驾驶汽车产业的深入开发使得无人驾驶汽车在未来的发展具有相当的可行性。现阶段开发无人驾驶汽车的主要公司有谷歌、苹果、优步、特斯拉、奔驰、福特等跨国企业。对于市场先机的抢占是这些跨国企业研发无人驾驶汽车的主要动因。

车载传感系统是无人驾驶汽车内部的主要核心构件，在车载传感系统对周围环境路况的自动规划下使得无人驾驶汽车真正意义上达到了行车路线的识别和方向的控制。作为一种先进的智能汽车，无人驾驶汽车的车载传感器充分体现了智能化环境识别和车辆自动化控制。自动化技术的应用使得车辆自动感知周围环境、获取道路信息、目标位置以及障碍物信息的准确度有了很大的提升，在此基础上，转向和速度得到有效的控制，从而无人驾驶汽车在安全、可靠性方面有了较为明显的体现。无人驾驶汽车的技术中包含了自动控制技术、体系结构技术、人工智能技术以及视觉计算技术等多种先进技术，无人驾驶汽车的研究和开发是建立在计算机技术、识别技术以及智能控制技术等诸多技术高度发展和结合的基础之上。无人驾驶车的需求是基于人类对驾驶安全的迫切追求。由于驾驶人失误造成的交通事故频发，使得无人驾驶汽车在汽车制造行业有了广阔的市场前景和应用领域。

谷歌作为最早研发无人驾驶汽车的企业之一。其研发的无人驾驶汽车从2009年开始测试性能。其中55辆谷歌自动驾驶汽车的道路测试里程总计达到了200多万km，谷歌的无人驾驶汽车设计要求驾驶人像普通汽车驾驶人一样会坐在方向盘的后方，这样做是方便汽车自动驾驶系统失灵后人为随时接管汽车方向盘，另外在车内会有技术人员监控计算机导航系统运行状态。从2013年开始，谷歌无人驾驶汽车选择了全自动化无人驾驶模式，这是由于之前的研发路线已经假设失效，而谷歌选择的用计算机系统完全代替方向盘半人为控制的路线后，谷歌研发了一种无方向盘、制动踏板和加速器的无人驾驶汽车，这种汽车的行驶速度只能达到40km/h。谷歌在此型号无人驾驶汽车的外部增加了泡沫保护，并将挡风玻璃的材质改为了塑料材质，从而最大程度地增加了无人驾驶汽车的安全性能。

当前特斯拉无人驾驶汽车的型号为Model S，与谷歌无人驾驶汽车技术路线不同的是特斯拉的自动驾驶技术并未选择完全信任计算机系统。特斯拉Model S车型中使用了一种叫Autopilot自动驾驶系统，系统的应用使得特斯拉Model S在高速公路上能够实现辅助自动驾驶的功能切换。但Autopilot系统的切换也需要驾驶人员对车辆的接管做到随时性，然而即便如此，特斯拉Model S也出现了由于无人驾驶模式引发的交通事故。在美国发生的无人驾驶汽车交通事故使得无人驾驶汽车安全性能受到广泛关注。特斯拉公司的技术失误说明无人驾驶汽车研发路线并不能够有效地保证汽车驾驶的安全性，也正因为如此，特斯拉公司强调驾驶人不应该完全信赖自动驾驶系统进行无人驾驶汽车的驾驶。特斯拉自动驾驶技术路线在于无人驾驶技术能够起到提高驾驶人员驾驶体验的效果，而并非完全取代人为驾驶。

1.3.2 面临的挑战

无人驾驶汽车在复杂交通场景下的信息识别依旧面临一定的技术挑战，在复杂的交通条件下，无人驾驶汽车需要对天气变化、路况复杂度等内容进行识别和分析才能实现自动化驾驶，当前无人驾驶汽车对复杂交通环境下场景感知技术存在相当大的缺陷,正是因为如此才很难在复杂交通环境下做出有效的安全响应。无人驾驶汽车对预行为技术的表达程度还不够成熟。通常汽车驾驶人是通过自身的行为意识来实现驾驶目标。例如汽车驾驶过程中通过对旁边车辆驾驶人的水平判断才能决定是否要规避旁边车辆,而当前自动驾驶技术在行为方式上并未取得有效的技术突破。无人驾驶汽车对特殊情况的处理技术同样不成熟,例如城市临时交通管制的情况下无人驾驶汽车需要对交警的手势进行有效识别。目前计算机自动驾驶系统对这类情况的判断和理解依旧存在漏洞。无人驾驶汽车的人车交互技术并未达到可行的程度。无人驾驶汽车与人类的自然交流方式还未形成有效的技术应用,这使得汽车驾驶的愉快性、直观性以及人为性的驾驶体验大打折扣。此外无人驾驶汽车由于计算机技术还存在一定的网络安全风险。

参 考 文 献

[1] 孙兴海,等. 汽车电控技术 [M]. 北京:清华大学出版社,2015.
[2] 尼古拉斯·纳威特,等. 汽车嵌入式系统手册 [M]. 李惠彬,唐敏,等译. 北京:机械工业出版社. 2016.
[3] 阿米尔·卡杰坡,等. 纯电动和混合动力汽车机电控制技术 [M]. 殷国栋,边辰通,等译. 北京:机械工业出版社,2015.
[4] 罗灯明,等. 汽车构造 [M]. 北京:北京大学出版社,2015.
[5] 张金柱. 图解汽车原理与构造 [M]. 北京:化学工业出版社,2016.
[6] 亚历山大·泰勒,等. 新能源汽车动力电池技术 [M]. 陈勇,译. 北京:北京理工大学出版社,2017.
[7] 黄志坚. 电动汽车结构·原理·应用 [M]. 北京:化学工业出版社. 2016.
[8] 李林. 汽车发动机维修快速入门30天 [M]. 北京:机械工业出版社. 2016.
[9] 付于武,毛海. 重新定义汽车:改变未来汽车的创新技术 [M]. 北京:机械工业出版社,2017.
[10] 李持生. 无人驾驶汽车发展面临的挑战与建议浅谈 [J]. 山东工业技术,2019(6):44.

第 2 章　汽车电子技术基础

2.1　汽车电子中常用的功率开关器件

汽车执行器是受 ECU 控制并具体执行某项控制功能的装置。汽车的现代化程度愈高，汽车的执行器就愈多。在控制系统中，执行器主要有以下几种：
- 电磁喷油器；
- 点火控制器（点火模块）；
- 怠速控制阀；
- 废气再循环阀；
- 进气控制阀；
- 二次空气喷射阀；
- 活性炭罐电磁阀；
- 车速控制电磁阀；
- 电动汽油泵与继电器；
- 冷却风扇继电器；
- 空调压缩机继电器；
- 自动变速档位电磁阀；
- 增压器释压电磁阀。

汽车的点火线圈虽不属于汽车执行器的范畴，但在现代汽车中它的驱动完全依赖于电子开关，而且它的驱动有着特殊性。汽车中最常用的电子开关是 MOSFET 和 IGBT。

电力电子技术不断渗透到汽车领域中，这首先归功于 IGBT 和功率 MOSFET 的迅速发展。功率 MOSFET 与 IGBT 正逐渐成为低功耗转换应用中的最佳选择。同时，它们的应用在其现有的领域内也在不断地深化，高耐压双极型电力晶体管几乎完全被 IGBT 所代替，MOSFET 则被应用于越来越高的频率范围。但两者的应用范围确有一些不同，如图 2-1 所示。MOSFET 适用于高频率（>200kHz）、低电压（<250V）、小功率（<500W）的输出功率领域，IGBT 适用于低频率（<20kHz）、高电压（>1000V）、大电流、大于 5kW 的输出功率领域。

目前，MOSFET 的导通电阻和开关效率等关键性能指标已得到显著提高，加之芯片尺寸的缩小和生产流程的简化，这种器件的成本也有所下降。IGBT 也已

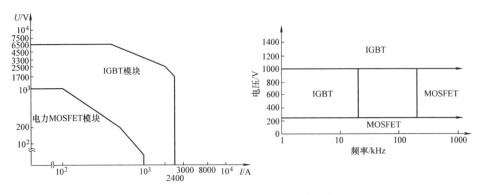

图 2-1　功率 MOSFET 及 IGBT 的应用范围

经具备了高度保护性和适应性,如有源钳位、静电放电(ESD)保护等。

2.1.1　功率 MOSFET

1. MOSFET 的结构和工作原理

功率 MOSFET(Metal Oxide Semiconductor FET)是金属氧化物半导体场效应晶体管的缩写,也叫电力 MOSFET,它是在 MOS 集成电路工艺基础上发展起来的一种电力开关器件。MOSFET 是用栅极电压来控制漏极电流的,因此它的第一个显著特点是驱动电路简单,驱动功率小。其第二个显著特点是开关速度快,工作频率高,功率 MOSFET 的工作频率在所有电力电子器件中是最高的。另外,由于功率 MOSFET 是双极型电力晶体管,因此它具有很好的热稳定性。因此,功率 MOSFET 已被广泛用于开关电源、汽车电子、消费电子、工业控制等领域,成为当今世界上电力电子器件发展的主要方向。

MOSFET 种类和结构繁多,根据载流子的性质,可将功率 MOSFET 分为 P 沟道与 N 沟道两种,其图形符号如图 2-2b 所示,它有 3 个电极:栅极 G、源极 S 与漏极 D。当栅极电压为零时,源 - 漏之间存在导通沟道的称为耗尽层;对 N 沟

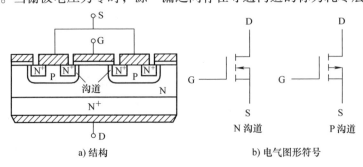

图 2-2　N 沟道增强型 MOSFET 结构及两种沟道电气图形符号

道器件，栅极电压大于零（对于 P 沟道器件，栅极电压小于零）时才存在导电沟道的称为增强型。图 2-2 是 N 沟道增强型 MOSFET 结构及电气图形符号。

当漏极接电源正端，源极接电源负端，栅极和源极间电压为零时，P 基区与 N 漂移区之间形成 PN 结反偏，漏源极之间无电流流过。如果在栅极和源极之间加一正电压 U_{GS}，由于栅极是绝缘的，所以并不会有栅极电流流过。但栅极的正电压却会将其下面 P 区中的空穴推开，而将 P 区中的少子——电子吸引到栅极下面的 P 区表面。当 U_{GS} 大于某一电压值 U_T 时，栅极下 P 区表面的电子浓度将超过空穴浓度，从而形成反型层，该反型层形成 N 沟道而使 PN 结消失，漏极和源极导电。电压 U_T 称为开启电压（或阈值电压），U_{GS} 超过 U_T 越多，导电能力越强，漏极电流 I_D 越大。

2. MOSFET 基本特性

（1）静态特性

漏极电流 I_D 和栅极与源极间电压 U_{GS} 的关系反映了输入电压和输出电流的关系，称为 MOSFET 的转移特性，如图 2-3 所示。从图中可知，I_D 较大时，I_D 与 U_{GS} 的关系近似线性，曲线的斜率被定义为 MOSFET 的跨导 G_{fs}，即

$$G_{fs} = \frac{dI_D}{dU_{GS}} \tag{2-1}$$

MOSFET 是电压控制型器件，其输入阻抗极高，输入电流非常小。

图 2-3b 是 MOSFET 的漏极伏安特性，即输出特性。从图中可以看出它分为三个区：非饱和区、饱和区和截止区。饱和区是指漏源电压增加时漏极电流不再增加，非饱和区是指漏源电压增加时，漏极电流相应增加，功率 MOSFET 工作在开关状态，即在截止区和非饱和区之间来回切换。

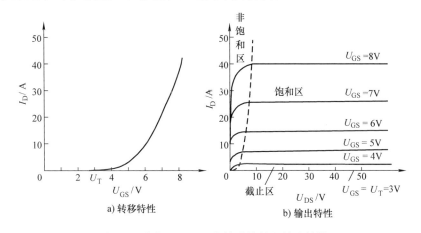

图 2-3 功率 MOSFET 的转移特性和输出特性

(2) 动态特性

在电力电子技术领域,功率 MOSFET 主要在高频电路中使用,譬如用作高频开关电源中的主开关器件。因此,不可不对其动态特性有所了解。功率 MOSFET 的动态特性有两个决定因素:一个是栅极的电位变化率;另一个是载流子渡越漂移区的速度。当第一个因素起主导作用时,器件电容成为影响动态特性的关键参数。

研究功率 MOSFET 的开关特性可用图 2-4a 所示的测试电路。

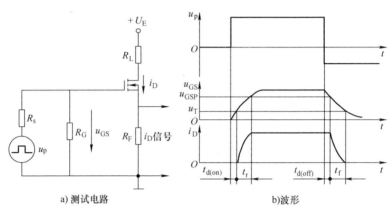

图 2-4 MOSFET 开关过程和测试电路及波形
u_p—脉冲信号源 R_s—信号源内阻 R_G—栅极电阻
R_L—负载电阻 R_F—检测漏极电流

使用者虽然无法降低输入电容,但可以降低栅极驱动电路的内阻,从而减少栅极回路的充放电时间常数,加快开关速度。MOSFET 只靠多子导电,不存在少子存储效应,因而关断过程非常迅速。开关时间在 10 ~ 100ns 之间,工作频率可达 100kHz 以上。功率 MOSFET 是场控器件,在静态时几乎不需要输入电流。但是,在开关过程中需要对输入电容充电,仍需要一定的驱动功率。开关频率越高,所需要的驱动功率越大。

3. 功率 MOSFET 的主要参数

除前面已涉及的跨导 G_{fs}、阈值电压 U_T 及开关过程中的时间参数 $t_{d(on)}$、t_r、$t_{d(off)}$ 和 t_f 以外,功率 MOSFET 还有以下主要参数:

1) 漏极电压 U_{DS}:这是标称功率 MOSFET 电压定额的参数。

2) 漏极电流 I_D 和漏极脉冲电流幅值 I_{DM}:这是标称功率 MOSFET 电流定额的参数。

3) 栅-源电压 U_{GS}:栅极和源极之间的绝缘层很薄,$|U_{GS}| > 20V$ 将导致绝缘层击穿。

4）极间电容：MOSFET 的三个电极之间分别存在极间电容 C_{GS}、C_{GD} 和 C_{DS}。一般生产厂家提供的是漏-源极短接时的输入电容 C_{iss}、共源极输出电容 C_{oss} 和反向转移电容 C_{rss}。它们之间的关系是

$C_{iss} = C_{GS} + C_{GD}$

$C_{rss} = C_{GD}$

$C_{oss} = C_{DS} + C_{GD}$

输入电容可近似用 C_{iss} 代替，这些电容都是非线性的。

漏极和源极间的耐压、漏极最大允许电流和最大耗散功率决定了功率 MOSFET 的安全工作区。一般来说，功率 MOSFET 不存在二次击穿问题，这是它的一大优点。在实际使用中，仍应注意留适当的裕量。

4. MOSFET 的应用

（1）MOSFET 适用的工作环境

1）高频应用（>200kHz）；

2）宽负载范围；

3）大占空比；

4）低压应用（<250V）；

5）<500W 的功率输出。

（2）MOSFET 的典型应用

1）开关电源：频率在 200kHz 以上的硬开关；

2）开关电源：功率低于 1000W 的 ZVS（零电压开关）；

3）电池充电。

（3）MOSFET 在汽车电子中的应用

与双极型晶体管相比，功率 MOSFET 的开关时间短，它是一种压控器件，具有自关断能力，安全工作区宽，导通电阻低，不存在二次击穿问题，但缺点是电压和电流容量较小。

在汽车领域，人们要求汽车制造商提供更有效率的汽车，具备更多功能而且价格必须为人众所接受。为了达到这个目标，许多汽车系统必须进行彻底的改进，例如使发动机更高效地燃烧燃料即将液压系统转换成电子系统，从而降低发动机的功耗。从发电系统到传动系统，几乎所有系统都应查看是否会浪费能量，而低阻抗 MOSFET 便是提高这些系统性能的重要器件。

为了保证汽车用功率 MOSFET 的高可靠性，在一般可靠性试验项目中，例如热冲击试验、功率循环试验等，对汽车用功率 MOSFET 的要求与普通用功率 MOSFET 的要求是不同的。从相应的设计与工艺来看，它有下列 4 个特点。

1）通过采用最佳工艺来抑制寄生的双极型晶体管进入工作状态，确保功率 MOSFET 的雪崩状态，由此可以简化缓冲电路等外部保护电路。

2）通过在内部栅-源极间设置双向稳压二极管，以抑制过电压，提高抗静电破坏的能力。

3）采用微细加工技术，缩小 MOSFET 的尺寸，由此降低单位面积上的导通电阻。

4）器件可在较宽温度范围内稳定工作，这是其可用于汽车上的必要条件。

2.1.2 绝缘栅双极型晶体管（IGBT）

绝缘栅双极型晶体管（IGBT）是双极型电力晶体管和 MOSFET 的复合。IGBT 是 Insulated Gate Bipolar Transistor 的缩写。IGBT 具有输入阻抗高、通态压降低、驱动电路简单、安全工作区宽、电流处理能力强等优点，它在电动机控制逆变器、中频开关电源和机器人等领域有着广泛的应用。

1. IGBT 的结构及工作原理

IGBT 的结构如图 2-5 所示。它在结构上类似于 MOSFET，其不同点在于 IGBT 是在 N 沟道功率 MOSFET 的 N^+ 基板（漏极）上增加了一个 P^+ 基板（IGBT 的集电极），形成 PN 结 J_1，并由此引出漏极、栅极和源极。

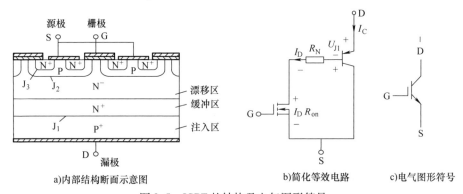

图 2-5 IGBT 的结构及电气图形符号

由图 2-5 可以看出，IGBT 是 GTR 与 MOSFET 组成的达林顿结构，一个由 MOSFET 驱动的厚基区 PNP 晶体管，R_N 为晶体管基区内的调制电阻，其简化等效电路如图 2-5b 所示。IGBT 是以 GTR 作主导、MOSFET 作驱动的复合结构。

IGBT 的导通和关断是由栅极电压来控制的。当栅极加正电压时，MOSFET 内形成沟道，并为 PNP 晶体管提供基极电流，从而使 IGBT 导通，此时从 P^+ 区注到 N^- 区进行电导调制，减小 N^- 区的电阻 R_{dr} 值，使高耐压的 IGBT 也具有低的通态压降。在栅极上加负电压时，MOSFET 内的沟道消失，PNP 晶体管的基极电流被切断，IGBT 关断。

2. IGBT 的基本特性

IGBT 的工作特性包括静态和动态特性两类。

(1) 静态特性

IGBT 的静态特性主要有转移特性和开关特性。

IGBT 的转移特性是指输出漏极电流 I_D 与栅－源电压 U_{GS} 之间的关系曲线,如图 2-6 所示。它与 MOSFET 的转移特性相同,当栅－源电压小于开启电压 $U_{GS(th)}$ 时,IGBT 处于关断状态。栅－源电压受最大漏极电流限制,其最佳值一般取为 15V 左右。

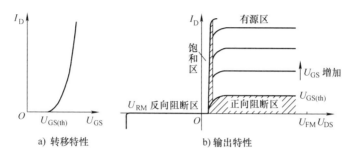

图 2-6 IGBT 的转移特性和输出特性

IGBT 的开关特性是指漏极电流与漏－源电压之间的关系。尽管等效电路为达林顿结构,但流过 MOSFET 的电流成为 IGBT 总电流的主要部分。此时,通态电压 $U_{DS(on)}$ 可用下式表示

$$U_{DS(on)} = U_{j1} + U_{dr} + I_d R_{oh}$$

式中 U_{j1} ——J_1 结的正向电压,其值为 0.7~1V;

U_{dr} ——扩展电阻 R_{dr} 上的压降;

R_{oh} ——沟道电阻。

通态电流 I_{DS} 可表示为

$$I_{DS} = (1 + \beta_{pnp}) I_{mos}$$

式中 I_{mos} ——流过 MOSFET 的电流。

由于 N^+ 区存在电导调制效应,所以 IGBT 的通态压降小,耐压 1000V 的 IGBT 通态压降为 2~3V。IGBT 处于断态时,只有很小漏电流存在。

(2) 动态特性

如图 2-7 所示,给出了 IGBT 开关过程的波形。IGBT 的开通过程与功率 MOSFET 的开通过程很相似,这是因为 IGBT 在开通过程中大部分时间是作为 MOSFET 来运行的。如图 2-7 所示,从驱动电压 U_{GS} 上升至其幅值 10% 的时刻起,到集电极电流 I_C 上升至 $10\% I_{CM}$ 的时刻止,这段时间为开通延时时间 $t_{d(on)}$。而 I_C 从 $10\% I_{CM}$ 上升至 $90\% I_{CM}$ 所需时间为电流上升时间 t_r。同样,开通时间 t_{on} 为开通延迟时间与电流上升时间之和。开通时,集电极电压 U_{CE} 的下降过程分为

t_{fv1} 和 t_{fv2} 两段。t_{fv1} 为 IGBT 中 MOSFET 单独工作的电压下降过程；t_{fv2} 为 MOSFET 和 PNP 晶体管同时工作的电压下降过程。

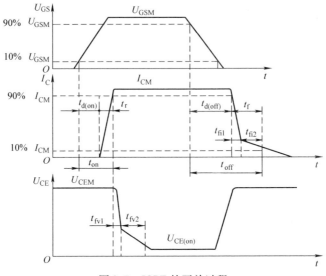

图 2-7 IGBT 的开关过程

IGBT 关断时，从驱动电压 U_{GE} 的脉冲沿下降到其幅值 90% 的时刻起，到集电极电流 I_C 下降至 90% I_{CM} 止，这段时间为关断延迟时间 $t_{d(off)}$；集电极电流从 90% I_{CM} 下降至 10% I_{CM} 的这段时间为电流下降时间。这两者之和为关断时间 t_{off}。

电流下降时间又可分为 t_{fi1} 和 t_{fi2} 两段。t_{fi1} 为 IGBT 内部的 MOSFET 的关断时间，I_C 下降较快；t_{fi2} 为 IGBT 内部的 PNP 晶体管的关断时间，这段时间内 MOSFET 已经关断，IGBT 又无反向电压，从而造成 I_C 下降较慢。

可以看出，IGBT 中双极型 PNP 晶体管的存在，虽然带来了电导调制效应的优势，但也引入了少子存储的现象，因而 IGBT 的开关速度要低于功率 MOSFET。

此外，IGBT 的击穿电压、通态压降和关断时间也是需要折中的参数。高压器件的 N 基区必须有足够宽度和较高的电阻率，这会引起通态压降的增大和关断时间的延长。

3. IGBT 的主要参数

除了前面提到的各参数之外，IGBT 的主要参数还包括：

1) 最大漏源极间电压 U_{DSS}：是由器件内部的 PNP 晶体管所能承受的击穿电压所确定。

2) 最大漏极电流：包括额定直流电流 I_D 和 1ms 脉宽最大电流 I_{CP}。

3) 最大漏极功耗 P_{DM}：在正常工作温度下允许的最大耗散功率。

IGBT 的特性和参数特点可以总结如下：

1) IGBT 开关速度高，开关损耗小。有关资料表明，在电压 1000V 以上时，

IGBT 的开关损耗只有 GTR 的 1/10，与功率 MOSFET 相当。

2）在电压相同及电流定额的情况下，IGBT 的安全工作区比 GTR 大，而且具有耐脉冲电流冲击的能力。

3）IGBT 的通态压降比 MOSFET 低，特别是在电流较大的区域。

4）IGBT 的输入阻抗高，其输入特性与功率 MOSFET 类似。

5）与功率 MOSFET 和 GTR 相比，IGBT 的耐压和通流能力还可以进一步提高，同时可保持开关频率高的特点。

4. IGBT 的应用

(1) IGBT 适用工作环境

1）低占空比；

2）低频率（<20kHz）；

3）窄负荷范围；

4）适用于高压（>1000V）；

5）可以在高结温下运行（>100℃）；

6）大于 5kW 的输出功率。

(2) IGBT 的典型应用

1）电动机控制：频率<20kHz，具有短路和瞬时限流保护；

2）不间断电源（UPS）：恒定负载，典型的低频应用；

3）焊接：大平均电流，低频（<50kHz），ZVS 电路；

4）低功率灯光控制：低频（100kHz）。

(3) IGBT 在汽车上的应用

IGBT 非常适用于点火开关，表 2-1 是在汽车电子点火系统中 IGBT 的使用情况。

表 2-1 IGBT 在汽车电子点火系统中的应用

	双火花点火线圈	单火花点火线圈	智能型笔状线圈
线上电压	高压 30kV	高压 400V	低压 12V
驱动器位置	ECU 上	ECU 上	发动机上
能量消耗	ECU 上	ECU 上	线圈上
环境温度	<125℃	<125℃	>125℃
驱动器类型	双极型 IGBT	双极型 IGBT	智能型 IGBT
智能型功能	分离的	分离的或集成的	集成的
通信/诊断	完全可操作的引脚	完全可操作的引脚	新的概念

对于四缸发动机，早期的基于晶体管的点火系统采用有两个功率输出级的双点火线圈（这种情况在目前的低档产品中仍有应用）。在某些情况下这种系统是

不能满足要求的。目前带有气缸交叠和多值控制的内燃机不允许在排气行程中进行点火。这种发动机每个气缸都需要单独的线圈（插头线圈）或笔状线圈来点火。

把功率开关合并到这个笔状线圈或者插头线圈上，这样就产生了一种性能显著的机械电子系统。把点火开关放到笔状线圈上有下列的优点：

1) 去除了大电流控制线和高压点火电缆，可以降低点火过程中的电磁干扰；

2) 去除高电压点火电缆，可以降低成本，提高可靠性；

3) 去掉点火开关，可以降低中央 ECU 的能量消耗。

由于 ECU 和点火模块的距离可能有几米远，所以半导体和点火线圈的保护及诊断就必须由点火模块来提供。这就意味着在点火模块中又增加了电路的复杂程度。为了简化电缆及减少点火模块接口的数量，器件上采用多路复用引脚就成了首选。但是，多路复用引脚又需要将更多的电子器件集成到点火开关中。所有的这些特点都需要更多的空间来实现，于是有限的安放空间就成为分散式点火输出级的主要设计因素之一。

智能型 IGBT 可以实现单片集成，将功率和控制电路制作在同一个硅片上。功率芯片和控制芯片也可以分别制作，然后再装进同一个封装中。目前将附加功能的电路元件集成到 IGBT 功率开关电路中的尝试还很有限，因为这种做法并不是行业的发展趋势。因为电力电子器件技术和逻辑电路技术是很不相容的，这两种技术的集成将导致半导体制作工艺变得复杂而且往往更加昂贵。

在现代点火系统中，功率输出级在实现开关功能的同时，还实现了一些保护和诊断功能，以满足用户的要求。这些功能使系统更能符合排放标准，实现燃料的节约，达到更高的舒适度和可靠性。保护和诊断的内容包括以下方面：限流、关断定时器、电流反馈、电压反馈、无火花关断、过热保护、双向电流接口、离子流信号调节。

在上述智能型 IGBT 中，有源齐纳击穿钳位、静电保护和功率开关等基本功能都在底层标准点火 IGBT 芯片上实现了，更为复杂的功能电路则集成在顶层芯片 [用 BCD (Bipolar CMOS DMOS) 工艺制作] 中。

2.1.3　MOSFET 与 IGBT 的驱动电路

功率 MOSFET 和 IGBT 是电压驱动型器件。功率 MOSFET 的栅 - 源极之间和 IGBT 的栅 - 射极之间都有数千皮法左右的极间电容，为快速建立驱动电压，要求驱动电路具有较小的输出电阻。功率 MOSFET 开通的栅 - 源极间驱动电压一般取 10 ~ 15V，IGBT 导通的栅 - 射极间驱动电压一般取 15 ~ 20V。同样，关断时施加一定幅值的负驱动电压（一般取 -5 ~ -15V），有利于减少关断时间和关断损耗。在栅极串入一个低值电阻（数十欧左右），可以减少寄生振荡，该电阻阻值应随被驱动器件电流额定值的增大而减小。

设计驱动电路的原则是：导通时，使充分饱和，$U_{GS} = 10 \sim 15V$；关断时，原则上是零电压可以就关断，但一般取 $-10V$ 就能可靠关断；另外，开关速度 di/dt 不能过大，栅极要串入电阻（100Ω 左右）。由于 C_{iss} 的存在，驱动电源要有足够的功率。

图 2-8 给出了小功率 MOSFET 的一种驱动电路。

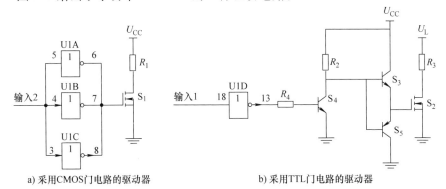

a) 采用CMOS门电路的驱动器　　　　b) 采用TTL门电路的驱动器

图 2-8　小功率 MOSFET 驱动电路

1. 常见驱动芯片及应用分析

目前众多公司推出了多种专用驱动集成芯片，如仙童公司的 FAN7390。其特点是：能吸收/给出 2A 电流；具有欠电压保护和逻辑电平浮动驱动；其最低工作频率为 100Hz，开通时间为 120ns，关断时间为 94ns；输入信号与 TTL/CMOS 兼容，输出驱动信号范围为 $10 \sim 20V$。应用 FAN7390 的 MOSFET 驱动电路如图 2-9 所示。

IGBT 的驱动多采用专用的混合集成驱动器，早期常用的有三菱公司的 M579 系列（如 M57962L 和 M57959L）和富士公司的 EXB 系列（如 EXB840、EXB841、EXB850 和 EXB851）。其内部具有保护环节，当发生过电流时，能快速响应，并向外部电路给出故障信号。M57962L 输出的正驱动电压均为 $+15V$ 左右，负驱动电压为 $-10V$。目前也有很多公司针对汽车电子应用推出了多款 IGBT 驱动 IC。图 2-10 是 CONCEPT 公司推出 IGBT 驱动器 2SD106AI 的原理框图和应用原理图。其产品主要技术特点如下：

1）具有短路和过电流保护；
2）高门极驱动电流，$\pm 6A \sim \pm 30A$；
3）高达 $500V \sim 10kV$ 的电气隔离；
4）开关频率 $>100kHz$；
5）直流端电压监控；

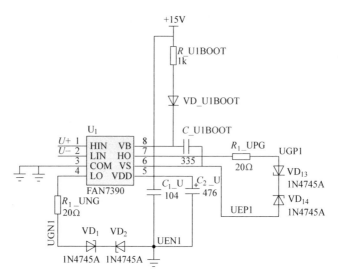

图 2-9 带有电气隔离的 MOSFET 驱动电路

6) 内嵌 DC/DC 转换器。

在逻辑信号输入侧,$U+$ 和 $U-$ 分别为 U 相桥臂的 PWM 控制信号输入,接 DSP 的 PWM 输出引脚。SO_1 和 SO_2 为芯片状态输出端,与 DSP 普通 IO 口相连接,便于 DSP 判断目前驱动芯片的工作状态。VL 为复位和逻辑电平选择复用引脚,该控制芯片可提供 +5V 和 +15V 两套逻辑电平,本文采用 +5V 逻辑电平工作。可以看出,选用 SCALE DRIVER 系列的驱动芯片,外围电路搭建简单,而且经实验证明,工作安全可靠。

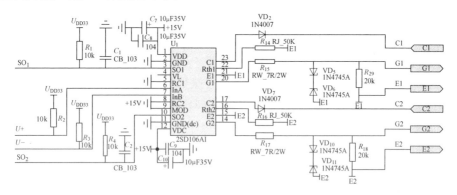

图 2-10 IGBT 驱动器电路的原理图

图 2-11 是 EXB841 的原理框图和应用原理图,其产品主要技术特点如下:
1) 最高工作频率为 40kHz,适用于全部 IGBT 模块产品范围;

2)内置用于高隔离电压的光电耦合器,可承受2500V交流电压;
3)EXB841驱动器为单电源工作;
4)内装过电流保护电路,并可输出过电流保护信号。

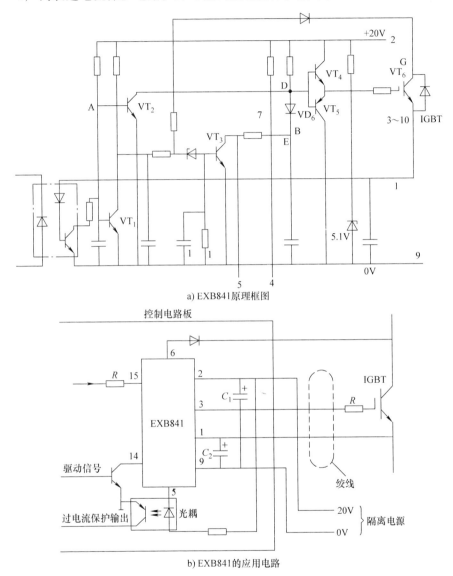

图 2-11　EXB841 的原理图

图 2-11b 中 EXB841 的 6 脚通过快速二极管接至 IGBT 的集电极,它通过检测电压 U_{CE} 的高低来判断是否发生短路。图 2-11b 中 C_2 用于抑制由供电电源接线阻抗变化引起的供电电压变化。

2. 自举驱动技术

驱动电路设计时主要是要考虑上桥驱动电源的浮地问题。解决方法有两种：一是多电源驱动方式（常规驱动方式），缺点是增加了电源数量，增加了成本；第二种是采用自举技术。采用隔离控制方式，不考虑死区，其中 VD_1 为自举二极管、C_1 为自举电容。自举驱动的工作过程如图 2-12 所示。

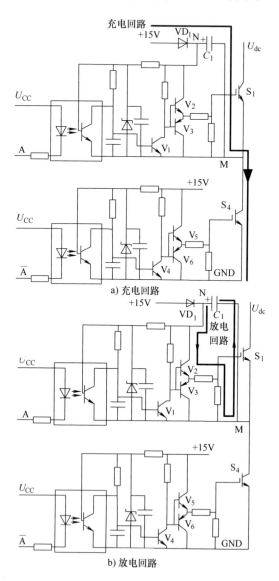

图 2-12 隔离型自举电路

当 S_1 关断 S_4 导通时，N 点电位为 +15V，M 点为 +15V 电源地，电源 +15V 对自举电容 C_1 进行充电；当 S_1 导通 S_4 关断时，M 点的电压为 U_{dc}，而 N 点电位由于自举电容 C_1 电压不能瞬变，N 点瞬时电位为（U_{dc} + 15）V，则自举二极管 VD_1 承受反压关断从而保护 +15V 电源，此时 S_1 管的 GE 端承受 +15V 压差（NM 之间的电压）。VD_1 需采用高耐压的快速恢复二极管，C_1 需采用较大电容，以保证开关频率为 20kHz 条件下自举电容的电压波动不超过 100mV。

工程中可通过集成芯片来实现自举电路，如 IR2110 集成驱动器，该驱动器结构如图 2-13 所示。

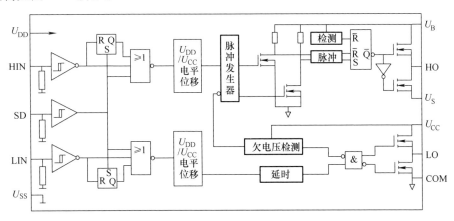

图 2-13 IR2110 内部结构原理图

图中：

LO—下桥臂驱动信号输出端；

COM（下桥臂门极驱动电源参考地）—与 U_{SS} 和下桥臂开关管的源极相连；

U_{CC}（下桥臂门极驱动电源）—接用户提供的输出级电源正极，并通过电容连接 COM 端；

U_S（上桥臂门极驱动电源参考地）—与上桥臂开关管的源极相连；

U_B（上桥臂门极驱动电源）—由一个快恢复二极管反向连接 U_{CC}，并通过电容连接到 U_S；

HO—上桥臂驱动信号输出端；

U_{DD}—芯片工作电源，可与 U_{CC} 使用同一电源，也可使用两个独立的电源；

HIN—上桥臂 PWM 信号输入端；

SD—保护信号输入端。接高电平时输出封锁，接低电平时封锁解除，常与故障保护电路的输出相连；

LIN—下桥臂 PWM 信号输入端；

U_{SS}—芯片供电电源参考地。

其应用电路如图2-14所示,由于U_{SS}可与COM连接,故U_{CC}与U_{DD}可共用一个+15V电源;C_2为自举电容。S_4导通、S_1关断时,U_{CC}经VD_1、C_2、负载、S_4给C_2充电;S_4关闭、S_1开通时,S_1的栅极靠C_2上足够的储能来驱动,从而实现自举驱动。

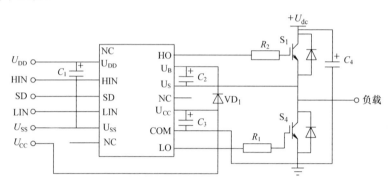

图2-14 IR2110典型应用电路

2.2 SiC器件在汽车中的应用

以硅(silicon)为主要材料的电力电子开关器件是纯电动汽车和混合电动汽车电力驱动系统的重要组成部分。然而由于材料限制,传统硅基功率器件在正向导通压降、器件开关速度等方面已达到了其材料的本征极限,尤其在高频和高功率领域更显示出其局限性。

20世纪80年代开始,碳化硅(Silicon Carbide,SiC)、氮化镓(Gallium Nitride,GaN)等宽禁带半导体器件逐渐成为研究热点。目前SiC功率开关器件主要类型有SiC SBD(肖特基二极管)、SiC BJT(双极型晶体管)、SiC JFET(结型场效应晶体管)、SiC MOSFET(金属氧化物半导体场效应晶体管)和SiC IGBT(绝缘栅双极型晶体管)。

1992年,美国北卡州立大学首次成功研制阻断电压为400V的6H-SiC SBD;直至2001年Infineon生产出全球第一款SiC SBD;1993年,首次出现了SiC MOSFET的报道,直至2010年已陆续有SiC功率开关管器件的系列产品成功量产,如Cree公司的4H-SiC MOSFET器件。

与传统Si基功率半导体器件相比,宽禁带功率半导体器件具有如下特性:
1)高耐压,SiC耐压能力可10倍于Si器件;
2)散热容易,SiC材料的热导3倍于Si器件,可工作于更高的温度环境;
3)导通损耗及开关损耗低,SiC材料具有两倍于Si的电子饱和速度,使得 SiC 器件具有极低的导通电阻（1/100 于 Si）；SiC 材料具有 3 倍于 Si 的禁带宽度，泄漏电流比 Si 器件减少了几个数量级，从而可以减少功率器件的功率损耗。

国际上，日本企业中的 SiC 器件在电动汽车中的应用最为广泛。丰田公司在雷克萨斯"GS450h"HEV 中采用了基于 SiC 的器件的电路模块。日产公司开发出了采用 SiC SBD 的汽车逆变器，并将其配备在该公司的燃料电池电动汽车"X‐TRAIL"上。东芝公司成功推出了由 SiC‐JBS（一种具有更低导通压降的 SiC SBD）和 Si‐IGBT 构成的"Hybrid‐Pair"型 4kVA 三相逆变器。三菱电机开发出了采用 SiC 功率器件、输出功率为 70kW 级的电动汽车用动力系统，其中逆变器的功率损失比采用 Si 功率器件降低了一半。

尽管宽禁带器件在电动汽车电力系统中具有显著的优势和广泛的应用前景，但其发展道路上还存在诸多挑战。

1. 电磁干扰与电磁兼容

电动汽车内有大量对电磁噪声敏感的设备，不合理的电磁兼容设计会对其他车载电子设备造成干扰，甚至导致其误动作，给电动汽车带来较大的安全隐患。SiC 功率器件的高开关速度导致逆变器开关瞬态的 du/dt 和 di/dt 很高，产生的高频噪声比 Si 基电动机驱动器高 20dB。由于开关频率的增加，逆变器中的谐波频率也会增加。在 Si 基电动机驱动器中回路寄生参数可以忽略，但采用宽禁带器件之后，必须考虑回路寄生参数对电磁干扰 EMI（Electromagnetic Interference）的影响。高开关速度产生的高 du/dt 和 di/dt 会使逆变器回路中产生振荡和过电压，另外，高频振荡与高 du/dt 会产生潜在的击穿和故障可能。由于开关频率的增加，宽禁带器件电动机驱动器的 EMI 滤波器必须考虑滤波器寄生参数对滤波性能的影响，不能以理想 LC 滤波器来设计。因此，必须研究宽禁带器件高频开关带来的电磁干扰，并针对干扰源与传播路径寻求解决办法，提高电动汽车的电磁兼容性能。

2. 高频磁性材料与磁性元件

首先，提高开关频率会增大磁心的铁损，使功率变换器效率降低，必要时可选择无磁心电感；其次，由于开关频率的提高，在低频下可以忽略的某些寄生参数，在高频下将对电路某些性能（磁性元件的漏感和分布电容等）产生重要影响，因此要研究低寄生电容电感的设计。对于 GaN 器件而言，当开关频率提高到 3MHz 以上时，几乎没有可供选择的磁性材料，因此，磁性材料开发也应予以重视。高频磁技术理论作为学科前沿问题，如磁心损耗的数学建模，磁滞回线的仿真建模，高频磁元件的计算机仿真建模等，需要受到研究人员的重视。

3. 器件制造与封装

电动汽车关键部分的工作温度大部分都要求在100℃以上，排气涡轮增压机附近的温度甚至达到1000℃，尽管宽禁带 SiC 和 GaN 材料的工作结温很高，但目前主流封装依然沿用 Si 器件的封装技术和材料，其耐热性及电气坚固性无法满足电动汽车的要求，因此需要研究先进封装技术以改善散热条件、降低寄生参数及提高功率模块的电气坚固性和可靠性。近年来，新的封装技术，如英飞凌的扩散焊接工艺，赛米控的完全无焊接的弹簧压接技术以及烧结技术等，或将成为未来宽禁带电力电子器件的主流封装工艺。

4. 器件并联扩容

因受到晶圆生长和制造工艺的限制，现有商用 SiC 和 GaN 器件的电压电流定额仍相对较低，不能满足于电动汽车大容量系统的需求，因此需要采用单管器件或者管芯并联的扩容方法以提高功率器件的电流处理能力。由于工艺水平的限制，不同器件在导通电阻、开启阈值电压、寄生元件等参数上存在较大的参数分散性。因此，除了需要设计合适的驱动电路使并联器件开关同步外，还需特别注意并联器件的动态均流问题。

参 考 文 献

[1] 王旭东. 汽车电子控制装置与应用 [M]. 北京：机械工业出版社. 2007.

[2] 张亚琛. 汽车电子控制原理与技术应用 [M]. 北京：清华大学出版社. 2017.

[3] 郭彬. 汽车传感器与检测技术 [M]. 北京：北京大学出版社. 2014.

[4] 吉武俊，王彪. 汽车电工电子技术基础 [M]. 武汉：武汉理工大学出版社. 2015.

[5] 刘捷. 汽车电工电子技术基础 [M]. 北京：化学工业出版社. 2015.

[6] 刘冰，潘玉红. 汽车电工电子技术基础 [M]. 北京：人民邮电出版社. 2015.

[7] ZHAO Z, FANG L, CHEN K. New Progress of Wireless Charging Technology for Electric Vehicles [J]. Transactions of China Electrotechnical Society, 2016 (20).

[8] DU J, OUYANG M, CHEN J. Prospects for Chinese electric vehicle technologies in 2016 - 2020：Ambition and rationality [J]. Energy, Elsevier, 2017, 120：584 - 596.

[9] NOORI, MEHDI, ZHAO Y. Light - duty electric vehicles to improve the integrity of the electricity grid through Vehicle - to - Grid technology：Analysis of regional net revenue and emissions savings [J]. Applied Energy, 2016, 168：146 - 158.

[10] 谢俊武. 汽油机喷油器检测装置电气控制系统设计 [D]. 天津理工大学，2017.

[11] 周积茂. 浅析脉冲宽度调制在继电器上的应用 [J]. 汽车实用技术，2015 (3).

[12] 白光泽. 电磁继电器在汽车电器保护电路中的应用 [J]. 职业，2013 (35).

[13] 于秩祥. 新型传感器和智能检测系统在汽车上的应用 [J]. 汽车电器，2014 (4).

[14] 周晓敏, 马后成, 高大威. 基于 SiC 和 Si 器件的燃料电池汽车 DC‐DC 变换器的性能[J]. 汽车安全与节能学报, 2017 (1).

[15] 董耀文, 秦海鸿, 付大丰. 宽禁带器件在电动汽车中的研究和应用[J]. 电源学报, 2016 (4).

[16] 吴海雷, 陈彤. 碳化硅功率器件与新能源汽车[J]. 新材料产业, 2014 (6).

第 3 章 汽车中直流电动机的驱动控制

3.1 电动机控制常用传感器

3.1.1 位置传感器

1. 码盘式传感器

光电编码盘角度检测传感器是一种广泛应用的编码式数字传感器,它将测得的角位移转换为脉冲形式的数字信号输出。光电编码盘角度检测传感器可分为两种:绝对式光电编码盘和增量式光电编码盘。

(1) 绝对式光电编码盘

1) 工作原理:绝对式光电编码盘由光电检测装置组成。码盘采用照相腐蚀,在一块圆形光学玻璃上刻出透光与不透光的编码。图 3-1 给出了一种 4 位二进制绝对式光电编码盘的例子。图 3-1a 是它的编码盘,编码盘黑色代表不透光,白色代表透光。编码盘分成若干个扇区,代表若干个角位置。每个扇区分成 4

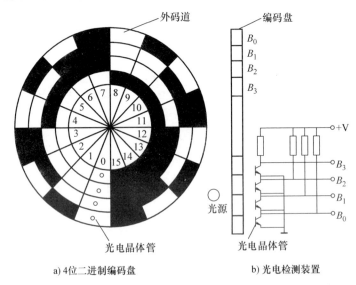

图 3-1 绝对式光电编码盘结构与原理图

条，分别代表 4 位二进制编码。为了保证低位码的精度，都把最外码道作为编码的低位，而将最内码道作为编码的高位。因为 4 位二进制最多可以表示为 16，所以图中所示的扇区数为 16。

图 3-1b 是该编码盘的光电检测原理图。光源位于编码盘的一侧，4 只光电晶体管位于另一侧，沿编码盘的径向排列，每一只光电晶体管都对着一条码道。当码道透光时，该光电晶体管接收到光信号，它输出低电平 0；当码道不透光时，光电晶体管收不到光信号，因而输出高电平 1。例如，编码盘转到图 3-1a 中的第五扇区，从内向外 4 条码道的透光状态依次为：透光、不透光、透光、不透光，所以 4 个光电晶体管的输出从高位到低位依次为：0101。它是二进制的 5，此时代表角位置——第 5 扇区，所以，不管转动机构怎样转动都可以通过随转动机构转动的编码盘来获得转动机构所在的确切位置。因为所测得的角位置是绝对位置，所以称这样的编码盘为绝对式编码盘。

2）提高分辨率的措施：编码盘所能分辨的旋转角度称为编码盘分辨率 α，由下式给出

$$\alpha = \frac{360°}{2^n} \qquad (3\text{-}1)$$

式中　n——二进制的位数。

如图 3-1 中的编码 4 位，$n=4$，根据式（3-1）可知 $\alpha=22.5°$；如果编码盘是 5 位，则 $\alpha=11.25°$。由此可见，编码盘的位数越多，码道数越多，扇区数也越多，能分辨的角度越小，分辨率就越高。

3）减小误码率的方法：采用如图 3-1 所示方法进制编码虽然原理简单，但对编码盘提出较高要求，一旦出现错码，将有可能产生很大的误差。例如，在图 3-1a 中，编码盘从第 7 扇区移动到第 8 扇区，应该输出二进制编码 1000，如果编码盘停在第 7 扇区和第 8 扇区之间，由于某种原因，内码道的光电晶体管首先进入第 8 扇区，则实际输出的是 1111；如果内码道的光电晶体管滞后进入第 8 扇区，则实际输出的是 0000。编码盘的输出本应由 7 到 8，却出现了 15 或 0，这样的大误差是无法容忍的。为了避免出现这样的错误，使错码率限制在一个位码，常采用循环码来解决这一问题。

循环码的最大特点是：从一个数码变化到它的上一个数码或下一个数码时，数码中只有一位发生变化。表 3-1 列出了 4 位循环码和二进制编码的对应关系。

从表中可以看出，循环码中的数无论加 1 或者减 1，对应的循环码只有一位变化。如果在编码盘中采用循环码来代替二进制码，即使编码盘停在任何两个循环码之间的位置，所产生的误差也不会大于最低位所代表的量。例如，当编码盘

停在 1110 和 1010 之间时,由于这两个循环码中有 3 位相同,只有 1 位不同。因此,无论位置如何有偏差,产生的循环码只有 1 位可能不一样,即可能是循环码 1110 或者是 1010,而它们分别对应十进制数的 11 和 12。因此,即使有误差,也不过是 1。

表 3-1 4 位循环码及二进制码

十进制数 D	二进制数 B	循环码 R	十进制数 D	二进制数 B	循环码 R
0	0000	0000	8	1000	1100
1	0001	0001	9	1001	1101
2	0010	0011	10	1010	1111
3	0011	0010	11	1011	1110
4	0100	0110	12	1100	1010
5	0101	0111	13	1101	1011
6	0110	0101	14	1110	1001
7	0111	0100	15	1111	1000

(2) 增量式光电编码盘

1) 工作原理:增量式光电编码盘是在一个码盘上开出 3 条码道由内向外分别为 A、B、C,如图 3-2a 所示。在 A、B 码道的码盘上,等距开有透光的缝隙,2 条码道上相邻的缝隙互相错开半个缝宽,其展开如图 3-2b 所示。第 3 条码道 C 只开出一个缝隙,用来表示码盘的零位。在码盘的两侧分别安装光源和光敏元件,当码盘转动时,光源经过透光和不透光区域,相应地,每条码道将有一系列

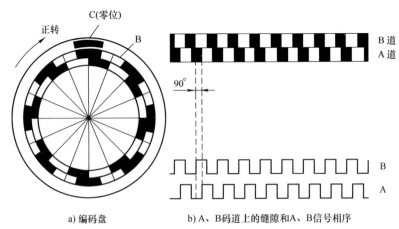

a) 编码盘   b) A、B 码道上的缝隙和 A、B 信号相序

图 3-2 增量式光电编码盘原理图

脉冲从光敏元件输出。A、B相脉冲信号的相位相差90°。

2）编码盘方向的辨别：编码盘方向的辨别可以采用如图3-3所示的电路。

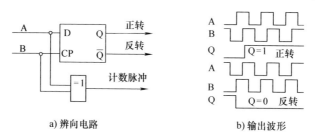

a) 辨向电路　　　　　　　　b) 输出波形

图3-3　增量式光电编码盘辨向电路各输出波形

经过整形放大A、B两相脉冲分别输入到D触发器的D端和CP端，如图3-3a所示。因此，D触发器的CP端在A脉冲的上升沿触发。由于A、B脉冲相位相差90°，当正转时，B脉冲超前A脉冲90°，触发器是在B脉冲处于高电平时触发，如图3-3b所示，这时Q=1；当反转时，A脉冲超前B脉冲90°，触发器总是在B处于低电平时触发，这时Q=0。

A、B脉冲的另一路经异或门后，输出计数脉冲。这样，用Q或$\overline{Q}$控制可逆计数器加计数或是减计数，就可以使可逆计数器对计数脉冲进行计数，就可实现可逆计数器对计数脉冲进行计数。

C相脉冲接到计数器的复位端，实现每转动一圈复位一次计数器。这样，无论是正转还是反转，计数值每次反映的都是相对于上次角度的增量，形成增量编码。

2. 霍尔式位置传感器

霍尔式位置传感器是利用"霍尔效应"进行工作的。如图3-4所示，在长方形半导体薄片上通入电流I，电流方向如图3-4所示，当垂直于薄片的方向上施加磁感应强度为B的磁场，则与平面相垂直的方向上会产生一个电动势E，称其为霍尔电动势，其大小为

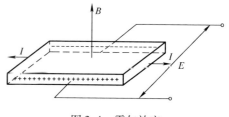

图3-4　霍尔效应

$$E = K_H IB \tag{3-2}$$

式中　K_H——灵敏度系数；

　　　I——控制电流。

当磁场强度方向与半导体薄片不垂直，而是成θ角时，霍尔电动势的大小

改为

$$E = K_H I B \cos\theta \tag{3-3}$$

所以利用永磁转子的磁场，对霍尔应变片通入直流电。当转子的磁场强度大小和方向随着它位置不同而发生变化时，霍尔应变片就会输出霍尔电动势，霍尔电动势的大小和相位随转子位置而发生变化，从而起到了检测转子位置的作用。

3. 旋转变压器

我们在第4章进行详细讨论。

3.1.2 速度传感器

1. 光电式转速传感器

（1）直射式光电转速传感器

直射式光电转速传感器的结构如图3-5所示，由开孔圆盘、光源、光敏元件及缝隙板等组成。开孔圆盘的输入轴与被测轴相连接，光源发出的光通过开孔圆盘和缝隙板照射到光敏元件上被光敏元件所接收，将光信号转换为电信号输出。开孔圆盘上有许多小孔，开孔圆盘旋转一周，光敏元件输出电脉冲的个数等于圆盘的开孔数，因此通过测量光敏元件输出的脉冲频率得知被测转速，即

$$n = f/N \tag{3-4}$$

式中　n——转速；

　　　f——脉冲频率；

　　　N——圆盘开孔数。

（2）反射式光电转速传感器

反射式光电转速传感器的结构如图3-6所示，它由红外发射管、红外接收管和光学系统等组成；光学系统由透镜及半透镜构成。红外发射管由直流电源供电，工作电流为20mA，可发射出红外光。半透镜既能使发射的红外光射向转动的物体，又能使从转动物体反射回来的红外光穿过半透镜射向红外接收管。测量转速时需要在被测物体上粘贴一小块红外反射纸，这种纸具有定向反射作用。

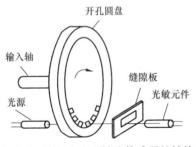

图3-5　直射式光电转速传感器的结构

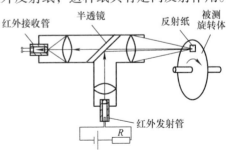

图3-6　反射式光电转速传感器的结构

当被测物体旋转时，粘贴在物体上的反射纸和物体一直旋转，红外接收管感受到反射光的强弱从而产生电信号，该信号经电路处理后便可以输出到芯片中去，经过芯片处理得到被测对象转速大小。

2. 霍尔式转速传感器

霍尔式转速传感器是由霍尔开关集成传感器和磁性转盘组成，霍尔式转速传感器广泛应用于转速的监视与测量，基本结构如图3-7所示。将磁性转盘的输入轴与被测转轴相连，当被测转轴转动时，固定在磁性转盘附近的霍尔开关集成传感器便可在每一个磁极通过时产生一个相应的脉冲，由此可知被测对象的转速。磁性转盘磁极的多少，将决定传感器的分辨率。

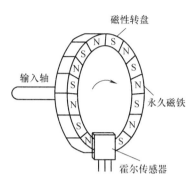

图3-7 霍尔式转速传感器结构

3.1.3 电压、电流传感器

常用的电流检测方式有：电阻检测、电流霍尔检测、电流互感器检测、线性光耦隔离检测；电压检测方式有：电压霍尔检测、线性光耦隔离检测。

1. 电流检测

（1）电阻检测

把电流信号接入阻值较小的电阻中，将其转化为小电压信号，再进行控制。常用的电路如图3-8所示。其中，$U_o = U_i R_2/(R_1 + R_2)$。

（2）电流霍尔检测

霍尔电流传感器是利用霍尔效应制成检测电流的装置，可测量各种波形的交直流电流，且输入、输出是隔离的，因此在控制领域得到了广泛的应用。霍尔元件是将磁场转换成电信号的线性磁敏元件，从公式 $E = K_H IB$ 可知，霍尔电压 E 是与磁感应强度 B 成线性关系的。根据安培定律，电流与磁感应强度的关系为

$$B = \frac{\mu_0 \mu_r}{2\pi R} N I_c \tag{3-5}$$

式中 B、μ_0、μ_r——离通电导体的垂直距离 R 处磁通密度和真空与相对磁导率；

I_c、N——通电导体的电流及匝数；

R——通电导体的空间垂直距离。

将式（3-5）代入式 $E = K_H IB \cos\theta$ 可得

$$E = NI_c\mu_0\mu_r K_H/2\pi R \tag{3-6}$$

可见霍尔元件的输出电压 E 是与通电导体的电流 I 成正比，因此只要将集磁部分与霍尔元件结合在一起就成为测量电流的传感头，可利用它组成霍尔电流传感器，直接测量电流。

霍尔电流传感器 CHB-25NP 有 5 个端子，其输出信号有正有负。图 3-9 为信号检测电路。利用采样电阻 R_1 把传感器的输出信号转换为电压信号，选定合适的电阻值，使其电压范围在 -5~+5V 之间，满足 A-D 转换要求。

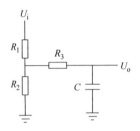

图 3-8 电阻检测

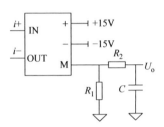

图 3-9 电流霍尔检测

(3) 电流互感器检测

电流互感器工作原理与变压器基本相同，不同于霍尔电流传感器，电流互感器只能检测交流量，电流互感器是一个变流器，把很大的一次侧电流变成统一的二次侧电流；电流互感器二次侧可以短路，但不可以开路。如图 3-10 所示，由一次绕组、二次绕组、铁心及出线端子等组成。电流互感器的铁心由硅钢片叠制而成，其一次绕组与主电路串联，且通过被测电流 i_1，它在铁心内产生交变磁通，使二次绕组感应出相应的二次电流 i_2。由于电流互感器的一次绕组连接在主电路中，所以一次绕组对地必须采取与之相适应的绝缘材料，以确保二次回路的安全。二次回路由电流互感器的二次绕组、负载串联组成。

2. 电压检测

电压霍尔元件的检测与电流霍尔检测原理基本相同，只是一次侧把电压信号经过电阻转化为电流信号，通过电压比变成小电流，一般在 30mA 以内，在选择一个合适的电阻接入 M 端，使输出电压控制在 0~5V 之间。如图 3-11 所示，输出电压

$$U_o = R_1 U_i/(R_3 N)$$

式中　N——一、二次侧匝数比。

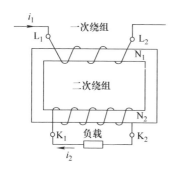
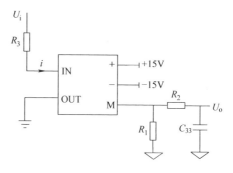

图 3-10　电流互感器检测　　　　图 3-11　电压霍尔检测

3.2　直流电动机的基本参数与数学建模

电动机是将电能转换为机械能的装置。电动机有交流电动机和直流电动机之分，这里简要介绍直流电动机的有关情况。

1. 汽车中主要电动机的分布

现在汽车中一般用到了 30 多个电动机，在国外的豪华汽车上，甚至用到了 70 个电动机，汽车上的主要电动机分布如图 3-12 所示。

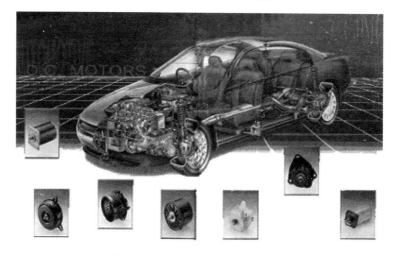

图 3-12　汽车中主要电动机分布图

2. 汽车中常用电动机的外形（见图 3-13）

3. 汽车专用电动机的选择

（1）混合电动汽车对专用电动机的驱动要求

图 3-13 汽车中常用电动机的外形

- 低速时电动机能输出恒定转矩,以适应快速起动、加速、负荷爬坡等要求;高速时电动机能输出恒定功率,能有较大的调速范围,适应高速行驶、超车等要求。
- 在整个调速范围内,驱动系统效率最优,以降低驱动系统损耗,提高续驶里程。
- 电动机及其控制系统结构牢固,体积小、重量轻、省维护、抗振动。
- 单位功率的系统设备造价低。

(2) 各主要驱动电动机及其驱动系统的性能(见表3-2)

表 3-2 电动机及驱动系统比较

	直流电动机(DM)	异步电动机(IM)	无刷电动机(BLDC)	开关磁阻电动机(SRM)
优点	控制简单,只用电压控制,不需要检测磁极位置,小容量系统造价低	结构简单,造价低廉,可高速运行,调速范围大,转动惯量小,维护简单,技术成熟	体积小,重量轻,功率密度大,低速输出转矩大,效率高,维护简单	结构简单,牢固,效率高,起动转矩大,价格低,免维护
缺点	有换向电刷,结构复杂,不适合高速、大转矩运行,效率低,环境适应性差,维护难,容量增大时,造价大幅增加,且制动困难	控制复杂,容量小时效率降低,制动困难	高速运行较复杂,需检测转子磁极位置,永磁体有退磁问题,造价较高	噪声大,输出转矩脉动大

从驱动系统和电动机性能看，直流电动机驱动系统由于其控制简单、动态性能好，20世纪70年代就已经实用化。70年代后，随着磁场方向控制和电动机矢量控制理论的完善，以及微处理器、电力电子器件技术的发展和成本的降低，交流电动机驱动系统开始实用化。由于采用了新的控制理论和新型元器件，交流驱动系统能够达到直流驱动系统的控制性能，同时克服了直流驱动系统的缺点，因此在各个领域都有取代直流驱动系统的趋势。

3.2.1 直流电动机的主要用途、构成及特性参数

直流电动机是在汽车电子控制装置中应用最广泛的执行器。按用途可分为两类：一类是作为动力源的执行器，另一类是作为伺服机构的执行器。作为动力源的直流电动机又可以分为四种：①风扇驱动（散热器、空调用冷凝器、空调用鼓风机）；②压力泵驱动（燃油、动力转向器用油压泵、空压机泵）；③机械直接驱动（刮水器、电动窗、电动座椅调节器等车身有关附件）；④大电力、高功率输出（起动机、滑动门驱动等）。作为伺服执行机构的伺服电动机，它具有一种依据控制信号的要求而动作的功能。在信号到来之前，转子静止不动；信号到来之后，转子立即转动；信号消失时，转子能及时自行停转。在汽车电子控制装置中，它可以把电信号转换为轴上的转角或转速。根据自动控制系统对它的要求，伺服电动机必须具备可控性好、稳定性高和适应性强等特点。可控性好是指信号消失后，能自行停转；稳定性高是指转速随转矩的增加而均匀下降；适应性好是指响应快、灵敏。这种伺服电动机主要用于开启或关闭控制阀。

图3-14为一台最简单的两极直流电动机模型。定子上，装设了一对直流励磁的静止的主磁极N和S，转子上装设电枢铁心。定子与转子之间有一气隙。在电枢铁心上放置了由A和X两根导体连成的电枢线圈，线圈的首端和末端分别连到两个圆弧形的铜片上，此铜片称为换向片。换向片之间互相绝缘，由换向片构成的整体称为换向器。换向器固定在转轴上，换向片与转轴之间亦互相绝缘。

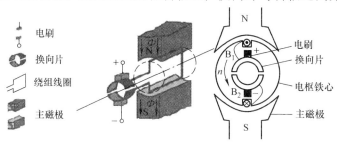

图3-14 直流电动机物理模型

在换向片上放置着一对固定不动的电刷 B_1 和 B_2，当电枢旋转时，电枢线圈通过换向片和电刷与外电路接通。

其中，固定部分有磁铁（这里称作主磁极）和电刷。转动部分有环形铁心和绕在环形铁心上的绕组（其中 2 个小圆圈是为了方便表示该位置上的导体电势或电流的方向而设置的）。

旋转电动机都是由定子和转子两大部分组成，每一部分也都由电磁部分和机械部分组成，以便满足电磁作用的条件，换向极用来改善换向性能。

（1）定子的主要部件

由主磁极（励磁绕组和主极铁心）、机座、换向极（换向极绕组和铁心）、端盖和电刷装置等部件组成。

1）主磁极：主磁极的作用是建立主磁场。绝大多数直流电动机的主磁极不是永久磁铁，而是由励磁绕组通以直流电流来建立磁场。主磁极由主磁极铁心和套装在铁心上的励磁绕组构成。主磁极铁心靠近转子一端的扩大的部分称为极靴，它的作用是使气隙磁阻减小，改善主磁极磁场分布，并使励磁绕组容易固定。为了减少转子转动时由于齿槽移动引起的铁耗，主磁极铁心采用 $1\sim1.5\mathrm{mm}$ 的低碳钢板冲压一定形状叠装固定而成。主磁极上装有励磁绕组，整个主磁极用螺杆固定在机座上。主磁极的个数一定是偶数，励磁绕组的连接必须使相邻主磁极的极性按 N、S 极交替出现。

2）机座：机座有两个作用，一是作为主磁极的一部分；二是作为电动机的结构框架。机座一般用厚钢板弯成筒形后焊接而成，或者用铸钢件（小型机座用铸铁件）制成，机座的两端装有端盖。

3）换向极：换向极是安装在两相邻主磁极之间的一个小磁极，它的作用是改善直流电动机的换向情况，使电动机运行时不产生有害的火花。换向极结构和主磁极类似，是由换向极铁心和套在铁心上的换向极绕组构成，并用螺杆固定在机座上。换向极的个数一般与主磁极的极数相等，在功率很小的直流电动机中，也有不装换向极的情况。换向极绕组在使用时是与电枢绕组串联的，要流过较大的电流，因此和主磁极的串励绕组一样，导线有较大的截面积。

4）端盖：端盖装在机座两端，并通过端盖中的轴承支撑转子，将定转子连为一体。同时端盖对电动机内部还起防护作用。

5）电刷装置：电刷装置是电枢电路的引出（或引入）装置，它由电刷、刷握、刷杆和连线等部分组成。电刷是石墨或金属石墨组成的导电块，放在刷握内用弹簧以一定的压力安放在换向器的表面，旋转时与换向器表面形成滑动接触。刷握用螺钉夹紧在刷杆上。每一刷杆上的一排电刷组成一个电刷组，同极性的各刷杆用连线连在一起，再引出线盒。刷杆装在可移动的刷杆座上，以便调整电刷的位置。

(2) 转子（又称电枢）部分

包括电枢铁心、电枢绕组、换向器、转轴、轴承、风扇等。

1) 电枢铁心：电枢铁心既是主磁路的组成部分，又是电枢绕组支撑部分；电枢绕组就嵌在电枢铁心的槽内。为减少电枢铁心内的涡流损耗，铁心一般用厚0.5mm且冲有齿、槽为 DR530 或 DR510 型硅钢片叠压夹紧而成。小型电动机的电枢铁心冲片直接压装在轴上，大型电动机的电枢铁心冲片首先压装在转子支架上，然后再将支架固定在轴上。为改善通风，冲片可沿轴向分成几段，以构成径向通风道。

2) 电枢绕组：直流电动机电磁感应的关键部件称为导电绕组，即电枢绕组。电枢绕组由一定数目的电枢线圈按一定的规律连接组成，它是直流电动机的电路部分，也是感应电动势、产生电磁转矩进行机电能量转换的枢纽。电枢绕组的构成，应能产生足够的感应电动势，并允许通过一定的电枢电流，从而产生所需的电磁转矩和电磁功率。此外，还要节省有色金属和绝缘材料。线圈用绝缘的圆形或矩形截面的导线绕成，分上下两层嵌放在电枢铁心槽内，上下层及线圈与电枢铁心之间都要妥善地绝缘，并用槽楔压紧。大型电动机电枢绕组的端部通常紧扎在绕组支架上。

从大的方面来讲，电枢绕组可分为环形和鼓形。环形绕组曾在原始电动机用过，由于容易理解，因此讲述原理时常用此类绕组；现代直流电动机均用鼓形绕组，它又分为叠绕组（单叠、复叠）、波绕组（单波、复波）和蛙形绕组（又叫混合绕组）。鼓形绕组比环形绕组制造容易，又节省导线，运行较可靠，经济性好，故现在均用鼓形绕组。

3) 换向器：在直流电动机中，换向器起逆变作用，因此换向器是直流电动机的关键部件之一。换向器由许多具有鸽尾形的换向片排成一个圆筒，其间用云母片绝缘，两端再用两个 V 形环夹紧而构成。小型电动机常用塑料换向器，这种换向器用换向片排成圆筒，再用塑料通过热压制成。

3.2.2 直流电动机的起动及稳定运行条件

1. 直流电动机的起动

（1）定义

电动机接到规定电源后，转速从零上升到稳态转速的过程称为起动过程。这里分析稳态起动，即 $n=0$，$E_a=0$ 之瞬间。起动问题是评价电动机性能的重要方面。但这里只介绍在电动机接入电源瞬间，转子待转而未转这一瞬间的状态。

（2）对电动机起动的要求

1) 起动电流要小；

2) 起动转矩要大；

3）起动设备要简便可靠。

(3) 起动方法

1）直接起动（即全压起动）：操作方法简便，不需任何起动设备，只需两个开关（励磁开关和电枢开关）。但起动时冲击电流很大，可达（10~20）I_N，从而冲击电源电压，影响同一电源的其他设备正常运行。因此全压起动仅用于微小型电动机。

2）在电枢回路外串电阻 R_{st} 起动：起动电流公式如式（3-7）所示。

$$I_{st} = \frac{U}{R_{内} + R_{st}} \tag{3-7}$$

式（3-7）可以说明，电枢回路的外串电阻 R_{st} 增大，起动电流 I_{st} 必然减小。一般 R_{st} 的大小为能使起动电流等于额定电流的 1.5~2 倍即可。使用起动器时，起动过程中外串电阻 R_{st} 逐段切除。

3）减压起动

减压起动电流公式如下：

$$I_{st} = \frac{U}{R_{内}} \tag{3-8}$$

从式（3-8）看出，电枢电压降低，I_{st} 减小。这种起动方式的优点是没有起动电阻，起动过程平滑，起动过程中能量损耗少。但也有缺点：需使用专用降压设备，成本较高。

另外需要注意的是：

1）并励（或他励）电动机起动时，为了限制起动电流，电枢回路的外串电阻 R_{st} 应置于最大阻值位置；而励磁回路的外串电阻 R_f 应置于最小阻值位置。

2）对串励直流电动机，不允许空载（或轻载）起动，否则起动后将造成"飞车"事故。

2. 电动机稳定运行的条件

影响稳定运行的因素有两个：

(1) 负载的机械特性

1）恒转矩负载；

2）变转矩负载。

(2) 电动机的机械特性

1）下降曲线；

2）上升曲线。

直流电动机是电动汽车的关键部件，要使电动汽车具有良好的实用性能，驱动电动机应具有调速范围宽、转速高、起动转矩大、体积小、重量轻、效率高且有动态制动强和能量回馈等特性。

3.2.3 直流电动机的工作原理

简单地说，直流电动机的工作原理是：将直流电源通过电刷接通电枢绕组，使电枢导体有电流流过，电机内部有磁场存在。电枢导体将受到电磁力 f 的作用，所有导体产生的电磁力作用于转子，使转子以速度 n（r/min）旋转，以便拖动机械负载。

对直流电动机，如果去掉原动机，并给两个电刷加上直流电源，如图 3-15a 所示，则有直流电流从电刷 A 流入，经过线圈 abcd，从电刷 B 流出。根据电磁力定律，载流导体 ab 和 cd 受到电磁力的作用，其方向可由左手定则判定，两段导体受到力的作用形成了转矩，使得转子逆时针转动。如果转子转到如图 3-15b 所示的位置，电刷 A 和换向片 2 接触，电刷 B 和换向片 1 接触，直流电流从电刷 A 流入，在线圈中的流动方向是 dcba，从电刷 B 流出。此时载流导体 ab 和 cd 受到电磁力的作用方向同样可由左手定则判定，它们产生的转矩仍然使得转子逆时针转动。这就是直流电动机的工作原理。外加的电源是直流的，但由于电刷和换向片的作用，在线圈中流过的电流是交流的，其产生的转矩的方向却是不变的。

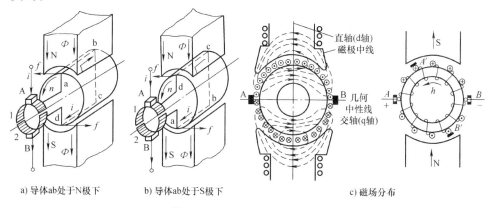

a) 导体ab处于N极下   b) 导体ab处于S极下   c) 磁场分布

图 3-15 直流电动机工作原理

实际中的直流电动机转子上的绕组也不是由一个线圈构成，同样是由多个线圈连接而成，以减少电动机电磁转矩的波动。

直流电动机的工作过程可以总结如下：
1) 所有的直流电动机的电枢绕组总是自成回路。
2) 电枢绕组的支路数永远成对出现，这是由于磁极数（$2p$）是一个偶数。
3) 为了得到最大的直流电动势，电刷总是与位于几何中线上的导体相接触。

3.2.4 直流电动机的基本模型

通过前面的介绍,我们已经了解了直流电动机的组成、结构以及工作原理。在汽车中,直流电动机作为执行机构以及被控对象,其数学模型可以简化如图 3-16 所示。

3.2.5 汽车上直流电动机应用简介

1. 汽车 ABS 控制器用直流电动机的主要参数和特性曲线

图 3-17 是汽车 ABS 控制器用 HM-53MGH20 型直流电动机,其参数见表 3-3,其特性曲线如图 3-18 所示。

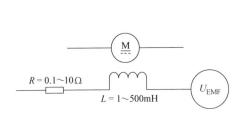

图 3-16 直流电动机的基本模型　　图 3-17 ABS 电动机（HM-53MGH20）

表 3-3 HM-53MGH20 型 ABS 电动机的参数（电动机重量为 870g）

电动机型号	电压/V		空载		最大效率时工况					起动转矩	
	运行范围	额定电压	转速 r/min	电流 A	转速 r/min	电流 A	转矩 Oz·in	N·cm	输出 W	效率 %	Oz·in	N·cm
180W	10~15	13	3700	4.0	2900	15	55.5	4.0	120	59	194	14
250W	10~15	13	5200	6.0	4500	14	41.6	3.0	137	74	222.2	15

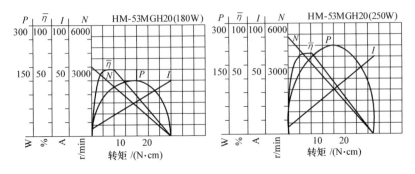

图 3-18 ABS 电动机特性曲线

2. 汽车风机直流电动机的主要参数和特性曲线

汽车 HM–54 VT1 型风机直流电动机的主要参数见表 3-4，其外形如图 3-19 所示，特性曲线如图 3-20 所示。

表 3-4　HM–54 VT1 型风机电动机的参数（电动机重量为 1700g）

电动机型号	电压/V		空载		最大效率时工况					起动转矩	
	运行范围	额定电压	转速 r/min	电流 A	转速 r/min	电流 A	转矩 Oz·in	N·cm	输出 W	效率 %	Oz·in	N·cm
HM–54 VT1	9~14	12.5	4000	2	3000	18.5	72	5.18	157	68.1	305.5	22

图 3-19　汽车风机电动机（HM–54 VT1 型）

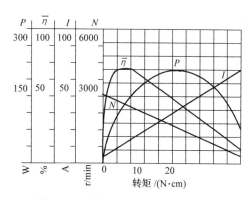

图 3-20　汽车风机电动机特性曲线

3.3　直流电动机的控制方式

直流电动机的基本控制方式有以下几种：

1. 单极性驱动方式

单极性驱动方式是指在一个 PWM 周期内，电枢只承受单极性电压，具体分为图 3-21 所示的三种驱动方式。

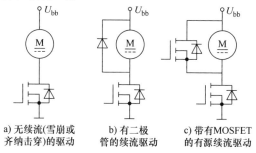

a) 无续流（雪崩或齐纳击穿）的驱动　　b) 有二极管的续流驱动　　c) 带有 MOSFET 的有源续流驱动

图 3-21　直流电动机单极性驱动

常用的驱动方式是图 3-21b 所示的驱动方式，即带有二极管的续流驱动。该方式由于增加了续流二极管，所以在开关管关断瞬间存在电流通路，避免电动机因电压瞬变导致损坏。而如果电动机工作在低频、小功率场合，则可采用图 3-21a 所示的驱动方式。图 3-21c 所示的驱动方式是带有 MOSFET 的有源续流驱动，它增大了续流的能力，可用于大功率或超大功率场合。

2. 双极性驱动控制方式

双极性驱动是指在一个 PWM 周期里，电枢的电压极性呈正负变化，如图 3-22 所示。由于双极驱动，能充分利用电动机绕组，它比单极性驱动器产生多达 30% 的转矩。驱动器中的高压恒流斩波技术使电动机中电流能够急速升至额定数值，因此被驱动的电动机可高速转动而不易丢步（空载速度可高达 3000~6000r/min）。

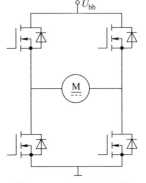

图 3-22　电动机双极性控制方式

3.4　直流电动机的 PWM 控制

脉宽调制（PWM）是利用微处理器的数字输出对模拟电路进行控制的一种非常有效的技术。简而言之，PWM 是一种对模拟信号电平进行数字编码的方法。通过高分辨率计数器，方波的占空比被调制用来对一个具体模拟信号的电平进行编码。PWM 一直是变频调速的核心技术之一。1964 年，A. Schonung 和 H. Stemmler 首先提出把 PWM 应用到交流传动中，从此为交流传动的推广开辟了新的局面。从最初采用模拟电路完成三角载波和参考正弦波的比较，产生正弦脉宽调制（SPWM）信号以控制功率器件的开关开始，到目前采用全数字化方案，PWM 在各种应用场合仍占主导地位，并一直是人们研究的热点。PWM 控制技术大致可分为三类，正弦 PWM（包括电压、电流或磁通的正弦为目标的各种 PWM 方案，多重 PWM 也应归于此类），优化 PWM 及随机 PWM。正弦 PWM 已为人们所熟知，而旨在改善输出电压、降低电源系统谐波的多重 PWM 技术在大功率变频器中有其独特的优势（如 ABB ACS1000 系列和美国 ROBICON 公司的完美无谐波系列等）；优化 PWM 所追求的则是实现电流谐波畸变率（THD）最小，电压利用率最高，效率最优，及转矩脉动最小以及其他特定优化目标。

20 世纪 70 年代开始至 80 年代初，大功率晶体管主要为双极型达林顿晶体管，载波频率一般不超过 5kHz，电动机绕组的电磁噪声及谐波产生的振动引起人们的关注。为求改善，随机 PWM 方法应运而生。其原理是随机改变开关频率使电动机电磁噪声近似为限带白噪声（在线性频率坐标系中，各频率能量分布是均匀的),尽管噪声的总分贝数未变,但以固定开关频率为特征的有色噪声强度大大削弱。正因为如此,即使在 IGBT 已被广泛应用的今天,随机 PWM 仍然有其特殊的价值(DTC 控制即为一例);另一方面则告诉人们消除机械和电磁噪声的最佳方法不是盲目地提高工作频率,随机 PWM 技术则提供了一个分析、解决问题的全新思路。

3.4.1 电动机导通瞬间分析

电动机的基本模型由电阻、电感及反电动势构成,因此,电动机导通瞬间会产生瞬时过电流,其波形如图 3-23 所示,此时电动机运行状态如图 3-24 所示,电动机运行的等效电路如图 3-25 所示。由于电感两端电流不能跃变,因而只在

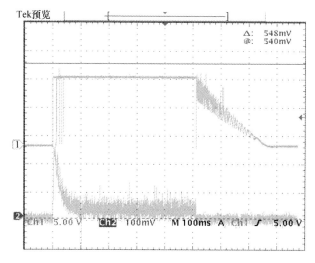

图 3-23 电动机瞬时电流波形

线 1—电压 U(LS_2) 线 2—流经电动机的电流

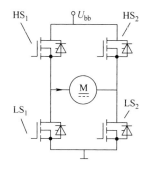

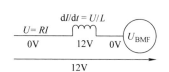

图 3-24 电动机运行状态图 图 3-25 电动机等效电路

电感两端感应出一个瞬时电压 U，而电阻和反电动势两端电压均为 0，因此电动机端电压即为电感两端电压 U。具体参数如下：$U_{bb}=12V$，$R=20.8\Omega$，$L=15.8mH$，$t=10\mu s$，$n=0r/min$，$U_{Motor}=12V$，$I_{Motor}=0.067A$。

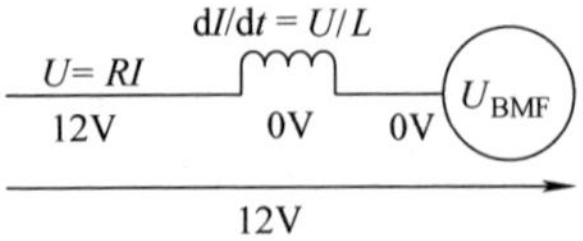

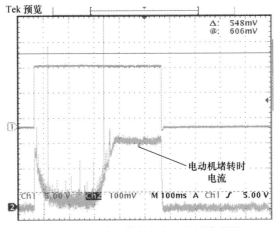

图 3-26　电动机模型

3.4.2　电动机堵转分析

电动机堵转时，其等效模型如图 3-26 所示，此时电流、电压波形如图 3-27 所示。

具体参数如下：$t=1.5s$，$n=0r/min$，$U_{Motor}=6V$，$I_{Motor}=0.425A$，$dI_{Motor}/dt=0A/s$。

图 3-27　电动机控制电流、电压波形图
线 1—电动机两端电压　线 2—流过电动机的电流

3.4.3　电动机正常工作分析

电动机进入正常工作状态后，电动机中的电流趋于稳定。由电动机结构模型可知，此时电动机两端的电压由两部分组成：一部分是电动机电阻两端的电压 U_R，另一部分是电动机感应电压 U_{EMF}，电感两端电压为 0，因而电动机电压为 $U=U_R+U_{EMF}$。图 3-28 为电动机电流及电动机正常工作时电力 MOSFET 的驱动波形。其中线 1 指电动机两端电压，线 2 指流经电动机的电流。图 3-29 为电动机正常工作时，电动机两端电压组成情况。主要参数取值如下：$t=0.5s$，$n=$ 任意，$U_{Motor}=12V$，$I_{Motor}=0.05A$，$dI_{Motor}/dt=0A/s$。

3.4.4　电动机续流情况分析

1. 高边续流

由电动机等效结构可知，电动机为阻感设备，当驱动信号（低边）为低电平

第 3 章 汽车中直流电动机的驱动控制   55

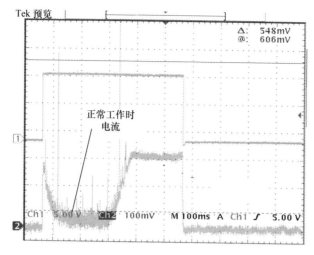

图 3-28 电动机正常工作情况

时，电动机中由于电感的作用，将会有电流经高边继续流过电动机，再经过另一高边续流二极管形成电流回路。电流回路情况如图 3-30 所示。

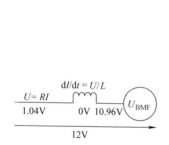

图 3-29 电动机正常工作时等效情况

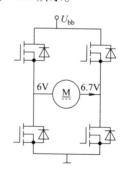

图 3-30 电动机续流回路

此情况下，只有高边 MOSFET 具有 PWM 驱动信号，低边没有驱动信号。图 3-31 是 MOSFET 驱动及电动机电流波形。其中线 1 指电动机两端电压，线 2 指流经电动机的电流。高边 PWM 驱动信号的频率为 500Hz，由于电动机电感的限制，电流成断续状态。

当电动机处于续流状态时，电动机产生的端电压如图 3-32 所示。低边关断时，由于电感的作用，电动机两端出现瞬时负电压。

2. 低边间歇分析

高边驱动结束后，驱动低边的另一电力 MOSFET，可以使电动机快速制动。具体驱动方式如图 3-33 所示。其电动机驱动情况和电动机电流变化如图 3-34 所示，在电力 MOSFET 导通时，由于电动机感应电压和电感的作用，将在电动机

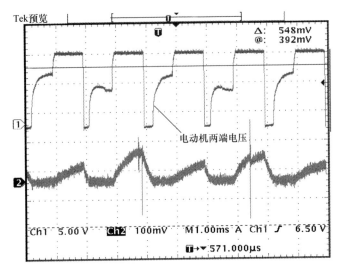

图 3-31 MOSFET 驱动及电动机电流波形

中产生瞬时反向电流,但此时电动机仍有转速,而电动机两端电压为 0。电动机端电压的形成如图 3-35 所示。

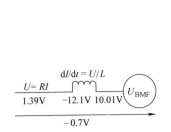

图 3-32 电动机续流时端电压情况

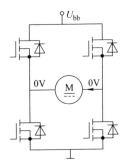

图 3-33 电动机制动方式

具体参数设置如下:$t = 2.1\text{s}$,$n > 0\text{r/min}$,$U_{\text{Motor}} = 0\text{V}$,$I_{\text{Motor}} = -0.2\text{A}$,$\text{d}I_{\text{Motor}}/\text{d}t = 3\text{A/s}$。

3.4.5 死区分析

如果上下桥臂同时导通,将会发生电力电子器件击穿现象。因此,经常要用到一对无重叠的 PWM 脉冲去驱动这两个器件。死区时间经常被插入到一个器件的关断和另一个器件的开通之间,所需的延时时间由电力电子器件的开通和关断特性及输出负载决定。典型的 PWM 死区波形如图 3-36 所示。

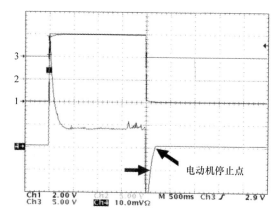

图 3-34 电动机电压及电流变化情况

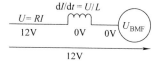

图 3-35 电动机端电压形成

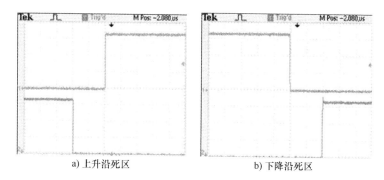

a) 上升沿死区　　　　　b) 下降沿死区

图 3-36 驱动桥上下桥臂的死区波形

参 考 文 献

[1] 王旭东. 汽车电子控制装置与应用 [M]. 北京：机械工业出版社，2007.
[2] 麻友良. 汽车电器与电子控制系统 [M]. 3版. 北京：机械工业出版社，2015.
[3] BORGEEST K A. 汽车电子技术——硬件、软件、系统集成和项目管理 [M]. 武震宇，译. 北京：机械工业出版社，2014.
[4] 康拉德·赖夫. 汽车电子学 [M]. 3版. 李裕华，李航，马慧敏，译. 西安：西安交通大学出版社，2016.
[5] 尼古拉斯·纳威特，弗朗西斯·西蒙·莱昂. 汽车嵌入式系统手册 [M]. 李惠彬，唐敏，等译. 北京：机械工业出版社，2016.
[6] 孙建民，周庆辉. 汽车电气及电子控制系统 [M]. 北京：机械工业出版社，2016.
[7] 杨志华. 汽车试验学 [M]. 北京：机械工业出版社，2016.
[8] RICHARD C D, ROBERT H B. 现代控制系统 [M]. 8版. 谢红卫，等译. 北京：高等教

育出版社. 2015.
[9] 罗峰, 孙泽昌. 汽车 CAN 总线系统原理、设计与应用 [M]. 北京: 电子工业出版社, 2015.
[10] 古永棋. 汽车电器及电子设备 [M]. 重庆: 重庆大学出版社, 2004.
[11] 杜弘, 王辉, 王丽新. 汽车电器及电子设备检修 [M]. 北京: 北京理工大学出版社, 2014.
[12] 罗灯明, 等. 汽车构造 [M]. 北京: 北京大学出版社, 2015.
[13] 刘捷. 汽车电工电子技术基础 [M]. 北京: 化学工业出版社, 2015.
[14] 刘晓岩. 汽车电子控制技术 [M]. 北京: 化学工业出版社, 2015.
[15] 张亚琛. 汽车电子控制原理与技术应用 [M]. 北京: 清华大学出版社, 2017.
[16] 郭可怡. 汽车电子控制装置中计算机检测控制技术的应用 [J]. 电子技术与软件工程, 2015 (6).
[17] 郭杰. 计算机检测控制技术在汽车电子控制装置中的应用分析 [J]. 电子测试, 2017 (19).
[18] 于秩祥. 新型传感器和智能检测系统在汽车上的应用 [J]. 汽车电器, 2014 (4).
[19] 意法半导体. 意法半导体 (ST) 的先进碳化硅功率器件加快汽车电动化进程 [J]. 微型机与应用, 2016 (11).
[20] SUN H, ZHAO H, HUANG K. A Fuzzy Approach for Optimal Robust Control Design of an Automotive Electronic Throttle System [J]. IEEE TRANSAC TIONS ON FUZZY SYSTEM, 2017, 00 (00).
[21] TRAUB MA, MAIER A, BARBEHÖN K L. Future Automotive Architecture and the Impact of IT Trends [J]. IEEE Software, 2017, 34 (3): 27 – 32.
[22] GUO J H, ZHANG W. Adaptive model predictive control strategy of hybrid electric bus based on SOC programming [C]. International Symposium for Design and Technology in Electronic Packaging (SIITME), 2016.

第 4 章　交流电动机的驱动控制

4.1　三相交流逆变器及 PWM 控制

4.1.1　空间矢量 PWM 算法及数字化实现

空间矢量 PWM 是从三相输出电压的整体效果出发，着眼于如何使电动机获得理想圆形磁链轨迹。SVPWM 技术与 SPWM 相比较，使得电动机转矩脉动降低，旋转磁场更逼近圆形，直流母线电压的利用率更高，且更易于数字化。

1. 基本原理

设逆变器输出的三相相电压分别为 $U_A(t)$、$U_B(t)$、$U_C(t)$，可写成式（4-1）所示的数学表达式：

$$\begin{cases} U_A(t) = U_m\cos(\omega t) \\ U_B(t) = U_m\cos(\omega t - 2\pi/3) \\ U_C(t) = U_m\cos(\omega t + 2\pi/3) \end{cases} \quad (4\text{-}1)$$

式中　$\omega = 2\pi f$。

U_m 为峰值电压。进一步地也可将三相电压写成式（4-2）矢量的形式：

$$U(t) = U_A(t) + U_B(t)e^{j2\pi/3} + U_C(t)e^{-j2\pi/3} = \frac{3}{2}U_m e^{j\theta} \quad (4\text{-}2)$$

式中　$U(t)$ 是旋转的空间矢量，其幅值为相电压峰值的 1.5 倍，以角频率 $\omega = 2\pi f$ 按逆时针方向匀速旋转。换句话讲，$U(t)$ 在三相坐标轴上投影就是对称的三相正弦量。

三相桥式电路共有 6 个开关器件，依据同一桥臂上下管不能同时导通的原则，令上管导通时 $S=1$，下管导通时 $S=0$，则 $(S_a、S_b、S_c)$ 共有表 4-1 所示的 8 种组合。

表 4-1　8 种开关组合

U_0	U_1	U_2	U_3	U_4	U_5	U_6	U_7
000	001	010	011	100	101	110	111

假设开关状态处于 U_3 状态，就会存在式（4-3）的方程组：

$$\begin{cases} U_{ab} = -U_i \\ U_{bc} = 0 \\ U_{ca} = U_i \\ U_{ao} - U_{bo} = U_{ab} \\ U_{co} - U_{ao} = U_{ca} \\ U_{ao} + U_{bo} + U_{co} = 0 \end{cases} \quad (4\text{-}3)$$

解得该方程组 $U_{bo} = U_{co} = \frac{1}{3}U_i$，$U_{ao} = -\frac{2}{3}U_i$，其中 U_i 为母线电压。同理可依据上述方式计算出其他开关组合下的空间矢量，见表4-2。

表4-2 开关状态与电压之间的关系

(S_a, S_b, S_c)	矢量符号	相电压		
		U_{ao}	U_{bo}	U_{co}
(0, 0, 0)	U_0	0	0	0
(1, 0, 0)	U_4	$2U_i/3$	$-U_i/3$	$-U_i/3$
(1, 1, 0)	U_6	$U_i/3$	$U_i/3$	$-2U_i/3$
(0, 1, 0)	U_2	$-U_i/3$	$2U_i/3$	$-U_i/3$
(0, 1, 1)	U_3	$-2U_i/3$	$U_i/3$	$U_i/3$
(0, 0, 1)	U_1	$-U_i/3$	$-U_i/3$	$2U_i/3$
(1, 0, 1)	U_5	$U_i/3$	$-2U_i/3$	$U_i/3$
(1, 1, 1)	U_7	0	0	0

8个矢量中有6个模长为 $2U_i/3$ 的非零矢量，矢量间隔60°；剩余两个零矢量位于中心。每两个相邻的非零矢量构成的区间叫作扇区，共有6个扇区，如图4-1所示。

在每一个扇区，选择相邻的两个电压矢量以及零矢量，可合成每个扇区内的任意电压矢量，如式（4-4）所示。其中：U_{ref} 为电压矢量；T 为采样周期；T_x、T_y、T_0 分别为电压矢量 U_x、U_y 和零电压矢量 U_0 的作用时间。

$$\begin{cases} U_{ref} \times T = U_x \times T_x + U_y \times T_y + U_0 \times T_0 \\ T_x + T_y + T_0 \leq T \end{cases} \quad (4\text{-}4)$$

由于三相电压在空间矢量中可合成一个旋转速度为电源角频率的旋转电压，因此可利用电压矢量合成技术，由某一矢量开始，每一个开关周期内增加一个增量，该增量是由扇区内相邻的两个基本非零矢量与零电压矢量合成，如此反复从而达到电压空间矢量脉宽调制的目的。

2. SVPWM 的计算

假设电压矢量 U_{ref} 在第Ⅰ扇区，如图4-2所示，欲用 U_4、U_6 及非零矢量 U_0

合成，根据式（4-4）可得

$$U_{ref} \times T = U_4 \times T_4 + U_6 \times T_6 + U_0 \times T_0 \quad (4-5)$$

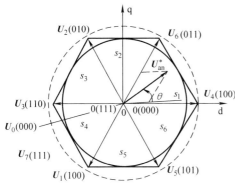

图 4-1 电压空间矢量图　　图 4-2 电压矢量在第 I 扇区的合成

α 轴有：

$$|U_{ref}| \times T \times \cos\theta = U_\alpha \times T = |U_4| \times T_4 + |U_6| \times T_6 \times \cos 60° \quad (4-6)$$

β 轴有：

$$|U_{ref}| \times T \times \sin\theta = U_\beta \times T = |U_6| \times T_6 \times \sin 60° \quad (4-7)$$

又因为 $|U_6| = |U_4| = \dfrac{2}{3} U_i$，可计算出两个非零矢量的作用时间：

$$\begin{cases} T_4 = \dfrac{3T}{2U_i}\left(U_\alpha - U_\beta \dfrac{1}{\sqrt{3}}\right) \\ T_6 = \sqrt{3}\, T \dfrac{U_\beta}{U_i} \end{cases} \quad (4-8)$$

进而得到零矢量的作用时间：7 段式发波 $T_0 = T_7 = \dfrac{T - T_4 - T_6}{2}$；5 段式发波：$T_7 = T - T_4 - T_6$。

SVPWM 中，零矢量的选择是非常灵活的。适当选择零矢量，可最大限度地减少开关次数，同时最大限度地减少开关损耗。最简单的合成方法为 5 段式发波和 7 段式对称发波：7 段式发波开关次数较多，谐波含量较少，5 段式开关次数较少，谐波含量较多。

5 段式对称 SVPWM 矢量合成公式：

$$U_{ref} T = U_0 \dfrac{T_0}{2} + U_1 \dfrac{T_x}{2} + U_2 T_y + U_1 \dfrac{T_x}{2} + U_0 \dfrac{T_0}{2} \quad (4-9)$$

7 段式对称 SVPWM 矢量合成公式：

$$U_{ref} T = U_0 \dfrac{T_0}{4} + U_1 \dfrac{T_x}{2} + U_2 \dfrac{T_y}{2} + U_7 \dfrac{T_0}{2} + U_2 \dfrac{T_y}{2} + U_1 \dfrac{T_x}{2} + U_0 \dfrac{T_0}{4} \quad (4-10)$$

表4-3给出了7段式发波方式的开关器件在第一区间内的切换顺序对照。

表4-3　7段式发波开关器件的切换顺序

扇区	第一区间内的切换顺序	扇区	第一区间内的切换顺序
Ⅰ	…0.4.6.7.7.6.4.0…	Ⅳ	…0.1.3.7.7.3.1.0…
Ⅱ	…0.2.6.7.7.6.2.0…	Ⅴ	…0.1.5.7.7.5.1.0…
Ⅲ	…0.2.3.7.7.3.2.0…	Ⅵ	…0.4.5.7.7.5.4.0…

（1）扇区号的确定

由 U_α 和 U_β 决定空间电压矢量所处的扇区，得到表4-4扇区判断的充要条件。

表4-4　扇区判断的充要条件

扇区	落入此扇区的充要条件	扇区	落入此扇区的充要条件
1	$U_\alpha>0$，$U_\beta>0$ 且 $U_\beta/U_\alpha<\sqrt{3}$	4	$U_\alpha<0$，$U_\beta<0$ 且 $U_\beta/U_\alpha<\sqrt{3}$
2	$U_\alpha>0$，且 $U_\beta/|U_\alpha|>\sqrt{3}$	5	$U_\beta<0$ 且 $U_\beta/|U_\alpha|>\sqrt{3}$
3	$U_\alpha<0$，$U_\beta>0$ 且 $U_\beta/U_\alpha<\sqrt{3}$	6	$U_\alpha>0$，$U_\beta<0$ 且 $U_\beta/U_\alpha<\sqrt{3}$

进一步分析该表，定义三个参考变量 U_{ref1}、U_{ref2} 和 U_{ref3} 及如式（4-11）所示的表达式：

$$\begin{cases} U_{\text{ref1}} = U_{\beta} \\ U_{\text{ref2}} = \dfrac{\sqrt{3}}{2}U_{\alpha} - \dfrac{1}{2}U_{\beta} \\ U_{\text{ref3}} = -\dfrac{\sqrt{3}}{2}U_{\alpha} - \dfrac{1}{2}U_{\beta} \end{cases} \quad (4\text{-}11)$$

其中：若 $U_{\text{ref1}} > 0$，$A = 1$ 否则 $A = 0$；若 $U_{\text{ref2}} > 0$，$B = 1$ 否则 $B = 0$；若 $U_{\text{ref3}} > 0$，$C = 1$ 否则 $C = 0$。则扇区号 Vector_Num $= A_1 + 2*A_2 + 4*A_3$，可得到表 4-5 所示的扇区对应关系。

表 4-5 扇区对应关系

Vector_Num	3	1	5	4	6	2
扇区号	1	2	3	4	5	6

（2）作用时间计算

将式（4-11）进行改写，得到式（4-12）

$$T_4 = \dfrac{\sqrt{3}T}{U_i}U_{\text{ref2}} \qquad T_6 = \sqrt{3}T\dfrac{U_{\text{ref1}}}{U_i} \quad (4\text{-}12)$$

按照上述方法可以计算出其他扇区非零矢量作用时间，见表 4-6：

表 4-6 各个扇区非零矢量作用时间

扇区	1	2	3
作用时间	$T_x = T_4 = \dfrac{\sqrt{3}T}{U_i}U_{\text{ref2}}$ $T_y = T_6 = \dfrac{\sqrt{3}T}{U_i}U_{\text{ref1}}$	$T_x = T_2 = \dfrac{\sqrt{3}T}{U_i}U_{\text{ref2}}$ $T_y = T_6 = \dfrac{\sqrt{3}T}{U_i}U_{\text{ref3}}$	$T_x = T_2 = \dfrac{\sqrt{3}T}{U_i}U_{\text{ref1}}$ $T_y = T_3 = \dfrac{\sqrt{3}T}{U_i}U_{\text{ref3}}$

扇区	4	5	6
作用时间	$T_x = T_1 = \dfrac{\sqrt{3}T}{U_i}U_{\text{ref1}}$ $T_y = T_3 = \dfrac{\sqrt{3}T}{U_i}U_{\text{ref2}}$	$T_x = T_1 = \dfrac{\sqrt{3}T}{U_i}U_{\text{ref3}}$ $T_y = T_5 = \dfrac{\sqrt{3}T}{U_i}U_{\text{ref2}}$	$T_x = T_4 = \dfrac{\sqrt{3}T}{U_i}U_{\text{ref3}}$ $T_y = T_5 = \dfrac{\sqrt{3}T}{U_i}U_{\text{ref1}}$

注意，为了使该算法适应各种电压等级，表 4-6 中的变量均是经过标幺化处理之后的数据。

（3）三相 PWM 波形合成

按照上述过程，就能得到每个扇区相邻两个基本矢量和零电压矢量的作用时间。再根据 PWM 原理，计算出每一相对应的比较器的值，式（4-13）为 7 段 SVPWM 发波值计算，式（4-14）为 5 段 SVPWM 发波值计算。

$$\begin{cases} NT_3 = (T - T_x - T_y)/2 \\ NT_2 = NT_3 + T_y \\ NT_1 = NT_2 + T_x \end{cases} \quad (4\text{-}13)$$

$$\begin{cases} NT_3 = 0 \\ NT_2 = T_y \\ NT_1 = NT_2 + T_x \end{cases} \quad (4\text{-}14)$$

以 7 段 SVPWM 发波为例，各个扇区的比较值赋值见表 4-7。

表 4-7　7 段 SVPWM 比较值赋值表

扇区	1	2	3
作用时间	$CMPR_1 = TBPR - NT_2$ $CMPR_2 = TBPR - NT_1$ $CMPR_3 = TBPR - NT_3$	$CMPR_1 = TBPR - NT_1$ $CMPR_2 = TBPR - NT_3$ $CMPR_3 = TBPR - NT_2$	$CMPR_1 = TBPR - NT_1$ $CMPR_2 = TBPR - NT_2$ $CMPR_3 = TBPR - NT_3$
扇区	4	5	6
作用时间	$CMPR_1 = TBPR - NT_3$ $CMPR_2 = TBPR - NT_2$ $CMPR_3 = TBPR - NT_1$	$CMPR_1 = TBPR - NT_3$ $CMPR_2 = TBPR - NT_1$ $CMPR_3 = TBPR - NT_2$	$CMPR_1 = TBPR - NT_2$ $CMPR_2 = TBPR - NT_3$ $CMPR_3 = TBPR - NT_1$

3. 仿真模型

利用 Matlab7.0 的 SimPowerSystem 模块库，建立三相逆变系统 SVPWM 发波仿真模型。

（1）Clark 变换模块

在交流电动机的三相对称绕组中通以三相对称电流时可以产生旋转磁场。在功率不变的条件下，根据磁动势相等的原则，三相绕组产生的旋转磁场可以用两相绕组来等效。Clark 变换为三相静止坐标系到两相静止坐标系的变换，在磁动势不变的前提下，三相绕组和两相绕组电流的关系，其中 I_α、I_β 为两相对称绕组的电流，I_a、I_b、I_c 为三相绕组的电流。Clark 变换可以表示为式（4-15）。该模块的仿真模型如图 4-3 所示。

$$\begin{cases} I_\alpha = \dfrac{2}{3}\left(I_a - \dfrac{1}{2}I_b - \dfrac{1}{2}I_c\right) \\ I_\beta = \dfrac{2}{3}\left(\dfrac{\sqrt{3}}{2}I_b - \dfrac{\sqrt{3}}{2}I_c\right) \end{cases} \quad (4\text{-}15)$$

（2）Park 逆变换模块

Park 逆变换模块实现 d、q 定子磁链参考坐标系中的电压向 α、β 静止坐标系的电压变换，其关系式如式（4-16）所示，图 4-4 为式（4-16）的仿真模型。

$$\begin{bmatrix} U_\alpha \\ U_\beta \end{bmatrix} = \begin{bmatrix} \cos\theta & -\sin\theta \\ \sin\theta & \cos\theta \end{bmatrix} \begin{bmatrix} U_d \\ U_q \end{bmatrix} \tag{4-16}$$

式中：θ 为定子磁链参考坐标系与两相静止坐标系横轴之间的夹角。

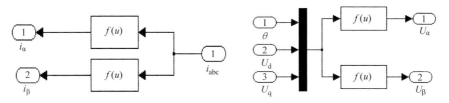

图 4-3 Clark 变换模块内部结构图　　图 4-4 Park 逆变换模块结构图

（3）SVPWM 模块

SVPWM 是将逆变器和电动机看作一个整体，通过逆变器开关模式和电动机电压空间矢量的内在关系，控制逆变器的开关模式，使电动机的定子电压空间矢量沿圆形轨迹运动。此方法具有实现简单、输出转矩脉动小和电压利用率高等特点，因此大大地提高了电动机的运行品质。SVPWM 模块的仿真模型如图 4-5 所示。

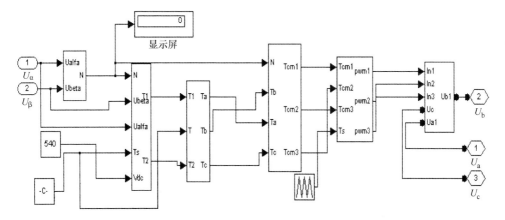

图 4-5 SVPWM 仿真模型

SVPWM 控制的实现过程如下：

1）判断参考电压矢量所在扇区；扇区判断模型如图 4-6 所示。

2）计算相邻参考电压矢量的作用时间：基本电压矢量的作用时间可以表示为式（4-17）。

$$\begin{bmatrix} T_i \\ T_{i+1} \end{bmatrix} = \theta_{(N)} \begin{bmatrix} u_\alpha \\ u_\beta \end{bmatrix} T_s \Big/ \frac{2U_{dc}}{3} \tag{4-17}$$

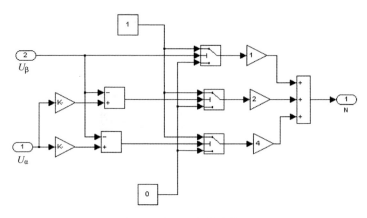

图 4-6 扇区判断仿真模型

其中，$\theta_{(N)}$ 为扇区坐标变换矩阵编号；i 和 $i+1$ 分别为 V_{ref} 所在扇区的相邻电压矢量编号。

$$\theta_1 = \begin{bmatrix} -1 & \dfrac{\sqrt{3}}{3} \\ 1 & \dfrac{\sqrt{3}}{3} \end{bmatrix} \theta_2 = \begin{bmatrix} 0 & -\dfrac{2\sqrt{3}}{3} \\ -1 & \dfrac{\sqrt{3}}{3} \end{bmatrix} \theta_3 = \begin{bmatrix} 1 & -\dfrac{\sqrt{3}}{3} \\ 0 & \dfrac{2\sqrt{3}}{3} \end{bmatrix} \theta_4 = \begin{bmatrix} 1 & \dfrac{\sqrt{3}}{3} \\ 0 & -\dfrac{2\sqrt{3}}{3} \end{bmatrix}$$

$$\theta_5 = \begin{bmatrix} 0 & \dfrac{2\sqrt{3}}{3} \\ -1 & \dfrac{\sqrt{3}}{3} \end{bmatrix} \theta_6 = \begin{bmatrix} -1 & -\dfrac{\sqrt{3}}{3} \\ 1 & -\dfrac{\sqrt{3}}{3} \end{bmatrix}$$

实际系统中，在电动机突然加减速时，电动机输出转矩变化较大，数字电流环输出的电压参考矢量有可能超出逆变器输出最大电压时的参考信号，因此必须加以约束，若 $T_i + T_{i+1} > T_s$ 则参考电压矢量的作用时间修正为式（4-18）所示，仿真模型如图 4-7 所示。

$$\begin{cases} T_i = \dfrac{T_i T_s}{T_i + T_{i+1}} \\ T_{i+1} = \dfrac{T_{i+1} T_s}{T_i + T_{i+1}} \end{cases} \tag{4-18}$$

参考电压矢量作用时间的计算为指定三相逆变器开关时刻表，先定义 T_a、T_b 和 T_c，如式（4-19）所示，所得模型如图 4-8 所示。

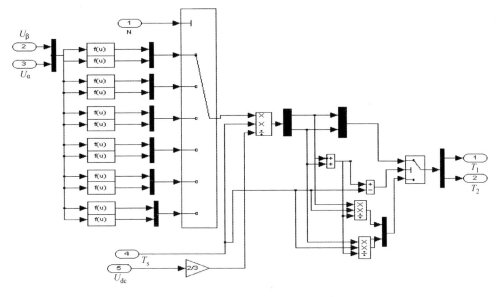

图 4-7 参考电压矢量作用时间的仿真模型

$$\begin{cases} T_a = \dfrac{T_s + T_i + T_{i+1}}{4} \\ T_b = T_a + \dfrac{T_i}{2} \\ T_c = T_b + \dfrac{T_{i+1}}{2} \end{cases} \quad (4\text{-}19)$$

3）判断电压矢量的作用顺序，计算基本电压矢量的作用时间。

按照表 4-8 对三相功率器件导通时刻进行赋值，其中 T_{cm1}、T_{cm2}、T_{cm3} 分别表示逆变器三相桥臂功率器件导通时刻。

表 4-8 A、B、C 三相开关时刻表

扇区号	I	II	III	IV	V	VI
T_{cm1}	T_b	T_a	T_a	T_c	T_c	T_b
T_{cm2}	T_a	T_c	T_b	T_b	T_a	T_c
T_{cm2}	T_c	T_b	T_c	T_a	T_b	T_a

三相逆变器开关时刻的仿真模型如图 4-9 所示，计算得到的值与载波三角形进行比较，可以生成载波 SVPWM 波形，仿真波形如图 4-10 所示。

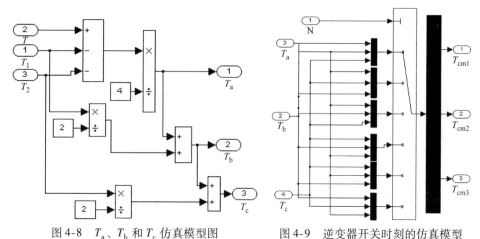

图 4-8　T_a、T_b 和 T_c 仿真模型图　　图 4-9　逆变器开关时刻的仿真模型

4. Matlab 仿真程序代码

% Inputs are magnitude u1(:), angle u2(:), and ramp time signal for comparison u3(:)

```
function [sf] = aaa(u)
ts = 0.0002; vdc = 1; peak_phase_max = vdc/sqrt(3);
x = u(2); y = u(3);
mag = (u(1)/peak_phase_max) * ts;

% sector I
if(x > =0)&(x < pi/3)
    ta = mag * sin(pi/3 - x);
    tb = mag * sin(x);
    t0 = (ts - ta - tb);
    t1 = [t0/4 ta/2 tb/2 t0/2 tb/2 ta/2 t0/4];
    t1 = cumsum(t1);
    v1 = [0 1 1 1 1 1 0];
    v2 = [0 0 1 1 1 0 0];
    v3 = [0 0 0 1 0 0 0];
    for j = 1:7
        if(y < t1(j))
        break
        end
    end
```

```
    sa = v1(j);
    sb = v2(j);
    sc = v3(j);
end

%  sector II
if( x > = pi/3)&( x < 2 * pi/3)
    adv =  x - pi/3;
    tb = mag  *  sin( pi/3 - adv);
    ta = mag  *  sin( adv);
    t0  = ( ts - ta - tb);
    t1 = [ t0/4 ta/2 tb/2 t0/2 tb/2 ta/2 t0/4];
    t1 = cumsum( t1);
        v1 = [0 0 1 1 1 0 0];
        v2 = [0 1 1 1 1 1 0];
        v3 = [0 0 0 1 0 0 0];
           for j = 1:7
               if( y < t1(j))
                   break
               end
           end
    sa = v1(j);
    sb = v2(j);
    sc = v3(j);
end


% sector III
if( x > = 2 * pi/3)&( x < pi)
    adv = x - 2 * pi/3;
    ta = mag  *  sin( pi/3 - adv);
    tb = mag  *  sin( adv);
    t0  = ( ts - ta - tb);
    t1 = [ t0/4 ta/2 tb/2 t0/2 tb/2 ta/2 t0/4];
    t1 = cumsum( t1);
        v1 = [0 0 0 1 0 0 0];
```

```
            v2 = [0 1 1 1 1 1 0];
            v3 = [0 0 1 1 1 0 0];
               for j = 1:7
                  if(y < t1(j))
                     break
                  end
               end
        sa = v1(j);
        sb = v2(j);
        sc = v3(j);
        end


        % sector IV
        if(x > = - pi)&(x < -2 * pi/3)
        adv = x + pi;
        tb = mag * sin(pi/3 - adv);
        ta = mag * sin(adv);
        t0  = (ts - ta - tb);
        t1 = [t0/4 ta/2 tb/2 t0/2 tb/2 ta/2 t0/4];
        t1 = cumsum(t1);
            v1 = [0 0 0 1 0 0 0];
            v2 = [0 0 1 1 1 0 0];
            v3 = [0 1 1 1 1 1 0];
               for j = 1:7
                  if(y > t1(j))
                     break
                  end
               end
        sa = v1(j);
        sb = v2(j);
        sc = v3(j);
        end


        % sector V
        if(x > = -2 * pi/3)&(x < - pi/3)
```

```
adv = x + 2 * pi/3;
ta = mag * sin( pi/3 - adv);
tb = mag * sin( adv);
t0 = ( ts - ta - tb);
t1 = [ t0/4 ta/2 tb/2 t0/2 tb/2 ta/2 t0/4 ];
t1 = cumsum( t1);
    v1 = [ 0 0 1 1 1 0 0 ];
    v2 = [ 0 0 0 1 0 0 0 ];
    v3 = [ 0 1 1 1 1 1 0 ];
      for j = 1:7
        if( y < t1(j))
        break
      end
    end
sa = v1(j);
sb = v2(j);
sc = v3(j);
end


% Sector VI
if( x > = - pi/3)&( x <0)
adv = x + pi/3;
tb = mag * sin( pi/3 - adv);
ta = mag * sin( adv);
t0 = ( ts - ta - tb);
t1 = [ t0/4 ta/2 tb/2 t0/2 tb/2 ta/2 t0/4 ];
t1 = cumsum( t1);
    v1 = [ 0 1 1 1 1 1 0 ];
    v2 = [ 0 0 0 1 0 0 0 ];
    v3 = [ 0 0 1 1 1 0 0 ];
      for j = 1:7
        if( y < t1(j))
        break
      end
    end
```

```
sa = v1(j);
sb = v2(j);
sc = v3(j);
end
sf = [sa,sb,sc];
```

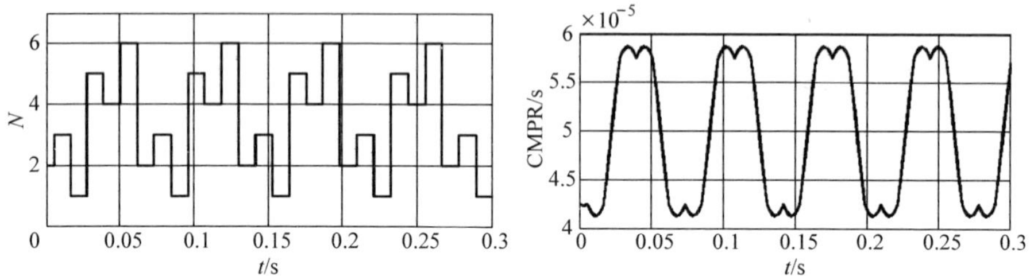

a) 扇区波形

b) A相上桥导通时刻

图 4-10 仿真波形

5. DSP 程序示例

SVPWM 模块初始化设置与 SPWM 初始化相同，Alpha 和 Beta 分别是双环控制输出的 α 轴、β 轴分量。

```
void    SVPWM_Generation()
{
    Uref1 = Beta;
    Uref2 = Alpha * 0.866 + Beta * 0.5;
    Uref3 = Uref2 - Uref1;
    VectNumber = 3;
    VectNumber = (Uref2 > 0)?(VectNumber - 1):VectNumber;
    VectNumber = (Uref3 > 0)?(VectNumber - 1):VectNumber;
    VectNumber = (Uref1 < 0)?(7 - VectNumber):VectNumber;
    if(VectNumber = =1 || VectNumber = = 4)
    {
        Ta = Uref2;
        Tb = Uref1 - Uref3;
        Tc = - Uref2;
    }
    else if(VecSector = = 2 || VecSector = = 5)
    {
        Ta = Uref2 + Uref3;
```

             Tb = Uref1;
             Tc = - Uref1;
        }
        else
        {
             Ta = Uref3;
             Tb = - Uref3;
             Tc = - Uref1 - Uref2;
        }
        EPwm1Regs. CMPA. half. CMPA = Ta;
        EPwm2Regs. CMPA. half. CMPA = Tb;
        EPwm3Regs. CMPA. half. CMPA = Tc;
}

载波频率为20kHz，控制信号间相差120°，图4-11所示为两种不同调制频率下桥臂的控制信号。

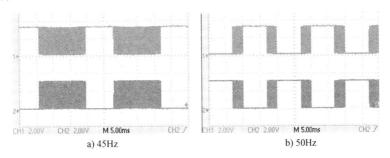

a) 45Hz   b) 50Hz

图4-11 在不同调制频率下同一桥臂（A相）的控制信号

图4-12所示为A、B相上桥控制信号。

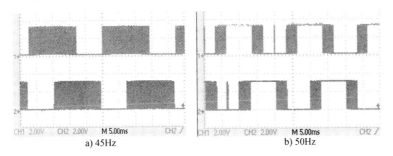

a) 45Hz   b) 50Hz

图4-12 在不同调制频率下A、B相上桥控制信号

从图 4-13 所示波形中可以看出，A 相滤波在正弦波的基础上，注入 3 次谐波的成分。

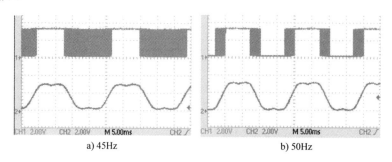

a) 45Hz   b) 50Hz

图 4-13 在不同调制频率下 A 相上桥与 A 相滤波的控制信号

4.1.2 三次谐波注入式 SVPWM 算法及数字化实现

SVPWM 实际上是在 SPWM 的调制波叠加了零序分量而形成的马鞍波，这个零序分量是通过在调制的过程中增加的"零矢量"来构成的，也就是说是通过上面的算法调制出的。

1. 基本原理

首先我们先取三相载波电压的最大、最小值：
$$\begin{cases} U_{MAX} = MAX(U_A, U_B, U_C) \\ U_{MIN} = MIN(U_A, U_B, U_C) \end{cases}$$

零序分量可由式（4-20）表示：

$$U_{COM} = -\frac{U_{MAX} + U_{MIN}}{2} \tag{4-20}$$

将零序分量加入三相 SPWM 载波中得到新的三相马鞍形波形：

$$\begin{cases} U'_A = U_A + U_{COM} \\ U'_B = U_B + U_{COM} \\ U'_C = U_C + U_{COM} \end{cases} \tag{4-21}$$

将零序分量叠加后得到三相载波 U'_A、U'_B、U'_C，通过 SPWM 调制即可得到与传统方法相同的调制结果。

2. 代码示例：SVPWM 简单发波算法

```
#define    NUM 200
#define    PI 3.1415926535
float      a[NUM] = {0},b[NUM] = {0},c[NUM] = {0};        //三相正弦电
float      third[NUM] = {0};                              //零序分量
float m1[NUM] = {0}, m2[NUM] = {0}, m3[NUM] = {0};        //三相马鞍波
```

```
float max( float num1 ,float num2 )
{
    return num1 > num2? num1:num2;
}
float min( float num1 ,float num2 )
{
    return num1 < num2? num1:num2;
}
int main( void)
{
    Uint16 i = 0;
    InitSysCtrl( );
    DINT;
    InitPieCtrl( );
    IER = 0x0000;
    IFR = 0x0000;
    InitPieVectTable( );
    for( i = 0;i < NUM;i + + )
    {
        a[ i] = sin(0. 3 * i);
        b[ i] = sin(0. 3 * i + 2. 0/3 * PI);
        c[ i] = sin(0. 3 * i + 4. 0/3 * PI);
        third[ i] = ( max( max( a[ i],b[ i]),c[ i]) + min( min( a[ i],b[ i]),c[ i]) ) / 2;
        m1[ i] = a[ i] – third[ i];
        m2[ i] = b[ i] – third[ i];
        m3[ i] = c[ i] – third[ i];
    }
    while(1);
}
```

4.1.3 基于120°坐标的 SVPWM 快速算法及数字化实现

1. 算法分析

（1）扇区判定

如图 4-14 所示为120°坐标系下扇区的空间分布图。

平面被 A 轴、B 轴、C 轴分成三个 120°平面区域。当 A 轴方向作为 120°坐标系的 x 轴正方向，B 轴方向作为 120°坐标系的 y 轴正方向时，定义该坐标系为 1 号 120°坐标系，区域 AOB 为 1 号大扇区，即 120°坐标系的第一象限区域；同理，当 B 轴和 C 轴分别作为 120°坐标系下的 x 轴和 y 轴时，定义该坐标系为 2 号 120°坐标系，区域 BOC 为 2 号大扇区；当 C 轴和 A 轴分别作为 120°坐标系下的 x 轴和 y 轴时，定义该坐标系为 3 号 120°坐标系，区域 COA 为 3 号大扇区。

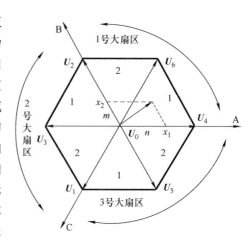

图 4-14　120°坐标系下扇区分布图

为后续处理方便，将 A 轴归为 1 号大扇区，B 轴归为 2 号大扇区，C 轴归为 3 号大扇区。2 号 120°坐标系和 3 号 120°坐标系分别为 1 号 120°坐标系顺时针旋转 120°和 240°所得。

三相调制电压通过 1 号、2 号、3 号坐标变换分别得到空间电压矢量在 1 号、2 号、3 号 120°坐标系下的坐标。

1 号坐标变换法则　　　2 号坐标变换法则　　　3 号坐标变换法则

$$\begin{cases} x_1 = u_A - u_C \\ x_2 = u_B - u_C \end{cases} \quad \begin{cases} x_1 = u_B - u_A \\ x_2 = u_C - u_A \end{cases} \quad \begin{cases} x_1 = u_C - u_B \\ x_2 = u_A - u_B \end{cases}$$

式中　x_1、x_2——电压空间矢量在 120°坐标系下的 x 轴坐标和 y 轴坐标。

通过三种坐标变换可得到电压空间矢量在三种 120°坐标系下的坐标 x_1 和 x_2。如果经过 i（i=1、2、3）号坐标变换得到 $x_1 > 0$ 且 $x_2 \geq 0$，则可得电压空间矢量处于第 i 号大扇区。由 x_1 和 x_2 的大小关系可得电压空间矢量所在的小扇区数，当 $x_1 > x_2$ 时，空间矢量处于 1 号小扇区，否则处于 2 号小扇区。

图 4-15 所示为 120°坐标系下扇区判断流程图，其中 i 为电压空间矢量所在的大扇区数，j 为空间电压矢量所在的小扇区数。

从而可得空间电压矢量所在的扇区为 $N = 2(i-1) + j$

（2）基本电压空间矢量作用时间

假设电压空间矢量处于 i 号（i=1、2、3）大扇区，则可得其在 i 号 120°坐标系下的坐标（x_1, x_2），为方便后续计算，将 x_1 和 x_2 进行归一化处理：

第 4 章 交流电动机的驱动控制

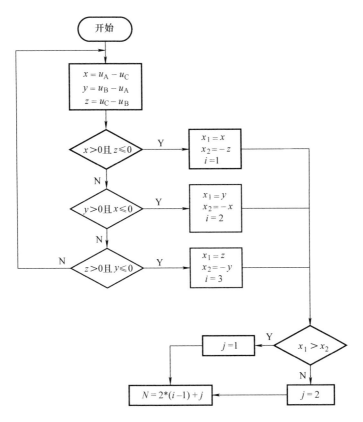

图 4-15 扇区判断流程图

$$\begin{cases} m = \dfrac{x_1}{\dfrac{2}{3}U_{dc}} \\ n = \dfrac{x_2}{\dfrac{2}{3}U_{dc}} \end{cases} \quad (4\text{-}22)$$

此时电压空间矢量在载波周期 T_s 内的作用效果可以由 120°坐标系坐标轴上的两个基本电压空间矢量进行合成。根据"伏秒等效"原则得

$$\begin{cases} m \cdot T_s = 1 \cdot T_1 \\ n \cdot T_s = 1 \cdot T_2 \end{cases} \quad (4\text{-}23)$$

其中，T_1 为 120°坐标系 x 轴上基本电压空间矢量的作用时间，T_2 为 120°坐标系 y 轴上基本电压空间矢量的作用时间，从而可解得

$$\begin{cases} T_1 = m \cdot T_s \\ T_2 = n \cdot T_s \end{cases} \quad (4\text{-}24)$$

由于非坐标轴上的基本电压空间矢量在120°坐标轴上的投影为坐标轴上的基本电压空间矢量,则其作用效果等于坐标轴上两个基本矢量在同等时间内共同作用的效果。定义非坐标轴上的矢量为强矢量,如图4-14中的 U_3、U_5、U_6,坐标轴上的矢量为弱矢量,如图4-14中的 U_1、U_2、U_4。则电压空间矢量作用效果可由其所在扇区 N 的两个基本矢量合成。

当 $n>m$ 时

$$\begin{cases} T_q = T_1 = mT_s \\ T_r = T_2 - T_1 = (n-m)T_s \end{cases} \quad (4-25)$$

当 $n \leqslant m$ 时

$$\begin{cases} T_q = T_2 = nT_s \\ T_r = T_1 - T_2 = (m-n)T_s \end{cases} \quad (4-26)$$

式中 T_q——强矢量作用时间;
T_r——弱矢量作用时间。

每个扇区强矢量和弱矢量作用时间见表4-9。

表4-9 强弱矢量作用时间

N	1、3、5	2、4、6
T_q	nT_s	mT_s
T_r	$(m-n)T_s$	$(n-m)T_s$

(3) 基本电压空间矢量作用时序

通过对两个零矢量的不同分配方案可以产生多种不同的 PWM 方式,并且会对逆变器的控制特性产生重要影响。为减小开关损耗和谐波畸变率,零矢量的分配应遵循每次动作只改变一个桥臂的状态,并且每个输出的 PWM 波形对称原则。常用的零矢量分配方式有五段式和七段式。五段式 PWM 将零矢量作用时间平均分配于载波周期的初始和末尾阶段,其矢量的作用顺序是:零矢量-弱矢量-强矢量-弱矢量-零矢量。七段式 PWM 将零矢量作用时间分配于载波周期的首尾段及中间段,其矢量的作用顺序是:零矢量-弱矢量-强矢量-零矢量-强矢量-弱矢量-零矢量。

以常用的七段式 PWM 的输出时序为例说明基本矢量的作用时序。如图4-16所示,各相 PWM 状态翻转时刻将一个载波周期分为七个时间段。图4-16中各相 PWM 的动作时刻:

$$\begin{cases} T_1 = 0.25(T_s - T_q - T_r) \\ T_2 = T_1 + 0.5T_r \\ T_3 = T_2 + 0.5T_s \end{cases} \quad (4-27)$$

其中,T_1为在一个PWM周期中先动作相的PWM翻转时刻,T_2为次动作相的PWM翻转时刻,T_3为后动作相的PWM翻转时刻。电压空间矢量在各个扇区时每相的动作顺序见表4-10。

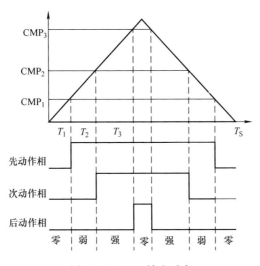

图4-16 PWM输出时序

表4-10 动作时序表

扇区	T_1	T_2	T_3
1	A	B	C
2	B	A	C
3	B	C	A
4	C	B	A
5	C	A	B
6	A	C	B

在直流母线电压一定的情况下,随着电压空间矢量幅值的增大,零矢量的作用时间将减小。当电压空间矢量圆与六边形边界相交时,将发生过调制,此时逆变器输出电压波形将发生失真。通常可采取适当的过调制策略进一步提高逆变器直流母线电压的利用率。过调制状态在程序中的表现为在一个载波周期的某些时段出现$T_q + T_r > T_s$的情况,此时可采取过调制处理,采用比例压缩的方法校正基本矢量的作用时间。校正方法如式(4-28)所示:

$$\begin{cases} T_{\mathrm{q}}^{*} = \dfrac{T_{\mathrm{q}}}{T_{\mathrm{q}} + T_{\mathrm{r}}} T_{\mathrm{s}} \\ T_{\mathrm{r}}^{*} = \dfrac{T_{\mathrm{r}}}{T_{\mathrm{q}} + T_{\mathrm{r}}} T_{\mathrm{s}} \end{cases} \qquad (4\text{-}28)$$

式中 T_{q}^{*}、T_{r}^{*} 为调整后强矢量和弱矢量的作用时间。

通过采取式（4-28）所示的过调制处理后，实际调制输出的电压矢量圆将产生失真，在六边形外的圆形轨迹将压缩至六边形边界，六边形边界内的圆形轨迹保持不变。

2. 代码示例

```
int compare1,compare2,compare3,N,last_N,d;
float    t_a,t_b,t_c,t;
_iq      sinA,sinB,sinC,m,n,Tq,Tr,t1,t2,t3,wg;
#define pi       3.1415926
#define Udc      10
#define Um       10.0
#define f        50.0
#define fc       10000.0
#define Ts       1/fc
#define k        150000000/2097152.0
#define DB       1500

#define EPWM1_TBPRD    75000000/fc
#define EPWM1_CMP      2000
#define EPWM2_TBPRD    75000000/fc
#define EPWM2_CMP      4000
#define EPWM3_TBPRD    75000000/fc
#define EPWM3_CMP      6000

interrupt void EPWM1_ISR(void)
{
    update_compare();
    EPwm1Regs.CMPA.half.CMPA = compare1;    // 设置 CMPA
    EPwm1Regs.CMPB = compare1;

    EPwm2Regs.CMPA.half.CMPA = compare2;    // 设置 CMPA
```

```
    EPwm2Regs.CMPB = compare2;

    EPwm3Regs.CMPA.half.CMPA = compare3;      // 设置CMPA
    EPwm3Regs.CMPB = compare3;

    EPwm1Regs.ETCLR.bit.INT = 1;
    PieCtrlRegs.PIEACK.all = PIEACK_GROUP3;
}

void update_compare(void)
{
    t = Ts * d;
    sinABC(t);
    Get_N();
    Get_Tq_Tr();
    Get_t123();
    Out_pwm();
    compare1 = _IQmpy((t_a),_IQ(k));
    compare2 = _IQmpy((t_b),_IQ(k));
    compare3 = _IQmpy((t_c),_IQ(k));
    d++;
    if(d >= fc/f) d=0;
}

void sinABC(float t)
{
    sinA = _IQmpy(_IQ(Um),_IQ(sin(2*pi*f*t)));
    sinB = _IQmpy(_IQ(Um),_IQ(sin(2*pi*f*t-2*pi/3)));
    sinC = _IQmpy(_IQ(Um),_IQ(sin(2*pi*f*t+2*pi/3)));
}

void Get_N(void)
{
    int i,j;
    _iq x,y,z,x1,x2;
```

```
X = sinA - sinC;
Y = sinB - sinA;
Z = sinC - sinB;
if( x > 0 && z < = 0 )
{
    x1 = x;
    x2 = - z;
    i = 1;
}
else if( y > 0 && x < = 0 )
{
    x1 = y;
    x2 = - x;
    I = 2;
}
else if( z > 0 && y < = 0 )
{
    x1 = z;
    x2 = - y;
    I = 3;
}

if( x1 > x2 )
{
    J = 1;
}
else
{
    J = 2;
}
M = _IQmpy( _IQ(1.5) , x1)/Udc;
N = _IQmpy( _IQ(1.5) , x2)/Udc;
N = 2 * (i - 1) + j;
}
```

```c
void Get_Tq_Tr(void)
{
    _iq T1,T2;
    T1 = _IQmpy(m,_IQ(Ts));
    T2 = _IQmpy(n,_IQ(Ts));
    if(N= =2 || N= =4 || N= =6)
    {
        Tq = T1;
        Tr = T2 - T1;
    }
    else
    {
        Tq = T2;
        Tr = T1 - T2;
    }
}

void Get_t123(void)
{
    _iq Tq1,Tr1;
    Tq1 = Tq;
    Tr1 = Tr;
    if(Tq + Tr > _IQ(Ts))
    {
        Tq1 = _IQmpy(Tq,Ts)/(Tq + Tr);
        Tr1 = _IQmpy(Tr,Ts)/(Tq + Tr);
    }
    t1 = _IQmpy(_IQ(0.25),(_IQ(Ts) - Tq1 - Tr1));
    t2 = t1 + _IQmpy(_IQ(0.5),Tr);
    t3 = t2 + _IQmpy(_IQ(0.5),Tq);
}
void Out_pwm(void)
{
    switch(N)
    {
```

```
            case 1: t_a = t1; t_b = t2; t_c = t3;break;
            case 2: t_a = t2; t_b = t1; t_c = t3;break;
            case 3: t_a = t3; t_b = t1; t_c = t2;break;
            case 4: t_a = t3; t_b = t2; t_c = t1;break;
            case 5: t_a = t2; t_b = t3; t_c = t1;break;
            case 6: t_a = t1; t_b = t3; t_c = t2;break;
        }
    }
```

3. 传统算法与快速发波算法比较

三相逆变器载波频率为10kHz，输出交流电压频率为50Hz，逆变器输出经过三相LC滤波，L 为4mH，C 为10μF。输出电压经低通滤波后波形如图4-17所示。

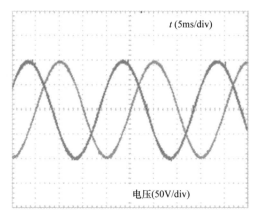

图4-17　A相及B相电压滤波后波形

CCS软件对DSP程序进行在线调试的过程中，在SVPWM算法的开始和结束位置设置断点，从而可测得运行断点间的程序所消耗的时间；另一种是在算法的开始和结束位置翻转DSP芯片某个引脚的电平状态，通过示波器观察该引脚的正脉冲持续的时间，即为算法运行的时间。图4-18所示为使用翻转电平的方法对两种算法运算时间的对比情况，传统算法SVPWM算法执行一次耗时13.14μs，而新型SVPWM算法耗时9.43μs，效率提高了28.2%。

使用TI公司提供的IQmath库可以有效减小需要进行大量浮点数运算的程序的运算时间，实验对传统SVPWM算法和新型SVPWM算法分别在使用和未使用IQmath库的情况下的算法执行时间进行测量，通过多次测量后计算平均值，结果见表4-11。

通过翻转电平的方法比设置断点的方法测量的时间稍长，在未使用IQmath

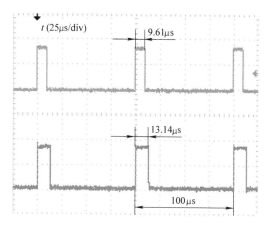

图 4-18 传统算法和新型算法耗时对比

库的情况下,新型 SVPWM 算法相比传统 SVPWM 在算法执行时间上有很大的提升,效率提高 28%;使用 IQmath 库时,由于浮点运算的速度已经极大提升,新型 SVPWM 算法速度优势没有比不使用 IQmath 情况下更显著,但效率仍能有 8% 的提高。

表 4-11 传统算法与新型算法执行时长对比

程序类型	未使用 IQmath 库		使用 IQmath 库	
测量方式	设置断点	翻转电平	设置断点	翻转电平
传统算法/μs	12.99	13.14	9.69	9.87
新型算法/μs	9.32	9.43	8.83	9.05
缩减时长/μs	3.67	3.71	0.86	0.82
效率提升量(%)	28.25	28.23	8.88	8.31

4.1.4 SVPWM 的过调制策略及改进方法

直流母线电压一定的情况下,当参考电压矢量的幅值大于 $M = \sqrt{3}U_{dc}/3$,即参考电压矢量圆与基本矢量围成的六边形相交时,SVPWM 算法处于过调制状态。此时六边形内部的圆弧轨迹保持不变,六边形外部的圆弧轨迹被强制拉回到六边形边界,从而造成调制电压的缺损。采用适当的过调制策略提高电源电压利用率是改善电动机性能、获得更大电磁转矩的有效手段。但传统过调制策略存在两个问题:一是保证较高调制精度的情况下,过调制算法控制角和保持角的运算量大;二是如果采用查表的方式获取控制角和保持角又会降低调制的精度,并且需要控制器额外提供足够的存储空间存放查表数据。为此,结合快速 SVPWM 算法的特点，本文提出一种基于非线性拟合的过调制策略，该策略能够在不查表并避免过多运算的情况下，保证过调制足够的精度，实现直流母线电压利用率的提升。定义调制比：

$$M = 3|U_{ref}|/2U_{dc} \tag{4-29}$$

根据调制比的大小，将过调制区划分为过调制Ⅰ区和过调制Ⅱ区。

1. 过调制Ⅰ区调制策略

SVPWM算法处于过调制Ⅰ区时，采用增加参考电压幅值的方式补偿过调制引起的缺口电压。如图4-19所示为在过调制Ⅰ区时Ⅰ号扇区的矢量空间图像，矢量圆S_1为未采取过调制策略前的参考电压矢量圆，过调制产生的缺口电压导致逆变器输出基波电压无法达到设定的参考电压幅值。过调制Ⅰ区根据面积等效原则补偿缺损电压，将设定的参考电压矢量圆增大为S_2，从而利用补偿电压弥补过调制引起的电压缺损，达到提升直流母电压利用率的目的。

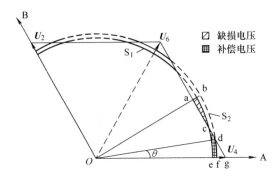

图4-19 过调制Ⅰ区示意图

设S_1的调制比为M_1，S_2的调制比为M_2，也即$|oe| = M_1$，$|of| = M_2$。由直角坐标系xoy系到120°坐标系AoB系的变换规则为

$$\begin{bmatrix} x \\ y \end{bmatrix} = \begin{bmatrix} 1 & -\dfrac{1}{2} \\ 0 & \dfrac{\sqrt{3}}{2} \end{bmatrix} \begin{bmatrix} A \\ B \end{bmatrix} \tag{4-30}$$

从而可得120°坐标系下圆形的表达式为

$$(A - 0.5B)^2 + \left(\dfrac{\sqrt{3}}{2}B\right)^2 = R^2 \tag{4-31}$$

d点在120°坐标系下的坐标为$\left(1, \dfrac{1-\sqrt{4M_2^2-3}}{2}\right)$，即$|dg| = \dfrac{1-\sqrt{4M_2^2-3}}{2}$，由余弦定理可得$\cos\theta = \dfrac{3+\sqrt{4M_2^2-3}}{4M_2}$，根据面积等效原则应有$S_{abc} = S_{cdge}$，也即

$S_{\text{obe}} = S_{\text{oadf}}$,得

$$\frac{1}{12}\pi M_1^2 = \frac{\sqrt{12M_2^2 - 9}}{8} + \frac{1}{2}M_2^2 \theta \tag{4-32}$$

解得

$$M_1 = \sqrt{\frac{3\sqrt{12M_2^2 - 9} + 12M_2^2 \theta}{2\pi}} \tag{4-33}$$

通过式（4-32）和式（4-33）无法解得表达式 $M_2 = f(M_1)$，从而无法根据过调制Ⅰ区的调制比直接计算得到补偿后的电压调制比大小。实际上，即使获得上述准确表达式，其计算过程也会十分复杂。因此，本文采用分段非线性拟合的方法获得上述近似表达式，从而在保证足够调制精度的情况下简化运算并避免查表方式带来的不足。

当 $M_2 = 1$ 时，此时过调制策略的电压补偿能力达到极限，解得此时 $M_1 = \sqrt{\frac{3\sqrt{3}}{2\pi}} \approx 0.909$。因此，过调制Ⅰ区的调制比范围为 $0.866 < M \leq 0.909$。设置采样步长为 0.0001，由式（4-32）和式（4-33）并结合 Matlab 软件可以得到过调制Ⅰ区设定参考电压调制比与补偿电压调制比的对应数据 (M_1, M_2)。通过 Matlab Curve Fitting 工具箱对数据 (M_1, M_2) 直接进行二次拟合的效果如图 4-20 所示，可知直接进行拟合，拟合误差较大。

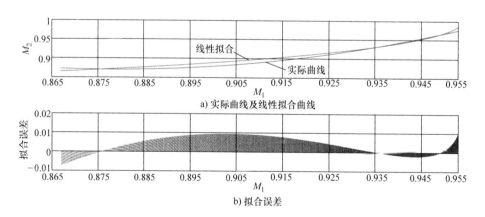

图 4-20 线性拟合效果图

根据对误差分布情况的分析及实际仿真调试的效果，在 0.896 和 0.905 设置分界点，对数据 (M_1, M_2) 进行分段二次拟合，根据拟合误差不断调整拟合表达式的系数，在满足设定的调制精度情况下，确定拟合表达式为

$$M_2 = \begin{cases} 29.855M_1^2 - 50.859M_1 + 22.521 & (0.866 < M_1 \leq 0.896) \\ 126.524M_1^2 - 224.233M_1 + 100.255 & (0.896 < M_1 \leq 0.905) \\ 1029.133M_1^2 - 1859.105M_1 + 840.552 & (0.905 < M_1 \leq 0.909) \end{cases}$$

(4-34)

从而在过调制 I 区可通过式（4-34）设定的参考电压调制比 M_1 获得补偿电压调制比 M_2。拟合曲线与实际曲线以及拟合误差如图 4-21 所示。由图 4-21 可知，式（4-34）拟合效果非常好，拟合曲线和实际曲线非常吻合，拟合误差小于 0.001。

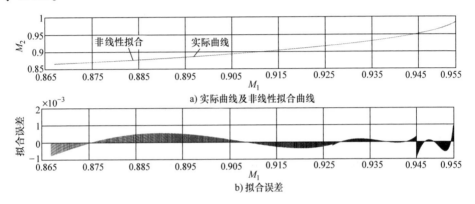

图 4-21 非线性拟合效果图

2. 过调制 II 区调制策略

当调制比 $M > 0.909$ 时，SVPWM 算法处于过调制 II 区，此过调制状态无法通过补偿电压矢量补偿过调制引起的电压缺损。因此在过调制 II 区，本文采用增加基本矢量作用时间的方式提高母线电压利用率。

如图 4-22 所示为过调制 II 区调制算法示意图，其中图中 δ 为保持角，即当参考电压空间矢量与最近的基本矢量的夹角小于 δ 时，保持该基本矢量输出；当参考电压空间矢量与最近的基本矢量的夹角不小于 δ 时，回归常规调制方式，电压空间矢量轨迹为六边形边界。过调制 II 区调制策略下，当设定电压矢量处于扇区 I 时，实际的输出的电压矢量轨迹为图 4-22 中的矢量 U_4、U_6、U_2 以及阴影部分。

由过调制比求解保持角的过程是十分复杂的，其最终结果应用起来也十分不便。因此，本书提出通过设置保持圆的方式代替保持角的计算。如图 4-22 所示，设定参考电压矢量圆为 S_1，其调制比为 M_1，保持圆为 S_2，其调制比为 M_2。调制规则为：当 S_2 轨迹超出六边形时，使用常规调制方式；当 S_2 轨迹位于六边形内部时，保持最近的基本矢量输出。在过调制 II 区可通过参考电压矢量调制比

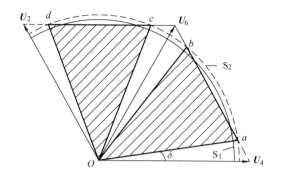

图 4-22 过调制 II 区示意图

M_1 直接计算得到保持圆对应的调制比 M_2。实验测得 M_1 和 M_2 的对应数据,通过分段非线性拟合获得 M_1 和 M_2 的近似函数关系为

$$M_2 = \begin{cases} 377.8M_1^2 - 698.7M_1 + 323.957 & (0.909 < M_1 \leq 0.925) \\ 20.26M_1^2 - 39.61M_1 + 20.216 & (0.925 < M_1 \leq 0.955) \end{cases} \quad (4-35)$$

过调制 I 区调制比逐渐增大时,补偿电压圆半径逐渐增大,当其外接正六边形时,其补偿能力到达极限,继而进入过调制 II 区,此时保持角 δ 为 0,即保持圆与补偿电压矢量圆在此位置完成交替,实现由过调制 I 区到过调制 II 区的平滑过渡。过调制 II 区调制比增大时,保持圆半径逐渐减小,当其内切与正六边形时,逆变器六阶梯模式输出,此时达到逆变器基波电压输出能力的极限,母线电压利用率为 $2/\pi$,即调制比最大能达到 0.955。综上可知,本文过调制算法能够避免传统算法中控制角和保持角的计算,实现从线性调制到六阶梯模式的平滑过渡。

仿真测得几个关键调制比输出电压波形如图 4-23 所示。调制比 $M = 0.866$ 时,即将进入过调制状态;调制比 $M = 0.909$,逆变器即将进入过调制 II 区;调制比 $M = 0.955$,逆变器输出六阶梯波,其基波电压达到最大值。

如图 4-24 所示,为系统带不同阻性负载下的输出电流波形。

如图 4-25 所示为采用本文过调制策略和不采用过调制策略时,SVPWM 算法对给定参考电压的跟踪效果曲线。可见在未使用过调制策略时,逆变器进入过调制区后输出基波电压幅值无法达到设定值,电压跌落越来越大,而使用本文过调制算法,逆变器能够很好地输出设定的指令基波电压峰值,且在调制区切换时非常平稳,从而说明了本文过调制算法的有效性和准确性。

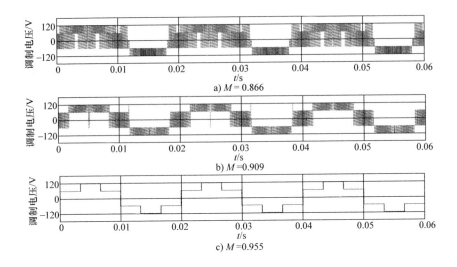

图 4-23 各调制比下电压波形

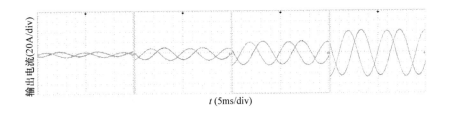

图 4-24 系统带不同阻性负载下的输出电流波形

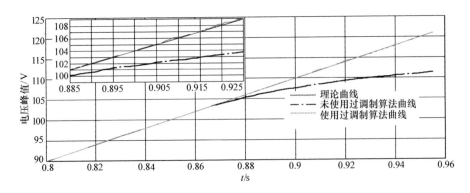

图 4-25 过调制算法使用前后电压跟踪效果

4.2 永磁同步电动机的矢量控制

4.2.1 永磁同步电动机的结构及数学模型

1. 永磁同步电动机结构分类

永磁同步电动机按照永磁体的结构分为表贴式和内置式两种，如图 4-26 所示。其中表贴式直交轴电感 L_d 和 L_q 相同，气隙较大，弱磁扩速性能受到限制。而内置式的交直轴电感：$L_q > L_d$，气隙较小，有较好的扩速能力。本书以内置式永磁同步电动机为研究对象。

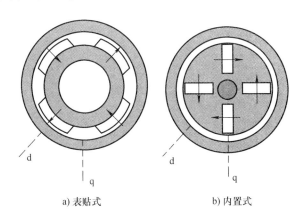

图 4-26 永磁同步电动机结构

2. 永磁同步电动机坐标变换

永磁同步电动机系统复杂，借助坐标变换实现电动机数学模型的解耦，从而使其数学模型方程更加简单。图 4-27 为永磁同步电动机在空间直角坐标系下的矢量关系图：

图中，u_s、i_s、ψ_s 分别为定子电压、电流、磁链矢量，ψ_f 为转子磁链矢量，θ_r 为转子角位置，δ 为电动机转矩角。A-B-C 是定子三相静止坐标系，$\alpha-\beta$ 是定子两相

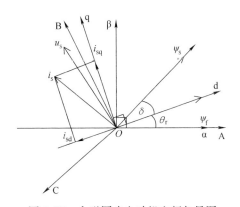

图 4-27 永磁同步电动机空间矢量图

静止坐标系，d、q 是转子两相旋转坐标系。

通过坐标矩阵变换，三个坐标系之间可以进行相互转换。A-B-C 坐标系向 α-β 坐标系的转换称为 Clarke 变换，相反则为 Clarke 逆变换。α-β 坐标系向 d-q 坐标系的转换成为 Park 变换，相反则为 Park 逆变换。公式如式 (4-36)、式 (4-37) 所示。

（1）Clarke 变换及其逆变换

$$\begin{bmatrix} i_\alpha \\ i_\beta \end{bmatrix} = \sqrt{\frac{2}{3}} \begin{bmatrix} 1 & -\frac{1}{2} & -\frac{1}{2} \\ 0 & \frac{\sqrt{3}}{2} & -\frac{\sqrt{3}}{2} \end{bmatrix} \begin{bmatrix} i_a \\ i_b \\ i_c \end{bmatrix} \tag{4-36}$$

$$\begin{bmatrix} i_a \\ i_b \\ i_c \end{bmatrix} = \sqrt{\frac{2}{3}} \begin{bmatrix} 1 & 0 \\ -\frac{1}{2} & \frac{\sqrt{3}}{2} \\ -\frac{1}{2} & -\frac{\sqrt{3}}{2} \end{bmatrix} \begin{bmatrix} i_\alpha \\ i_\beta \end{bmatrix} \tag{4-37}$$

（2）Park 变换及其逆变换

$$\begin{bmatrix} i_d \\ i_q \end{bmatrix} = \begin{bmatrix} \cos\theta & \sin\theta \\ -\sin\theta & \cos\theta \end{bmatrix} \begin{bmatrix} i_\alpha \\ i_\beta \end{bmatrix} \tag{4-38}$$

$$\begin{bmatrix} i_\alpha \\ i_\beta \end{bmatrix} = \begin{bmatrix} \cos\theta & -\sin\theta \\ \sin\theta & \cos\theta \end{bmatrix} \begin{bmatrix} i_d \\ i_q \end{bmatrix} \tag{4-39}$$

从 A-B-C 坐标系到 dq 坐标系的变换如式 (4-40) 所示：

$$\begin{bmatrix} i_d \\ i_q \end{bmatrix} = \sqrt{\frac{2}{3}} \begin{bmatrix} \cos\theta & \cos(\theta-120°) & \cos(\theta+120°) \\ -\sin\theta & -\sin(\theta-120°) & -\sin(\theta+120°) \end{bmatrix} \begin{bmatrix} i_a \\ i_b \\ i_c \end{bmatrix} \tag{4-40}$$

3. 永磁同步电动机数学方程

（1）永磁同步电动机在三相定子参考坐标系 A-B-C 中的数学模型

$$定子电压：u_s = R_s i_s + \frac{d\psi_s}{dt} \tag{4-41}$$

$$定子磁链：\psi_s = L_s i_s + \psi_f e^{j\theta_r} \tag{4-42}$$

$$电磁转矩：T_e = \frac{3}{2} n_p \psi_s \times i_s \tag{4-43}$$

式中 u_s、i_s——定子电压和定子电流分量；

R_s——定子电阻；

ψ_s——定子磁链；

ψ_f——转子永磁体磁链；

T_e——电磁转矩；

n_p——电动机极对数；

L_s——定子绕组电感。

(2) 在 d—q 坐标系中的数学模型

定子电压：$\begin{cases} u_d = R_s i_d + \dfrac{d}{dt}\psi_d - \omega_r \psi_q \\ u_q = R_s i_q + \dfrac{d}{dt}\psi_q + \omega_r \psi_d \end{cases}$ (4-44)

定子磁链：$\begin{cases} \psi_d = L_d i_d + \psi_f \\ \psi_q = L_q i_q \end{cases}$ (4-45)

电磁转矩：$T_e = \dfrac{3}{2} n_p [\psi_f i_q + (L_d - L_q) i_d i_q]$ (4-46)

机械运动方程：$\dfrac{J}{n_p} \cdot \dfrac{d\omega_r}{dt} = T_e - T_L$ (4-47)

式中 u_d、u_q——定子电压 dq 轴分量；

i_d、i_q——定子电流 dq 轴分量；

ψ_d、ψ_q——定子磁链 dq 轴分量；

R_s——定子电阻；

ω_r——转子电角速度；

L_d、L_q——定子绕组电感 dq 轴分量；

ψ_f——转子永磁体磁链；

n_p——电动机极对数；

T_e——电磁转矩；

T_L——负载转矩；

J——转动惯量。

由 d—q 轴系的电磁转矩方程式 (4-46) 可以看出，其组成分为两个部分：第一部分为励磁转矩，第二部分是磁阻转矩。内置式永磁同步电机中 $L_d \neq L_q$，会产生磁阻转矩，有利于电动机的弱磁增速，而表面式永磁同步电动机 $L_d = L_q$，不存在磁阻转矩，电磁转矩方程也就省去了第二部分。

4.2.2 控制系统设计

矢量控制是通过调节旋转坐标系下的直流分量直接对电动机输出转矩、转速进行控制。直流分量的逻辑变化决定系统的控制效果，矢量控制的方式有 $i_d = 0$ 控制、恒功率因数控制、最大转矩电流比控制、弱磁控制等方式。本文采用 $i_d =$

0 控制方式，这种方式简单易于实现，应用在 SPMSM 中，也相当于采用最大转矩电流比控制。SPMSM 采用 $i_d = 0$ 控制，由于 $L_d = L_q$，所以定子电流全部用来产生转矩。这种控制方式使电机运行状态良好，速度可调范围大。

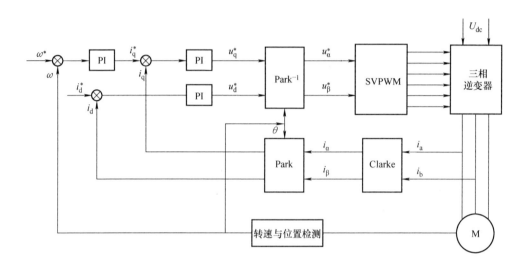

图 4-28 永磁同步电动机矢量控制原理图

从图 4-28 所示可以看出，电动机的设定转速与实际转速的偏差经过 PI 调节器后，作为定子转矩电流分量的给定，在与实际转矩电流分量比较、调节后作为定子交轴电压的给定；励磁电流给定为 0，与反馈的励磁电流做差后经 PI 调节器处理后作为直轴电压的给定，然后进行 SVPWM 脉宽调制，使逆变器的输出满足电机的要求。此时，PMSM 的电压方程和转矩方程为

$$\begin{cases} u_d = -\omega_r \psi_q \\ u_q = Ri_q + \dfrac{\mathrm{d}\psi_q}{\mathrm{d}t} + \omega_r \psi_d \\ T_e = P_n \psi_f i_s \end{cases} \tag{4-48}$$

实际上，当 $i_d = 0$ 时，电动机输出转矩正比于转矩电流 i_q。只需控制定子电流的交轴电流就可以改变电动机的输出转矩，将交流电动机等效为直流电动机。

1. 前向通道

速度环的给定与电动机转速之差经 PI 调节后，作为内环电流环 q 轴的给定。而 d 轴的给定可为零，或依据应用场合不同给出一定的励磁分量。d 轴和 q 轴的给定分别与相应的反馈量之差经 PI 调节、park 逆变换后，来产生可调节的 PWM 波。

2. 反馈通道

反馈通道分为两部分：定子电流的采样及速度和位置的检测。

1）为节省成本，硬件上可选用两个霍尔传感器检测电流，经运放、偏置电路（见图4-29）后，通过 DSP 的 ADC 模块采样得到其数字量。再经过 clark 和 park 变换后得到三相反馈电流的 d、q 轴分量。

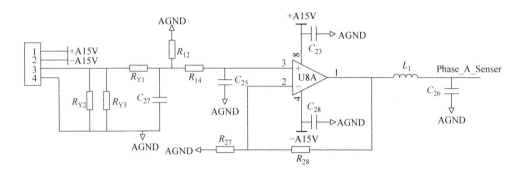

A相电流检测电路

图 4-29　参考电路

2）本例采用旋转变压器来实现电动机速度和位置的检测。旋转变压器简称"旋变"，主要用于运动伺服控制系统中，作为角度位置的传感和测量用。早期的旋转变压器用于计算解析装置中，作为模拟计算机中的主要组成部分之一。其输出是随转子转角作某种函数变化的电气信号，通常是正弦、余弦、线性等。

与编码器类似，旋转变压器也是将机械运动转化为电子信号的转动式机电装置。但与编码器不同的是，旋转变压器传输的是模拟信号而非数字信号。因此需匹配合适的解码芯片，将模拟量变为数字量，按照并行或串行的方式将转子的绝对位置输入给 DSP 或者将模拟量变为两个正交的数字信号送入 DSP 的 eQEP 模块。本书选择的编码器型号为 AD2S1205，参考电路如图 4-30 所示。

旋变与电动机的连接方式如图 4-31 所示。

3. 实验平台

研究中心所搭建的实验平台如图 4-32 所示。

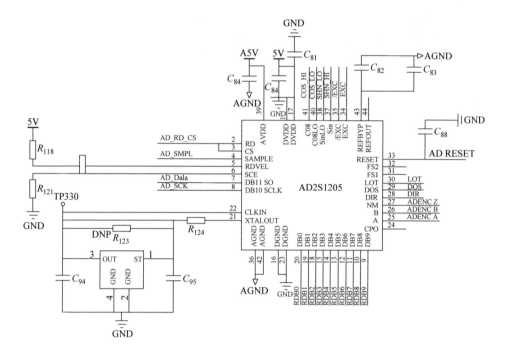

a) AD2S1205最小电路

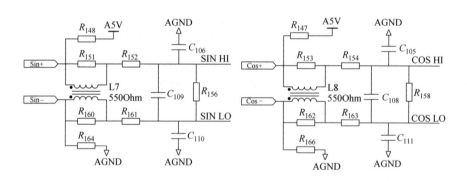

b) 放大及采样电路

图 4-30　AD2S1205 参考电路

第 4 章　交流电动机的驱动控制　97

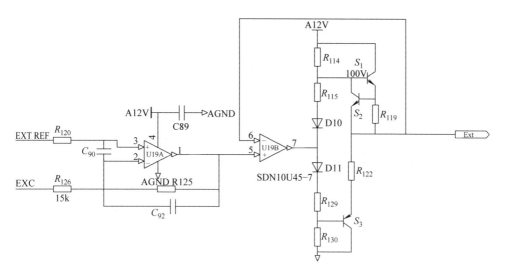

c) 励磁电路

图 4-30　AD2S1205 参考电路（续）

图 4-31　旋变与电动机的连接方式

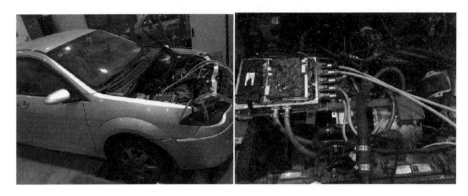

图 4-32 实验平台

4.2.3 控制代码示例

1. 位置和角度检测

(1) 变量定义

```
typedef struct {
    int16  MechTheta;            // Output: Motor Mechanical Angle (Q15)
    int16  OutputTheta;          // Output: Output Mechanical Angle (Q15)
    Uint16 DirectionQep;         // Output: Motor rotation direction (Q0)
    Uint16 QepCountIndex;        // Variable: Encoder counter index (Q0)
    Uint16 RawTheta;             // Variable: Raw angle from Timer 2 (Q0)
    Uint32 OutputRawTheta;       // Variable: Raw angle for output position (Q0)
    Uint32 MechScaler;           // Parameter: 0.9999/total count for motor (Q30)
    Uint32 OutputMechScaler;     // Parameter: 0.9999/total count for output (Q30)
    Uint16 LineEncoder;          // Parameter: Number of line encoder (Q0)
    Uint16 PreScaler;            // Parameter: A ratio of revolution to output (Q0)
    Uint16 Counter;              // Variable: Counter for revolution of motor (Q0)
    void (*init)();              // Pointer to the init function
    void (*calc)();              // Pointer to the calc function
    void (*isr)();               // Pointer to the isr function
} QEP;
```

(2) DSP 的 eQEP 模块初始化函数

```
#define P       const1        // 电动机极数
#define P_M_R   const2        // 电动机极对数
#define P_R     const3        //旋变极数
```

```
qep.LineEncoder = 1024;
qep.MechScaler = 268435206/qep1.LineEncoder;
qep.PolePairs = P_R;
qep.CalibratedAngle = 1000;
qep.init(&qep);
void  QEP_Init(QEP *p)
{
    EALLOW;
    SysCtrlRegs.PCLKCR1.bit.ECAP3ENCLK = 1;    // eCAP3 时钟使能
    EDIS;
    ECap3Regs.ECCTL2.bit.CAP_APWM = 0;         // 捕获模式
    ECap3Regs.ECCTL1.bit.CAP1POL = 0;
    ECap3Regs.ECCTL1.bit.CAP2POL = 0;
    ECap3Regs.ECCTL1.bit.CAP3POL = 0;
    ECap3Regs.ECCTL1.bit.CAP4POL = 0;          // 上升沿

    ECap3Regs.ECCTL1.bit.CTRRST1 = 0x0000;
    ECap3Regs.ECCTL1.bit.CTRRST2 = 0x0000;
    ECap3Regs.ECCTL1.bit.CTRRST3 = 0x0000;
    ECap3Regs.ECCTL1.bit.CTRRST4 = 0x0000;

    ECap3Regs.ECCTL1.bit.CAPLDEN = 1;          // 使能捕获单元
    ECap3Regs.ECCTL1.bit.PRESCALE = 0x0200;
    ECap3Regs.ECCTL2.bit.CONT_ONESHT = 0;      // 单次触发
    ECap3Regs.ECCTL2.bit.SYNCO_SEL = 0x0080;   // SYNCO_DISABLE;
    ECap3Regs.ECCTL2.bit.SYNCI_EN = 0;         // SYNCI_DISABLE;
    ECap3Regs.ECCTL2.bit.TSCTRSTOP = 1;        // TSCTR 开始运行

    EALLOW;
    GpioCtrlRegs.GPBMUX2.bit.GPIO50 = 1;       // 配置 GPIO50 为
                                               //      EQEP1A
    GpioCtrlRegs.GPBMUX2.bit.GPIO51 = 1;       // 配置 GPIO51 为
                                               //      EQEP1B
    GpioCtrlRegs.GPBMUX2.bit.GPIO53 = 1;       // 配置 GPIO53 为
                                               //      EQEP1I
```

100 电力电子技术在汽车中的应用 第 2 版

```
        EDIS;
}
```
(3) 角度处理与计算方法
```
void QEP_Calc(QEP *p)
{
    int32 Tmp;
    p->MechThetaOld = p->MechTheta;
    p->RawThetaOld  = p->RawTheta;
    p->RawTheta = p->CalibratedAngle + EQep1Regs.QPOSCNT;
    // Compute the resolver electrical angle in Q15
    Tmp = _qmpy32by16(p->MechScaler, p->RawTheta, 31);
                                            // Q15 = Q30 * Q0
    // 32bits MechScaler * 16bits RawTheta, right shifting 31 bits, resulting 15
       bits
    p->MechTheta = (int16)(Tmp);            // Q15 -> Q15
    p->MechTheta &= 0x7FFF;
    p->ElecTheta = P_M_R/P_R * (p->MechTheta);
    p->ElecTheta &= 0x7FFF;                 // 转子角度
}
```
(4) EQep1Regs.QPOSCNT 的维护

旋变每产生一个 Z 信号（旋变机械转动一周），则进入 eQEP 中断，变量 EQep1Regs.QPOSCNT 清零。
```
void QEP_Isr(QEP *p)
{
    p->QepCountIndex = EQep1Regs.QPOSCNT;
    if(p->QepCountIndex > 2048)
    {
        p->qepcount = p->QepCountIndex - 4096;
    }
    else
    {
        p->qepcount = p->QepCountIndex;
    }
    EQep1Regs.QPOSCNT = 0;              // Reset the timer 2 counter
```

```
        p->IndexSyncFlag = 0x00F0;        // Set the index flag
        p->StartUp = 1;
}
```

2. 速度计算

（1）变量定义及初始化

```
typedef struct {
        _iq ElecTheta;            // Input: Electrical angle (pu)
        Uint32 DirectionQep;      // Variable: Direction of rotation (Q0)
        _iq OldElecTheta;         // History: Electrical angle at previous step (pu)
        _iq Speed;                // Output: Speed in per-unit   (pu)
        _iq Speed_lowpass;
        _iq K;                    // speed lowpass factor
        Uint32 BaseRpm;           // Parameter: Base speed in rpm (Q0)
        _iq21 K1;                 // Parameter: Constant for differentiator (Q21)
        _iq K2;                   // Parameter: Constant for low-pass filter (pu)
        _iq K3;                   // Parameter: Constant for low-pass filter (pu)
        int32 SpeedRpm;           // Output: Speed in rpm   (Q0)
        int32 Speed_lowpass_heavy;
        _iq Tmp2;
        _iq Tmp3;
        _iq Tmp4;
        void (*calc)();           // Pointer to the calulation function
} SPEED_MEAS_QEP;

speed.ElecTheta = 512 * ((int32)qep.ElecTheta);
speed.DirectionQep = (int32)(qep.DirectionQep);
speed.calc(&speed);
```

（2）速度计算

```
void speed_frq_calc(SPEED_MEAS_QEP *v)
{
        _iq Tmp1;
        _iq ElecTheta_diff;
        ElecTheta_diff = v->ElecTheta - v->OldElecTheta;
        if(ElecTheta_diff < -0.5 * 16777216)
        {
```

```
        ElecTheta_diff + = 16777216;
    }
    if( ElecTheta_diff > 0.5 * 16777216 )
    {
        ElecTheta_diff - = 16777216;
    }

    Tmp1 = 0.00000000745058 * v - >K2 * v - >Speed + 0.00000005960465
* v - >K3 * Tmp1;
    if ( Tmp1 > 2097152 * 1.5 )
    {
        v - >Speed = 16777216 * 1.5;
    }
    else if ( Tmp1 < 2097152 * ( -1.5 ) )
    {
        v - >Speed = 16777216 * ( -1.5 );
    }
    else
    {
        v - >Speed = 8 * Tmp1;
    }
    v - >Speed_lowpass + = 0.00000005960465 * v - >K * ( v - >Speed - v -
>Speed_lowpass );
    v - >Speed_lowpass_heavy + = 0.6 * 0.000000005960465 * v - >K
                * ( v - >Speed - v - >Speed_lowpass_heavy );
    v - >OldElecTheta = v - >ElecTheta;
    v - >SpeedRpm = 0.00000005960465 * v - >Speed_lowpass * v - >BaseRpm;
}
```

3. 电流内环调节（d 轴为例）

```
pid_id.calc( &pid1_id )
void pid_calc( PIDREG3IQ * v )
{
    v - >Err = v - >Ref - v - >Fdb;  // 误差计算
    v - >Up = 0.00000005960 * v - >Kp * v - >Err;
```

```
if ( v - >Up  >  v - >OutMax)
{v - >Up  =   v - >OutMax;}
else if ( v - >Up  <  v - >OutMin)
{v - >Up  =   v - >OutMin;}
else
{v - >Up  =  v - >Up;}


v - >Ui  =  v - >Ui  +  0.00000005960  *  v - >Ki  *  v - >Err;
if ( v - >Ui  >  v - >OutMax)
{ v - >Ui  =   v - >OutMax;}
else if ( v - >Ui  <  v - >OutMin)
{v - >Ui  =   v - >OutMin;}
else
{v - >Ui  =  v - >Ui;}


v - >OutPreSat  =  v - >Up  +  v - >Ui;
if ( v - >OutPreSat  >  v - >OutMax)
{v - >Out  =   v - >OutMax;}
else if ( v - >OutPreSat  <  v - >OutMin)
{v - >Out  =   v - >OutMin;}
else
{v - >Out  =  v - >OutPreSat;}
}
```

4.3　永磁同步电动机的直接转矩控制（DTC）

4.3.1　SVPWM - DTC 控制方法

电动机调速实际是对转矩的控制，普遍使用的矢量控制通过解耦电流控制转矩。但是由于其坐标变换的复杂性和易受电动机参数影响等因素，使控制效果难以达到理论分析效果。直接转矩控制计算简单，转矩响应快，而且受电动机参数影响较小，鲁棒性好，所以得到了越来越广泛的关注。利用磁链的 Bang - Bang 控制改变电压矢量工作状态，使磁链轨迹接近圆形，利用转矩的 Bang - Bang 控制改变磁链旋转速度，进而使转矩角 δ 发生改变，达到控制电动机电磁转矩的效果。

1. 直接转矩控制基本原理

传统永磁同步电动机直接转矩控制原理是：保持定子磁链幅值不变，控制磁链方向，从而实现对转矩角 δ 的控制。控制框图如图 4-33 所示。

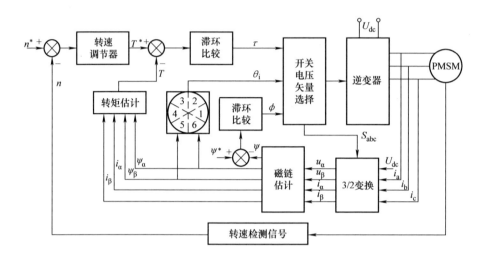

图 4-33　传统 PMSM 直接转矩控制框图

永磁同步电动机直接转矩控制系统大致工作过程：

1）通过电流和电压传感器检测得到三相电流 i_a、i_b、i_c 和直流母线电压 U_{dc}，然后与开关矢量 S_{abc} 一起经过坐标变换得到 U_α、U_β 和 i_α、i_β，再经过磁链估计环节得到实际磁链 ψ 和 ψ_α、ψ_β。

2）由上面得到的 ψ_α、ψ_β、i_α、i_β 经过转矩估计环节计算得到转矩实际值。

3）通过磁链 ψ_α、ψ_β 判断扇区 θ_i，给定磁链 ψ^* 与实际磁链 ψ 比较的差值进入滞环比较器，得到控制信号 ϕ。

4）由转速检测装置测得的实际速度 n 和给定转速 n^* 比较的差值，进入转速调节器后得到转矩给定 T^*，T^* 与实际转矩 T 比较的结果进入滞环比较器后得到控制信号 τ。

5）将 τ、θ_i、ϕ 送入开关电压矢量选择模块得到逆变器的控制信号，进而控制永磁同步电机按照预想的效果工作。

2. 传统直接转矩控制方法的实现过程

（1）磁链估计环节

定子磁链 ψ_s 与其电压 u_s 和电流 i_s 有密切关系：

$$\psi_s = \int [u_s(t) - i_s(t)R_s] \mathrm{d}t \qquad (4\text{-}49)$$

式中 R_s——定子电阻。

(2) 转矩估计环节

转矩估计环节是直接转矩控制中重要组成部分,由系统控制框图可知,转矩 T_e 与定子电流 dq 分量有直接关系:

$$T_e = \frac{3n_p}{2}(\psi_d i_q - \psi_q i_d) \qquad (4\text{-}50)$$

(3) 开关表的状态

永磁同步电动机的可靠运行是通过逆变器的输出状态控制的,而逆变器能否按照指定的运行方式工作,决定于开关表的状态。永磁同步电机与逆变器的连接结构如图 4-34 所示。

逆变桥由 6 个开关管组成,用 S_A、S_B、S_C 分别表示三个桥臂的工作状态。以 A 相为例,上桥臂导通,下桥臂关断时 $S_A = 1$,反之 $S_A = 0$,其他两相亦如此。空间矢量图如图 4-35 所示。

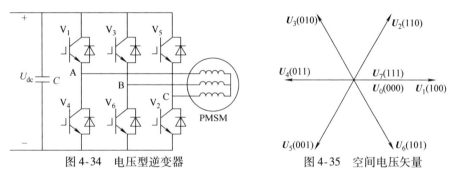

图 4-34 电压型逆变器　　　　图 4-35 空间电压矢量

逆变器共有 8 种开关状态,其中包括 6 个非零矢量 $U_1 \sim U_6$ 和 2 个零矢量 U_0、U_7。其中,2 个零矢量分别是三个上桥臂同时导通和三个下桥臂同时导通的两种状态。零矢量对转矩变化不起作用,不过,零矢量可以间接改善电动机的转矩脉动。因为零矢量在电动机控制过程中可以保持转矩基本不变,逆变器的开关频率就会降低,也就使转矩脉动减小,改善了电动机的稳态性能。电动机低速运行时转矩角变化较小,此时选用不含零矢量的开关表。高速时选用带零矢量的开关表,来达到减小转矩脉动的目的。相应的逆变器的开关状态见表 4-12。

表 4-12 逆变器的 8 种状态

状态	U_0	U_1	U_2	U_3	U_4	U_5	U_6	U_7
S_A	0	1	1	0	0	0	1	1
S_B	0	0	1	1	1	0	0	1
S_C	0	0	0	0	1	1	1	1

为选择需要的电压矢量来控制磁链幅值,电压矢量平面被分成六个区域,如图 4-36 所示。每一个区域,两个相邻的电压矢量可以用来增加或减小磁链幅值。例如,当在区域 1 时,假设磁链按逆时针旋转,U_2 可以增大磁链幅值,U_3 可以减小磁链幅值,其他区域类似。

(4) 滞环比较器

各个扇区的电压空间矢量控制表见表 4-13,其中,τ 表示转矩控制信号,ϕ 表示磁链控制信号。

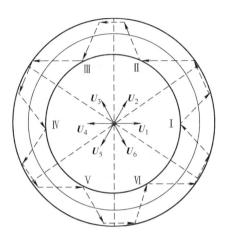

图 4-36 扇区及空间电压矢量选择

表 4-13 逆变器开关表

ϕ	τ	I	II	III	IV	V	VI
1	1	$U_2(110)$	$U_3(010)$	$U_4(011)$	$U_5(001)$	$U_6(101)$	$U_1(100)$
	-1	$U_6(101)$	$U_1(100)$	$U_2(110)$	$U_3(010)$	$U_4(011)$	$U_5(001)$
-1	1	$U_3(010)$	$U_4(011)$	$U_5(001)$	$U_6(101)$	$U_1(100)$	$U_2(110)$
	-1	$U_1(100)$	$U_2(110)$	$U_3(010)$	$U_4(011)$	$U_5(001)$	$U_6(101)$

传统直接转矩控制,转矩和磁链的控制是靠滞环比较器实现的,滞环比较器的原理图如图 4-37 所示。当给定值和实际值的偏差在滞环范围以内时,从滞环比较器输出的控制信号保持上一状态不变,当超出范围时输出控制信号相应改变。

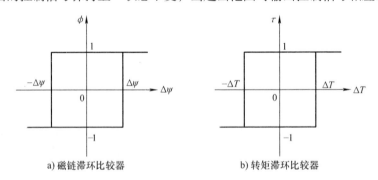

a) 磁链滞环比较器   b) 转矩滞环比较器

图 4-37 滞环比较器原理

转矩控制信号 τ、磁链控制信号 ϕ 的值由式(4-51)和式(4-52)所确定。

$$\tau(k) = \begin{cases} 1 & (T_e^* - T_e > \Delta T) \\ 0 & (|T_e^* - T_e| \leqslant \Delta T) \\ -1 & (T_e^* - T_e < -\Delta T) \end{cases} \quad (4\text{-}51)$$

$$\phi(k) = \begin{cases} 1 & (|\psi_s^*| - |\psi_s| > \Delta\psi) \\ 0 & (||\psi_s^*| - |\psi_s|| \leq \Delta\psi) \\ -1 & (|\psi_s^*| - |\psi_s| < -\Delta\psi) \end{cases} \tag{4-52}$$

上式中，$\tau=1$ 代表转矩增大，$\tau=-1$ 代表转矩减小，$\tau=0$ 代表转矩不变；$\phi=1$ 代表磁链增大，$\phi=-1$ 代表磁链减小，$\phi=0$ 代表磁链不变。

3. 基于 SVPWM 的直接转矩控制系统

永磁同步电动机的 SVPWM – DTC 控制，将传统 DTC 的磁链、转矩的滞环控制和开关表用磁链估算单元、参考电压矢量生成单元和 SVPWM 单元代替。控制框图如图 4-38 所示。

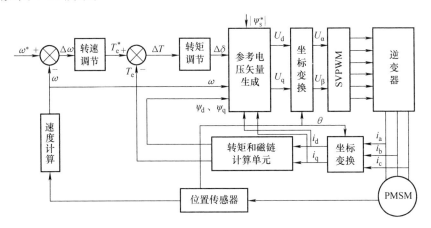

图 4-38 基于 SVPWM 的直接转矩控制框图

系统的控制过程为：通过电流传感器测得三相电流，再经过坐标变换变为 dq 轴分量 i_d、i_q，两电流经过转矩和磁链计算单元得到电磁转矩 T_e 和定子磁链 ψ_d、ψ_q。测得的实际速度 ω 和给定转速 ω^* 比较后经过转速调节器得到给定转矩 T_e^*，再与实际电磁转矩 T_e 比较后经过转矩调节器得到转矩差角控制量 $\Delta\delta$，这样，将 $\Delta\delta$、ω、ψ_d、ψ_q 和定子磁链给定值 $|\psi_s^*|$ 通过参考电压矢量生成环节可以得到 U_d、U_q，再经过坐标变换即可得到 U_α、U_β，作为 SVPWM 模块的参考输入，最后输出 PWM 来驱动逆变器工作，这样就实现了永磁同步电动机的 SVPWM – DTC 控制。

电动机的转矩方程为

$$T_e = \frac{3}{2}n_p[\psi_f i_q + (L_d - L_q)i_d i_q] \tag{4-53}$$

定子磁链在 dq 坐标系的分量可以写成：$\begin{cases} \psi_d = |\psi_s|\cos\delta \\ \psi_q = |\psi_s|\sin\delta \end{cases} \tag{4-54}$

进一步可得

$$\begin{cases} i_d = \dfrac{|\psi_s|\cos\delta - \psi_f}{L_d} \\ i_q = \dfrac{|\psi_s|\sin\delta}{L_q} \end{cases} \quad (4\text{-}55)$$

将式（4-55）代入式（4-53）中可得

$$T_e = \frac{3}{2}n_p\left[\frac{\psi_f|\psi_s|}{L_d}\sin\delta + \frac{L_d - L_q}{2L_dL_q}|\psi_s|^2\sin2\delta\right] \quad (4\text{-}56)$$

可见，通过控制转矩角 δ 即可直接控制电磁转矩。永磁同步电动机的磁链矢量关系如图 4-39 所示。定子磁链变化矢量图如图 4-40 所示。

其中，设 $\psi_s(\delta)$ 为 t 时刻定子磁链，$\psi_s(\delta + \Delta\delta)$ 为 $t + \Delta t$ 时刻定子磁链。

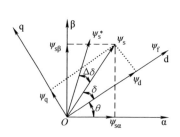
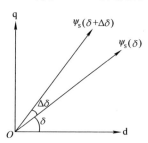

图 4-39　磁链矢量关系图　　图 4-40　定子磁链偏差变化矢量图

设定子磁链给定值为 ψ_s^*，定子磁链 ψ_s 的 d 轴分量在 $t + \Delta t$ 时刻的计算公式为

$$\begin{aligned}\psi_d(\delta + \Delta\delta) &= |\psi_s(\delta + \Delta\delta)|\cdot\cos(\delta + \Delta\delta) = |\psi_s^*|\cos(\delta + \Delta\delta) \\ &= |\psi_s^*|[\cos(\delta)\cos(\Delta\delta) - \sin(\delta)\sin(\Delta\delta)] \\ &= |\psi_s^*|\left(\frac{|\psi_d(\delta)|}{|\psi_s(\delta)|}\cos(\Delta\delta) - \frac{|\psi_q(\delta)|}{|\psi_s(\delta)|}\sin(\Delta\delta)\right)\end{aligned} \quad (4\text{-}57)$$

由导数的定义可以知道：

$$\frac{d\psi_d}{dt} \approx \frac{\psi_d(t + \Delta t) - \psi_d(t)}{\Delta t} = \frac{\psi_d(\delta + \Delta\delta) - \psi_d(\delta)}{\Delta t} = \frac{1}{T_s}[\psi_d(\delta + \Delta\delta) - \psi_d(\delta)] \quad (4\text{-}58)$$

其中，T_s 是系统的开关周期，同理可求出 $\dfrac{d\psi_q}{dt}$ 的值。又有式 (4-59)

$$\begin{cases} u_d = R_s i_d + \dfrac{d\psi_d}{dt} - \omega\psi_q \\ u_q = R_s i_q + \dfrac{d\psi_q}{dt} + \omega\psi_d \end{cases} \quad (4\text{-}59)$$

则根据上式，再经过坐标变换就可以确定两个相邻基本电压矢量，从而输出理想的控制逆变器的信号。

4. 传统 DTC 与 SVPWM – DTC 仿真研究

在 Matlab 环境下，搭建永磁同步电动机基于 SVPWM 的直接转矩控制系统的仿真模型，并将其与传统 DTC 系统进行仿真对比。仿真电动机参数见表 4-14。

表 4-14 仿真用永磁同步电动机参数

参数	参数值
定子电阻 R_s/Ω	0.9585
转动惯量 $J/(\text{kg}\cdot\text{m}^2)$	0.006329
极对数 n_p	4
L_d、L_q/H	0.0082 0.0104
永磁体磁链 ψ_f/Wb	0.1827

SVPWM – DTC 的仿真模型如图 4-41 所示。

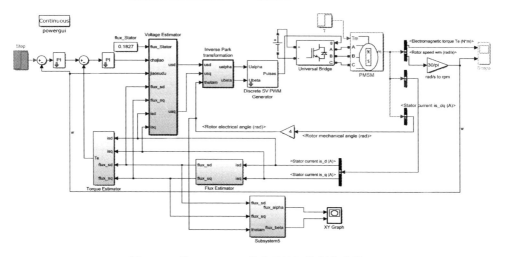

图 4-41 基于 SVPWM 的直接转矩控制仿真模型

仿真模型中的每个模块的作用：PMSM 为永磁同步电动机模块，Universal Bridge 为逆变器模块，Flux Estimator 为磁链计算模块，Torque Estimator 为转矩计算模块，Voltage Estimator 是通过给定定子磁链和转矩角、角速度以及 dq 电流分量等计算 dq 轴电压值，进而送入到 Inverse Park Transformation 模块生成逆变器的控制电压 U_α 和 U_β。

图 4-42 ~ 图 4-44 分别给出了磁链计算模块、转矩计算模块和参考电压矢量生成模块的内部结构。

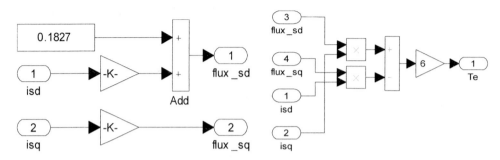

图4-42 磁链计算模块　　　　图4-43 转矩计算模块

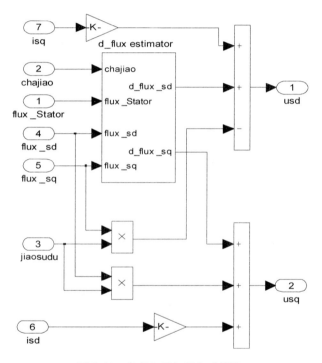

图4-44 参考电压矢量生成模块

控制器参数：速度环 $k_p = 0.2$，$k_i = 0.01$；转矩环 $k_p = 0.1$，$k_i = 10$。电动机参数见表4-14。仿真过程中，初始转速为1000r/min，初始负载转矩为0N·m，在 $t = 0.04s$ 时转速提升至1500r/min，在 $t = 0.08s$ 时负载转矩提升至5N·m。相应传统直接转矩控制和SVPWM-DTC的仿真曲线如图4-45a和图4-45b所示。

从以上的仿真对比曲线可以清晰地看出，SVPWM-DTC的转矩和磁链脉动明显比传统直接转矩控制的小了很多，SVPWM-DTC可较好的抑制转矩和磁链脉动。

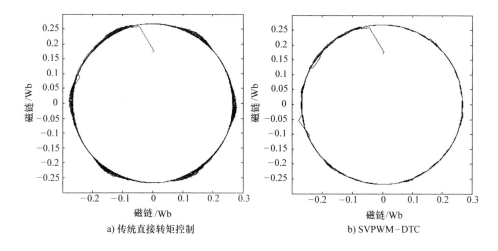

图 4-45　定子磁链轨迹曲线

4.3.2　基于 DTC 的非线性控制器设计

1. 反馈线性化的基本原理

反馈线性化控制的目标，是利用非线性规律，将非线性系统转换成输入和输出的线性系统，再根据线性化理论设计控制器。此方法首先是要将电动机的数学模型表示成仿射非线性形式，通过对输出方程微分求导，得到需要的坐标变换和非线性状态反馈，实现电动机的输入输出线性化。该方法可以实现精确线性化，将非线性问题变为几何领域问题，在处理非线性系统强耦合方面，越来越显现出它的优势。

不同于传统的泰勒级数展开局部线性化方法，非线性系统的反馈线性化在系统的线性化过程中，对每个高阶非线性项也都考虑，因此，反馈线性化不仅精确，而且从系统整体出发，对整个区域都是适用的。这种算法的关键是要建立输入与输出的线性变换关系，再通过极点配置理论设计控制变换率，最终实现控制系统的线性输入，从而将非线性系统精确线性化，使系统转变为可控的线性系统以提高控制的精确度。反馈线性化控制理论分为状态反馈线性化和输入输出反馈线性化。本文采用的是输入输出的反馈线性化，基本原理是对输出函数反复进行求李导数，直到出现控制输入量，然后再对控制输入量进行计算，最终实现系统的线性化。

为了研究输入/输出间的动态关系，根据式（4-60），求 y 对时间 t 的李导数，由于 y 不含控制量 u，则有：

$$\dot{y} = \frac{\partial h(x)}{\partial x}f(x) + \frac{\partial h(x)}{\partial x}g(x)u = L_f h(x) + L_g h(x)u \qquad (4\text{-}60)$$

1) 若 $L_g h(x)$ 对于所有的 $x \in R^n$、$x \in V$ 均有界且不为 0，则通过状态反馈控制率

$$u = \frac{1}{L_g h(x)}[-L_f h(x) + v] \qquad (4\text{-}61)$$

可以得到新的输入 v 与输出 y 的一阶线性系统关系：$\dot{y} = v$。

此时存在函数 $\alpha(x)$、$\beta(x)$，使得当 $u = \alpha(x) + \beta(x)u$ 时，系统呈现输入/输出线性关系。于是，对反馈变换后得到的线性系统，采用常规线性反馈，就能保证良好的动态特性输出。

2) 若 $L_g h(x)$ 恒为 0，则希望找出系统的输入和高阶输出系统动态特性的关系。为此，将式（4-60）再对时间 t 求导：

$$\ddot{y} = \frac{\partial L_f h(x)}{\partial x}f(x) + \frac{\partial L_f h(x)}{\partial x}g(x)u = L_f^2 h(x) + L_g L_f h(x)u \qquad (4\text{-}62)$$

如果 $L_g L_f h(x)$ 有界且不为 0，则此时控制率为

$$u = \frac{1}{L_g L_f h(x)}[-L_f^2 h(x) + v] \qquad (4\text{-}63)$$

可以得到输入 v 与输出 y 的二阶系统 $\ddot{y} = v$。

3) 一般情况，若 $x \in V$，当 $i = 0, 1, \cdots, r-2$ 时，$L_g L_f^i h(x) \equiv 0$，且 $L_g L_f^{r-1} h(x)$ 有界不为 0。则此时控制率如式（4-64）所示。

$$u = \frac{1}{L_g L_f^{r-1} h(x)}[-L_f^r h(x) + v] \qquad (4\text{-}64)$$

可以得到输入 v 与输出 y 的 r 阶线性系统：$y^{(r)} = v$。

若能找到相对阶 r 使上式成立，就能通过合理的反馈变换使原来非线性系统的输入输出关系变为线性。

下面，简单介绍控制输入 v 的确定。利用有界跟踪原理确定新控制输入 v。定义跟踪误差 $e = y_{\text{ref}} - y$（y_{ref} 为系统输出参考值），此时，定义

$$v = y_{\text{ref}}^{(r)} + k_{r-1} e^{(r-1)} + \cdots + k_0 e \qquad (4\text{-}65)$$

又 $y^{(r)} = v, e^{(r)} = y_{\text{ref}}^{(r)} - y^{(r)}$，将这两个等式代入式（4-65），可得跟踪误差向量的关系式如式（4-66）所示：

$$e^{(r)} + k_{r-1} e^{(r-1)} + \cdots + k_0 e = 0 \qquad (4\text{-}66)$$

解出上式在复平面左半平面的极点，即可确定系数 k_i，实现对参考信号的跟踪控制。

虽然系统被精确线性化，但实际上，参数的变化会引起跟踪误差。为了消除此跟踪误差，在式（4-65）中加入积分控制环节，于是有

$$v = y_{\text{ref}}^{(r)} + k_{r-1}e^{(r-1)} + \cdots + k_0 e + k_1 \int e \mathrm{d}t \tag{4-67}$$

由式（4-67）求导即可获得误差动态方程

$$y_{\text{ref}}^{(r+1)} + k_{r-1}e^{(r)} + \cdots + k_0 \dot{e} + k_1 e = 0 \tag{4-68}$$

上式中，系数由极点分布决定。

2. 非线性直接转矩控制系统实现

（1）永磁同步电动机仿射非线性模型

根据永磁同步电动机数学模型，可知在 dq 旋转坐标系下的各状态变量的数学模型：

$$\begin{cases} u_{\text{d}} = R_{\text{s}}i_{\text{d}} + \dfrac{\mathrm{d}}{\mathrm{d}t}\psi_{\text{d}} - \omega_{\text{r}}\psi_{\text{q}} \\ u_{\text{q}} = R_{\text{s}}i_{\text{q}} + \dfrac{\mathrm{d}}{\mathrm{d}t}\psi_{\text{q}} + \omega_{\text{r}}\psi_{\text{d}} \\ T_{\text{e}} - T_{\text{L}} = \dfrac{J}{p}\dfrac{\mathrm{d}\omega_{\text{r}}}{\mathrm{d}t} \\ T_{\text{e}} = \dfrac{3}{2}n_{\text{p}}[\psi_{\text{f}}i_{\text{q}} + (L_{\text{d}} - L_{\text{q}})i_{\text{d}}i_{\text{q}}] \end{cases} \tag{4-69}$$

其中，$\psi_{\text{d}} = L_{\text{d}}i_{\text{d}} + \psi_{\text{f}}$；$\psi_{\text{q}} = L_{\text{q}}i_{\text{q}}$。

为了分析方便，令 $L_{\text{d}} = L_{\text{q}} = L_{\text{s}}$，$T_{\text{e}} = \dfrac{3}{2}n_{\text{p}}\psi_{\text{f}}i_{\text{q}}$，则在 dq 坐标系下定子磁链的动态数学模型为

$$\begin{cases} \dfrac{\mathrm{d}\psi_{\text{d}}}{\mathrm{d}t} = -\dfrac{R_{\text{s}}}{L}\psi_{\text{d}} + \omega_{\text{r}}\psi_{\text{q}} + \dfrac{R_{\text{s}}}{L}\psi_{\text{f}} + u_{\text{d}} \\ \dfrac{\mathrm{d}\psi_{\text{q}}}{\mathrm{d}t} = -\dfrac{R_{\text{s}}}{L}\psi_{\text{q}} - \omega_{\text{r}}\psi_{\text{d}} + u_{\text{q}} \\ \dfrac{\mathrm{d}T_{\text{e}}}{\mathrm{d}t} = -\dfrac{R_{\text{s}}}{L_{\text{s}}}T_{\text{e}} + k_{\text{T}}(u_{\text{q}} - \omega_{\text{r}}\psi_{\text{d}}) \end{cases} \tag{4-70}$$

其中，$k_{\text{T}} = \dfrac{3n_{\text{p}}\psi_{\text{f}}}{2L_{\text{s}}}$，定义输入和输出为

$$\begin{cases} \boldsymbol{u} = (u_{\text{d}} \quad u_{\text{q}})^{\text{T}} \\ \boldsymbol{y} = (y_1 \quad y_2)^{\text{T}} = (T_{\text{e}} \quad \psi_{\text{d}}^2 + \psi_{\text{q}}^2)^{\text{T}} \end{cases} \tag{4-71}$$

选取 $\boldsymbol{x} = (x_1 \quad x_2 \quad x_3)^{\text{T}} = (\psi_{\text{d}} \quad \psi_{\text{q}} \quad T_{\text{e}})^{\text{T}}$，由式（4-70）、式（4-71）可以得到永磁同步电动机的仿射非线性模型

$$\begin{cases} \dot{\boldsymbol{x}} = \boldsymbol{f}(x) + \boldsymbol{g}\boldsymbol{u} \\ \boldsymbol{y} = \boldsymbol{h}(x) \end{cases} \tag{4-72}$$

上式中, $f(x) = \begin{pmatrix} -\dfrac{R_s}{L}x_1 + x_2\omega_r + \dfrac{R_s}{L}\psi_f \\ -\dfrac{R_s}{L}x_2 - x_1\omega_r \\ -\dfrac{R_s}{L_s}x_3 + k_T(u_q - \omega_r\psi_d) \end{pmatrix}$; $g = \begin{pmatrix} 1 & 0 \\ 0 & 1 \\ 0 & 0 \end{pmatrix}$; $h(x) = \begin{pmatrix} x_3 \\ x_1^2 + x_2^2 \end{pmatrix}$。

由式（4-72）可以得出结论，永磁同步电动机控制系统是一个双输入、双输出的仿射非线性系统。

(2) 反馈线性化控制器设计

对系统的两个输出 y_1 和 y_2 求导，直到出现输入变量。y_1、y_2 对时间的导数如式（4-73）所示。

$$\begin{cases} \dot{y}_1 = \dot{x}_3 = -\dfrac{R_s}{L_s}T_e + k_T(u_q - \omega_r\psi_d) \\ \ddot{y}_1 = \ddot{x}_3 = A_1 + B_{11}u_d + B_{12}u_q \\ \dot{y}_2 = -\dfrac{2R_s}{L}x_1^2 - \dfrac{2R_s}{L}x_2^2 + \dfrac{2R_s}{L}\psi_f x_1 + 2x_1 u_d + 2x_2 u_q = A_2 + B_{21}u_d + B_{22}u_q \end{cases}$$
(4-73)

令 $B = \begin{pmatrix} B_{11} & B_{12} \\ B_{21} & B_{22} \end{pmatrix}$，则矩阵 B 的模为

$$|B| = \begin{vmatrix} B_{11} & B_{12} \\ B_{21} & B_{22} \end{vmatrix} \neq 0 \tag{4-74}$$

由式（4-74）和式（4-73）可以得出，系统相对阶为 $2 + 1 = 3$，又由式（4-70）可知原系统的阶数为 3，阶数相等，因此线性化问题有解。

由式（4-73）可以定义

$$\begin{pmatrix} \ddot{y}_1 \\ \dot{y}_2 \end{pmatrix} = \begin{pmatrix} A_1 \\ A_2 \end{pmatrix} + B \begin{pmatrix} u_d \\ u_q \end{pmatrix} = \begin{pmatrix} v_1 \\ v_2 \end{pmatrix} \tag{4-75}$$

式中，v_1 和 v_2 是新的控制输入。

定义一个从 x 到 z 的坐标变换

$$\begin{cases} z_1 = h(x) \\ z_2 = L_f h(x) \\ \cdots \\ z_n = L_f^{n-1} h(x) \end{cases} \tag{4-76}$$

上式可以表示为 $z = \Phi(x)$，要求 $\Phi(x)$ 是局部微分同胚的。

则根据微分同胚转换 $z = \Phi(x)$ 有

$$\begin{cases} z_1 = h_1(\boldsymbol{x}) \\ z_2 = L_f h_1(\boldsymbol{x}) \\ z_3 = h_2(\boldsymbol{x}) \end{cases} \tag{4-77}$$

经过微分同胚转换线性化的系统为

$$\begin{cases} \dot{z}_1 = z_2 \\ \dot{z}_2 = v_1 \\ \dot{z}_3 = v_2 \end{cases} \tag{4-78}$$

所以就完成了非线性系统向线性系统的转换，实现了输入输出的线性化，原系统解耦成线性转矩子系统和线性磁链子系统。转矩 z_1 受 v_1 独立控制，磁链幅值的平方 z_3 受 v_2 独立控制。根据极点配置和跟踪控制理论，设计状态反馈控制

$$\begin{cases} v_1 = -k_{11}(y_1 - y_{1\mathrm{ref}}) + k_{12}\dot{y}_1 \\ v_2 = -k_{21}(y_2 - y_{2\mathrm{ref}}) + k_{22}\dot{y}_2 \end{cases} \tag{4-79}$$

则系统的实际输入为

$$\boldsymbol{u} = \begin{pmatrix} u_\mathrm{d} \\ u_\mathrm{q} \end{pmatrix} = \boldsymbol{B}^{-1} \begin{pmatrix} v_1 - A_1 \\ v_2 - A_2 \end{pmatrix} = \frac{1}{\det(\boldsymbol{B})} \begin{pmatrix} B_{22} & -B_{12} \\ -B_{21} & B_{11} \end{pmatrix} \begin{pmatrix} v_1 - A_1 \\ v_2 - A_2 \end{pmatrix} \tag{4-80}$$

定义定子磁链幅值的二次方为 F_s，则

$$F_\mathrm{s} = \psi_\mathrm{d}^2 + \psi_\mathrm{q}^2 \tag{4-81}$$

定义系统输出为 u_d 和 u_q，输入为 T_e 和 F_s，并定义

$$\begin{cases} v_1 = k_\mathrm{T}(u_\mathrm{q} - \omega_\mathrm{r}\psi_\mathrm{d}) \\ v_2 = \dfrac{2R_\mathrm{s}}{L_\mathrm{s}}\psi_\mathrm{f}\psi_\mathrm{d} + 2\psi_\mathrm{d}u_\mathrm{d} + 2\psi_\mathrm{q}u_\mathrm{d} \end{cases} \tag{4-82}$$

则由式（4-73）和式（4-78）整理可得

$$\begin{cases} \dfrac{\mathrm{d}T_\mathrm{e}}{\mathrm{d}t} = -\dfrac{R_\mathrm{s}}{L_\mathrm{s}}T_\mathrm{e} + v_1 \\ \dfrac{\mathrm{d}F_\mathrm{s}}{\mathrm{d}t} = -\dfrac{2R_\mathrm{a}}{L_\mathrm{s}}F_\mathrm{s} + v_2 \end{cases} \tag{4-83}$$

根据线性系统极点配置理论，设

$$\begin{cases} \dot{T}_\mathrm{e} = k_1(T_\mathrm{e}^* - T_\mathrm{e}) \\ \dot{F}_\mathrm{s} = k_2(F_\mathrm{s}^* - F_\mathrm{s}) \end{cases} \tag{4-84}$$

式中，k_1 和 k_2 为待定参数，将上式代入式（4-83），得到控制量和转矩、磁链的关系

$$\begin{cases} v_1 = k_1(T_e^* - T_e) + \dfrac{R_s}{L_s}T_e \\ v_2 = k_2(F_s^* - F_s) + \dfrac{2R_s}{L_s}F_s \end{cases} \qquad (4\text{-}85)$$

再将式（4-85）代入式（4-82），即可得出输入控制量 v_1、v_2 与输出量 u_d、u_q 的关系式

$$\begin{cases} u_d = \dfrac{v_2}{2\psi_d} - \dfrac{v_1}{k_T}\dfrac{\psi_q}{\psi_d} - \dfrac{R_s}{L_s}\psi_f - \omega_r\psi_q \\ u_q = \dfrac{v_1}{k_T} + \omega_r\psi_d \end{cases} \qquad (4\text{-}86)$$

这样，就实现了永磁同步电动机 DTC 系统从输入到输出的线性化。基于反馈线性化的永磁同步电动机 DTC 系统的控制框图如图 4-46 所示。

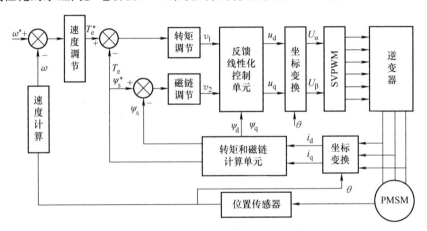

图 4-46 基于反馈线性化的永磁同步电动机直接转矩控制系统框图

3. 系统仿真研究

在 Matlab 环境下搭建基于反馈线性化的 PMSM – DTC 系统模型，如图 4-47 所示。每个模块的功能如下：Flux Estimator 模块是用通过 dq 轴电流分量来计算 dq 轴定子磁链；Torque Estimator1 主要用来计算转矩信息和定子磁链的平方值；fbl1 和 fbl2 模块为反馈线性化中用来产生输入控制量 v_1 和 v_2 的模块，而 fbl3 反馈线性化功能模块，用来将线性化过程中需要的量转换成 dq 轴电压输出分量；Inverse Park transformation 为 Park 逆变换模块，用来产生 SVPWM 模块需要的控制电压矢量 U_α 和 U_β；Discrete SVPWM Generator 是空间电压矢量脉宽调制模块，用来产生逆变器需要的开关控制信号。在仿真模型中，直流电压源为 300V，IGBT 的频率设为 10kHz。

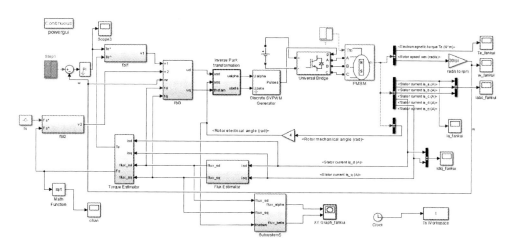

图 4-47 反馈线性化系统仿真模型

其中反馈线性化部分的模块内部结构如图 4-48 所示。

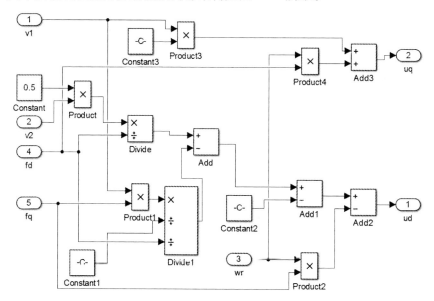

图 4-48 反馈线性化模块

控制器参数：速度环 $k_p = 0.35$，$k_i = 0.01$。电动机参数与前面所述相同。设定两组仿真，一组为空载起动，电动机高速运行；一组为带载起动，电动机低速运行，对两组仿真进行对比分析。

1）初始给定速度为 500r/min，初始转矩为 0N·m。为了分析扰动对系统的影响，在 0.03s 时转速提升至 1000r/min，在 0.06s 时负载转矩突变为 5N·m。

如图 4-49 ~ 图 4-51 所示，分别为两种控制方法下的转速、转矩和磁链幅值的响应曲线。

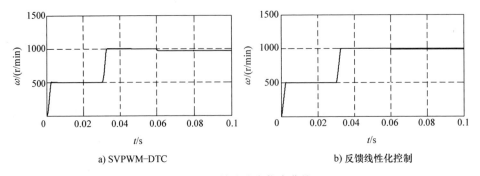

a) SVPWM-DTC　　　　　　　b) 反馈线性化控制

图 4-49　转速响应仿真曲线

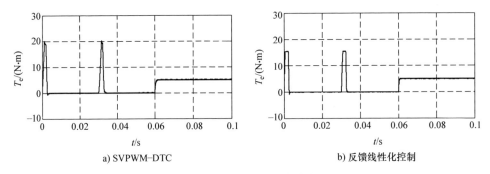

a) SVPWM-DTC　　　　　　　b) 反馈线性化控制

图 4-50　转矩响应仿真曲线

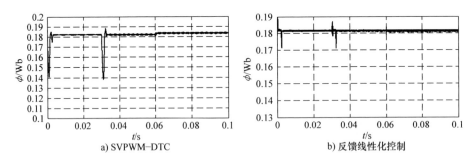

a) SVPWM-DTC　　　　　　　b) 反馈线性化控制

图 4-51　定子磁链幅值

2）初始给定速度为 300r/min，初始转矩为 2N·m。为了分析扰动对系统的影响，在 0.03s 时转速提升至 600r/min，在 0.06s 时负载转矩突变为 6N·m。如图 4-52 ~ 图 4-54 所示，分别为两种控制方法下的转速、转矩和磁链幅值的响应曲线。

从仿真结果可以清晰地看出，反馈线性化控制的调速性能得到了改善。突加

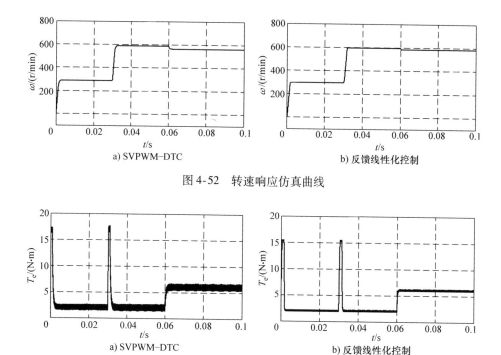

图 4-52　转速响应仿真曲线

图 4-53　转矩响应仿真曲线

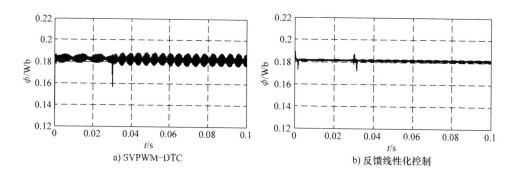

图 4-54　定子磁链幅值

负载情况下,其速度跟踪性能比 SVPWM-DTC 有所提升,超调非常小,转矩也能很好地跟踪负载转矩,鲁棒性比较理想;磁链轨迹受外界扰动的影响也比较小,在整个过程中基本保持恒定不变。从两者的对比曲线中也可看出,在加入了反馈线性化的系统中,不管是低速还是高速运行,转矩和磁链的脉动明显比前面所述的方法要小很多。

4.3.3 反馈线性化 DTC 基础上的 MTPA 控制

1. 永磁同步电动机最大转矩电流比控制

内置式永磁同步电动机具有交、直轴电感不相等的特点，所以存在一定的磁阻转矩。MTPA 控制就是利用磁阻转矩，寻找最优的交、直轴电流组合，实现转矩一定时，定子电流最小。

内置式永磁同步电动机运行过程中，存在电压和电流限制，在 d – q 轴坐标系下的电流极限圆和电压极限椭圆如图 4-55 所示。

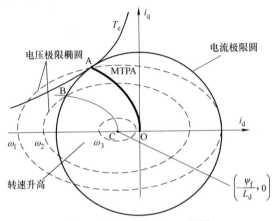

图 4-55 电流和电压极限圆

相应的极限方程如式（4-87）所示。

$$\begin{cases} u_d^2 + u_q^2 \leq u_{max}^2 \\ i_d^2 + i_q^2 \leq i_{max}^2 \end{cases} \tag{4-87}$$

式中 u_{max}、i_{max}——允许最大定子电压和允许最大定子电流。

将 d – q 轴定子电压方程代入上式的电压极限方程中，如式（4-88）所示。

$$\left(\frac{i_d + \psi_f/L_d}{1/L_d}\right)^2 + \left(\frac{i_q}{1/L_q}\right)^2 \leq \left(\frac{u_{max}}{\omega}\right)^2 \tag{4-88}$$

电动机运行在基速以下时，内置式永磁同步电动机充分利用磁阻转矩，这时采用 MTPA 控制方法，降低损耗，增大输出转矩。图中 OA 段即为 MTPA 运行轨迹。转矩一定时，若要保证定子电流最小，可以转化为求解以下方程组的极值问题，如式（4-89）所示。

$$\begin{cases} T_e = \frac{3}{2} n_p [\psi_f i_q + (L_d - L_q) i_d i_q] \\ i_s^2 = i_d^2 + i_q^2 \end{cases} \tag{4-89}$$

构造拉格朗日辅助函数如式（4-90）所示。

$$F = i_{\rm d}^2 + i_{\rm q}^2 + \lambda \left\{ \frac{3}{2} n_{\rm p} [\psi_{\rm f} i_{\rm q} + (L_{\rm d} - L_{\rm q}) i_{\rm d} i_{\rm q}] - T_{\rm e} \right\} \qquad (4\text{-}90)$$

式中 λ ——拉格朗日乘子。

对式 (4-90) 中的 $i_{\rm d}$、$i_{\rm q}$ 和 λ 求偏导并令偏导数等于零,可得

$$\begin{cases} \dfrac{\partial F}{\partial i_{\rm d}} = 2 i_{\rm d} + \dfrac{3\lambda}{2} n_{\rm p} (L_{\rm d} - L_{\rm q}) i_{\rm q} = 0 \\ \dfrac{\partial F}{\partial i_{\rm q}} = 2 i_{\rm q} + \dfrac{3\lambda}{2} n_{\rm p} [\psi_{\rm f} + (L_{\rm d} - L_{\rm q}) i_{\rm d}] = 0 \\ \dfrac{\partial F}{\partial \lambda} = \dfrac{3}{2} n_{\rm p} [\psi_{\rm f} i_{\rm q} + (L_{\rm d} - L_{\rm q}) i_{\rm d} i_{\rm q}] - T_{\rm e} = 0 \end{cases} \qquad (4\text{-}91)$$

由式 (4-91) 可得

$$i_{\rm q} = \sqrt{\frac{\psi_{\rm f} i_{\rm d}}{L_{\rm d} - L_{\rm q}} + i_{\rm d}^2} \qquad (4\text{-}92)$$

$$T_{\rm e} = \frac{3}{2} n_{\rm p} [\psi_{\rm f} + (L_{\rm d} - L_{\rm q}) i_{\rm d}] \sqrt{\frac{\psi_{\rm f} i_{\rm d}}{L_{\rm d} - L_{\rm q}} + i_{\rm d}^2} \qquad (4\text{-}93)$$

永磁同步电动机的磁链 $\psi_{\rm f}$ 为恒定值,因此可求出给定交、直轴电流分量:

$$\begin{cases} i_{\rm d}^* = f_1(T_{\rm e}^*) \\ i_{\rm q}^* = f_2(T_{\rm e}^*) \end{cases} \qquad (4\text{-}94)$$

参考转矩给定时,反解电流分量是非常困难的。采用查表法,根据 $T_{\rm e}$ 与 $i_{\rm d}$ 的关系在 MATLAB 中建立图表,$i_{\rm d}$ 与 $T_{\rm e}$ 关系如图 4-56 所示。由 $T_{\rm e}$ 查表得到 $i_{\rm d}$ 的值,再通过计算得到 $i_{\rm q}$ 的值。

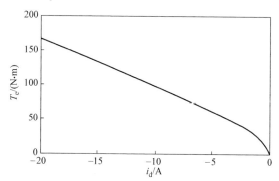

图 4-56 永磁同步电机 MTPA 控制 $i_{\rm d}$ - $T_{\rm e}$ 波形

2. 永磁同步电动机反馈线性化直接转矩控制 MTPA 实现

永磁同步电动机直接转矩控制以转矩和定子磁链幅值为控制量,而 MTPA 控制以定子电流交直轴分量为控制量,已知定子磁链和交直轴电流分量的关系:

$$|\psi_s| = \sqrt{(L_d i_d + \psi_f)^2 + (L_q i_q)^2} \quad (4\text{-}95)$$

又由前面的分析可知，MTPA 可以通过给定转矩计算出交直轴电流分量，则将计算出的 i_d 和 i_q 带入式 (4-95)，即可得到定子磁链幅值给定。于是，通过改变给定定子磁链的幅值，就可以实现永磁同步电动机 DTC – MTPA 控制。

提出的基于反馈线性化的直接转矩 MTPA 控制系统，结合了反馈线性化直接转矩控制和 MTPA 的优点，很大程度上提高了系统运行效率。系统控制框图如图 4-57 所示。

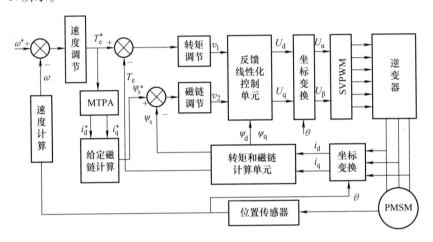

图 4-57 基于反馈线性化的直接转矩控制系统 MTPA 控制框图

3. 仿真分析

仿真模型如图 4-58 所示。在反馈线性化直接转矩控制的基础上加入 MTPA 环节，其中，Lookup Table 模块为根据给定转矩 T_e 计算 i_d^*；Fcn1 为计算 i_q^* 模块；Fcn2 为计算 F_s^* 模块，这三个模块就组成了 MTPA 计算和定子磁链给定计算模块，构成基于反馈线性化的直接转矩控制 MTPA 控制系统。控制器参数：速度环 $k_p = 0.178$，$k_i = 0.1$。

1) 电动机初始转速设为 400r/min，在 0.03s 时升至 800r/min；电动机空载起动，在 0.06s 时突加负载转矩 5N·m。设定仿真时间为 0.1s。反馈线性化直接转矩控制和基于反馈线性化的直接转矩 MTPA 控制仿真曲线如图 4-59 ~ 图 4-65 所示。

从转速响应曲线可以看出，MTPA – DTC 系统与反馈线性化的 DTC 系统在调速性能上基本一样，动态性能仍然良好。

由转矩对比曲线可以看出，在电动机起动和突然加速时，采用 MTPA 技术的控制方法比反馈线性化直接转矩控制方法的转矩更大，转矩脉动更小，更有利于电动机的可靠运行。

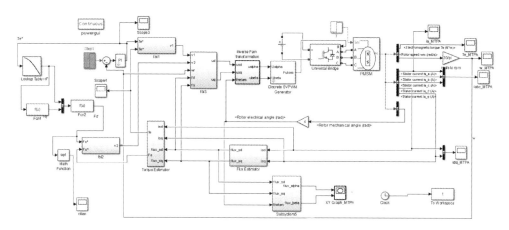

图 4-58 基于反馈线性化的直接转矩控制系统 MTPA 控制仿真模型

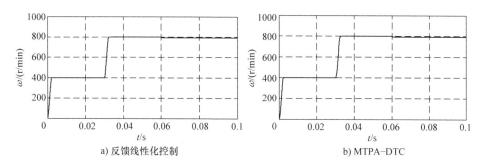

a) 反馈线性化控制　　　　　　　　　　b) MTPA-DTC

图 4-59 转速响应仿真曲线

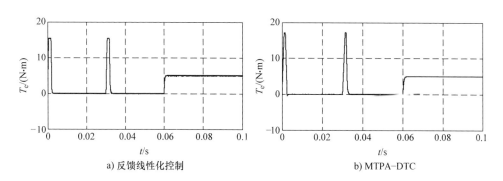

a) 反馈线性化控制　　　　　　　　　　b) MTPA-DTC

图 4-60 转矩响应仿真曲线

由磁链幅值变化可知，采用反馈线性化直接转矩控制的定子磁链基本保持不变，而采用 MTPA 技术控制的定子磁链是随着负载转矩的变化而变化的。同时在 MTPA 控制下，电动机稳定运行时，磁链脉动抑制能力得到提升。

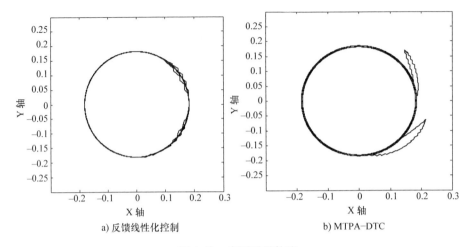

图 4-61 定子磁链轨迹

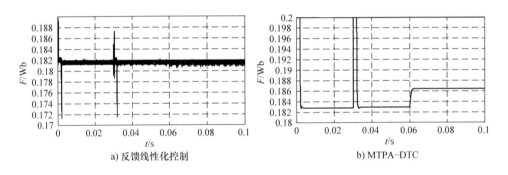

图 4-62 定子磁链幅值

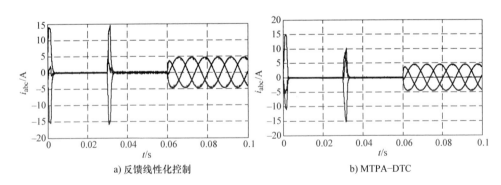

图 4-63 三相电流波形

采用 MTPA 控制技术后,在起动时和速度变化时转矩有了明显的提升,并且定子电流值还减小了许多，系统性能提升的同时，损耗也相应的降低了。

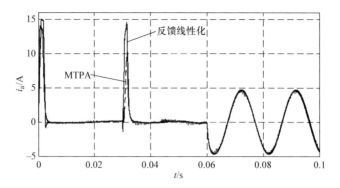

图 4-64 电流对比图

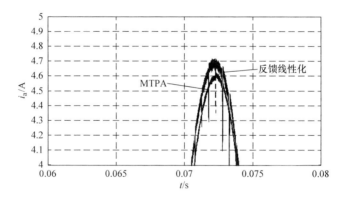

图 4-65 电流局部放大对比图

通过两个系统仿真曲线对比可以看到，系统的响应速度依然保持着反馈线性化直接转矩控制系统的优势，并且转矩和磁链脉动在稳态时都相应地减小了很多。最关键的，由两者的定子电流对比曲线可以明显看出：在相同负载转矩下，采用 MTPA 控制方式，定子电流幅值小于反馈线性化的直接转矩控制，有效降低了损耗，提高了系统效率。

2) 电动机初始转速设为 600r/min，在 0.03s 时升至 1200r/min；电动机带负载起动，初始负载转矩 4N·m，在 0.06s 时突加负载转矩 8 N·m。设定仿真时间为 0.1s。反馈线性化直接转矩控制和基于反馈线性化的直接转矩 MTPA 控制仿真曲线如图 4-66~图 4-72 所示。

由仿真曲线对比可以明显看出，带负载起动情况下，基于反馈线性化直接转矩控制系统的 MTPA 控制，依然能够保持其响应速度快，脉动小等特点，而且在

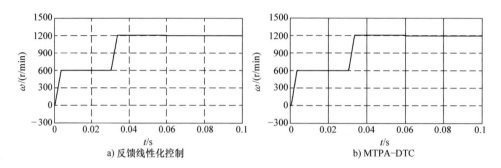

图 4-66 转速响应仿真曲线

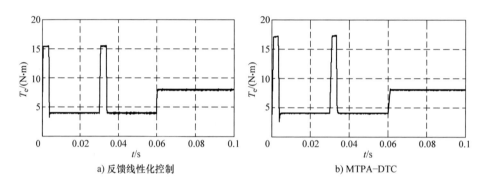

图 4-67 转矩响应仿真曲线

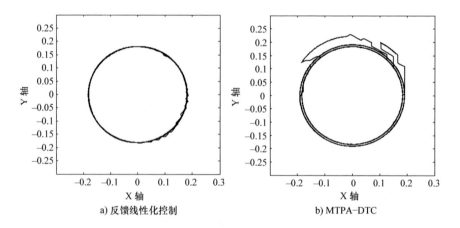

图 4-68 定子磁链轨迹

转速和负载转矩进一步增加的状态下,两者的定子电流对比曲线更加明显。

第4章 交流电动机的驱动控制

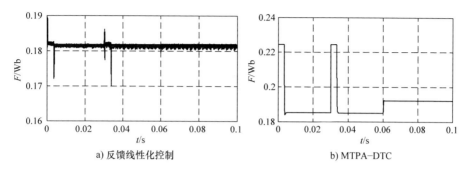

a) 反馈线性化控制　　　　　　　　b) MTPA-DTC

图 4-69　定子磁链幅值

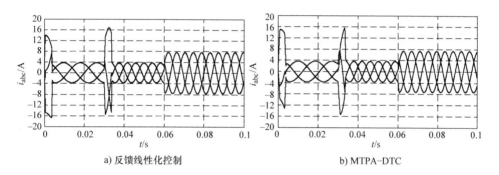

a) 反馈线性化控制　　　　　　　　b) MTPA-DTC

图 4-70　三相电流波形

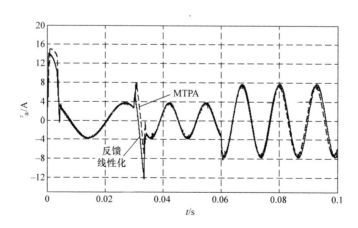

图 4-71　电流对比图

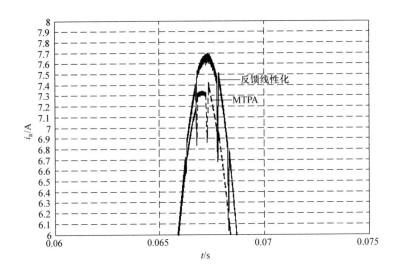

图 4-72　电流局部放大对比图

4.3.4　基于 LabCar 的半实物仿真

硬件在环仿真（HIL）是一种典型的通过实际控制器和虚拟模型来模拟控制对象运行状况的半实物仿真方法。在 HIL 仿真中，真实环境或设备被虚拟化，实时处理器与虚拟模型构成闭环测试系统，通过运行仿真模型来向硬件电路发送仿真数据，这样就可以完成测试并在实验室环境中控制对象的运行情况。由于限制了实际设备失败的测试次数，使得开发成本大大减少，同时也缩短了开发时间和提高了软件质量，降低了实验风险。

永磁同步电动机控制系统的硬件在环仿真实验可以通过 ETAS 公司的 LabCar 实现。LabCar 作为仿真测试平台提供各种模拟和激励，以测试在任何情况下控制器与控制对象的运行状况。LabCar 在进行硬件在环实验时，电动机控制器首先发出控制信号，然后通过机柜中安装的 FPGA 板卡接收电动机模型运行的实际数据，产生一个传感器信号反馈给微控制器，再把电动机控制器中的数据读取出来，分析实验数据并且对其进行验证，在实际测试平台搭建之前解决出现的问题，因此大大降低了测试成本。硬件在环实验平台如图 4-73 所示。

ETAS - LabCar 永磁同步电动机控制系统仿真平台的核心为高速 FPGA 板卡 ES5340（内带逆变器和电动机模型），ES5340 测量电动机驱动的 IGBT 的门信号，并激励其传感器产生电流、电压、转速和位置信号。与 PWM 周期的同步可通过外部同步信号或时钟实现，即与中心对齐的 PWM 信号自动同步。电流和电压传感器信号是模拟信号。所有常见的速度/位置传感器也可以体现，如分解器、正弦编码器或数字编码器。使用强大的任意信号发生器还可模拟其他类型的传感器或误差信号。模型开发过程中应用了广泛的电力驱动和电力驱动控制经验。模型非常现实地考虑了进行可靠测试所必需的所有相关物理效应，例如电动机参数的饱和及温度效应。它可实现非常均衡的模型运行时间和精度比，ES5340 上的 PMSM 模型具有浮点运算的特点，能够在参数和信号的整个数值范围内实现高精度计算。PMSM 参数包括所有必要的变量，如极对数和齿槽位置。某些在实际电动机上会随着时间推移发生变化的变量也可以实时变更，如电阻、感

图 4-73　LabCar 实验平台

应率、磁流量和齿槽扭矩，这可确保极为精确地模拟相电流和电扭矩，并且所有数值都可以实时编辑。PMSM 模型考虑了电阻元件与温度相关的功率损耗。它还可以模拟机械负载，对于动力系统的机械连接，FPGA 模型采用了一个弹簧质量系统。参数化变量包括摩擦系数、转子和负载的惯性扭矩、扭转刚性和阻尼。动力系统的负载扭矩可在运行期间确定和变更。

在 TASKING 下将 ASCET 生成的代码与 DAVE 配置的初始化代码进行编译，编译成功后烧入英飞凌 TC1782 中，将外围硬件电路与控制机柜连接，在 LabCar 所用仿真工控机 RPTC 下进行仿真模型运算，LabCar 系统的用户界面软件 LabCar Operator (LCO) 的 LCO IP 用于系统配置工作，并和 LCO EE 一起完成实验的建立和运行。该软件提供了系统用户界面，来配置 LabCar 的硬件，建立模型和硬件之间的信号连接，并生成测试代码，下载到 RTPC 中执行。图 4-74 为 LCO EE 实验环境界面。在半实物仿真平台下，电动机给定 183r/min，给定负载为 35N·m 时的转矩、转速和相电流响应曲线分别如图 4-75～图 4-77 所示。

由上述仿真结果可以看出，低速稳态运行时，系统的相电流接近正弦波，系统输出的转速和转矩比较平稳，脉动较小。

在转速给定为 1500r/min 时，系统的转速波形、相电流波形分别如图 4-78 和图 4-79 所示。

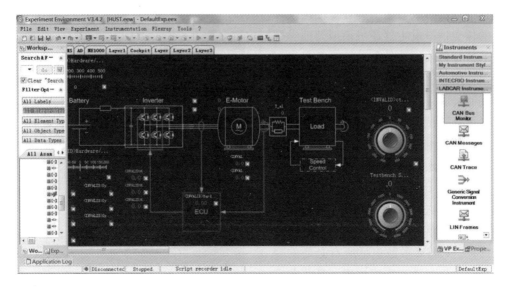

图 4-74　LCO EE 实验环境界面

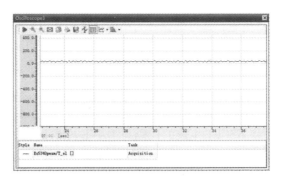

图 4-75　输出转矩波形图

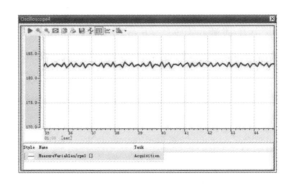

图 4-76　输出转速波形图

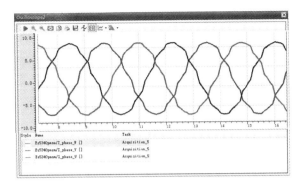

图 4-77　电流波形图

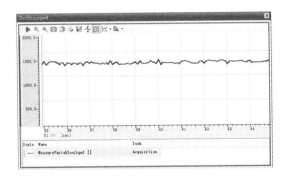

图 4-78　输出转速波形图

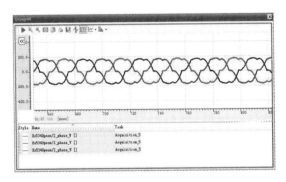

图 4-79　电流波形图

图 4-80 是基于 SVPWM 的直接转矩控制系统和基于直接转矩控制的反馈线性化控制系统的输出转矩波形对比图。在 $t=30\text{s}$ 时刻，给定转速为 1500r/min，负载转矩由 18N·m 降至 10N·m。从图 4-80 可以看出，当负载突变时，所设计控制系统的转矩可以更加快速地跟踪给定值，而且转矩脉动更小。

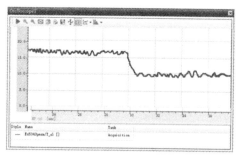
a)基于SVPWM的直接转矩波形

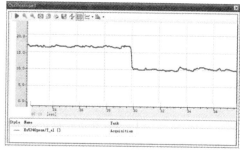
b)基于直接转矩的反馈线性化波形

图4-80 转矩波形图

4.4 永磁同步电动机的无传感器控制

4.4.1 虚拟电流环无电流传感器控制策略

无传感器和少传感器已经成为国内外专家学者研究的热门话题。而在相当一些应用领域对位置控制精度有着一系列要求,因此位置传感器是必不可少的,为保证伺服控制器的平稳运行、快速响应等特性,虚拟电流环无电流传感器控制方式是值得深入研究和探讨的课题。

1. 理论分析

在没有电流传感器的情况下,系统无法对实际电流进行采集进而形成电流闭环控制。虚拟电流环控制理论的关键基础就是在于如何获取反馈电流。由永磁同步电动机磁链方程和电压方程,可得

$$\begin{cases} u_{sd} = Ri_{sd} + L_d \dfrac{di_{sd}}{dt} - \omega_r L_q i_{sq} \\ u_{sq} = Ri_{sq} + L_q \dfrac{di_{sq}}{dt} + \omega_r L_d i_{sd} + \omega_r \psi_{pm} \end{cases} \quad (4\text{-}96)$$

由式(4-96)可知,永磁电动机的交直轴电流 i_{sq}、i_{sd} 可由电角速度 ω_r 及交直轴电压 u_{sq}、u_{sd} 进行估算。电动机的驱动电压是由逆变桥提供的,其电压波形为PWM脉冲波形,电动机的电压不易直接测取。考虑到测量成本及电动机三相平衡问题,一般不对电动机的电压直接测量,而是测量直流母线电压并根据SVPWM输入交直轴电压的给定值推算实际电动机的电压。

对式(4-96)两边同时进行拉普拉斯变换并整理,可得

$$\begin{cases} i_{\mathrm{sd}} = \dfrac{1}{L_{\mathrm{d}}s + R}(u_{\mathrm{sd}} + \omega_{\mathrm{r}}L_{\mathrm{q}}i_{\mathrm{sq}}) \\ i_{\mathrm{sq}} = \dfrac{1}{L_{\mathrm{q}}s + R}(u_{\mathrm{sq}} - \omega_{\mathrm{r}}L_{\mathrm{q}}i_{\mathrm{sq}} - \omega_{\mathrm{r}}\psi_{\mathrm{pm}}) \end{cases} \tag{4-97}$$

但由于式（4-96）和式（4-97）涉及一阶微分方程问题，计算量大，不易操作。为了便于控制系统仿真和数字化实现，因此需要对电流估算方程进行变换处理，处理方式大致有如下两种：

一是对式（4-97）进行离散化处理，整理式有

$$\begin{cases} i_{\mathrm{d\_sim}}(k+1) = i_{\mathrm{d\_sim}}(k) + \dfrac{u_{\mathrm{d-sim}}(k) + \omega_{\mathrm{r}}(k)L_{\mathrm{q}}i_{\mathrm{q\_sim}}(k) - Ri_{\mathrm{d\_sim}}(k)}{L_{\mathrm{d}}/T_{\mathrm{s}}} \\ i_{\mathrm{q\_sim}}(k+1) = i_{\mathrm{q\_sim}}(k) + \dfrac{u_{\mathrm{q-sim}}(k) - \omega_{\mathrm{r}}(k)L_{\mathrm{d}}i_{\mathrm{d\_sim}}(k) - Ri_{\mathrm{q\_sim}}(k) - \omega_{\mathrm{r}}(k)\psi_{\mathrm{pm}}}{L_{\mathrm{q}}/T_{\mathrm{s}}} \end{cases} \tag{4-98}$$

式中　T_{s}——采样时间。

二是对式（4-97）两边同时进行 z 变换处理，整理可得

$$\begin{cases} i_{\mathrm{d\_sim}}(k) = \dfrac{1 - \mathrm{e}^{-RT_{\mathrm{s}}/L_{\mathrm{d}}}}{z - \mathrm{e}^{-RT_{\mathrm{s}}/L_{\mathrm{d}}}} \cdot \dfrac{u_{\mathrm{d\_sim}}(k) + \omega_{\mathrm{r}}(k)L_{\mathrm{q}}i_{\mathrm{q\_sim}}(k)}{R} \\ i_{\mathrm{q\_sim}}(k) = \dfrac{1 - \mathrm{e}^{-RT_{\mathrm{s}}/L_{\mathrm{q}}}}{z - \mathrm{e}^{-RT_{\mathrm{s}}/L_{\mathrm{q}}}} \cdot \dfrac{u_{\mathrm{q\_sim}}(k) - \omega_{\mathrm{r}}(k)L_{\mathrm{q}}i_{\mathrm{q\_sim}}(k) - \omega_{\mathrm{r}}(k)\psi_{\mathrm{pm}}}{R} \end{cases} \tag{4-99}$$

考虑程序设计简易性，采用式（4-98）对电流进行估算。根据常规矢量控制方案及电流估算公式，可建立虚拟电流控制的控制结构框架，如图4-81所示。

估算出的电流与给定电流形成闭环控制。由电流估算公式可以看出，其控制性能受电动机参数影响较大。由电动机

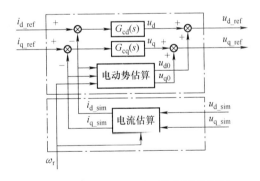

图4-81　dq虚拟电流环控制结构框图

电压方程可知，电流闭环PI控制输出的电压值其实只是考虑了交轴电流对交轴电压的影响（即 $L_{\mathrm{d}}\mathrm{d}i_{\mathrm{sd}}/\mathrm{d}t$ 部分）和直轴电流对直轴电压（即 $L_{\mathrm{q}}\mathrm{d}i_{\mathrm{sq}}/\mathrm{d}t$ 部分）的影响，而未涉相互之间的影响。为此提高控制性能，我们补偿它们相互之间的影响，即电动势的影响：

$$\begin{cases} u_{d0} = -\omega_r L_q i_q \\ u_{q0} = \omega_r L_d i_d + \omega_r \psi_{pm} \end{cases} \tag{4-100}$$

2. 控制系统仿真

利用 Matlab/Simulink 建立 PMSM 虚拟电流环伺服控制系统仿真模型，虚拟电流环伺服控制系统结构框图如图 4-82 所示。系统采用速度、电流双闭环控制方式。速度环 PI 输出作为 q 轴电流给定 i_{qref}。而 i_{qref} 和 i_{dref} ($i_{dref}=0$) 又分别作为电流控制模块的给定参考电流。在电流控制模块中，给定参考电流与估算电流形成虚拟闭环控制，输出 d、q 轴给定电压为 u_{dref} 和 u_{qref}。然后经由 Park 逆变换输入给 SVPWM 模块，得到 6 路 PWM 驱动信号，进而驱动逆变桥控制电动机。图 4-82 中，由电动机模块中引出电动机转子机械角信号，乘以极对数得到电动机转子电角度。不过这个电角度是 q 轴与 A 相的夹角，而非 d 轴与 A 相的夹角，这是 Simulink 电动机模块系统自身设置所致，为此需要做 90° 差角。

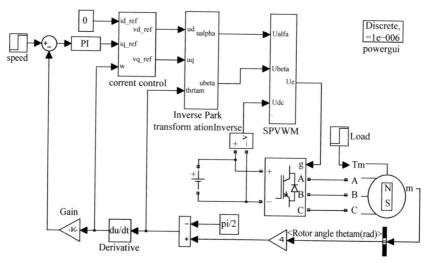

图 4-82　虚拟电流环无电流传感器伺服控制仿真模型

（1）虚拟电流环控制模块

图 4-83 所示为建立的虚拟电流环控制模块。

考虑到电动机三相电压均为 PWM 脉冲波形，检测电路结构复杂以及滤波引起的时间上的滞后等问题，本系统采用给定交直轴电压作为实际电压对实际交轴电流进行估算。电流估算模块输出电流 i_{dsim}、i_{qsim} 与给定参考电流 i_{dsim}、i_{qsim} 形成闭环控制。交直轴电流 PI 输出值补偿电动势影响作为给定电压输出，然后经由一阶滤波和限幅作用作为最终电压给定，输出到下一环节。

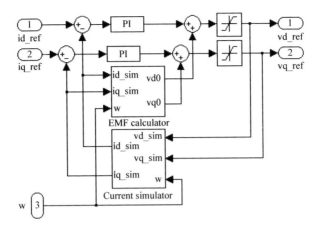

图 4-83 虚拟电流环控制模块

(2) 电流估算模块

已知交直轴电压值及电角速度,可依据式 (4-77) 对实际电流进行估算。其模型如图 4-84 所示。

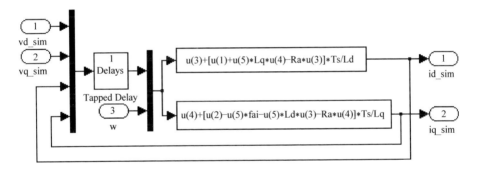

图 4-84 电流估算模块

(3) 电动势计算模块

由电角速度 ω 及电流估算模块输出的估算电流 id_sim、iq_sim 对电动势进行计算。根据式 (4-79) 建立电动势计算模块,如图 4-85 所示。

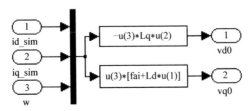

图 4-85 电动势补偿模块

3. 仿真结果与波形分析

永磁同步电动机仿真模型的参数取值如下：$R = 2.07\Omega$；$L_d = L_q = 8.3 \times 10^{-3}$ H；$J = 0.33 \times 10^{-3} \text{kg} \cdot \text{m}^2$；摩擦系数 $B = 3 \times 10^{-4} \text{N} \cdot \text{m} \cdot \text{s}$；极对数 $p_n = 4$；额定转速 $n_{\text{ref}} = 3000 \text{r} \cdot \text{min}^{-1}$，逆变器开关频率为 10kHz。

为观测虚拟电流无传感器伺服控制系统对负载突变和转矩突变的响应能力，作以下处理：在 0.05s 时电动转速给定由 1000r/min 突变至 2000r/min，在 0.1s 时，电动机负载由 1N·m 突变至 4N·m。转速、转矩和三相电流响应如图 4-86 和图 4-87 所示。

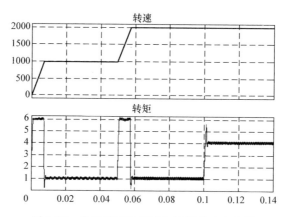

图 4-86　负载突变时转速和转矩的响应曲线

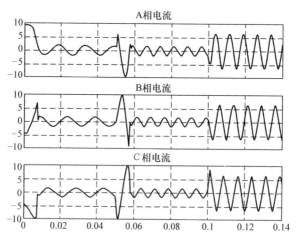

图 4-87　负载突变时三相绕组电流响应曲线

可以看出，转子转速跟随性好，电动机转矩波形稳定、脉动小；三相绕组电流波形正弦度好，时序对称。加速时，电动机转矩瞬间到达最大输出转矩——额定转矩,转子转速由 0 升至 1000r/min,加速时间为 8.3ms。在 0.05s 时给定转速由 1000r/min 突变至 2000r/min,转子转速很好跟随上了给定值,同时绕组电流幅值不变、频率加快,加速时间 8.4ms。在 0.1s 时电动机负载由 1N·m 突变至 4N·m,电动机输出矩转瞬间加大,达到平衡,绕组电流幅值加大、频率不变,所花时间 1.8ms,而转速受影响程度非常小。

图 4-88 为交直轴解耦电流的对比响应曲线。从图中可以看出,q 轴估算电流曲线与实际电流曲线基本一致,d 轴实际电流围着估算电流进行小幅度波动,这就说明这种估算方式能够很好估算出实际电流值。此外,q 轴电流的波形变化趋势与转矩变化趋势基本相同;d 轴电流在 0 值处小幅度波动,当转速升高时其波动幅度和频率稍稍增加。

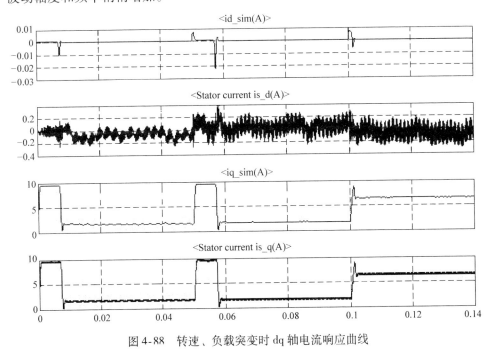

图 4-88 转速、负载突变时 dq 轴电流响应曲线

该系统仿真的电流估算模块能够很好估算出实际电动机电流,电动机能够快速起动,转矩稳定,转速跟随性好,电动机电流解耦程度好,d 轴电流在 0 值上下小幅度波动,该系统能够较好地实现 $i_d=0$ 的矢量控制方案。

实验系统以凸装式 PMSM 为研究对象,通过电压和转速估算交直轴电流,构成电流虚拟闭环,并采用 $i_d=0$ 转子磁场定向控制方式实现转速电流双闭环控制。PWM 载波频率为 10kHz,二阶滤波的截止频率为 300Hz。

图 4-89 所示为实际 AD 采样电流与估算电流的对比波形。其中,黄线为实际 A 相电流经 AD 采样由 DSP 输出的波形图,蓝色为电流估算程序输出的电流

波形。可以看出估算电流已经比较接近于实际电流值。图 4-90 所示为 400r/min 给定转速的空载估算电流波形，其中估算相电流由估算的交直轴电流经 Park 逆变换后所得。可以看出估算相电流已经初步实现正弦化。图 4-91 所示为 A 相给定电压和估算电流波形。

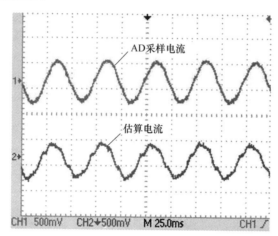

图 4-89　300r/min 转速和 1N·m 负载转矩下的 A 相电流对比波形

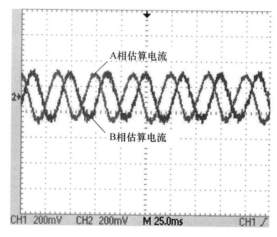

图 4-90　400r/min 转速下的 A、B 相空载估算电流响应波形

图 4-92～图 4-94 所示为空载时电动机给定转速由 200r/min 突变至 400r/min 过程的转速响应、AB 相电流响应及交直轴电流响应。可看出转速突变响应时间约为 60ms；给定转速突增时 q 轴电流加大，使电动机输出转矩加大、电动机快速到达给定转速，当电动机到达给定转速时，q 轴电流又恢复到原值。

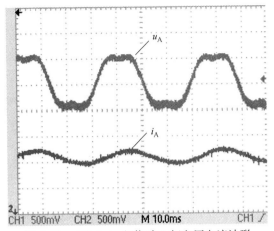

图 4-91 400r/min 空载时 A 相电压电流波形

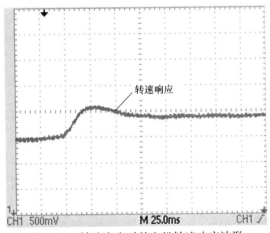

图 4-92 转速突变时的电机转速响应波形

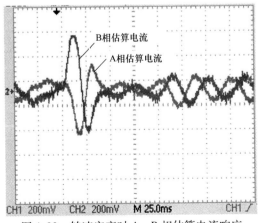

图 4-93 转速突变时 A、B 相估算电流响应

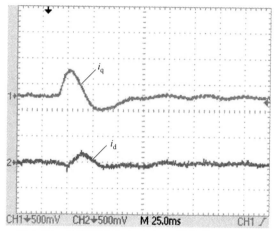

图 4-94 给定转速突变时 d-q 轴估算电流响应

尽管实现了虚拟电流环闭环控制，但存在诸多不足之处：从图 4-90 看出，电流估算精度有待进一步提高；从图 4-94 中可以看出，电流控制性能还有待进行一提高，其 q 轴电流响应并不是特别理想。

4.4.2 基于滑模观测器无位置检测系统

滑模观测器（SMO）的设计基础是滑模变结构，它的特点在于对非线性系统的处理能力，能适应系统自身参数的变化。PMSM 矢量控制系统中需确定转子位置和速度，采用滑模观测器得到位置信息不仅算法简单，在工程中容易实现，而且对外部环境变化及内部自身参数的变化不敏感，在无位置传感器领域中广泛应用。

1. 传统滑模观测器设计

PMSM 控制系统中，一方面永磁同步电动机将电能变换为动能；另一方面永磁同步电动机自身也是感性元件，定子电压、电流信号中包含转子的位置、速度信息。滑模观测器就是根据实时测得的电压、电流信号，在 α-β 坐标系下，以电流误差作为滑模面，经过处理后得到开关信号，将其滤波得到的基波就是电动机的反电动势。再经过三角函数的运算，获得电动机的位置信息，从而实现无位置传感器技术。

（1）传统滑模观测器应用在 PMSM 矢量控制

PMSM 在 α-β 坐标系下电压方程为

$$\begin{bmatrix} u_\alpha \\ u_\beta \end{bmatrix} = R_s \begin{bmatrix} i_\alpha \\ i_\beta \end{bmatrix} + \begin{bmatrix} L & 0 \\ 0 & L \end{bmatrix} \begin{bmatrix} \dfrac{di_\alpha}{dt} \\ \dfrac{di_\beta}{dt} \end{bmatrix} + \begin{bmatrix} e_\alpha \\ e_\beta \end{bmatrix} \qquad (4\text{-}101)$$

定子电压由定子绕组上的压降、定子电感上的压降以及反电动势组成，也可表示为

$$\frac{\mathrm{d}i_s}{\mathrm{d}t} = Ai_s + B(v_s + e_s) \tag{4-102}$$

其中，$A = \begin{bmatrix} -R_s/L_s & 0 \\ 0 & -R_s/L_s \end{bmatrix}$；$B = \begin{bmatrix} 1/L_s & 0 \\ 0 & 1/L_s \end{bmatrix}$；$i_s = \begin{bmatrix} i_\alpha & i_\beta \end{bmatrix}^T$；$v_s = \begin{bmatrix} v_\alpha & v_\beta \end{bmatrix}^T$；$e_s = \begin{bmatrix} e_\alpha & e_\beta \end{bmatrix}^T$。

SMO 的滑模面取自电流偏差，即实际定子电流与估算转子电流的差。定义 $s(x) = 0$ 为滑模面，构建的 SMO 模型为

$$\mathrm{d}\hat{i}_s/\mathrm{d}t = A\hat{i}_s + B[v_s - k \cdot \mathrm{sgn}(\hat{i}_s - i_s)] \tag{4-103}$$

式（4-102）中的 i_s 为定子实测电流，式（4-103）中的 i_s 为 SMO 估算的电流，两式做差得定子电流偏差的动态方程：

$$\mathrm{d}\tilde{i}_s/\mathrm{d}t = A\tilde{i}_s + B[v_s - k \cdot \mathrm{sgn}(\hat{i}_s - i_s)] \tag{4-104}$$

状态变量运动到滑模区能够在滑模面附近做振动，需满足存在性、能达性、稳定性条件，其表达式可写为

$$s^T \cdot s = \begin{bmatrix} \tilde{i}_\alpha & \tilde{i}_\beta \end{bmatrix} \begin{bmatrix} \mathrm{d}\tilde{i}_\alpha/\mathrm{d}t \\ \mathrm{d}\tilde{i}_\beta/\mathrm{d}t \end{bmatrix} \leq 0 \tag{4-105}$$

将式（4-104）代入式（4-105）得

$$\begin{aligned}
\bar{i}_s \frac{\mathrm{d}\bar{i}_s}{\mathrm{d}t} &= \bar{i}_s \cdot \left[-\frac{R_s}{L_s}\bar{i}_s + \frac{1}{L_s}e_s - \frac{k}{L_s}\mathrm{sgn}(\bar{i}_s) \right] \\
&= -\frac{R_s}{L_s}\bar{i}_s^2 + \frac{1}{L_s}e_s\bar{i}_s - \frac{k}{L_s}\mathrm{sgn}(\bar{i}_s)\bar{i}_s \\
&= \begin{cases} \frac{1}{L_s}\bar{i}_s(e_s - k) - \frac{R_s}{L_s}\bar{i}_s^2, & \bar{i}_s > 0 \\ \frac{1}{L_s}\bar{i}_s(e_s + k) - \frac{R_s}{L_s}\bar{i}_s^2, & \bar{i}_s < 0 \end{cases}
\end{aligned} \tag{4-106}$$

已知 $-R_s/L_s \tilde{i}_s^2 < 0$，若使式（4-106）成立，则需满足：

$$\begin{cases} k > e_s \\ k > \max(|e_\alpha|, |e_\beta|) \end{cases} \tag{4-107}$$

式中 k——开关增益系数。

为使上述条件成立，k 应该足够大，但是过大的 k 又会使系统产生较为严重的抖振，因此其取值应在一定范围内。

当状态变量进行滑模运动后，电流误差的变化就完全受滑模运动影响，理想的滑模观测器电流误差应为 0，即

$$\widetilde{i}_s = \frac{d\widetilde{i}_s}{dt} = 0 \tag{4-108}$$

将式（4-108）代入式（4-104）可得

$$\begin{cases} e_{\alpha|eq} = [k\mathrm{sgn}(\widetilde{i}_\alpha)] \\ e_{\beta|eq} = [k\mathrm{sgn}(\widetilde{i}_\beta)] \end{cases} \tag{4-109}$$

令 $Z = k\mathrm{sgn}(\widetilde{i}_s)$，将定子电流的误差处理为开关信号，其基波成分为反电动势信号，经一阶低通滤波器处理后可得反电动势的估算值信息：

$$\begin{cases} \hat{e}_\alpha = \dfrac{\omega_c}{s + \omega_c} z_\alpha \\ \hat{e}_\beta = \dfrac{\omega_c}{s + \omega_c} z_\beta \end{cases} \tag{4-110}$$

式中 ω_c——滤波器截止频率。

估算角度从反电动势中提取，即

$$\hat{\theta} = \arctan\left(-\frac{\hat{e}_\alpha}{\hat{e}_\beta}\right) \tag{4-111}$$

由于低通滤波器的引入，使得由 SMO 得到的角度有相位延迟，为提高控制器运行性能，需要在估算的位置角基础上补偿一个延迟角度 $\Delta\theta$，因此，准确的位置角 $\hat{\theta}_e$ 为

$$\hat{\theta}_e = \hat{\theta} + \Delta\theta \tag{4-112}$$

在电动机转子角度补偿时，不同速度下所需一阶滤波器的截止频率是不同的。若使用截止频率不变的低通滤波器，需提前将不同转速下对应的补偿存储在 CPU 中，电动机运行在不同转速下补偿不同的角度。这种方法增加系统的复杂程度，需要设计一个截止频率与电动机转速相关的滤波器解决此问题。

将截止频率表示为与电动机转速相关的量：

$$\omega_c = \frac{\omega}{K} \tag{4-113}$$

传函为

$$H(j\omega) = \frac{\omega_c}{j\omega_c + \omega_c} = \frac{1}{j + K} \tag{4-114}$$

所以补偿角度可以表示为

$$\Delta\theta = \arctan\left(\frac{\omega}{\omega_c}\right) = \arctan K \tag{4-115}$$

这种低通滤波器的截止频率与转子速度相关，补偿角度与常数 K 有关，K 一般在 0.2~0.5 之间。传统 SMO 的设计是在 $\alpha - \beta$ 坐标系下，依靠定子电流中的反电动势信息获取位置，结构如图 4-95 所示。

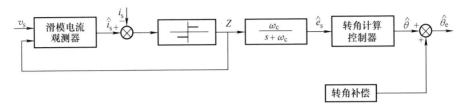

图 4-95 SMO 结构图

(2) 传统滑模观测器的局限

传统 SMO 采用反电动势法在线计算转子位置,控制系统的精度主要受反电动势的精度影响。该方式算法简单,在工程实际中受到广泛应用。但目前还有以下不足:

1) 滑模变结构理论是对非线性系统的处理与应用,具体表现在当状态点进入滑动模态区时,会在滑模面附近做高频小幅度振动,因此定子电流误差信号中含有较多的谐波,通过滤波器滤除高频得到的反电动势信号可能并不准确。

2) 电动机在零、低速下工作时,反电动势过小而不易测量甚至无法测量,使得由 SMO 得到的转子位置误差过大以至估算错误。

3) 参数发生变化时会对控制精度产生影响。虽然滑模变结构理论具有很好的鲁棒性,对参数变化不敏感,但转子位置的估算与电动机参数直接相关,若参数受某些因素影响发生变化,则估算的准确度会下降。

2. 新型滑模观测器设计

为解决传统 SMO 的反电动势过小而不能准确测量的问题,提出一种新型 SMO,与传统 SMO 的不同之处在于该观测器的滑模面建立在 d - q 坐标系下,以实时测得的定子电流 i_d、i_q 和 SMO 得到的定子电流的差值作为滑模面,不需经过反电动势计算位置信息。

(1) 新型滑模观测器的技术研究

新型滑模观测器的输入为 d - q 坐标系下的电压、电流,控制系统仍是以电动机转速作为控制器外环,d - q 坐标系下定子电流反馈量作为内环的闭环控制系统。基于 d - q 坐标系下的电压方程为

$$\begin{cases} u_d = Ri_d - \omega\psi_q + \dfrac{d\psi_d}{dt} \\ u_q = Ri_q - \omega\psi_d + \dfrac{d\psi_q}{dt} \end{cases} \tag{4-116}$$

其中,$\psi_d = L_d i_d + \psi_r$;$\psi_q = L_q i_q$。

在 d - q 坐标系下,PMSM 的定子电流方程为

$$\begin{cases} \dfrac{\mathrm{d}}{\mathrm{d}t}\left(i_\mathrm{d} + \dfrac{\psi_\mathrm{r}}{L}\right) = -\dfrac{R}{L}\left(i_\mathrm{d} + \dfrac{\psi_\mathrm{r}}{L}\right) + \omega i_\mathrm{q} + \dfrac{u_\mathrm{d}}{L} + \dfrac{R\psi_\mathrm{r}}{L^2} \\ \dfrac{\mathrm{d}i_\mathrm{q}}{\mathrm{d}t} = -\dfrac{R}{L}i_\mathrm{q} - \omega\left(i_\mathrm{d} + \dfrac{\psi_\mathrm{r}}{L}\right) + \dfrac{u_\mathrm{q}}{L} \end{cases} \quad (4\text{-}117)$$

令 $i'_\mathrm{d} = i_\mathrm{d} + \dfrac{\psi_\mathrm{r}}{L}$，$i'_\mathrm{q} = i_\mathrm{q}$，$u'_\mathrm{d} = u_\mathrm{d} + \dfrac{R\psi_\mathrm{r}}{L}$，$u'_\mathrm{q} = u_\mathrm{q}$，因此上式可简写为

$$\dfrac{\mathrm{d}}{\mathrm{d}t}i' = Ai' + bu' \quad (4\text{-}118)$$

其中，$i' = [i'_\mathrm{d} \ i'_\mathrm{q}]^\mathrm{T}$，$u' = [u'_\mathrm{d} \ u'_\mathrm{q}]^\mathrm{T}$，$\hat{A} = \begin{bmatrix} -R/L & \hat{\omega} \\ -\hat{\omega} & -R/L \end{bmatrix}$，$b = 1/L$，$\hat{i}'_\mathrm{d}$ 与 $\hat{i}'_\mathrm{q}$ 为定子电流在 d-q 坐标系下的估算值。

定子电流的误差是估算电流与实测电流的差，记为

$$e = \hat{i}' - i' \quad (4\text{-}119)$$

将式 (4-118) 代入式 (4-119) 得

$$\dfrac{\mathrm{d}}{\mathrm{d}t}e = Ae - (\hat{A} - A)\hat{i}' \quad (4\text{-}120)$$

因此，定义滑模面为

$$\begin{cases} s_\mathrm{d} = \hat{i}'_\mathrm{d} - i'_\mathrm{d} \\ s_\mathrm{q} = \hat{i}'_\mathrm{q} - i'_\mathrm{q} \end{cases} \quad (4\text{-}121)$$

将定子电流偏差经开关函数处理得到

$$\begin{cases} \dfrac{\mathrm{d}}{\mathrm{d}t}\hat{i}'_\mathrm{d} = -k_1\mathrm{sgn}(s_\mathrm{d}) + bu'_\mathrm{d} \\ \dfrac{\mathrm{d}}{\mathrm{d}t}\hat{i}'_\mathrm{q} = -k_2\mathrm{sgn}(s_\mathrm{q}) + bu'_\mathrm{q} \end{cases} \quad (4\text{-}122)$$

将式 (4-118) 与式 (4-122) 结合可得

$$\begin{cases} -\dfrac{R}{L}i'_\mathrm{d} + \omega i'_\mathrm{q} = -k_1\mathrm{sgn}(s_\mathrm{d}) \\ -\dfrac{R}{L}i'_\mathrm{q} + \omega i'_\mathrm{d} = -k_2\mathrm{sgn}(s_\mathrm{q}) \end{cases} \quad (4\text{-}123)$$

式中，包含了转速信息 ω，其包含在开关信号中，需要经低通滤波器处理后得到转速信息，取低通滤波器为

$$\begin{cases} s_\mathrm{deq} = \dfrac{\omega_\mathrm{c}}{\omega_\mathrm{c} + s}k_1\mathrm{sgn}(s_\mathrm{d}) \\ s_\mathrm{qeq} = \dfrac{\omega_\mathrm{c}}{\omega_\mathrm{c} + s}k_2\mathrm{sgn}(s_\mathrm{q}) \end{cases} \quad (4\text{-}124)$$

式中　ω_c——滤波器的截止频率。

s_{deq} 和 s_{qeq} 可以当作滑模面经过滤波后得到的等效滑模控制。因此结合式 (4-123) 可得滤波后的滑模面方程:

$$\begin{cases} s_{\text{deq}} = -\dfrac{R}{L}i'_{\text{d}} + \omega i'_{\text{q}} \\ s_{\text{qeq}} = -\dfrac{R}{L}i'_{\text{q}} + \omega i'_{\text{d}} \end{cases} \quad (4\text{-}125)$$

则转子估算角速度可以写为

$$\hat{\omega} = \frac{s_{\text{deq}}i'_{\text{q}} - s_{\text{qeq}}i'_{\text{d}}}{(i'_{\text{q}})^2 + (i'_{\text{d}})^2} \quad (4\text{-}126)$$

可得转速的最终估算值:

$$\hat{\omega} = \frac{s_{\text{deq}}i_{\text{q}} - s_{\text{qeq}}\left(i_{\text{d}} + \dfrac{\psi_{\text{r}}}{L}\right)}{(i_{\text{q}})^2 + \left(i_{\text{d}} + \dfrac{\psi_{\text{r}}}{L}\right)^2} \quad (4\text{-}127)$$

转子电角度则由转速的积分得到:

$$\hat{\theta} = \int \hat{\omega} \mathrm{d}t \quad (4\text{-}128)$$

(2) 抖振问题

滑动模态成立的条件是满足存在性、能达性和稳定性,滑模变结构在非线性系统的处理上具有强大的鲁棒性,但这也为控制系统带来了新的问题。由于状态量在滑模面上下做高频率、小幅度的抖振,以保证状态量能够按照人为设定的轨迹运动。大部分控制系统对这种无规律的高频抖振都没有建立数学模型,严重的抖振将影响系统的稳定性。抖振又是滑模运动存在的条件,不能消除,只能抑制。

以饱和函数取代符号函数对滑模面上状态点进行切换,可以有效地抑制抖振对控制系统稳定性的影响。其原理与符号函数相比可由图 4-96 所示。

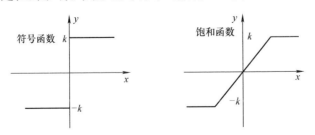

图 4-96 符号函数与饱和函数的对比

由图 4-96 得出:饱和函数的特性曲线相比于符号函数更加平滑。其表达式 sat(x) 可写为

$$\mathrm{sat}(x) = \begin{cases} k & x > e \\ \dfrac{k}{e}x & x \leqslant e \\ -k & x < -e \end{cases} \quad (4\text{-}129)$$

开关函数 $\mathrm{sgn}(x)$ 可以理解为 $e=0$ 时的饱和函数，是饱和函数的一种特殊情况。如式（4-130）所示为新型 SMO 的数学模型：

$$\begin{cases} \dfrac{\mathrm{d}}{\mathrm{d}t}\hat{i}'_\mathrm{d} = -k_1\mathrm{sat}(s_\mathrm{d}) + bu'_\mathrm{d} \\ \dfrac{\mathrm{d}}{\mathrm{d}t}\hat{i}'_\mathrm{q} = -k_2\mathrm{sat}(s_\mathrm{q}) + bu'_\mathrm{q} \end{cases} \quad (4\text{-}130)$$

PMSM 正常工作时，系统的参数往往随着外界环境及运行时间等因素发生改变。而开关函数与饱和函数在一定范围内对扰动都具有很强的鲁棒性，饱和函数更加平滑的特性可以有效减少滑模系统的高频抖振，提高控制系统的精度。

3. 系统仿真

（1）系统仿真模型

本系统的仿真参数如下：电动机为 4 对极隐极式永磁同步电动机，$L_\mathrm{d} = L_\mathrm{q} = 8.5 \times 10^{-3}\mathrm{H}$，定子绕组的等效电阻 $R_\mathrm{s} = 2.875\Omega$，转子永磁体磁通设置为 $\psi_\mathrm{r} = 0.175\mathrm{Wb}$。逆变器中 IGBT 的导通电压设置为 2.5V，二极管的饱和压降为 2V，死区时间设置为 20μs，负载转矩为 10N·m。系统的整体仿真模型如图 4-97 所示。

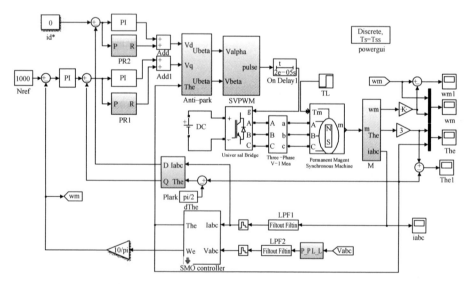

图 4-97　系统整体仿真图

采集电动机定子电压、电流作为 SMO 的输入,获取电动机的位置和转速信息。实际转速作为反馈量与给定转速比较,作为矢量控制的外环,经 PI 调节器和 PR 调节器处理后作为电流 i_q 的给定,此时,PR 调节器将抑制定子电流中的特定高次谐波,使电动机运行状态更好。i_d 与 i_q 做相同处理后作为 α-β 坐标系下电压的给定,通过 SVPWM 调制技术生成脉冲,系统形成闭环回路。

(2)滑模观测器仿真模型

如图 4-98 所示为传统 SMO 的仿真模型,其输入为 α-β 坐标系下的定子电压、电流,经过处理后得到反电动势信息,再通过三角函数运算处理就可得到电动机的转速、位置信息。

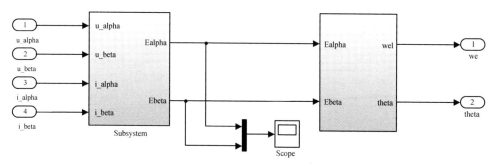

图 4-98 传统 SMO 仿真模型

由定子电压和电流获得电动机反电动势的模型如图 4-99 所示。

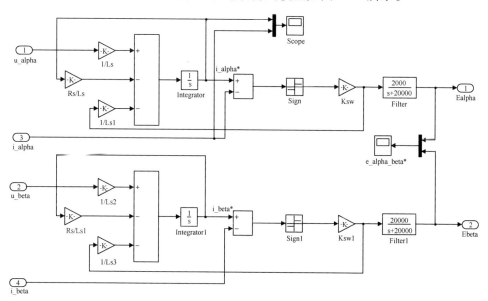

图 4-99 由定子电压和电流获取反电动势仿真模型

由于在获取反电动势信息时引入了低通滤波器，因此在角度获取时需要对位置角进行补偿。具体仿真模型如图4-100所示。

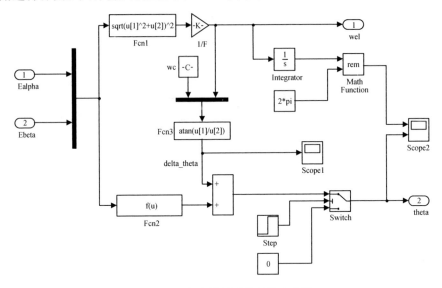

图4-100　角度补偿及位置信息获取

改进型SMO的输入是基于d-q坐标系下定子电压、电流，为抑制抖振对控制系统的影响，用饱和函数替代开关函数，获得滑模面，图4-101是新型SMO的整体结构。

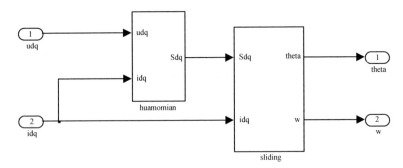

图4-101　新型SMO整体结构

图4-102所示为搭建的滑模面模型。
由式（4-102）确定转子位置的估算角度，如图4-103所示。

(3) 仿真结果分析

仿真建模时，SMO得到电动机转子位置和转速信息。通过电动机的测量端也可以得到有位置传感器下电动机转子的角度。将有位置传感器所得的转子信息

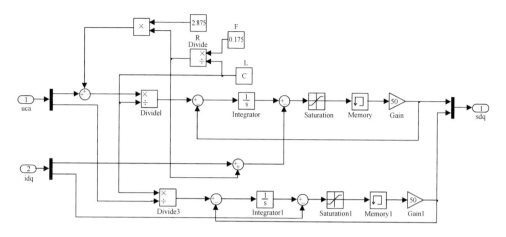

图 4-102 改进型滑模面

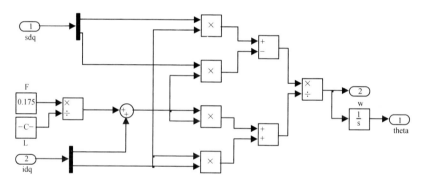

图 4-103 估算位置和角度的仿真模型

和无位置传感器所得的角度信息对 2π 取余,图 4-104 所示为对比观察 SMO 估算的转子位置是否准确。再观察电动机的实时测量转速与 SMO 观测的转速波形,观察偏差情况及电动机转速的稳定性,如图 4-105 所示。

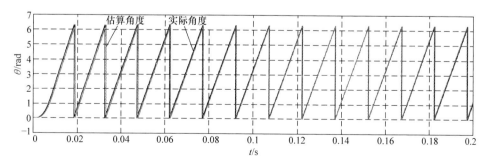

图 4-104 实际角度与估算角度比较

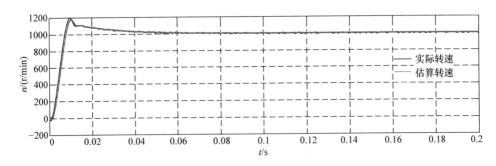

图 4-105 实际速度与估算速度比较

图 4-106 所示为加入管压降和死区时间后，得到的定子电流仿真波形。从图中可以看出系统中含有很多的谐波导致定子电流波形发生畸变。FFT 分析图谱如图 4-107 所示。

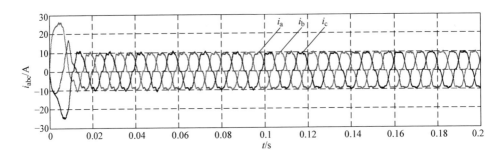

图 4-106 高谐波含量的定子电流波形

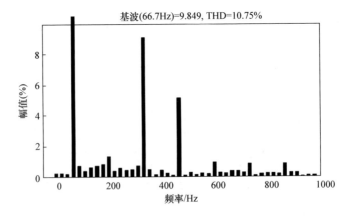

图 4-107 定子电流谐波 FFT 分析

表 4-15 给出 FFT 分析得到的不同阶次谐波的含量,通过数据判断系统中谐波的次数,并针对特定次谐波进行消除。

表 4-15 定子电流谐波含量分析

谐波次数	2 次	3 次	4 次	5 次	6 次	7 次	8 次
谐波含量	0.59%	1.33%	0.42%	9.04%	0.43%	5.13%	0.14%

从表中数据可以看出,定子电流在三相静止坐标系下谐波以 5 次、7 次为主,通过坐标变换在 d-q 坐标系下转换成 6 次谐波。PMSM 采用矢量控制,就是用电流控制电动机的运行状态。采用 $i_d=0$ 的控制策略,调节 i_q 保证电动机输出转矩和转速的稳定。图 4-108 ~ 图 4-110 分别为电动机的直轴电流波形、交轴电流波形以及转矩波形。

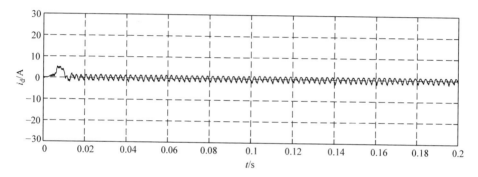

图 4-108 处理谐波前直轴电流 i_d

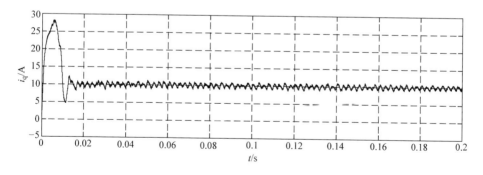

图 4-109 处理谐波交轴电流 i_q

从图中可以看出,直轴电流 i_d 的实际值围绕给定量 0 上下波动,说明电流中含有较多谐波。i_q 与 i_d 情况相似,虽然基本稳定在某一常值处,但在此基础上叠加了高频的交流分量,根据前文推导,电流中含有 $6n$ 次谐波。采用 $i_d=0$ 的矢量控制策略使 i_q 的值直接决定了输出电磁转矩的好坏,由于 i_q 中谐波较多,使系

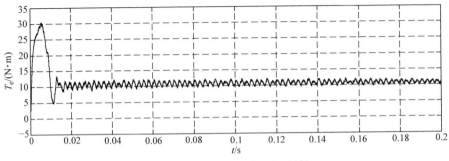

图 4-110　处理谐波前输出电磁转矩

统的电磁转矩存在一定的波动,在要求较高的领域会有很大的偏差。因此引入 PR 与 PI 调节器并联的形式,使直流量无静差跟踪,交流量在谐振点附近被滤除,抑制系统中的谐波成分。PR 调节器的参数设置如前文所述,针对定子电流 i_d、i_q 中的 6 次和 12 次谐波进行处理,可使 A - B - C 坐标系下定子电流的 5、7 次谐波减少。图 4-111 所示为加入 PR 调节器后的定子电流波形,其 FFT 分析图谱如图 4-112 所示。

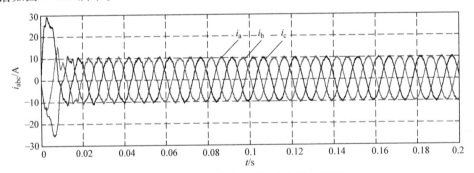

图 4-111　经 PR 调节器处理后的定子电流波形

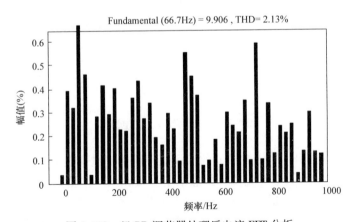

图 4-112　经 PR 调节器处理后电流 FFT 分析

将图 4-110 与图 4-105 比较后，可以明显看出定子电流波形有所改善，其波形几乎无畸变，说明在谐波抑制上 PR 调节器起到重要作用。表 4-16 为 PR 调节器处理后各次谐波的含量，与表 4-15 中的数据比较，证明 PR 调节器的功能。

表 4-16 PR 调节器处理后各次谐波含量分析

谐波次数	2 次	3 次	4 次	5 次	6 次	7 次	8 次
谐波含量	0.28%	0.4%	0.36%	0.34%	0.29%	0.55%	0.07%

从表 4-16 中可以看出，定子电流中的 5、7 次谐波被大幅度抑制，PR 调节器针对特定次谐波的处理效果非常明显。如图 4-113 ~ 图 4-115 所示为经过 PR 调节器处理后的定子电流 i_d、i_q 以及电磁转矩 T_e 的波形图。

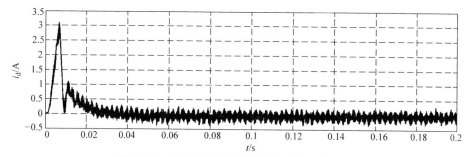

图 4-113 PR 调节器处理后的定子直轴电流 i_d

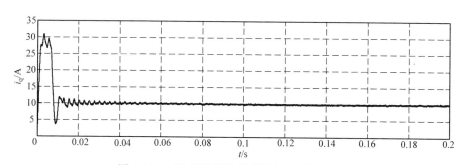

图 4-114 PR 调节器处理后的定子交轴电流 i_q

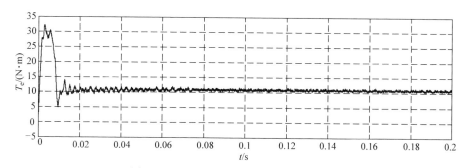

图 4-115 PR 调节器处理后的输出转矩 T_e

与未经 PR 调节器处理的波形对比可知,将定子电流中的谐波抑制后,i_d、i_q 的波形中谐波含量明显下降,输出转矩在电机稳定运行后一直都很平稳,可以满足高精度场合对电动机控制系统的要求。

4. 实验分析

永磁同步电机的参数见表 4-17。

表 4-17 电动机参数表

名称	具有数值	名称	具体数值
额定功率	22kW	L_d	0.73mH
额定转速	9000r/min	L_q	0.73mH
定子电阻	0.107Ω	极对数	2
转动惯量	10^{-3} N·m·S^2	主磁极磁通	0.067Wb
额定电压	AC 380V	额定电流	36.4A

本文提出的新型滑模观测器在低速下运行性能更优,传统滑模观测器以反电动势获取电动机的位置信息,低速下不易测量。如图 4-116 所示,电动机转速在 100r/min 时转子实际位置与 SMO 估算位置的波形。图 4-117 所示为转速 500r/min 时转子实际位置与 SMO 估算位置的波形。对比两图能够看出,中、低速下的角度估算很准确。

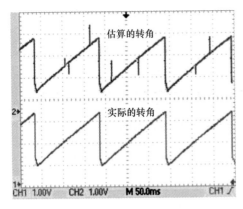 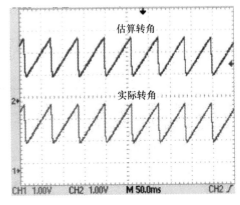

图 4-116 100r/min 下估算角度与实际角度　　图 4-117 500r/min 下估算角度与实际角度

由于逆变器的非线性使系统存在大量谐波,因此需要对电动机的定子电流进行谐波抑制处理。在 d-q 坐标系下,将定子电流通过 PR 调节器,滤除电流中的高频谐波。图 4-118 所示为控制器中未加入 PR 调节器时定子电流的波形,图 4-119 所示为对定子电流中的谐波进行抑制后得到的实际波形。两图对比可以看出电流波形明显变好,说明 PR 调节器对谐波的抑制有一定作用。

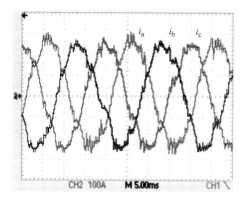
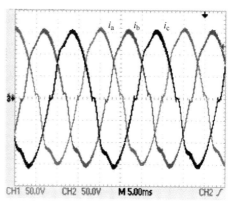

图 4-118　谐波抑制前定子电流　　　　图 4-119　谐波抑制后定子电流

4.5　三相四桥臂电动机控制系统及容错设计

传统的电压空间矢量调制（SVPWM）技术在控制驱动电动机时能减小绕组电流的谐波含量、提高直流母线电压的利用率，从而使电动机转矩脉动降低、拓宽电动机的调速范围。然而，这种传统的拓扑结构在一相出现故障时，将难以维持系统安全可靠运行。基于此，提出了一种具有容错功能的三相四桥臂控制系统，即在传统三相三桥臂的基础上增加了一个与电动机中性点相连的桥臂，采用三维电压空间矢量调制（3D – SVPWM）技术，使其驱动永磁同步电动机有着良好的运行特性，并在缺相或单相断路故障的情况下仍能保证电动机安全、可靠地运行。

三相四桥臂功率拓扑结构如图 4-120 所示。这种拓扑结构在正常运行时通过采用有效的控制策略能够平衡输出和抑制干扰，在缺相的情况下由于第四桥臂与电动机的中线相连，从而为中线电流提供回路，通过采用适当的电动机控制策略仍能维持电动机正常运行。

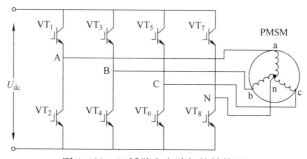

图 4-120　四桥臂主电路拓扑结构图

4.5.1 三相四桥臂电动机控制策略

1. 永磁同步电动机模型

以隐极式永磁同步电动机为研究对象，忽略铁心涡流，饱和影响以及磁滞损耗；忽略温度对电动机的影响；假定定子内表面光滑，忽略齿槽和通风槽的影响，PMSM 的电压方程可写为

$$\begin{bmatrix} U_a - U_n \\ U_b - U_n \\ U_c - U_n \end{bmatrix} = R_s \begin{bmatrix} i_a \\ i_b \\ i_c \end{bmatrix} + \begin{bmatrix} L & M & M \\ M & L & M \\ M & M & L \end{bmatrix} \frac{d}{dt} \begin{bmatrix} i_a \\ i_b \\ i_c \end{bmatrix} + \begin{bmatrix} E_a \\ E_b \\ E_c \end{bmatrix} \tag{4-131}$$

式中 R_s——定子相电阻；

L、M——定子绕组自感和互感；

U_x、i_x、E_x——三相定子绕组相对于直流侧中点的电压、相电流以及转子永磁体在三相定子绕组产生的感应电势（x 为 a、b、c）；

U_n——电动机中性点对第四桥臂中点的电压。

中线电流 i_n 可以表示为

$$i_n = -(i_a + i_b + i_c) \tag{4-132}$$

两相旋转 d-q 坐标系与三相静止 a-b-c 坐标系变换的公式为

$$[X_{dq0}] = [P][X_{abc}] \quad [X_{abc}] = [P]^{-1}[X_{dq0}] \tag{4-133}$$

$$[P] = \sqrt{\frac{2}{3}}[R][C] \quad [P]^{-1} = [C]^T[R]^T \tag{4-134}$$

$$[R] = \begin{bmatrix} \cos\theta_e & \sin\theta_e & 0 \\ -\sin\theta_e & \cos\theta_e & 0 \\ 0 & 0 & 1 \end{bmatrix} \quad [C] = \begin{bmatrix} 1 & -\frac{1}{2} & -\frac{1}{2} \\ 0 & \frac{\sqrt{3}}{2} & -\frac{\sqrt{3}}{2} \\ \frac{1}{\sqrt{2}} & \frac{1}{\sqrt{2}} & \frac{1}{\sqrt{2}} \end{bmatrix} \tag{4-135}$$

式中 θ_e——电角度。

将永磁电动机的矢量方程变换到 d-q 坐标系中，电机的矢量方程为

$$\begin{bmatrix} U_d \\ U_q \\ U_0 \end{bmatrix} = R_s \begin{bmatrix} i_d \\ i_q \\ i_0 \end{bmatrix} + \begin{bmatrix} L_{dq} & 0 & 0 \\ 0 & L_{dq} & 0 \\ 0 & 0 & L_0 \end{bmatrix} \frac{d}{dt} \begin{bmatrix} i_d \\ i_q \\ i_0 \end{bmatrix} + \begin{bmatrix} E_d \\ E_q \\ E_0 \end{bmatrix} \tag{4-136}$$

$$\begin{bmatrix} E_d \\ E_q \\ E_0 \end{bmatrix} = \omega_e \begin{bmatrix} -L_{dq}i_q \\ L_{dq}i_d + \psi_M \\ 0 \end{bmatrix} \tag{4-137}$$

$$L_{dq} = L - M;\ L_0 = L + 2M(-L/2 \leqslant M \leqslant 0) \quad (4\text{-}138)$$

式中 ω_e——转子角速度；

L_{dq}——dq 轴等效电感；

L_0——零轴电感；

ψ_M——永磁体磁链。

电磁转矩的表达式为

$$T_e = 3p_n\psi_M i_q/2 \quad (4\text{-}139)$$

电动机的机械运动方程为

$$T_e - T_L = Jp_n(d\omega_e/dt) \quad (4\text{-}140)$$

式中 p_n——极对数；

J——转动惯量。

2. 矢量控制方法

永磁同步电动机矢量控制系统中的电流控制方法对系统的运行特性有很大影响，不同的电流控制方法提供不同的调速性能，可以适合不同的应用场合。以下为目前较为流行的几种控制方法：

1) 转矩电流比最大控制（MTPA）：是以最小的定子电流来获取能够满足电动机的输出电磁转矩，从而有效地降低成本、减少电动机以及逆变器不必要的损耗。其缺点是随着转矩的增大时，功率因数会逐渐变小。

2) 功率因数 $\cos\varphi = 1$ 控制：是为了保证系统的功率因数为1，达到充分利用逆变器容量的目的，但这种方法最大输出力矩较小，永磁体比较容易退磁。

3) 恒磁链控制：是通过控制直轴电流分量保持气隙磁场的恒定，并通过交轴电流分量控制转矩分量，这样就对磁链的观测显得尤为重要。

4) 弱磁控制：用于提高高速时电动机转矩输出能力，通过增加定子直轴电流分量来抵消永磁体产生的磁场，从而达到弱磁效果维持高速时电压的平衡。

由于电动机模型采用的是隐极电动机（$L_d = L_q$），MTPA 控制就是 $i_d = 0$ 控制。也正是基于这点，为方便研究，拟采用 $i_d = 0$ 的矢量控制方案。

3. 调制方法

（1）3D – SVPWM 调制方法

由于三相四桥臂逆变器是在三桥臂的基础上增加了一个桥臂，从理论上讲必须采用三维空间的调制方案。与二维控制思想一致，三维空间矢量控制先将 a – b – c 坐标系转化为三维空间 α – β – γ 坐标系，然后在三维空间 α – β – γ 坐标系中来合成所需的 U_{ref}，与二维空间矢量调制不同的是，U_{ref} 从二维空间变为了三维空间内的轨迹。通过拟合三维空间矢量轨迹，从而获得四个桥臂的 PWM 控制信号。但此方法计算复杂，难以实现。

(2) 其他调制方法

为了使控制策略易于实现,可对第四桥臂进行单独控制或只在故障的情况下才用到第四个桥臂,结果会大大降低了第四桥臂的作用,这时,第四桥臂往往兼顾不到平衡输出的作用。

如果对共模干扰有严格的要求,可以采用无零矢量的 SVPWM(简称 NZSVM)策略,即只采用 6 个非零空间矢量来控制。这种策略能很好地抑制共模干扰,但由于没有零矢量参与,其电压利用率得不到提高,而且还会增大电动机的转矩脉动。

(3) 改进的 3D – SVPWM 调制方法

直接在 a – b – c 坐标系下进行空间矢量合成,调制效果和 α – β – γ 坐标系下相同。由于无须坐标变换,使得计算简便,易于数字化实现。表 4-18 所示的开关器件的开关组合可构成 16 种空间矢量。其中,S 为开关函数,当上管导通时 $S =$ "p",当下管导通时 $S =$ "n"。

表 4-18 a – b – c 坐标系下构成的 16 种矢量

矢量	开关序列 (S_A、S_B、S_C、S_N)	三相坐标系 U_A	U_B	U_C	矢量	开关序列 (S_A、S_B、S_C、S_N)	三相坐标系 U_A	U_B	U_C
U_1	(n、n、n、n)	0	0	0	U_5	(p、n、n、n)	U_{dc}	0	0
U_9	(n、n、n、p)	$-U_{dc}$	$-U_{dc}$	$-U_{dc}$	U_{13}	(p、n、n、p)	0	$-U_{dc}$	$-U_{dc}$
U_2	(n、n、p、n)	0	0	U_{dc}	U_6	(p、n、p、n)	U_{dc}	0	U_{dc}
U_{10}	(n、n、p、p)	$-U_{dc}$	$-U_{dc}$	0	U_{14}	(p、n、p、p)	0	$-U_{dc}$	0
U_3	(n、p、n、n)	0	U_{dc}	0	U_7	(p、p、n、n)	U_{dc}	U_{dc}	0
U_{11}	(n、p、n、p)	$-U_{dc}$	0	$-U_{dc}$	U_{15}	(p、p、n、p)	0	0	$-U_{dc}$
U_4	(n、p、p、n)	0	U_{dc}	U_{dc}	U_8	(p、p、p、n)	U_{dc}	U_{dc}	U_{dc}
U_{12}	(n、p、p、p)	$-U_{dc}$	0	0	U_{16}	(p、p、p、p)	0	0	0

这 16 个空间矢量在 a – b – c 坐标系下构成如图 4-121 所示的空间 12 面体。其中 14 个非零矢量位于 12 面体的顶点处,2 个零矢量位于 12 面体的中心。

与二维坐标系下生成的 SVPWM 的步骤类似,3D – SVPWM 也分别三个步骤,下面我们就逐步进行分析。

四面体选择:根据参考向量计算区域指针 RP,从而确定参考矢量位于哪个四面体中。

平面 SVPWM 中确定扇区的参考矢量是通过 α – β 坐标系下表达式构成,3D – SVPWM 确定四面体的参考向量就是输入的三相相电压 U_{refA}、U_{refB}、U_{refC}。可由如下关系来确定要选择的四面体:$RP = 1 + K_1 + 2K_2 + 4K_3 + 8K_4 + 16K_5 + 32K_6$。

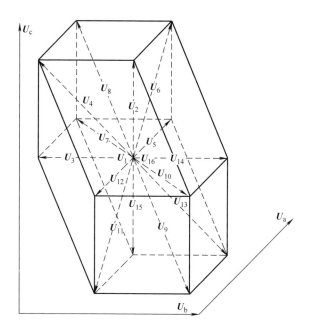

图 4-121　a-b-c 坐标系下 16 个矢量形成的 12 面体

其中

$$K_1 = \begin{cases} 1 & (U_{\text{refA}} \geq 0) \\ 0 & (U_{\text{refA}} < 0) \end{cases} \quad K_2 = \begin{cases} 1 & (U_{\text{refB}} \geq 0) \\ 0 & (U_{\text{refB}} < 0) \end{cases} \quad K_3 = \begin{cases} 1 & (U_{\text{refC}} \geq 0) \\ 0 & (U_{\text{refC}} < 0) \end{cases}$$

$$K_4 = \begin{cases} 1 & (U_{\text{refA}} - U_{\text{refB}} \geq 0) \\ 0 & (U_{\text{refA}} - U_{\text{refB}} < 0) \end{cases} \quad K_5 = \begin{cases} 1 & (U_{\text{refB}} - U_{\text{refC}} \geq 0) \\ 0 & (U_{\text{refB}} - U_{\text{refC}} < 0) \end{cases} \quad K_6 = \begin{cases} 1 & (U_{\text{refA}} - U_{\text{refC}} \geq 0) \\ 0 & (U_{\text{refA}} - U_{\text{refC}} < 0) \end{cases}$$

RP 为区域指针，取值范围从 1~64。由于 K_i 的取值并不完全独立，RP 只能有 24 个可能的数值，也就是说正好对应如表 4-19 所示的 24 个四面体。通过计算 RP 得到参考矢量在三维空间的位置，从而确定非零矢量。

表 4-19　24 个四面体

N	四面体	N	四面体	N	四面体	N	四面体
1		5		7		8	

(续)

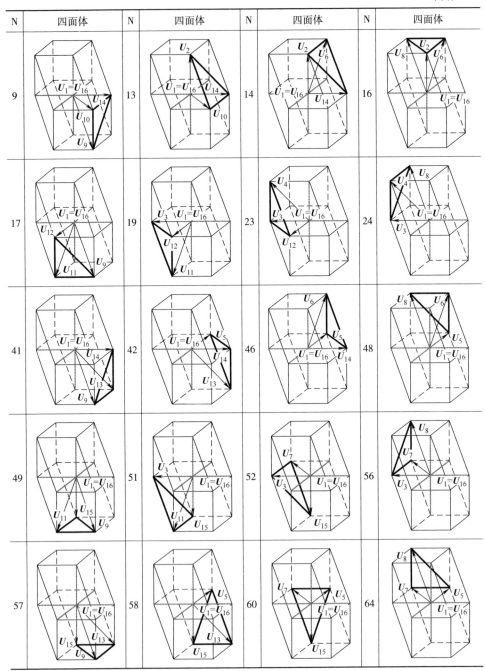

在这24个四面体中,其中有12个为无效四面体,在实际算法过程中不起作用。这是由于在划分这些无效四面体时,其使用的依据在三相正弦系统中不

存在。

例如，当 $RP=1$ 时 $K_i=0$ 恒成立，即要求 $U_{refA}<0$、$U_{refB}<0$、$U_{refC}<0$、$U_{refA}<U_{refB}<U_{refC}$。这在标准的三相正弦系统中是不成立的，也就是说 RP 在数值上可以取 1，但在实际算法中取不到 1。同理，其余 11 个四面体因三相参考电压不能同时大于零或小于零，因而也是无效四面体，分别是 $RP=8$、9、16、17、24、41、48、49、56、57、64，如图 4-122 所示为有效的四面体。

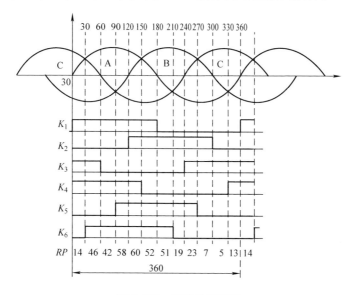

图 4-122 有效的四面体

因此可得到有效四面体的开关状态，如图 4-123 所示。

4. 三相四桥臂逆变器的控制策略

（1）单相故障分析

假设 A 相发生故障（B、C 相发生故障情况时与之相同）。经检测和控制电路，与之相连逆变器的一相桥臂被及时隔离，此时有 $i_a=0$。由于永磁同步电动机的电磁转矩取决于 i_d、i_q 的大小，此时，为保证有正常运行时有相同的驱动特性，则在没有发生故障的两相绕组中必须产生与故障前一致的 i_d、i_q。

由式（4-131）、式（4-132），经坐标变换式（4-133）得到：

$$i_b^* = \sqrt{2}[i_q\sin(\theta_r+\pi/6)-i_d\cos(\theta_r+\pi/6)] \quad (4-141)$$

$$i_c^* = \sqrt{2}[i_q\sin(\theta_r-\pi/6)-i_d\cos(\theta_r-\pi/6)] \quad (4-142)$$

$$i_0^* = \sqrt{2}(i_q\sin\theta_r - i_d\cos\theta_r) \quad (4-143)$$

转矩补偿能够通过公式（4-136）和式（4-143）得到

$$u_0 = \sqrt{2}(L_0 w_r i_q - R_s i_d)\cos\theta_r + \sqrt{2}(L_0 w_r i_d + R_s i_q)\sin\theta_r \quad (4-144)$$

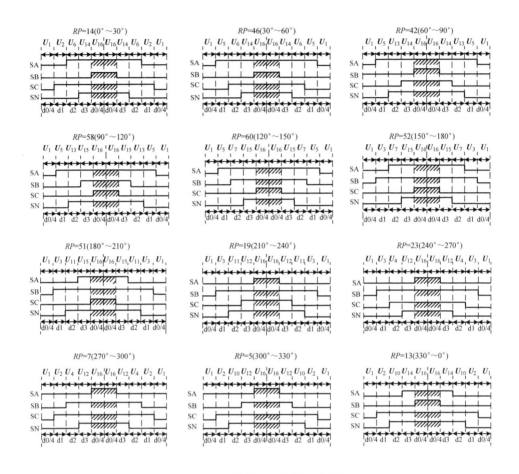

图 4-123 有效四面体的开关状态

依据式（4-143）和式（4-144），可以采用两种配置方式达到转矩补偿的目的，即采用 i_0 直接电流闭环控制方式，满足式（4-143）的要求；或采用式（4-144），采用间接电流控制方式，实现零序电压 U_0 的输出。本文采用 i_0 直接电流闭环控制方式，由于采用的 $i_d=0$ 控制，只需要依照式（4-145）进行零序电流补偿。

$$i_0^* = i_q \sin\theta \qquad (4-145)$$

（2）系统控制策略

图 4-124 给出了系统的控制原理图。

实际转速与给定转速通过速度 PI 控制器得到 d-q 坐标系下的给定电流 i_q^*，相电流 i_a、i_b、i_c 经过电流采样、Clarke、Park 变换，得到 dq0 旋转坐标系中 i_d、i_q、i_0，与电流给定 i_q^*、i_d^*、i_0^* 进行比较，其中 $i_d^*=0$，i_0^* 在正常和单相故障情

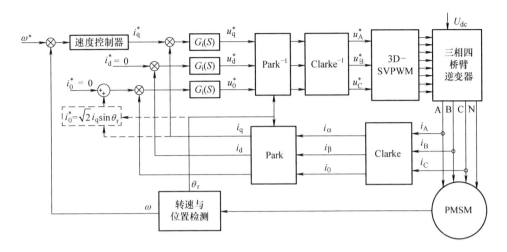

图 4-124 系统控制原理图

况下给予不同的补偿值。经过 PI 控制器获得 u_d、u_q、u_0，经过 Park^{-1} 变换、Clarke^{-1} 变换、3D-SVPWM 的调制、功率放大、驱动四桥臂逆变器的 8 个功率开关管，最终构成了一个完整的三闭环控制系统。

4.5.2 仿真及实验结果分析

1. 仿真分析

依据以上分析，搭建了三相四桥臂永磁同步电动机矢量控制系统的仿真模型，如图 4-125 所示。

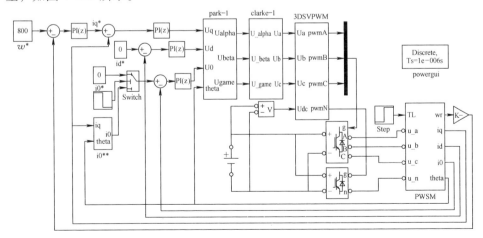

图 4-125 系统的仿真模型

电动机的参数为：$R_s = 2.875\Omega$，$L_{dq} = 8.5\text{mH}$，$L_n = 2.3\text{mH}$，$\psi_M = 0.2135\text{Wb}$，电机转动惯量 $J = 0.00061\text{kg/m}^2$，转子极对数 $p_n = 4$，仿真时间为 0.1s，直流母线电压为 300V，开关频率为 10kHz。

给定转速为 500r/min、负载转矩为 5N·m，对系统的起动性能进行测试。图 4-126 所示为正常运行模式下四个桥臂的调制波形；图 4-127 所示为转速、转矩响应曲线图，可以看出转子转速跟随性好，电动机转矩波形稳定、脉动小，起动时间 5ms；图 4-128 所示为三相定子电流以及中线电流的响应波形图，可以看出三相定子电流波形正弦度好，波形平滑、时序对称，中线电流为 0。

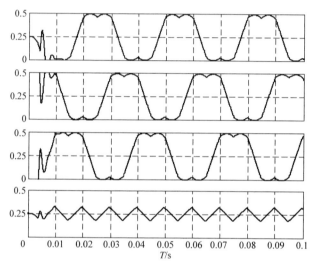

图 4-126 空间电压矢量调制波形

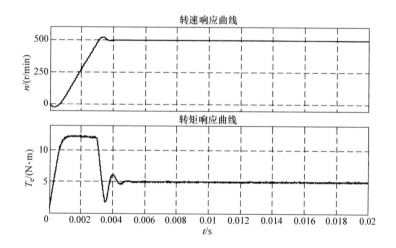

图 4-127 转速、转矩响应曲线（正常运行模式）

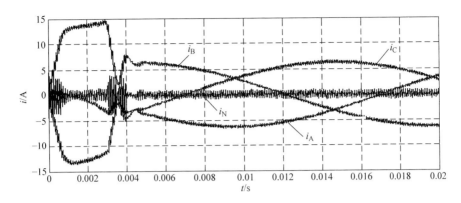

图 4-128　定子三相电流波形（正常运行模式）

为了观测该系统对给定转速和负载变化的响应能力，作以下处理：在 0.03s 时电动机转速给定由 500r/min 突变至 1000r/min，在 0.06s 时，电动机负载由 5N·m 增至 8N·m。转速、转矩和三相电流响应如图 4-129 和图 4-130 所示。从图中可以看出，在 0.03s 时给定转速由 500r/min 突变至 1000r/min，转子转速很好跟随上了给定值，同时绕组电流幅值不变、频率加快，加速时间 4ms。在 0.06s 时电动机负载由 5N·m 突变至 8N·m，电动机输出矩转瞬间加大，绕组电流幅值加大、频率不变，所花时间 1ms，而转速受影响程度非常小。

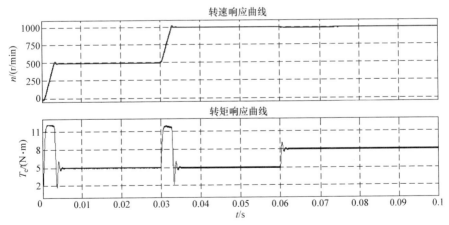

图 4-129　给定转速、负载变化时转速和转矩的响应曲线

为了验证容错的可行性，模拟单相故障状态，这里通过仿真图中的时间变量来实现故障切换，设置 $t=0.05$s 时 A 相桥臂断开和切换补偿零序电流同时进行，负载转矩仍为 5N·m、给定转速仍为 500r/min。图 4-131 是为此情况的转速、转矩响应曲线图。在 0.05s 后转速与转矩只有略微波动。

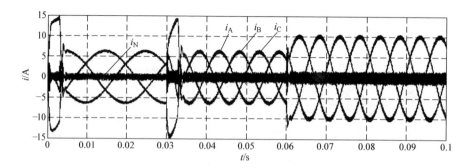

图 4-130 给定转速、负载变化时三相绕组电流响应曲线

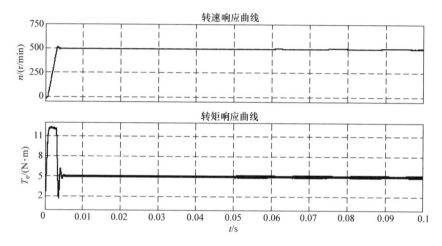

图 4-131 转速、转矩响应曲线（单相故障模式）

图 4-132 显示了 dq0 轴电流在单相故障前后的变化情况。可以看出 0.05s 后 i_0 的补偿波形是正弦波。图 4-133 所示为三相定子和中性线电流在单相故障前后的变化情况，i_b、i_c 为故障前的 $\sqrt{3}$ 倍，相位差从 $2\pi/3$ 变成了 $\pi/3$。幅值的调整使得转矩不变，相位的改变避免了转矩脉动的产生。

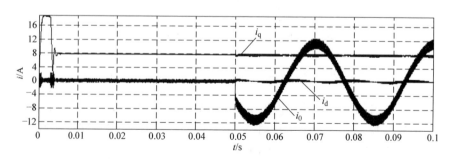

图 4-132 dq0 轴电流响应曲线

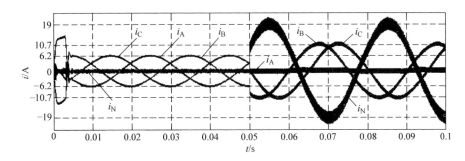

图 4-133 三相定子以及中性线电流响应曲线

2. 实验验证

本系统采用加入 i_0 补偿的 $i_d=0$ 矢量控制策略,实现电流 i_d、i_q、i_0 的三电流闭环控制。为验证系统的性能,这里备置了一台磁粉制动器,对电动机在不同负载下进行测试,其参数如下:额定电流 0.5A,额定电压 24V,额定输出制动转矩为 10N·m。以下实验均是在转速给定 200r/min 下完成的,对于观测的信号量和变量(除定子电流测量是直接在电阻上进行)都是以 PWM 的信号输出方式经过滤波电路后测得,滤波电路的截止频率均设置为 300Hz。

3D-SVPWM 调制波形如图 4-134 所示,呈马鞍状的波形为第一个桥臂的调制波(第二、三桥臂的调制波形状相同),呈三次三角状的波形为与电动机中性点相连第四桥臂的调制波形。

本控制系统的核心在于通过控制电流来实现电动机的转矩控制,因此,数字电流环的控制好坏从本质上影响整个电动机控制系统的综合性能。图 4-135 给出

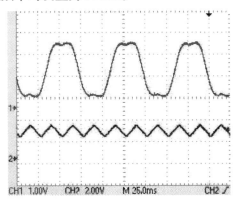

图 4-134 3D-SVPWM 调制波形

负载转矩为 1.5N·m 时电动机起动的转速响应波形。可以看出电动机在 30ms 后即可到达给定转速,且速度平滑;此情况下 A、B 相电流响应曲线如图 4-136 所示,图中电流先陡然升高到一个较大值,使电动机在起动过程中以较快的速度提升转速,直到电动机稳定后电流波形也呈稳定的正弦状,且两电流相位相差 120°。

在电动机稳定运行在给定负载 2N·m 的情况下突然改变负载转矩,增加到 4N·m,此时 q 轴电流以及 A、B 相电流响应曲线如图 4-137 和图 4-138 所示,

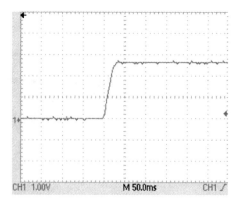

图 4-135　给定转速为 200r/min 负载转矩为 1.5N·m 时的转速响应波形

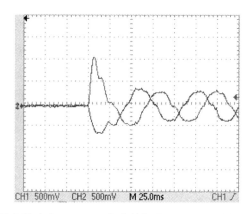

图 4-136　给定转速为 200r/min 负载转矩为 1.5N·m 时的电流响应波形

能看到 q 轴电流与负载转矩成正比增大，波形呈阶跃响应状，两相电流的幅值也逐渐增大，最终稳定。

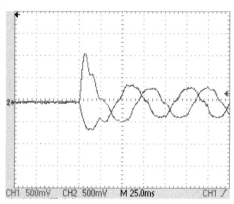

图 4-137　转速为 200r/min 负载为由 2N·m 增至 4N·m 时的 i_q 波形

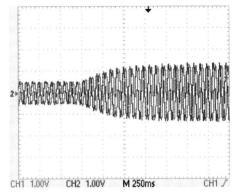

图 4-138 转速为 200r/min 负载由 2N·m 增至 4N·m 时相电流波形

图 4-139 和图 4-140 分别为给定负载 4N·m 的情况下减小负载转矩时 q 轴电流以及 A、B 相电流响应曲线，可以看到 q 轴电流呈阶跃状减小，而两相电流的幅值则是逐渐减小。

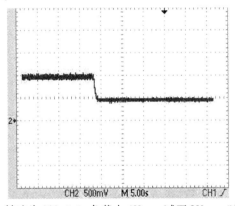

图 4-139 转速为 200r/min 负载由 4N·m 减至 2N·m 时的 i_q 波形

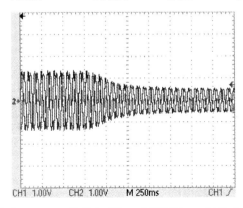

图 4-140 转速为 200r/min 负载由 4N·m 减至 2N·m 时的 A、B 相电流波形

4.6 多电平逆变控制系统

4.6.1 初识多电平系统

目前为止，我们讨论的电压源逆变器只产生两个输出电平，$\pm 0.5U_{dc}$ 或 0 和 U_{dc}，因此称为两电平逆变器。由于功率半导体开关的电压阻断能力有限，两级逆变器在高功率应用中存在若干问题。

解决这一问题的方案有：将开关器件进行串联或使用多电平逆变器。但前者会出现开关器件间的电压不均衡问题，因此后一种解决方案是优选。与两电平输出相比，多电平逆变器的输出电压波形得到显著改善，即使在低开关频率下 THD 依旧很低。但是多电平逆变器存在明显的缺陷，由于多电平逆变器中使用的功率开关器件数量较多，为降低开关损耗，电路中需增加额外的二极管和电容器；母线电容电压存在不平衡。文献中提出了几种多级逆变器的拓扑结构：

1) 二极管钳位或中性点钳位多电平逆变器。
2) 电容器钳位或飞跨电容器多电平逆变器。
3) 级联 H 桥多电平逆变器。

中性点拓扑使用二极管钳位输出电平，而飞跨电容器拓扑使用浮动电容来钳位输出电平。这两种拓扑需重点考虑直流电容的电压平衡问题；但级联 H 桥逆变器本质上是模块化的，每个单元串联连接，不存在平衡问题。

1. 二极管钳位型多电平换流器

二极管钳位型多电平换流器，顾名思义是通过二极管实现对电压的钳位，以五电平为例进行说明，图 4-141 所示为五电平的二极管钳位型换流器。

控制上、下桥臂的开关管处于互补导通状态，可使直流侧四个容值相同的电容实现均压，通过二极管钳位，使得每个功率开关管承担 1/4 的直流电压。由图 4-142 可见，该拓扑结构中每相有 8 个功率开关管，两两互补，对应关系为 (S_1, S_5)，(S_2, S_6)，(S_3, S_7) 和 (S_4, S_8)。通过功率开关管的组合和二极管钳位，可得 $+U_d/4$、$+U_d/2$、0、$-U_d/2$ 和 $-U_d/4$ 五种电平输出。与传统两电平相比，二极管箝位多电平的优点体现在：

1) 二极管钳位多电平装置中的功率管承受的直流电压比两电平低。
2) 输出电流的谐波成分明显降低。

二极管箝位型拓扑结构存在不足，体现在：

1) 控制算法复杂，对系统提出了更高要求。
2) 随着输出电平数的增多，系统需大量的元器件，成本大大增加。
3) 由于电容及功率管的电气参数存在差异，造成了直流侧电容电压的不一致,需增加均压装置或均压控制策略。

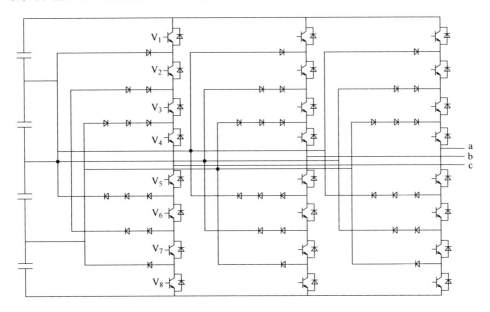

图 4-141 二极管钳位型换流器拓扑结构

2. 飞跨电容钳位型多电平换流器

图 4-142 所示为五电平飞跨电容钳位型换流器拓扑结构,可以看出该结构与二极管钳位型换流器的结构类似,只不过是将二极管换成电容,用电容对系统的输出进行钳位。相比于二极管钳位型换流器,该拓扑结构的开关状态的组合更多,控制方法也比较灵活。同样,该拓扑也有 $+U_d/4$、$+U_d/2$、0、$-U_d/2$ 和 $-U_d/4$ 五种电平输出。

飞跨电容型换流器存在很多弊端,体现在:
1) 引入了钳位电容,开关组合增多,控制算法复杂。
2) 随着电平数的增多,钳位电容的数量随之增多,加大装置的体积。
3) 需给电容频繁地充放电,增大了纹波电流。

可见,上述缺点大大限制了飞跨电容钳位型变流器在实际中的应用。

3. 级联 H 桥型多电平换流器

M. Marchesoni 在 1988 年提出了级联型 H 桥多电平换流器功率拓扑的概念。图 4-143 所示为级联 H 桥型五电平换流器的拓扑结构图。可以看出,该拓扑结构不需要增加钳位器件,每一相由 n 个 H 桥单元(H - Bridge Inverter,HBI)级联而成,每个 HBI 单元可输出三种电平,即 $+U_d$、0、$-U_d$,HBI 单元的输出电平最终组合成所期望的多电平输出。

该拓扑结构的优点体现在:

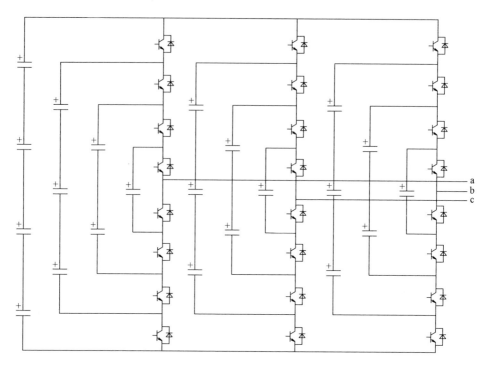

图 4-142 飞跨电容钳位型五电平换流器拓扑

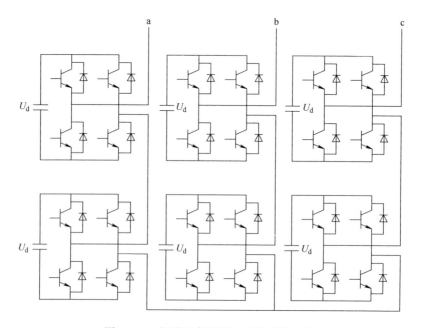

图 4-143 级联 H 桥型五电平换流器拓扑

1) 不需要钳位二极管或钳位电容；
2) 易于模块化设计，便于安装，适用于高压大容量场合。
3) 该拓扑结构给安装和维修带来了方便，适于高压、大容量场合。

级联 H 桥型拓扑结构的缺点体现在：由于该拓扑结构没有公共的直流母线，不能实现三相间的能量流动，在电网电压畸变或三相不平衡时，难以维持电容电压的恒定。

4. 模块化多电平换流器

德国学者 R. Marquart 和 A. Lesnicar 于 2002 年提出了一种新颖的拓扑结构——模块化多电平换流器的拓扑结构，即 Modular Multilevel Converter (MMC)。MMC 结构具有公共直流母线，三相间能量能够相互流动，在电网畸变的情况下，能实现无功功率、谐波以及不平衡工况的补偿，正成为电能质量控制以及轻型高压输电领域的研究热点。

图 4-144 所示为 MMC 三相多电平变换器，左侧为模块化多电平换流器 (MMC) 的拓扑结构，每一相均由上、下两个桥臂和一个扼流电感串联构成，每个桥臂由 n 个子模块单元级联组成。图 4-144 中右侧 SM (Sub Modular) 为换流器子模块结构，且每个子模块结构都是相同的，SM 由两个带反并联二极管的 IGBT (V_1、V_2) 串联组成，构成半桥，同时与一个电容并联。

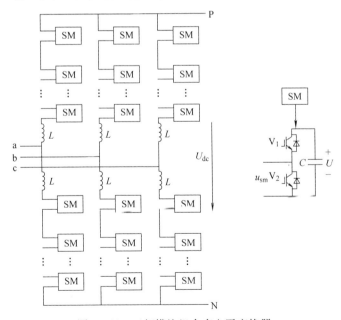

图 4-144 三相模块组合多电平变换器

理论上讲，模块化多电平换流器的每个桥臂的子模块数 n 是任意的，因而其容量等级可以无限大，且输出的谐波很小。然而，在实际工程中，MMC 换流器子模块数量越多就意味着装置的结构、控制的复杂程度会大大增加。因而，应根据实际情况选择合适的子模块数。

MMC型换流器具有如下的优点：

1）每个桥臂通过电感与电网相连，能很好地缓冲桥臂电流。

2）每个子模块在结构、参数上都完全相同，具有模块化结构，给生产、设计、更换带来了方便，便于维护。

3）MMC型换流器的输出电流是连续可调的，谐波含量小，电感量小，能够最大化地节约装置的成本。

4）具有公共直流母线，能够实现能量在三相间的流动，有利于电网在发生三相不平衡时能够安全、稳定运行。

5. 多电平PWM技术

多电平逆变器的PWM控制方法是多电平逆变器研究中异常关键的技术，对它的研究与多电平逆变器拓扑结构的研究正在同步进行，因为它不仅仅决定多电平逆变器的实现与否，更重要的是，对多电平逆变器的电压输出波形质量、系统损耗的减少以及效率的提高都有直接的影响。多电平逆变器功能的实现，不仅要有适当的电路拓扑结构为基础，还要有相应的PWM控制方法作为保障，才能保证系统高性能和高效率的运行。在过去的几十年里，提出了大量的多电平PWM技术，它们都是基于成熟的两电平PWM技术，归纳起来可以分为以下几类：阶梯波脉宽调制技术，基于载波组的消谐波PWM技术，载波相移PWM技术，多电平电压空间矢量调制以及错时采样SVPWM技术等。

（1）阶梯波脉宽调制技术

阶梯波脉宽调制就是用阶梯波来逼近正弦波。典型的阶梯波调制参考电压和输出电压波形如图4-145所示。这种策略的优点是实现简单、开关频率较低（等于基波频率），主要缺点是输出电压的调节依靠于直流母线电压或移相角。在阶梯波调制中，可以通过选择每一电平持续时间的长短，来实现低次谐波的消除和抑制。后来有学者提出了优化的调制宽度技术，将本来应用于普通二电平逆变器的定次谐波消除PWM引入级联型多电平逆变器，通过优化算法计算出开关角度，可以消除选定的谐波分量。但这种调制方法中，需要采用优化算法（比如Newton–Raphson法等）求解高阶非线性方程组，即使使用DSP等高速运算芯片也难以实现实时控制，一般要通过离线查表法完成控制。因此这种调制策略主要应用在一些对输出电压调节要求不高的场合，如SVG。

（2）基于载波组的消谐波PWM技术

基于载波组的消谐波PWM（SHPWM）技术适用于二极管钳位型多电平逆变器。其基本原理是：在N电平逆变器中，$N-1$个具有相同频率和相同幅值的三角载波并排放置，形成载波组。以载波组的水平中线作为参考零线，共同的调制

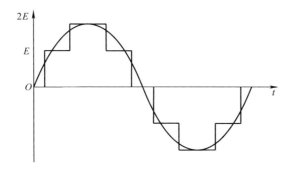

图 4-145 五电平阶梯波调制原理图

波与其相交,得到相应的开关信号。根据三角载波的相位,这种控制方式可以有三种不同的形式。这种控制方式下,逆变器的输出特性良好,器件的开关频率较低而等效开关频率较高,输入输出成线性关系,能够输出一定的带宽,但器件的导通负荷不一致,尤其在深调制的情况下,处于逆变器外围的功率器件几乎不导通,而内部的功率器件开关频率较高。为了解决在深调制下出现的这种情况,也出现了一些改进的控制方式。至于调制波,可以采用标准正弦波,也可以采用谐波注入正弦波。图 4-146 所示为 SHPWM 的载波和调制波。

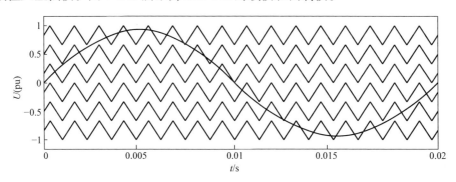

图 4-146 SHPWM 的载波和调制波

(3) 载波移相 SPWM 技术

载波移相 SPWM(CPS – SPWM)技术是针对等电压单元级联型逆变器的特点提出的。每个单元的驱动信号由一个正弦波和相位互差 180°的两个三角载波比较生成,同一相的级联单元之间正弦参考波相同,而三角载波互差(180°/N)(N 为每相单元数)。通过载波移相使各单元输出电压脉冲在相位上相互错开,刚好可以叠加出多电平波形,同时使输出电压等效开关频率提高 N 倍,因此在不提高载波频率的情况下,可大大减小输出电压的谐波含量。由于各单元的调制方法相同,只是载波或参考波相位不同,因而控制算法容易实现,也便于向更多电平数扩展,当级联数目增加时,其载波数量与级联数目成比例增加,应用于更高级联数目的多电平逆变器中具有一定难度。图 4-147 所示为 CPS – SPWM 技术的载波和调制波。

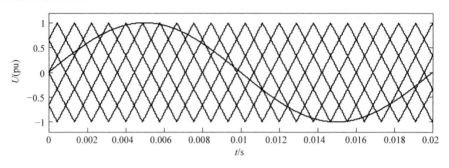

图 4-147　CPS – SPWM 技术的载波和调制波

(4) 多电平电压空间矢量 PWM 技术

电压空间矢量调制 (SVPWM) 技术是建立在交流感应电动机磁场理论基础上的一种调制策略,但现在其使用范围已经不再仅仅局限于电动机应用场合,而是一种能够普遍应用的 PWM 技术。相对于 SPWM 技术,SVPWM 技术具有以下优点:

1) 直流电压利用率比 SPWM 提高 15%。
2) 采用最小开关损耗方式调制时,功率器件的开关损耗降低 1/3。
3) 调制方法便于数字实现。

多电平电压空间矢量调制技术是常规的两电平 SVPWM 技术在多电平逆变器上的扩展应用。常规的两电平 SVPWM 技术是根据不同的开关组合方式,生成 8 个电压空间矢量,其中 6 个非零矢量,两个为零矢量,在空间旋转坐标系下,对于任意时刻的矢量由相邻的两个非零矢量合成,通过在一个调制周期内对两个非零矢量和零矢量的作用时间进行优化安排,得到 PWM 输出波形。对于多电平 SVPWM 技术,其基本原理与两电平 SVPWM 技术相似,只是开关组合的方式随着电平数的增加而有所增加,其规律是对于 m 电平逆变器,其电压空间矢量的数目为 m^3 个,当然这些电平中有些在空间上是重合的。比如对于三电平逆变器,其电压空间矢量的数目为 27 个,其中独立的电压空间矢量为 19 个,一个零矢量,18 个非零矢量,同样,在空间旋转坐标系下,对于任意时刻的矢量由相邻的三个非零矢量合成,在一个开关调制周期内对三个非零矢量与零矢量的作用时间进行优化安排,得到 PWM 输出波形。由于电平数与电压空间矢量的数目之间是立方关系,所以多电平 SVPWM 技术在电平数较高时受到很大限制,因此 SVPWM 技术虽然在两电平通用变频器中获得了广泛应用,却难以向多电平扩展,只在二极管钳位型三电平电路中获得了实际应用。图 4-148 所示为七电平电压矢量分布图。

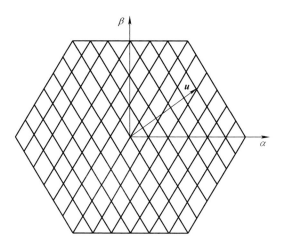

图 4-148 七电平电压矢量分布图

4.6.2 十一电平控制器设计

1. 硬件方案

所设计的新型变频器每一相由一个低压功率单元与一个高压功率单元级联构成,采用星形连接,三相输出端接高压电动机。低压功率单元由 4 个 IGBT 和 1 个储能电容 C 组成全桥。高压功率单元由 4 个 IGCT 构成全桥,1 个 IGCT 和四个二极管组成双向开关,其中,将方向相同的二极管两两串联,再与 IGCT 并联,串联二极管的连接点作为双向开关的输入输出端口,双向开关的一端和全桥的一个输出端相连并与低压功率单元的一个输出端相连,双向开关的另一端与两个电容串联构成的直流侧的电容连接点相连,主电路拓扑如图 4-149 所示。

由于每一相为一个全桥单元和一个带双向开关的全桥单元,可以拓展为每一相为 n 个全桥单元和 个带双向开关的全桥单元。其中全桥单元只有一个电容,各个全桥单元电容电压值之比为 $1:2:4:8:\cdots:2^{n-1}$,带双向开关的全桥单元具有两个电容,其中两个电容电压值相等,且等于全桥单元中的电容电压最高值的 2 倍。其输出的电平数可以达到 $(12 \times 2^{n-1} - 1)$。

系统整体结构框图如图 4-150 所示。其工作原理是由信号检测单元对永磁同步电动机的转子位置和三相定子电流进行检测;三相定子电流经坐标变换得到交直轴电流,给定转速与反馈转速之差经 PI 调节作为转矩电流指令;转矩电流指令与反馈转矩电流之差经 PI 调节作为转矩电流指令;给定励磁电流为 0,给定励磁电流与反馈励磁电流之差经 PI 调节作为励磁电流指令;最终经过坐标变换

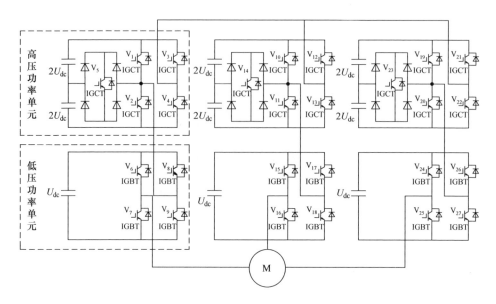

图 4-149 主电路拓扑

得到三相调制波;载波采用载波层叠技术,一共十路幅值相同的载波,各载波分别与调制波进行比较,产生一系列 PWM 信号,经逻辑运算得到各驱动管驱动波形;经驱动单元对 PWM 信号放大进而驱动高压变频器功率模块中的功率开关管,输出三相十一电平交流电对电动机进行驱动。

2. 软件控制方案

(1) 电机数学模型

为了简化分析过程,特将数学模型理想化,首先给出永磁同步电动机在三相静止坐标系 ABC 下的数学模型:

电压方程:

$$\begin{cases} u_a = R_s i_a + \dfrac{\mathrm{d}}{\mathrm{d}t}\psi_a \\ u_b = R_s i_b + \dfrac{\mathrm{d}}{\mathrm{d}t}\psi_b \\ u_c = R_s i_c + \dfrac{\mathrm{d}}{\mathrm{d}t}\psi_c \end{cases} \quad (4\text{-}146)$$

式中 u_a、u_b、u_c——定子绕组相电压;

i_a、i_b、i_c——定子绕组相电流;

R_s——定子绕组等效电阻;

ψ_a、ψ_b、ψ_c——与定子绕组等效电感相交链的磁链。

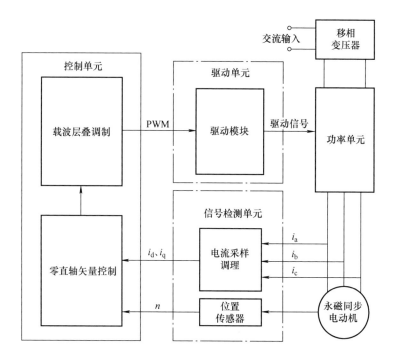

图 4-150 系统整体结构框图

将上述方程组写成矩阵形式,可得 $\begin{bmatrix} u_a \\ u_b \\ u_c \end{bmatrix} = \begin{bmatrix} R_s & 0 & 0 \\ 0 & R_s & 0 \\ 0 & 0 & R_s \end{bmatrix} \begin{bmatrix} i_a \\ i_b \\ i_c \end{bmatrix} + \dfrac{\mathrm{d}}{\mathrm{d}t} \begin{bmatrix} \psi_a \\ \psi_b \\ \psi_c \end{bmatrix}$

磁链方程:根据自感与互感的定义,容易求得磁链方程的矩阵形式:

$$\begin{bmatrix} \psi_a \\ \psi_b \\ \psi_c \end{bmatrix} = \begin{bmatrix} L_{aa} & M_{ab} & M_{ac} \\ M_{ba} & L_{bb} & M_{bc} \\ M_{ca} & M_{cb} & L_{cc} \end{bmatrix} \begin{bmatrix} i_a \\ i_b \\ i_c \end{bmatrix} + \psi_f \begin{bmatrix} \cos\theta \\ \cos\left(\theta - \dfrac{2\pi}{3}\right) \\ \cos\left(\theta + \dfrac{2\pi}{3}\right) \end{bmatrix} \quad (4\text{-}147)$$

式中　　L_{aa}、L_{bb}、L_{cc}——各相定子绕组的自感,且满足 $L_{aa} = L_{bb} = L_{cc} = L$;

M_{ab}、M_{ba}、M_{ac}、M_{ca}、M_{bc}、M_{cb}——绕组间的互感,且满足 $M_{ab} = M_{ba} = M_{ac} = M_{ca} = M_{bc} = M_{cb} = M$;

ψ_f——转子永磁磁链的大小。

将约束条件代入简化,可得

$$\begin{bmatrix}\psi_a\\\psi_b\\\psi_c\end{bmatrix}=\begin{bmatrix}L&M&M\\M&L&M\\M&M&L\end{bmatrix}\begin{bmatrix}i_a\\i_b\\i_c\end{bmatrix}+\psi_f\begin{bmatrix}\cos\theta\\\cos\left(\theta-\dfrac{2\pi}{3}\right)\\\cos\left(\theta+\dfrac{2\pi}{3}\right)\end{bmatrix} \quad (4\text{-}148)$$

因为，$i_a+i_b+i_c=0$，所以，$M(i_a+i_b+i_c)=0$，将 $Mi_b+Mi_c=-Mi_a$, $Mi_a+Mi_c=-Mi_b$, $Mi_a+Mi_b=-Mi_c$ 代入上式，可得

$$\begin{bmatrix}\psi_a\\\psi_b\\\psi_c\end{bmatrix}=\begin{bmatrix}L-M&0&0\\0&L-M&0\\0&0&L-M\end{bmatrix}\begin{bmatrix}i_a\\i_b\\i_c\end{bmatrix}+\psi_f\begin{bmatrix}\cos\theta\\\cos\left(\theta-\dfrac{2\pi}{3}\right)\\\cos\left(\theta+\dfrac{2\pi}{3}\right)\end{bmatrix} \quad (4\text{-}149)$$

进一步化简，可得

$$\begin{bmatrix}\psi_a\\\psi_b\\\psi_c\end{bmatrix}=(L-M)\begin{bmatrix}i_a\\i_b\\i_c\end{bmatrix}+\psi_f\begin{bmatrix}\cos\theta\\\cos\left(\theta-\dfrac{2\pi}{3}\right)\\\cos\left(\theta+\dfrac{2\pi}{3}\right)\end{bmatrix} \quad (4\text{-}150)$$

通过 Clarke 变换，可以得到永磁同步电动机在 α-β 坐标系下的数学模型。电压方程可以表示为

$$\begin{bmatrix}u_\alpha\\u_\beta\end{bmatrix}=\begin{bmatrix}R_s&0\\0&R_s\end{bmatrix}\begin{bmatrix}i_\alpha\\i_\beta\end{bmatrix}+\dfrac{d}{dt}\begin{bmatrix}\psi_\alpha\\\psi_\beta\end{bmatrix} \quad (4\text{-}151)$$

磁链方程可以表示为

$$\begin{bmatrix}\psi_\alpha\\\psi_\beta\end{bmatrix}=\begin{bmatrix}L-M&0\\0&L-M\end{bmatrix}\begin{bmatrix}i_\alpha\\i_\beta\end{bmatrix}+\psi_f C_{3s/2s}\begin{bmatrix}\cos\theta\\\cos\left(\theta-\dfrac{2\pi}{3}\right)\\\cos\left(\theta+\dfrac{2\pi}{3}\right)\end{bmatrix} \quad (4\text{-}152)$$

$$\begin{bmatrix}\psi_\alpha\\\psi_\beta\end{bmatrix}=\begin{bmatrix}L-M&0\\0&L-M\end{bmatrix}\begin{bmatrix}i_\alpha\\i_\beta\end{bmatrix}+\psi_f\sqrt{\dfrac{2}{3}}\begin{bmatrix}1&-\dfrac{1}{2}&-\dfrac{1}{2}\\0&\dfrac{\sqrt{3}}{2}&-\dfrac{\sqrt{3}}{2}\\\dfrac{1}{\sqrt{2}}&\dfrac{1}{\sqrt{2}}&\dfrac{1}{\sqrt{2}}\end{bmatrix}\begin{bmatrix}\cos\theta\\\cos\left(\theta-\dfrac{2\pi}{3}\right)\\\cos\left(\theta+\dfrac{2\pi}{3}\right)\end{bmatrix}$$

$$(4\text{-}153)$$

$$\begin{bmatrix} \psi_\alpha \\ \psi_\beta \end{bmatrix} = \begin{bmatrix} L-M & 0 \\ 0 & L-M \end{bmatrix} \begin{bmatrix} i_\alpha \\ i_\beta \end{bmatrix} + \psi_\mathrm{f} \frac{1}{\sqrt{3}} \begin{bmatrix} \sqrt{2} & -\frac{\sqrt{2}}{2} & -\frac{\sqrt{2}}{2} \\ 0 & \frac{\sqrt{6}}{2} & -\frac{\sqrt{6}}{2} \\ 1 & 1 & 1 \end{bmatrix} \begin{bmatrix} \cos\theta \\ \cos\left(\theta - \frac{2\pi}{3}\right) \\ \cos\left(\theta + \frac{2\pi}{3}\right) \end{bmatrix} \quad (4\text{-}154)$$

$$\begin{bmatrix} \psi_\alpha \\ \psi_\beta \end{bmatrix} = \begin{bmatrix} L-M & 0 \\ 0 & L-M \end{bmatrix} \begin{bmatrix} i_\alpha \\ i_\beta \end{bmatrix} + \psi_\mathrm{f} \frac{1}{\sqrt{3}} \begin{bmatrix} \frac{3}{2}\cos\theta \\ \frac{3}{2}\sin\theta \end{bmatrix} \quad (4\text{-}155)$$

$$\begin{bmatrix} \psi_\alpha \\ \psi_\beta \end{bmatrix} = \begin{bmatrix} L-M & 0 \\ 0 & L-M \end{bmatrix} \begin{bmatrix} i_\alpha \\ i_\beta \end{bmatrix} + \frac{\sqrt{3}}{2}\psi_\mathrm{f} \begin{bmatrix} \cos\theta \\ \sin\theta \end{bmatrix} \quad (4\text{-}156)$$

式（4-152）和式（4-157）为永磁同步电动机在两相静止坐标系下的数学模型。

采用类似的方法可以得出永磁同步电动机在两相旋转坐标系 d-q 下的数学模型：

$$\begin{cases} \psi_\mathrm{d} = L_\mathrm{d} i_\mathrm{d} + \psi_\mathrm{f} \\ \psi_\mathrm{q} = L_\mathrm{q} i_\mathrm{q} \end{cases} \quad (4\text{-}157)$$

$$\begin{cases} u_\mathrm{d} = \dfrac{\mathrm{d}\psi_\mathrm{d}}{\mathrm{d}t} - \omega_\mathrm{r}\psi_\mathrm{q} + R_\mathrm{s} i_\mathrm{d} \\ u_\mathrm{q} = \dfrac{\mathrm{d}\psi_\mathrm{q}}{\mathrm{d}t} + \omega_\mathrm{r}\psi_\mathrm{d} + R_\mathrm{s} i_\mathrm{q} \end{cases} \quad (4\text{-}158)$$

$$T_\mathrm{e} = \frac{3}{2}p_\mathrm{n}[\psi_\mathrm{f} i_\mathrm{q} + (L_\mathrm{d} - L_\mathrm{q}) i_\mathrm{d} i_\mathrm{q}] \quad (4\text{-}159)$$

（2）载波层叠调制算法

如图 4-151 所示，针对新型拓扑采用了载波层叠调制技术，一共使用十路载波。图 4-152 所示为比较得到的 PWM 波形，图 4-153 所示为理论上应输出十一电平电压波形。

U_1、U_2、U_3、U_4、U_5、U_6、U_7、U_8、U_9、U_{10} 为调制波与各载波比较生成的 PWM 信号。混合十一电平独立的驱动波形有六个：高压功率单元 V_1 驱动波形 S_1、高压功率单元 V_3 驱动波形 S_3、高压功率单元 V_4 驱动波形 S_4、高压功率单元双向开关管 V_5 驱动波形 S_5、低压功率单元 V_6 驱动波形 S_6、低压功率单元 V_9 驱动波形 S_9。其中高压功率单元双向开关管 V_5 导通时，高压功率单元 V_3 和 V_4 不能导通，否则会烧毁功率开关管。

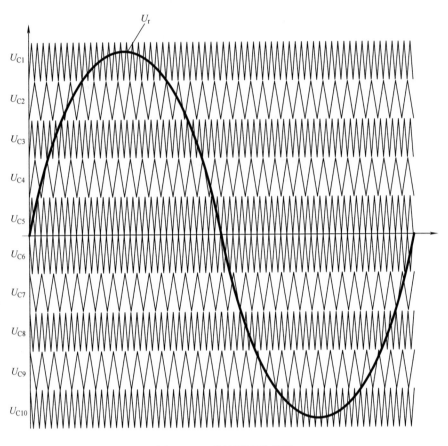

图 4-151 载波层叠示意图

经过对输出十一电平波形进行分析,各驱动波形可由各 PWM 信号经逻辑运算得到:

$$\begin{cases} S_1 = U_4 \\ S_3 = \overline{U_9} \\ S_4 = (U_2 + \overline{U_4})U_7 \\ S_5 = \overline{U_2}U_4 + \overline{U_7}U_9 \\ S_6 = [(U_1 + \overline{U_2})U_3 + \overline{U_4}]U_5 \\ S_9 = (U_{10}\overline{U_9} + U_8)\overline{U_7} + U_6 \end{cases} \quad (4\text{-}160)$$

(3) 矢量控制

在两相静止坐标系 α-β 中,根据矢量投影原理,可得

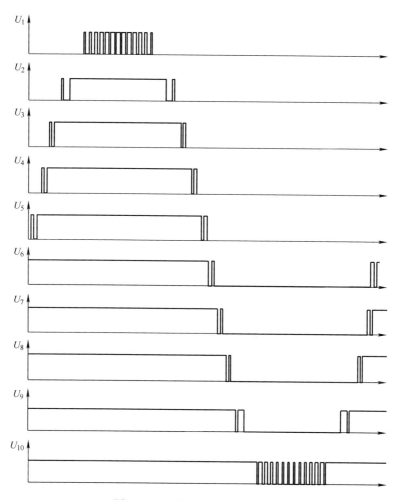

图 4-152 比较得到的 PWM 波形

$$\begin{cases} i_\alpha = i_s \cos(\theta) \\ i_\beta = i_s \cos(90° - \theta) = i_s \sin(\theta) \end{cases} \quad (4-161)$$

由于函数 $\cos(\theta)$ 超前 $\sin(\theta)$ 相位角 90°，即 $\cos(\theta) = \sin(\theta + 90°)$，因此 i_α 和 i_β 是同频、等幅值的正弦量，且 i_α 超前 i_β 相位角 90°。

由于 α 轴和 β 轴正交，因此通用矢量在坐标轴上的投影相互独立，互不相关。这种情况下，可以通过投影的方法获得两个独立的分矢量。反过来，这两个分矢量通过矢量合成的方法可以获得矢量和。

同理，在三相静止坐标系 ABC 中，考虑电流正序情况：

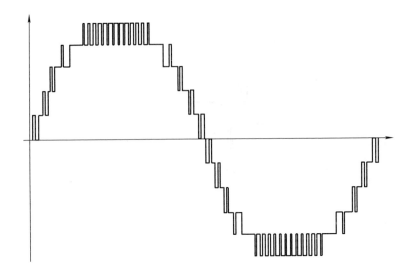

图 4-153 理论输出十一电平电压波形

$$\begin{cases} i_a = i_s \cos(\theta) \\ i_b = i_s \cos(120° - \theta) = i_s \cos(\theta - 120°) \\ i_c = i_s \cos(120° + \theta) = i_s \cos(\theta + 120°) \end{cases} \quad (4\text{-}162)$$

将式 (4-162) 式展开，可得

$$\begin{cases} i_a = i_s \cos(\theta) \\ i_b = i_s \cos(\theta - 120°) = i_s \left[-\dfrac{1}{2}\cos(\theta) + \dfrac{\sqrt{3}}{2}\sin(\theta) \right] \\ i_c = i_s \cos(\theta + 120°) = i_s \left[-\dfrac{1}{2}\cos(\theta) - \dfrac{\sqrt{3}}{2}\sin(\theta) \right] \end{cases} \quad (4\text{-}163)$$

将式 (4-161) 代入式 (4-163)，可得

$$\begin{cases} i_a = i_s \cos(\theta) = i_\alpha \\ i_b = i_s \left[-\dfrac{1}{2}\cos(\theta) + \dfrac{\sqrt{3}}{2}\sin(\theta) \right] = -\dfrac{1}{2} i_\alpha + \dfrac{\sqrt{3}}{2} i_\beta \\ i_c = i_s \left[-\dfrac{1}{2}\cos(\theta) - \dfrac{\sqrt{3}}{2}\sin(\theta) \right] = -\dfrac{1}{2} i_\alpha - \dfrac{\sqrt{3}}{2} i_\beta \end{cases} \quad (4\text{-}164)$$

将式 (4-164) 写成矩阵形式，可得

$$\begin{bmatrix} i_a \\ i_b \\ i_c \end{bmatrix} = \begin{bmatrix} 1 & 0 \\ -\dfrac{1}{2} & \dfrac{\sqrt{3}}{2} \\ -\dfrac{1}{2} & -\dfrac{\sqrt{3}}{2} \end{bmatrix} \begin{bmatrix} i_\alpha \\ i_\beta \end{bmatrix} \quad (4\text{-}165)$$

这就是从两相静止坐标系到三相静止坐标系的变换矩阵。这里可以看到变换矩阵不是方阵，当然也不可逆，所以无法直接通过求该变换矩阵的逆矩阵的方式获得反变换矩阵。

反变换矩阵的求解可以采用直接做法：

$$\begin{cases} i_\alpha = i_a + i_b \cos 120° + i_c \cos 120° = i_a - \frac{1}{2}i_b - \frac{1}{2}i_c \\ i_\beta = i_b \cos 30° + i_c \cos 150° = \frac{\sqrt{3}}{2}i_b - \frac{\sqrt{3}}{2}i_c \end{cases} \quad (4-166)$$

写成矩阵形式即为式（4-167）：

$$\begin{bmatrix} i_\alpha \\ i_\beta \end{bmatrix} = \begin{bmatrix} 1 & -\frac{1}{2} & -\frac{1}{2} \\ 0 & \frac{\sqrt{3}}{2} & -\frac{\sqrt{3}}{2} \end{bmatrix} \begin{bmatrix} i_a \\ i_b \\ i_c \end{bmatrix} \quad (4-167)$$

引入一个独立于 i_α 和 i_β 的新变量 i_0，将其称之为零轴电流。其中，所述零轴是同时垂直于 α 轴和 β 轴的轴线，故形成了 α-β-0 轴坐标系。这里定义零轴电流大小为 $i_0 = Ki_a + Ki_b + Ki_c = K(i_a + i_b + i_c)$，式中，$K$ 为待定系数，可通过约束条件求出。

$$\begin{bmatrix} i_\alpha \\ i_\beta \\ i_0 \end{bmatrix} = K \begin{bmatrix} 1 & -\frac{1}{2} & -\frac{1}{2} \\ 0 & \frac{\sqrt{3}}{2} & -\frac{\sqrt{3}}{2} \\ 1 & 1 & 1 \end{bmatrix} \begin{bmatrix} i_a \\ i_b \\ i_c \end{bmatrix} \quad (4-168)$$

所以，式（4-168）可改写成式（4-169）。

$$\begin{bmatrix} i_\alpha \\ i_\beta \\ i_0 \end{bmatrix} = \begin{bmatrix} 1 & -\frac{1}{2} & -\frac{1}{2} \\ 0 & \frac{\sqrt{3}}{2} & -\frac{\sqrt{3}}{2} \\ K & K & K \end{bmatrix} \begin{bmatrix} i_a \\ i_b \\ i_c \end{bmatrix} \quad (4-169)$$

同理：

$$\begin{cases} i_a = i_\alpha \\ i_b = i_\alpha \cos 120° + i_\beta \cos 30° = -\frac{1}{2}i_\alpha + \frac{\sqrt{3}}{2}i_\beta \\ i_c = i_\alpha \cos 120° + i_\beta \cos 150° = -\frac{1}{2}i_\alpha - \frac{\sqrt{3}}{2}i_\beta \end{cases} \quad (4-170)$$

写成矩阵形式：

$$\begin{bmatrix} i_a \\ i_b \\ i_c \end{bmatrix} = \begin{bmatrix} 1 & 0 \\ -\frac{1}{2} & \frac{\sqrt{3}}{2} \\ -\frac{1}{2} & -\frac{\sqrt{3}}{2} \end{bmatrix} \begin{bmatrix} i_\alpha \\ i_\beta \end{bmatrix} \tag{4-171}$$

在两相静止坐标系 α-β-0 中：

$$\begin{cases} i_\alpha = i_s \cos(\phi_s + \theta_s) \\ i_\beta = i_s \cos[90° - (\phi_s + \theta_s)] = i_s \sin(\phi_s + \theta_s) \end{cases} \tag{4-172}$$

在 d-q-0 坐标系中：

$$\begin{cases} i_d = i_s \cos(\theta_s) \\ i_q = i_s \cos(90° - \theta_s) = i_s \sin(\theta_s) \end{cases} \tag{4-173}$$

将式 (4-172) 展开，得

$$\begin{cases} i_\alpha = i_s \cos(\phi_s + \theta_s) = i_s [\cos(\phi_s)\cos(\theta_s) - \sin(\phi_s)\sin(\theta_s)] \\ i_\beta = i_s \sin(\phi_s + \theta_s) = i_s [\sin(\phi_s)\cos(\theta_s) + \cos(\phi_s)\sin(\theta_s)] \end{cases} \tag{4-174}$$

将式 (4-173) 代入式 (4-174)，得

$$\begin{cases} i_\alpha = i_s [\cos(\phi_s)\cos(\theta_s) - \sin(\phi_s)\sin(\theta_s)] = i_d \cos(\phi_s) - i_q \sin(\phi_s) \\ i_\beta = i_s [\sin(\phi_s)\cos(\theta_s) + \cos(\phi_s)\sin(\theta_s)] = i_d \sin(\phi_s) + i_q \cos(\phi_s) \end{cases}$$

$$\tag{4-175}$$

将式 (4-175) 改写成矩阵的形式：

$$\begin{bmatrix} i_\alpha \\ i_\beta \end{bmatrix} = \begin{bmatrix} \cos(\phi_s) & -\sin(\phi_s) \\ \sin(\phi_s) & \cos(\phi_s) \end{bmatrix} \begin{bmatrix} i_d \\ i_q \end{bmatrix} \tag{4-176}$$

这样就得到了一组从两相旋转坐标系 d-q-0 到两相静止坐标系 α-β-0 的变换矩阵。这里将变换矩阵记作 C，求解与之相对应的反变换，实际上就是求解矩阵 C 的逆矩阵的过程。容易证明，C 是一个正交矩阵，因此有 $C^{-1} = C^T$，所以从两相静止坐标系 α-β-0 到两相旋转坐标系 d-q-0 的变换为

$$\begin{bmatrix} i_d \\ i_q \end{bmatrix} = \begin{bmatrix} \cos(\phi_s) & \sin(\phi_s) \\ -\sin(\phi_s) & \cos(\phi_s) \end{bmatrix} \begin{bmatrix} i_\alpha \\ i_\beta \end{bmatrix} \tag{4-177}$$

3. 系统设计

采用软硬件结合的方法，首先由信号检测电路将永磁同步电动机的转子位置和三相定子电流的检测值送到 DSP 和 FPGA 进行联合计算，得到一组 PWM 波，经过驱动电路的隔离驱动、放大后，驱动 IGBT 使电动机运行，系统控制框图如图 4-154 所示。

(1) 电流检测电路

采用高速的闭环霍尔电流变送器 CHB-25NP 对电机定子电流进行实时监

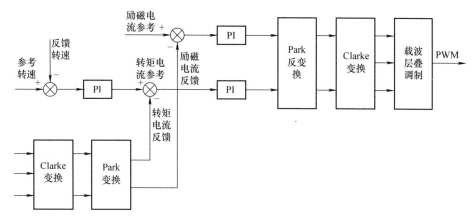

图 4-154 系统控制框图

测,如图 4-155 所示,以 A 相电流采样为例,霍尔传感器一次电流由电阻 R_M 采样得到 U_M,经过隔离、偏置、低通滤波和嵌位处理后输入到 DSP 的 A/D 转换口进行处理。

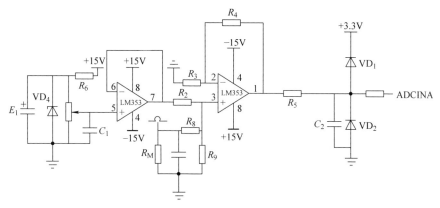

图 4-155 电流检测电路

(2) 驱动电路

如图 4-156 所示,采用 2SD315A 驱动模块,设有短路和过电流保护功能。该模块可直接驱动 1200V/1700V 的 IGBT,2SD315A 设置为直接工作模式,这样可在 INA 和 INB 两个引脚中输入 2 个控制信号,并能同时驱动 2 个功率管。

(3) 控制电路

系统的控制单元由 DSP 和 FPGA 共同完成,DSP 选择 TI 公司的 TMS320F28335 作为主控制器,与以往的 DSP 相比,该器件的精度高,成本低,功耗小,性能高,外设集成度高,数据以及程序存储量大,A/D 转换更精确快速等。FPGA 选用 ALTER 的 EP3C10E144C8FPGA 作为辅控制器。

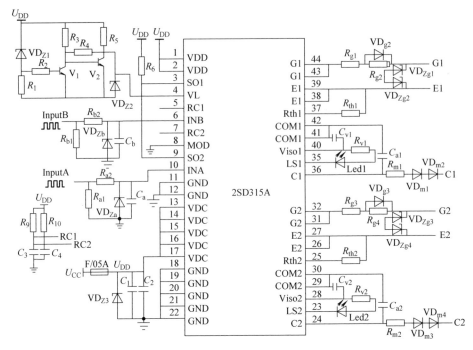

图 4-156 驱动电路

为了验证其可行性和控制效果,进行了 MATLAB/Simulink 仿真。图 4-157 所示为永磁同步电动机三相定子电流,各相电流具有相同的频率和幅值。图 4-158 所示为变频器输出的相电压波形,相电压波形具有十一电平,所含谐波量更少,控制效果更好。

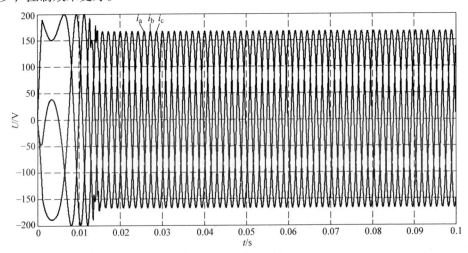

图 4-157 永磁同步电机三相定子电流

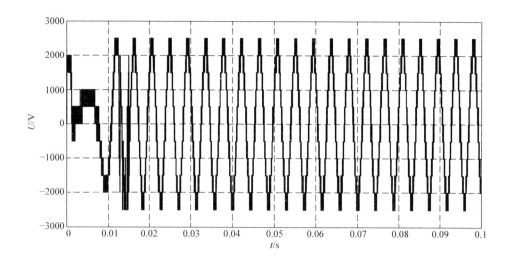

图 4-158　变频器输出十一电平相电压

如图 4-159 所示是定子转矩电流波形,定子转矩电流在 0.015s 之后就能稳定,稳定在 166.67A,上下波动不超过 0.15A。图 4-160 所示定子励磁电流波形,定子励磁电流在 0.015s 之后就能稳定,稳定在 0A,上下不超过 0.8A。

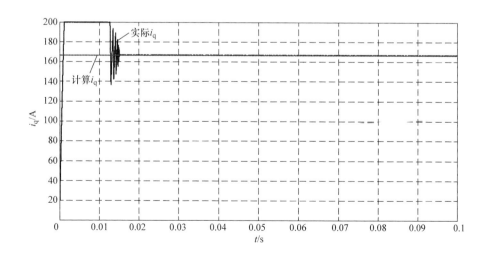

图 4-159　定子实际转矩电流和计算转矩电流

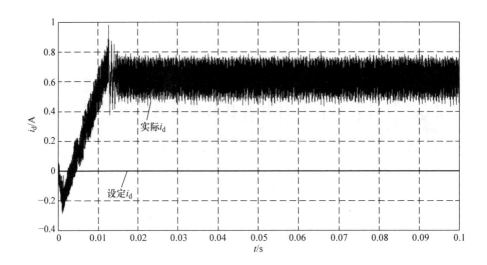

图 4-160　定子励磁电流

图 4-161 所示为电动机转速,在 0.015s 之后就能稳定,稳定在 3500r/min,上下不超过 17r/min。图 4-162 所示为电动机输出转矩,在 0.015s 之后就能稳定,稳定在 200N·m,上下不超过 0.2N·m。

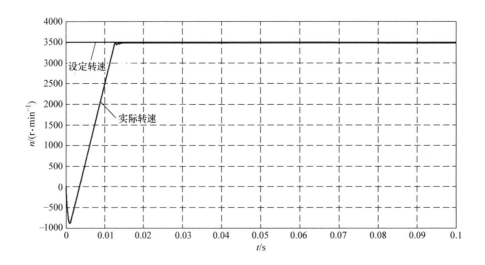

图 4-161　电动机实际转速和给定转速

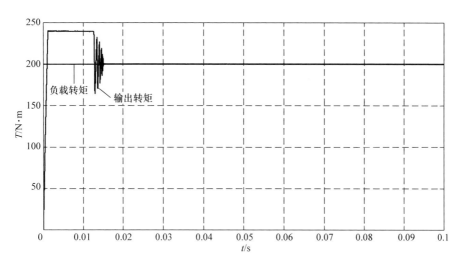

图 4-162　电动机输出转矩和负载转矩

4.7　多相永磁电动机控制系统

近年来，随着电气传动技术的高速发展，在多数电动机控制系统中采用逆变器供电，这使得电动机的相数限制不再成为局限性。多相永磁同步电动机是指电动机的定子绕组的相数大于3，按照转子结构方式分类，多相永磁同步电动机分为凸极式和隐极式永磁同步电动机；按照驱动方式分类，可分为正弦波电流驱动的永磁同步电动机和方波电流驱动的直流无刷电动机。

结合电动汽车驱动系统的技术要求和运行工况，有容错能力的高可靠性电动机是电动汽车发展的重要方向，而传统的三相同步电动机的容错能力较差，不适合应用在对可靠性要求较高的场合。相对于三相永磁同步电动机，多相容错同步电动机具有以下优点：

1）可实现低电压大功率驱动。

2）电动机的相数增加使谐波含量降低、转矩脉动减少，进而降低电动机运行时产生的噪声。

3）具有较高的容错能力，当系统中的某一相或某几相出现故障时，系统可继续运行。

4）在输入相同电流幅值的情况下，可以通过向电动机注入谐波电流来提高电动机的转矩性能，可进一步提高直流母线电压的利用率。

电动机驱动系统在军事、工业等领域应用的不断拓展，对于电动汽车等一些可靠性要求较高的场合，稳定可靠的电动机驱动系统尤为重要。通过容错控制来达到系统要求，提高系统可靠性，减少或避免因故障造成的损失成为了保证系统可靠性的关键。因此，容错永磁电动机和高可靠性的容错控制方法受到了广泛的关注。

由于电动机的开路或短路故障均可转变为电动机缺相时的运行状态，所以对容错技术的研究主要针对电动机在发生缺相的运行状态下。当十二相永磁同步电动机发生缺相故障时，可以通过控制剩余电流的幅值和相位，使电动机继续稳定运行。

本书提供了一种基于定子铜耗最小方式的十二相永磁同步电动机容错控制方法，能够使十二相永磁同步电动机在电动机开路故障的情况下，保持系统解耦变换阵不变，通过基于定子铜耗最小方式的十二相永磁同步电动机容错控制方法，改变谐波子平面参考电流，保证故障前后输出转矩相等且降低转矩脉动、实现驱动系统的高可靠性和容错性，使电动机带故障运行。

4.7.1 十二相 PMSM 的基本数学模型

本书提及的十二相 PMSM 的定子由 4 套 Y 型连接的三相对称绕组组成（$A_1B_1C_1$ 为第一套绕组，$A_2B_2C_2$ 为第二套绕组，$A_3B_3C_3$ 为第三套绕组，$A_4B_4C_4$ 为第四套绕组），且 4 套绕组在空间上相差 15°电角度。图 4-163 所示为四 Y 移 15°的十二相永磁同步电动机的绕组结构图。

为了便于分析现做出如下假设：

1）定子绕组产生的电枢反应磁场和转子永磁体产生的励磁磁场在气隙中为正弦分布。

2）忽略电动机铁心的磁饱和，不计涡流、磁滞损耗和定子绕组间的互漏感。

3）转子上没有阻尼绕组。

4）永磁材料的电导率为零，永磁内部的磁导率与空气相同，且产生的转子磁链恒定。

5）电压、电流、磁链等变量的方向均按照电动机惯例选取，且符合右手螺旋定则。

与三相电动机一样，多相电动机在自然坐标系下的数学模型中，相变量（电流、电压）之间存在强烈的耦合，无法直接进行有效控制。因此，多相电动机同样需要解耦变换。矢量空间解耦建模方法（Vector Space Decomposition，VSD），该方法将 n 相电动机看作一个整体，将电动机中的各个变量分成参与机电能量转换的 α-β 平面中以及与机电能量转换无关的其他平面中，此方法更具有一般性。给出了 n 相对称多相电动机的 Clark 变换矩阵：

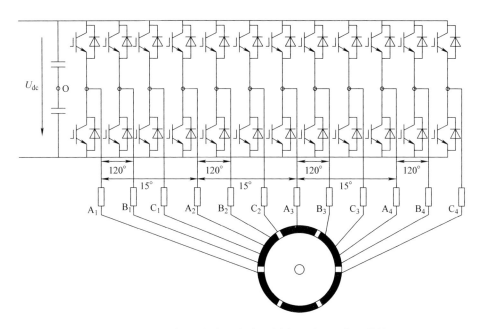

图 4-163 四 Y 移 15°的十二相永磁同步电动机的绕组结构图

$$T=\sqrt{\frac{2}{n}}\begin{bmatrix} 1 & \cos\gamma & \cos2\gamma & \cdots & \cos(n-1)\gamma \\ 0 & \sin\gamma & \sin2\gamma & \cdots & \sin(n-1)\gamma \\ 1 & \cos2\gamma & \cos(2\cdot2\gamma) & \cdots & \cos((n-1)\cdot2\gamma) \\ 0 & \sin2\gamma & \sin(2\cdot2\gamma) & \cdots & \sin((n-1)\cdot2\gamma) \\ \vdots & \vdots & \vdots & \vdots & \vdots \\ 1 & \cos m\gamma & \cos(2\cdot m\gamma) & \cdots & \cos((n-1)\cdot m\gamma) \\ 0 & \sin m\gamma & \sin(2\cdot m\gamma) & \cdots & \sin((n-1)\cdot m\gamma) \\ \frac{1}{\sqrt{2}} & \frac{1}{\sqrt{2}} & \frac{1}{\sqrt{2}} & \cdots & \frac{1}{\sqrt{2}} \\ \frac{1}{\sqrt{2}} & \frac{1}{\sqrt{2}} & \frac{1}{\sqrt{2}} & \cdots & \frac{1}{\sqrt{2}} \end{bmatrix} \begin{matrix} \to\alpha \\ \to\beta \\ \to x_1 \\ \to y_1 \\ \\ \to x_{m-1} \\ \to y_{m-1} \\ \to o_1 \\ \to o_2 \end{matrix}$$

(4-178)

其中，$\gamma=2\pi/n$，为每两套绕组之间相差的电角度；m 的取值与电动机的相数有关，当 n 为偶数时，$m=(n-1)/2$，当 n 为奇数时，$m=(n-1)/2$。当定、转子磁势正弦分布时，前两行向量对应的是 α-β 子空间，其对应的是基波磁链和转矩分量，这些分量与三相电动机相同且参与电动机的机电能量转换；中间行向量中的 $(m-1)$ 对 x-y 分量对应着 $(m-1)$ 个 x-y 子空间，其对应的是谐波分量，虽然该子空间并不参与机电能量转换，但会影响电动机的定子损耗大小；最后两行对应的是零序分量，当电动机的中性点隔离时，可以忽略零序分量的影响。另外，式（4-178）中的系数 $(2/n)^{0.5}$ 是以功率不变作为约束条件得到的，当以幅值不变为约束条件时，只需将式（4-178）中的系数修改为 $2/n$ 即可。

特别的，当 n 相电动机由 k 个相互独立的绕组结构构成，且 k 个绕组中每两个绕组之间的中性点相互隔离时，采用 VSD 变换矩阵后，由于零序分量在每两个绕组之间不能相互作用，所以 n 相电机的变量个数由最初的 n 个减少为 $(n-k)$ 个。

十二相电机的四套绕组采用隔离中性点星型连接方式，其具体连接方式如图 4-164 所示。

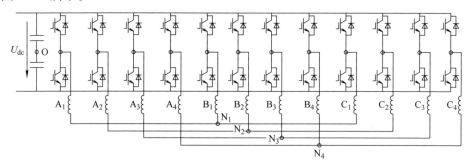

图 4-164　十二相电动机定子绕组隔离中性点星型连接方式图

采取隔离中性点星型连接方式，则电流满足

$$\begin{cases} i_{A_1} + i_{B_1} + i_{C_1} = 0 \\ i_{A_2} + i_{B_2} + i_{C_2} = 0 \\ i_{A_3} + i_{B_3} + i_{C_3} = 0 \\ i_{A_4} + i_{B_4} + i_{C_4} = 0 \end{cases} \tag{4-179}$$

（1）磁链方程

$$\boldsymbol{\Psi}_{12s} = \boldsymbol{L}_{12s}\boldsymbol{i}_{12s} + \psi_{f}\boldsymbol{F}_{12s}(\theta) \tag{4-180}$$

式中　$\boldsymbol{\Psi}_{12s}$——十二相绕组的磁链矩阵，$\boldsymbol{\Psi}_{12s} = [\psi_{A_1}\ \ \psi_{A_2}\ \ \psi_{A_3}\ \ \psi_{A_4}\ \ \psi_{B_1}\ \ \psi_{B_2}\ \ \psi_{B_3}\ \ \psi_{B_4}\ \ \psi_{C_1}\ \ \psi_{C_2}\ \ \psi_{C_3}\ \ \psi_{C_4}]^T$；

$\boldsymbol{L}_{12s}$——十二相定子电感矩阵，包括定子各相绕组自感和相绕组间的互感，其中自感分为励磁电感和漏电感；

$\boldsymbol{i}_{12s}$——十二相定子相电流矩阵，$\boldsymbol{i}_{12s} = [i_{A_1}\ \ i_{A_2}\ \ i_{A_3}\ \ i_{A_4}\ \ i_{B_1}\ \ i_{B_2}\ \ i_{B_3}\ \ i_{B_4}\ \ i_{C_1}\ \ i_{C_2}\ \ i_{C_3}\ \ i_{C_4}]^T$；

θ——励磁磁链 ψ_f 和定子 A_1 相坐标轴的夹角。

$$L_{12s} = L_\sigma I_{12\times 12} + \begin{bmatrix} 1 & \cos\left(\frac{\pi}{12}\right) & \cos\left(\frac{\pi}{6}\right) & \cdots & \cos\left(\frac{3\pi}{12}\right) & \cos\left(\frac{19\pi}{12}\right) \\ \cos\left(\frac{\pi}{12}\right) & 1 & \cos\left(\frac{\pi}{12}\right) & \cdots & \cos\left(\frac{17\pi}{12}\right) & \cos\left(\frac{3\pi}{2}\right) \\ \cos\left(\frac{\pi}{6}\right) & \cos\left(\frac{\pi}{12}\right) & 1 & \cdots & \cos\left(\frac{4\pi}{3}\right) & \cos\left(\frac{17\pi}{12}\right) \\ \vdots & \vdots & \vdots & \ddots & \vdots & \vdots \\ \cos\left(\frac{3\pi}{2}\right) & \cos\left(\frac{17\pi}{12}\right) & \cos\left(\frac{4\pi}{3}\right) & \cdots & 1 & \cos\left(\frac{\pi}{12}\right) \\ \cos\left(\frac{19\pi}{12}\right) & \cos\left(\frac{3\pi}{2}\right) & \cos\left(\frac{17\pi}{12}\right) & \cdots & \cos\left(\frac{\pi}{12}\right) & 1 \end{bmatrix}$$

式中 L_m——各相的自感；

L_σ——定子漏感。

$$\begin{aligned}F_{12s}(\theta) = [&\cos\theta \quad \cos(\theta-15°) \quad \cos(\theta-30°) \quad \cos(\theta-45°) \\ &\cos(\theta-120°) \quad \cos(\theta-135°) \quad \cos(\theta-150°) \quad \cos(\theta-165°) \\ &\cos(\theta-240°) \quad \cos(\theta-255°) \quad \cos(\theta-270°) \quad \cos(\theta-285°)]^T\end{aligned}$$

（2）电压方程

$$u_{12s} = R_{12s}i_{12s} + \frac{d\psi_{12s}}{dt} \tag{4-181}$$

式中 u_{12s}——定子相电压矩阵，$u_{12s} = [u_{A_1} \quad u_{A_2} \quad u_{A_3} \quad u_{A_4} \quad u_{B_1} \quad u_{B_2} \quad u_{B_3}$
$u_{B_4} \quad u_{C_1} \quad u_{C_2} \quad u_{C_3} \quad u_{C_4}]^T$；

R_{12s}——定子电阻矩阵，$R_{12s} = diag[R \quad R \quad R \quad R \quad R \quad R \quad R \quad R \quad R$
$R \quad R]$，R 为定子每相的电阻。

（3）电磁转矩方程

从机电能量转换的角度出发，在忽略了铁心饱和的情况下，磁路曲线 $\psi - i$ 是线性变化的，即磁能和磁共能相等

$$W_m = W'_m = \frac{1}{2}i_{12s}^T \cdot \psi_{12s} \tag{4-182}$$

由机电能量转换关系可知电磁转矩等于磁共能对机械角度的偏导数，而电角度等于机械角度和电动机极对数的乘积，即可得到十二相电动机的电磁转矩为

$$T_e = \frac{1}{2}n_p \frac{\partial}{\partial \theta_m}(i_{12s}^T \cdot \psi_{12s}) \tag{4-183}$$

式中 n_p——电动机的极对数；

θ——电动机的电角度。

（4）运动方程

$$T_e - T_L - B\omega_m = J\frac{d\omega_m}{dt}$$

(4-184)

式中　T_L——负载转矩；
　　　B——阻尼系数；
　　　ω_m——机械角频率；
　　　J——转动惯量。

4.7.2 十二相电动机的解耦变换矩阵

1. 十二相静止坐标系与两相静止坐标系之间的转化

令 α 轴的方向和 A_1 轴的方向相同，β 轴沿着 α 轴逆时针旋转 90°，如图 4-165 所示。

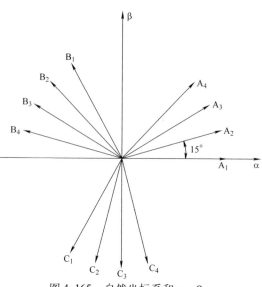

图 4-165　自然坐标系和 α-β 坐标系之间转换图

$$T_{\alpha\beta} = \sqrt{\frac{1}{6}}\begin{bmatrix} 0 & -\frac{1}{2} & -\frac{1}{2} & \frac{\sqrt{6}+\sqrt{2}}{4} & -\frac{\sqrt{2}}{2} & -\frac{\sqrt{6}-\sqrt{2}}{4} & \frac{\sqrt{3}}{2} & -\frac{\sqrt{3}}{2} & 0 & \frac{\sqrt{2}}{2} & -\frac{\sqrt{6}+\sqrt{2}}{4} & \frac{\sqrt{6}-\sqrt{2}}{4} \\ 0 & \frac{\sqrt{3}}{2} & -\frac{\sqrt{3}}{2} & \frac{\sqrt{6}-\sqrt{2}}{4} & \frac{\sqrt{2}}{2} & -\frac{\sqrt{6}+\sqrt{2}}{4} & \frac{1}{2} & \frac{1}{2} & -1 & \frac{\sqrt{2}}{2} & \frac{\sqrt{6}-\sqrt{2}}{4} & -\frac{\sqrt{6}+\sqrt{2}}{4} \\ 1 & 1 & 1 & \frac{\sqrt{2}}{2} & \frac{\sqrt{2}}{2} & \frac{\sqrt{2}}{2} & 0 & 0 & 0 & -\frac{\sqrt{2}}{2} & -\frac{\sqrt{2}}{2} & -\frac{\sqrt{2}}{2} \\ 0 & 0 & 0 & \frac{\sqrt{2}}{2} & \frac{\sqrt{2}}{2} & \frac{\sqrt{2}}{2} & 1 & 1 & 1 & \frac{\sqrt{2}}{2} & \frac{\sqrt{2}}{2} & \frac{\sqrt{2}}{2} \\ 1 & -\frac{1}{2} & -\frac{1}{2} & \frac{\sqrt{6}-\sqrt{2}}{4} & \frac{\sqrt{2}}{2} & -\frac{\sqrt{6}+\sqrt{2}}{4} & -\frac{\sqrt{3}}{2} & \frac{\sqrt{3}}{2} & 0 & -\frac{\sqrt{2}}{2} & -\frac{\sqrt{6}-\sqrt{2}}{4} & \frac{\sqrt{6}+\sqrt{2}}{4} \\ 0 & -\frac{\sqrt{3}}{2} & \frac{\sqrt{3}}{2} & \frac{\sqrt{6}+\sqrt{2}}{4} & -\frac{\sqrt{2}}{2} & -\frac{\sqrt{6}-\sqrt{2}}{4} & \frac{1}{2} & \frac{1}{2} & -1 & \frac{\sqrt{2}}{2} & \frac{\sqrt{6}+\sqrt{2}}{4} & \frac{\sqrt{6}-\sqrt{2}}{4} \\ 1 & -\frac{1}{2} & -\frac{1}{2} & -\frac{\sqrt{6}-\sqrt{2}}{4} & \frac{\sqrt{2}}{2} & \frac{\sqrt{6}+\sqrt{2}}{4} & -\frac{\sqrt{3}}{2} & \frac{\sqrt{3}}{2} & 0 & -\frac{\sqrt{2}}{2} & \frac{\sqrt{6}-\sqrt{2}}{4} & \frac{\sqrt{6}+\sqrt{2}}{4} \\ 0 & \frac{\sqrt{3}}{2} & -\frac{\sqrt{3}}{2} & \frac{\sqrt{6}+\sqrt{2}}{4} & -\frac{\sqrt{2}}{2} & -\frac{\sqrt{6}-\sqrt{2}}{4} & -\frac{1}{2} & -\frac{1}{2} & 1 & \frac{\sqrt{2}}{2} & \frac{\sqrt{6}+\sqrt{2}}{4} & \frac{\sqrt{6}-\sqrt{2}}{4} \\ 1 & 1 & 1 & -\frac{\sqrt{2}}{2} & -\frac{\sqrt{2}}{2} & -\frac{\sqrt{2}}{2} & 0 & 0 & 0 & \frac{\sqrt{2}}{2} & \frac{\sqrt{2}}{2} & \frac{\sqrt{2}}{2} \\ 0 & 0 & 0 & \frac{\sqrt{2}}{2} & \frac{\sqrt{2}}{2} & \frac{\sqrt{2}}{2} & -1 & -1 & -1 & \frac{\sqrt{2}}{2} & \frac{\sqrt{2}}{2} & \frac{\sqrt{2}}{2} \\ 1 & -\frac{1}{2} & -\frac{1}{2} & -\frac{\sqrt{6}+\sqrt{2}}{4} & \frac{\sqrt{2}}{2} & \frac{\sqrt{6}-\sqrt{2}}{4} & \frac{\sqrt{3}}{2} & -\frac{\sqrt{3}}{2} & 0 & -\frac{\sqrt{2}}{2} & \frac{\sqrt{6}+\sqrt{2}}{4} & -\frac{\sqrt{6}-\sqrt{2}}{4} \\ 0 & -\frac{\sqrt{3}}{2} & \frac{\sqrt{3}}{2} & \frac{\sqrt{6}-\sqrt{2}}{4} & \frac{\sqrt{2}}{2} & -\frac{\sqrt{6}+\sqrt{2}}{4} & -\frac{1}{2} & -\frac{1}{2} & 1 & \frac{\sqrt{2}}{2} & -\frac{\sqrt{6}-\sqrt{2}}{4} & -\frac{\sqrt{6}+\sqrt{2}}{4} \end{bmatrix}$$

(4-185)

可以分为6个空间，分别为 α-β 基波子空间，3次谐波子空间 $z_{x_1}-z_{y_1}$，5次谐波子空间 $z_{x_2}-z_{y_2}$，7次谐波子空间 $z_{x_3}-z_{y_3}$，9次谐波子空间 o_1-o_2，11次谐波子空间 o_3-o_4。其中3次谐波和9次谐波对应的行向量为零序分量，因此将其放到最后四行，最后得到调整后的静止坐标变换矩阵为

$$T_{\alpha\beta}=\sqrt{\frac{1}{6}}\begin{bmatrix} 1 & -\frac{1}{2} & -\frac{1}{2} & \frac{\sqrt{6}+\sqrt{2}}{4} & -\frac{\sqrt{2}}{2} & -\frac{\sqrt{6}-\sqrt{2}}{4} & \frac{\sqrt{3}}{2} & -\frac{\sqrt{3}}{2} & 0 & \frac{\sqrt{2}}{2} & -\frac{\sqrt{6}+\sqrt{2}}{4} & \frac{\sqrt{6}-\sqrt{2}}{4} \\ 0 & \frac{\sqrt{3}}{2} & -\frac{\sqrt{3}}{2} & \frac{\sqrt{6}-\sqrt{2}}{4} & \frac{\sqrt{2}}{2} & -\frac{\sqrt{6}+\sqrt{2}}{4} & \frac{1}{2} & \frac{1}{2} & -1 & \frac{\sqrt{2}}{2} & \frac{\sqrt{6}-\sqrt{2}}{4} & -\frac{\sqrt{6}+\sqrt{2}}{4} \\ 1 & -\frac{1}{2} & -\frac{1}{2} & \frac{\sqrt{6}-\sqrt{2}}{4} & \frac{\sqrt{2}}{2} & -\frac{\sqrt{6}+\sqrt{2}}{4} & -\frac{\sqrt{3}}{2} & \frac{\sqrt{3}}{2} & 0 & -\frac{\sqrt{2}}{2} & -\frac{\sqrt{6}-\sqrt{2}}{4} & \frac{\sqrt{6}+\sqrt{2}}{4} \\ 0 & -\frac{\sqrt{3}}{2} & \frac{\sqrt{3}}{2} & \frac{\sqrt{6}+\sqrt{2}}{4} & -\frac{\sqrt{2}}{2} & -\frac{\sqrt{6}-\sqrt{2}}{4} & \frac{1}{2} & \frac{1}{2} & -1 & -\frac{\sqrt{2}}{2} & \frac{\sqrt{6}+\sqrt{2}}{4} & -\frac{\sqrt{6}-\sqrt{2}}{4} \\ 1 & -\frac{1}{2} & -\frac{1}{2} & -\frac{\sqrt{6}-\sqrt{2}}{4} & -\frac{\sqrt{2}}{2} & \frac{\sqrt{6}+\sqrt{2}}{4} & -\frac{\sqrt{3}}{2} & \frac{\sqrt{3}}{2} & 0 & \frac{\sqrt{2}}{2} & \frac{\sqrt{6}-\sqrt{2}}{4} & -\frac{\sqrt{6}+\sqrt{2}}{4} \\ 0 & \frac{\sqrt{3}}{2} & -\frac{\sqrt{3}}{2} & \frac{\sqrt{6}+\sqrt{2}}{4} & -\frac{\sqrt{2}}{2} & -\frac{\sqrt{6}-\sqrt{2}}{4} & -\frac{1}{2} & -\frac{1}{2} & 1 & -\frac{\sqrt{2}}{2} & \frac{\sqrt{6}+\sqrt{2}}{4} & -\frac{\sqrt{6}-\sqrt{2}}{4} \\ 1 & -\frac{1}{2} & -\frac{1}{2} & -\frac{\sqrt{6}+\sqrt{2}}{4} & \frac{\sqrt{2}}{2} & \frac{\sqrt{6}-\sqrt{2}}{4} & \frac{\sqrt{3}}{2} & -\frac{\sqrt{3}}{2} & 0 & -\frac{\sqrt{2}}{2} & \frac{\sqrt{6}+\sqrt{2}}{4} & -\frac{\sqrt{6}-\sqrt{2}}{4} \\ 0 & -\frac{\sqrt{3}}{2} & \frac{\sqrt{3}}{2} & \frac{\sqrt{6}-\sqrt{2}}{4} & \frac{\sqrt{2}}{2} & -\frac{\sqrt{6}+\sqrt{2}}{4} & -\frac{1}{2} & -\frac{1}{2} & 1 & \frac{\sqrt{2}}{2} & -\frac{\sqrt{6}-\sqrt{2}}{4} & \frac{\sqrt{6}+\sqrt{2}}{4} \\ 1 & 1 & 1 & \frac{\sqrt{2}}{2} & \frac{\sqrt{2}}{2} & \frac{\sqrt{2}}{2} & 0 & 0 & 0 & -\frac{\sqrt{2}}{2} & -\frac{\sqrt{2}}{2} & -\frac{\sqrt{2}}{2} \\ 0 & 0 & 0 & \frac{\sqrt{2}}{2} & \frac{\sqrt{2}}{2} & \frac{\sqrt{2}}{2} & 1 & 1 & 1 & \frac{\sqrt{2}}{2} & \frac{\sqrt{2}}{2} & \frac{\sqrt{2}}{2} \\ 1 & 1 & 1 & -\frac{\sqrt{2}}{2} & -\frac{\sqrt{2}}{2} & -\frac{\sqrt{2}}{2} & 0 & 0 & 0 & \frac{\sqrt{2}}{2} & \frac{\sqrt{2}}{2} & \frac{\sqrt{2}}{2} \\ 0 & 0 & 0 & \frac{\sqrt{2}}{2} & \frac{\sqrt{2}}{2} & \frac{\sqrt{2}}{2} & -1 & -1 & -1 & \frac{\sqrt{2}}{2} & \frac{\sqrt{2}}{2} & \frac{\sqrt{2}}{2} \end{bmatrix} \begin{matrix} \to\alpha \\ \to\beta \\ \to x_1 \\ \to y_1 \\ \to x_2 \\ \to y_2 \\ \to x_3 \\ \to y_3 \\ \to o_1 \\ \to o_2 \\ \to o_3 \\ \to o_4 \end{matrix}$$

(4-186)

$$\boldsymbol{i}_k = \begin{bmatrix} i_{A_1} & i_{B_1} & i_{C_1} & i_{A_2} & i_{B_2} & i_{C_2} & i_{A_3} & i_{B_3} & i_{C_3} & i_{A_4} & i_{B_4} & i_{C_4} \end{bmatrix}^T$$
$$\boldsymbol{i}_n = \begin{bmatrix} i_\alpha & i_\beta & i_{x_1} & i_{y_1} & i_{x_2} & i_{y_2} & i_{x_3} & i_{y_3} & i_{o_1} & i_{o_2} & i_{o_3} & i_{o_4} \end{bmatrix}^T$$
$$\boldsymbol{i}_n = \boldsymbol{T}_{\alpha\beta} \cdot \boldsymbol{i}_k$$

式 (4-186) 为单位正交阵，则有

$$\boldsymbol{T}_{\alpha\beta/12s} = \boldsymbol{T}_{\alpha\beta}^{-1} = \boldsymbol{T}_{\alpha\beta}^T$$
$$\boldsymbol{i}_k = \boldsymbol{T}_{\alpha\beta}^{-1} \cdot \boldsymbol{i}_n = \boldsymbol{T}_{\alpha\beta}^T \cdot \boldsymbol{i}_n$$

对六个空间进行分析可得

1）六个子空间相互正交。

2）空间矢量的基波以及 $24k\pm1$ ($k=1,2,3\cdots$) 次分量, 全部映射到由相量 α、β 构成的 α-β 基波空间内, 是机电能量空间, 参与电动机能量转换, 在气隙中产生旋转磁动势。

3）空间矢量的 $12k\pm5$ ($k=1,2,3\cdots$) 次谐波分量, 全部映射到由 z_{x_1}-z_{y_1} 构成的 5 次谐波子空间内, 与基波空间垂直, 是非机电能量子空间, 在气隙中不产生旋转磁动势, 但会产生谐波损耗。

4）空间矢量的 $12k\pm7$ ($k=1,2,3\cdots$) 次谐波分量, 全部映射到由 z_{x_2}-z_{y_2} 构成的 7 次谐波子空间内, 是非机电能量子空间, 与基波空间垂直, 在气隙中不产生旋转磁动势, 但是产生谐波损耗。

5）空间矢量的 $12k\pm11$ ($k=1,2,3\cdots$) 次谐波分量, 全部映射到由 z_{x_3}-z_{y_3} 构成的 11 次谐波子空间内, 是非机电能量子空间, 此空间与基波空间垂直, 在气隙中不产生旋转磁动势, 但会产生谐波损耗。

6）空间矢量的 $12k\pm3$ ($k=1,2,3\cdots$) 次分量, 全部映射到由 o_1-o_2 构成的 3 次谐波子空间内, 与基波空间垂直; 当采用十二相对称正弦供电时, 此次谐波不在系统内流动, 不产生旋转磁动势, 属于非机电能量。

7）空间矢量的 $12k\pm9$ ($k=1,2,3\cdots$) 次分量, 全部映射到由 o_3-o_4 构成的 9 次谐波子空间内, 与基波空间垂直, 是非机电能量空间, 当采用十二相对称正弦供电时, 此次谐波不在系统内流动, 不产生旋转磁动势。

2. 两相静止坐标系与两相旋转坐标系之间的转化

从自然坐标系到两相静止坐标系的变换仅仅是一种相数上的变换, 而从两相静止坐标系到两相旋转坐标系的变换却是一种频率上的变换。两个坐标系的转化关系如图 4-166 所示。

通过此变换, 才可以将静止坐标系下的绕组变换成等效直流电动机的两个换向器绕组。也正是依靠此变换, 使机电能量之间的转换关系更加清晰, 控制策略得到简化。d 轴的方向和转子永磁体产生的励磁磁链 ψ_f 方向相同, q 轴沿着 d 轴逆时针旋转 90°, d 轴和 α 轴之间的夹角为 θ。上文提到, 只有 α-β 子空间上的变量参与机电能量的转换, 所以仅对该子空间进行旋转坐标系的转换即可。

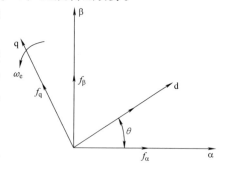

图 4-166 α-β 坐标系和 d-q 坐标系之间转换图

由于两坐标系内定子的绕组匝数相同, 则

$$\begin{cases} i_d = i_\alpha \cos\theta + i_\beta \sin\theta \\ i_q = -i_\alpha \sin\theta + i_\beta \cos\theta \end{cases} \quad (4\text{-}187)$$

根据式（4-187）可得两相静止坐标系至两相旋转坐标系的变换矩阵

$$C_{2s/2r} = \begin{bmatrix} \cos\theta & \sin\theta \\ -\sin\theta & \cos\theta \end{bmatrix} \quad (4\text{-}188)$$

同理，将式（4-188）中的变换矩阵改写成12阶方阵，由于只有 α-β 子空间上的变量参与机电能量的转换，其余子空间的电流分量与机电能量转换无关，则将变换矩阵改写为

$$C_{2s/2r} = \begin{bmatrix} \cos\theta & \sin\theta & 0 & 0 & 0 & 0 & 0 & 0 & 0 & 0 & 0 & 0 \\ -\sin\theta & \cos\theta & 0 & 0 & 0 & 0 & 0 & 0 & 0 & 0 & 0 & 0 \\ 0 & 0 & 1 & 0 & 0 & 0 & 0 & 0 & 0 & 0 & 0 & 0 \\ 0 & 0 & 0 & 1 & 0 & 0 & 0 & 0 & 0 & 0 & 0 & 0 \\ 0 & 0 & 0 & 0 & 1 & 0 & 0 & 0 & 0 & 0 & 0 & 0 \\ 0 & 0 & 0 & 0 & 0 & 1 & 0 & 0 & 0 & 0 & 0 & 0 \\ 0 & 0 & 0 & 0 & 0 & 0 & 1 & 0 & 0 & 0 & 0 & 0 \\ 0 & 0 & 0 & 0 & 0 & 0 & 0 & 1 & 0 & 0 & 0 & 0 \\ 0 & 0 & 0 & 0 & 0 & 0 & 0 & 0 & 1 & 0 & 0 & 0 \\ 0 & 0 & 0 & 0 & 0 & 0 & 0 & 0 & 0 & 1 & 0 & 0 \\ 0 & 0 & 0 & 0 & 0 & 0 & 0 & 0 & 0 & 0 & 1 & 0 \\ 0 & 0 & 0 & 0 & 0 & 0 & 0 & 0 & 0 & 0 & 0 & 1 \end{bmatrix} \quad (4\text{-}189)$$

已知式（4-189）为单位正交阵，则有

$$C_{2r/2s} = C_{2s/2r}^{-1} = C_{2s/2r}^{T} \quad (4\text{-}190)$$

根据式（4-190）可实现在两相静止坐标系下与两相旋转坐标系下十二相电机数学模型的互相转换。

经计算可得同步旋转坐标系下 d-q 子空间的电压方程为

$$\begin{bmatrix} u_d \\ u_q \end{bmatrix} = \begin{bmatrix} R & 0 \\ 0 & R \end{bmatrix} \cdot \begin{bmatrix} i_d \\ i_q \end{bmatrix} + \begin{bmatrix} L_d & 0 \\ 0 & L_q \end{bmatrix} \cdot \frac{d}{dt}\begin{bmatrix} i_d \\ i_q \end{bmatrix} + \begin{bmatrix} -\omega_e L_q i_q \\ \omega_e L_d i_d + \omega_e \psi_f \end{bmatrix} \quad (4\text{-}191)$$

$x_k - y_k$ ($k=1$, 2, 3) 子空间的电压方程为

$$\begin{bmatrix} u_{x_k} \\ u_{y_k} \end{bmatrix} = \begin{bmatrix} R & 0 \\ 0 & R \end{bmatrix} \cdot \begin{bmatrix} i_{x_k} \\ i_{y_k} \end{bmatrix} + \begin{bmatrix} L_z & 0 \\ 0 & L_z \end{bmatrix} \cdot \frac{d}{dt}\begin{bmatrix} i_{x_k} \\ i_{y_k} \end{bmatrix} \quad (4\text{-}192)$$

式中 u_d、u_q、u_x、u_y——d-q 和 x-y 子空间的定子电压；

i_d、i_q、i_{x_k}、i_{y_k}——d-q 和 $x_k - y_k$ 子空间的定子电流；

L_d、L_q——d-q 坐标系下的电感；

L_z——漏感；

ω_e——电角速度。

4.7.3 仿真分析

电动机的转速给定为500r/min，在 $t=0.15\text{s}$ 之前电动机转矩为 $T_L=20\text{N}\cdot\text{m}$，在 $t=0.15\text{s}$ 时，转矩突变为 $T_L=50\text{N}\cdot\text{m}$。图4-167所示为十二相PMSM正常运行时的转速波形图，系统稳定后，转速稳定在500r/min，在 $t=0.15\text{s}$ 时转矩突变为50N·m，系统快速响应，达到稳定。图4-168所示为十二相PMSM正常运行时的十二相电流波形图，系统稳定后各相电流幅值相同，相位符合上述理论。

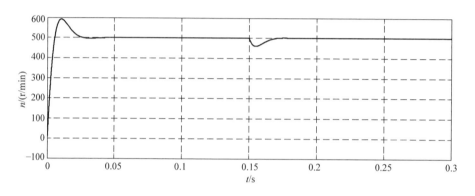

图4-167 十二相PMSM正常运行时的转速波形图

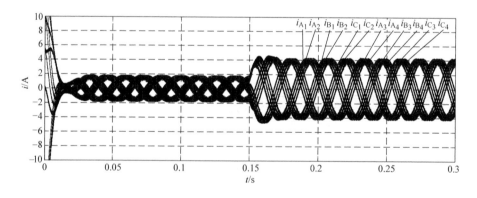

图4-168 十二相PMSM正常运行时的十二相电流波形图

图4-169所示为十二相PMSM正常运行时的转矩波形图，系统稳定后，转矩为20N·m，在 $t=0.15\text{s}$ 时突加转矩，转矩迅速稳定为50N·m。图4-170所示为十二相PMSM正常运行时的反电动势波形图。图4-171所示为十二相PMSM正常运行时的 A_1 相电流及其反电动势波形图（为了便于观察，反电动势缩小到1/10），两波形相位相同。

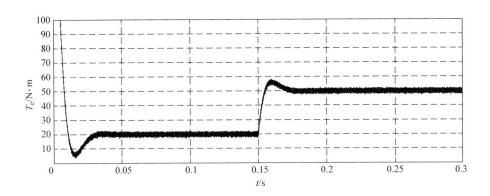

图 4-169　十二相 PMSM 正常运行时的转矩波形图

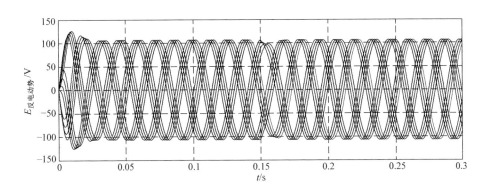

图 4-170　十二相 PMSM 正常运行时的反电动势波形图

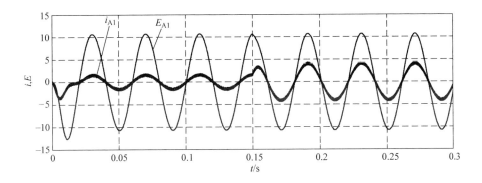

图 4-171　十二相 PMSM 正常运行时的 A_1 相电流及其反电动势波形图

4.7.4 容错控制策略

四 Y 移 15°的十二相永磁同步电动机正常运行时采用中性点隔离方式,这种方式可以有效抑制零序电流,简化控制结构。

本书所讨论的开路情况为逆变器与电动机绕组之间开路,电动机绕组没有受到损害。假设 A_1 相开路,由于电动机没有受到物理的影响,如果保持解耦变换矩阵不变,则电压方程、磁链方程和转矩方程不会受到影响,受到影响的只是电流。由于两相开路运行减少了两个控制自由度,因此静止坐标系下的电流之间不再相互独立,在两相开路运行时,如果保持静止变换矩阵不变,则基波子平面和谐波子平面的电流不再解耦,因此如果继续将谐波子平面的电流给定为零,则必然会产生转矩脉动。通过静止解耦变换很难直接计算出最大转矩输出方式下谐波子平面的电流参考,但是可以通过基于总磁势不变的方法,得到十二相电动机缺相运行时,定子铜耗最小方式下剩余各相电流的表达式,再将各相电流表达式进行 $T_{\alpha\beta}$ 静止坐标变换之后就可以计算出相应的谐波子平面需要注入电流的大小。

电磁转矩也可认为是绕组电流产生的旋转磁动势与永磁体磁场相互作用产生,因此只要保证电动机缺相后剩余相电流产生的磁势与缺相前保持一致,即磁动势不变原则,就可以维持电动机正常运行。十二相电动机定子总磁势可以表示为

$$
\begin{aligned}
F &= N_{A_1}i_{A_1} + N_{B_1}i_{B_1} + N_{C_1}i_{C_1} + N_{A_2}i_{A_2} + N_{B_2}i_{B_2} + N_{C_2}i_{C_2} + N_{A_3}i_{A_3} + \\
& N_{B_3}i_{B_3} + N_{C_3}i_{C_3} + N_{A_4}i_{A_4} + N_{B_4}i_{B_4} + N_{C_4}i_{C_4} \\
&= \frac{1}{2}N[\,i_{A_1}\cos(\varphi) + i_{B_1}\cos(\varphi - 120°) + i_{C_1}\cos(\varphi + 120°) + \\
& i_{A_2}\cos(\varphi - 15°) + i_{B_2}\cos(\varphi - 135°) + i_{C_2}\cos(\varphi + 105°) + \\
& i_{A_3}\cos(\varphi - 30°) + i_{B_3}\cos(\varphi - 150°) + i_{C_3}\cos(\varphi + 90°) + \\
& i_{A_4}\cos(\varphi - 45°) + i_{B_4}\cos(\varphi - 165°) + i_{C_4}\cos(\varphi + 75°)\,]
\end{aligned}
\quad (4-193)
$$

式中 φ——绕组空间电角度;

N——每相绕组匝数。

以 B_1 相为例,其绕组函数为 $N_{B_1} = 0.5N\cos(\varphi - 120°)$。十二相电动机正常运行时各相电流为

$$
\begin{cases} i_{A_1} = I_m\cos\theta \\ i_{B_1} = I_m\cos(\theta - 120°) \\ i_{C_1} = I_m\cos(\theta + 120°) \end{cases} \quad \begin{cases} i_{A_2} = I_m\cos(\theta - 15°) \\ i_{B_2} = I_m\cos(\theta - 135°) \\ i_{C_2} = I_m\cos(\theta + 105°) \end{cases}
$$

$$\begin{cases} i_{A_3} = I_m\cos(\theta - 30°) \\ i_{B_3} = I_m\cos(\theta - 150°) \\ i_{C_3} = I_m\cos(\theta + 90°) \end{cases} \begin{cases} i_{A_4} = I_m\cos(\theta - 45°) \\ i_{B_4} = I_m\cos(\theta - 165°) \\ i_{C_4} = I_m\cos(\theta + 75°) \end{cases} \quad (4\text{-}194)$$

式中 I_m——十二相电动机正常运行时的电流幅值；

θ——A_1 相电流的相角。

将式 (4-194) 带入式 (4-193) 中可以得到十二相电动机正常运行时的总磁势为

$$F = 3NI_m\cos(\theta - \varphi) = \frac{3}{2}NI_m(e^{j\theta}e^{-j\varphi} + e^{-j\theta}e^{j\varphi}) \quad (4\text{-}195)$$

以 A_1 相与 C_3 相正交两相开路时为例，$i_{A_1} = 0$、$i_{C_3} = 0$，对比式 (4-173) 和式 (4-174)，为了得到相同的合成磁势，剩余十相电流必须满足：

$$6I_m e^{j\theta} = i_{B_1}e^{j120°} + i_{C_1}e^{-j120°} + i_{A_2}e^{j15°} + i_{B_2}e^{j135°} + i_{C_2}e^{-j105°} +$$
$$i_{A_3}e^{j30°} + i_{B_3}e^{j150°} + i_{A_4}e^{j45°} + i_{B_4}e^{j165°} + i_{C_4}e^{-j75°} \quad (4\text{-}196)$$

将各相电流表示为如下形式：

$$i_X = a_X I_m\cos\theta + b_X I_m\sin\theta \quad (4\text{-}197)$$

将式 (4-197) 带入式 (4-196) 中，将实部和虚部分离，可以得到

$$\begin{cases} -0.5a_{B_1} - 0.5a_{C_1} + \frac{\sqrt{6}+\sqrt{2}}{4}a_{A_2} - \frac{\sqrt{2}}{2}a_{B_2} - \frac{\sqrt{6}-\sqrt{2}}{4}a_{C_2} + \\ \frac{\sqrt{3}}{2}a_{A_3} - \frac{\sqrt{3}}{2}a_{B_3} + \frac{\sqrt{2}}{2}a_{A_4} - \frac{\sqrt{6}+\sqrt{2}}{4}a_{B_4} + \frac{\sqrt{6}-\sqrt{2}}{4}a_{C_4} = 6 \\ -0.5b_{B_1} - 0.5b_{C_1} + \frac{\sqrt{6}+\sqrt{2}}{4}b_{A_2} - \frac{\sqrt{2}}{2}b_{B_2} - \frac{\sqrt{6}-\sqrt{2}}{4}b_{C_2} + \\ \frac{\sqrt{3}}{2}b_{A_3} - \frac{\sqrt{3}}{2}b_{B_3} + \frac{\sqrt{2}}{2}b_{A_4} - \frac{\sqrt{6}+\sqrt{2}}{4}b_{B_4} + \frac{\sqrt{6}-\sqrt{2}}{4}b_{C_4} = 0 \\ \frac{\sqrt{3}}{2}a_{B_1} - \frac{\sqrt{3}}{2}a_{C_1} + \cdots + \frac{\sqrt{6}-\sqrt{2}}{4}a_{B_4} - \frac{\sqrt{6}+\sqrt{2}}{4}a_{C_4} = 0 \\ \frac{\sqrt{3}}{2}b_{B_1} - \frac{\sqrt{3}}{2}b_{C_1} + \cdots + \frac{\sqrt{6}-\sqrt{2}}{4}b_{B_4} - \frac{\sqrt{6}+\sqrt{2}}{4}b_{C_4} = 6 \end{cases} \quad (4\text{-}198)$$

除式 (4-198) 外，各相电流还需要满足如下约束条件：

$$\begin{cases} a_{B_1} + a_{C_1} = 0 \\ b_{B_1} + b_{C_1} = 0 \\ a_{A_2} + a_{B_2} + a_{C_2} = 0 \\ b_{A_2} + b_{B_2} + b_{C_2} = 0 \\ a_{A_3} + a_{B_3} = 0 \\ b_{A_3} + b_{B_3} = 0 \\ a_{A_4} + a_{B_4} + a_{C_4} = 0 \\ b_{A_4} + b_{B_4} + b_{C_4} = 0 \end{cases} \quad (4\text{-}199)$$

以定子铜耗最小为优化目标，则需要尽量减小相电流的最大幅值。其目标函数可表示为

$$F_1 = (a_{B_1}^2 + b_{B_1}^2) + (a_{C_1}^2 + b_{C_1}^2) + (a_{A_2}^2 + b_{A_2}^2) + (a_{B_2}^2 + b_{B_2}^2) + (a_{C_2}^2 + b_{C_2}^2) + (a_{A_3}^2 + b_{A_3}^2) + (a_{B_3}^2 + b_{B_3}^2) + (a_{A_4}^2 + b_{A_4}^2) + (a_{B_4}^2 + b_{B_4}^2) + (a_{C_4}^2 + b_{C_4}^2)$$

$$(4\text{-}200)$$

优化的最终目标就是找到使 F_1 最小的一组解，采用解析法对其求解比较困难，利用 MATLAB 最优化工具箱中的极小值计算函数 fmincon 计算得到满足式 (4-180) 的数值解，fmincon 是用于求解非线性多元函数最小值的优化问题，其表示的是选取符合目标函数最小的数值，相当于求解下面的优化问题：优化问题的函数

$$\min_{x} F_i(x), \quad s.t. \begin{cases} c(x) \leq 0 \\ ceq(x) = 0 \\ Ax \leq b \\ Aeq \cdot x = beq \\ lb \leq x \leq ub \end{cases}$$

对每个定义域中的向量 x，向量函数 $F(x)$ 都存在一个值的分量，但是随着向量 x 取值的不同，值的分量也会发生变化，当把分量的值记录下来，找到最小值，就是 fmincon 的任务。该函数的完整调用格式为 [x, fval, exitflag] = fmincon(fun, x0, A, b, Aeq, beq, lb, ub, options)。

其中，fun 表示优化目标函数，x0 表示优化的初始值，参数 A、b 表示满足线性关系式 $Ax \leq b$ 的系数矩阵和结果矩阵；参数 Aeq, beq 表示的是满足线性等式 $Aeq \cdot X = beq$ 的矩阵；参数 lb、ub 则表示满足参数取值范围 $lb \leq x \leq ub$ 的上限

和下限；参数 options 就是进行优化的属性设置。由此方法可以得到最优解，即各相电流的表达式为

$$\begin{cases} i_{A_1} = 0 \\ i_{B_1} = 0.866 I_m \cos(\theta - 90°) \\ i_{C_1} = 0.866 I_m \cos(\theta + 90°) \\ i_{A_2} = 1.314 I_m \cos(\theta - 11.36°) \\ i_{B_2} = 1.179 I_m \cos(\theta - 143.13°) \\ i_{C_2} = 1.026 I_m \cos(\theta + 109.66°) \\ i_{A_3} = 1.258 I_m \cos(\theta - 23.41°) \\ i_{B_3} = 1.258 I_m \cos(\theta - 156.59°) \\ i_{C_3} = I_m \cos(\theta + 90°) \\ i_{A_4} = \cdots\cdots \\ i_{B_4} = \cdots\cdots \\ i_{C_4} = \cdots\cdots \end{cases} \quad (4\text{-}201)$$

式中　I_m——十二相电动机正常运行时的电流幅值；

θ——A_1 相电流的相角。

对静止坐标系下的电流进行矢量空间变换，就可以计算出相应的谐波子平面需要注入电流的大小。其应该满足的条件如式（4-202）所示：

$$\begin{cases} i_{x_1} = -\dfrac{1}{3} i_\alpha \\ i_{x_2} = -\dfrac{1}{3} i_\alpha \\ i_{x_3} = -\dfrac{1}{3} i_\alpha \end{cases} \quad (4\text{-}202)$$

其中，i_α、i_{x_1}、i_{x_2}、i_{x_3} 分别是静止坐标系下 α-β-o 基波子空间的电流以及 x_k-y_k（$k=1,2,3$）谐波子空间的电流。

对该情况进行仿真分析，给定电动机的转速为 500r/min，转矩为 $T_L = 50$N·m。图 4-172 所示为十二相 PMSM 在 A_1 相开路时采用定子铜耗最小方式容错控制策略的转速波形图，系统稳定后，转速稳定在 500r/min。图 4-173 所示为十二相 PMSM 在 A_1 相开路时采用定子铜耗最小方式容错控制策略的十二相电流波形图，A_1 相电流为零，各非故障相电流相位及其大小符合上述理论推倒。图 4-174 所示为十二相 PMSM 在 A_1 相开路时采用定子铜耗最小方式容错控制策略的转矩波形图，系统稳定后，转矩为 50N·m。

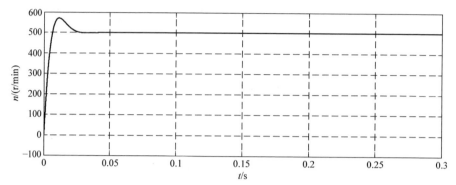

图 4-172　十二相 PMSM 在 A_1 相开路时采用定子铜耗最小方式容错控制策略的转速波形图

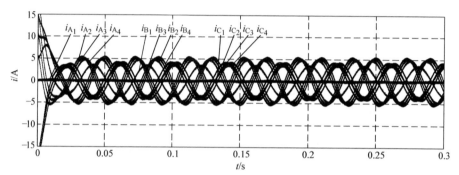

图 4-173　十二相 PMSM 在 A_1 相开路时采用定子铜耗最小方式容错控制策略的十二相电流波形图

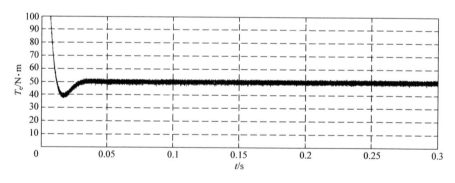

图 4-174　十二相 PMSM 在 A_1 相开路时采用定子铜耗最小方式容错控制策略的转矩波形图

参 考 文 献

[1] 王旭东. 汽车电子控制装置与应用 [M]. 北京：机械工业出版社，2007.
[2] 马骏杰. 嵌入式 DSP 的原理及应用 [M]. 北京：北京航空航天大学出版社，2016.
[3] 杨保成，焦洪宇. 汽车电器与电子控制技术 [M]. 北京：清华大学出版社，2016.

[4] 舒华, 郑召才. 汽车电子控制技术 [M]. 人民交通出版社, 2016.
[5] 麻友良. 汽车电器与电子控制系统 [M]. 3版. 北京: 机械工业出版社, 2015.
[6] 冯国胜. 车辆电子控制技术 [M]. 北京: 科学出版社, 2018.
[7] 彭忆强. 汽车电子及控制技术基础 [M]. 北京: 机械工业出版社, 2014.
[8] 孙建民, 周庆辉. 汽车电气及电子控制系统 [M]. 北京: 机械工业出版社, 2016.
[9] 刘捷. 汽车电工电子技术基础 [M]. 北京: 化学工业出版社, 2015.
[10] 尼古拉斯·纳威特. 汽车嵌入式系统手册 [M]. 李惠彬, 唐敏, 等译. 北京: 机械工业出版社, 2016.
[11] 国务院发展研究中心产业经济研究部, 中国汽车工程学会, 大众汽车集团 (中国). 汽车蓝皮书: 中国汽车产业发展报告 [M]. 北京: 社会科学文献出版社, 2016.
[12] 马海啸, 叶海云, 龚春英. 三相四桥臂逆变器的三角波辅助控制策略 [J]. 电机与控制学报, 2016 (1).
[13] 何国锋, 徐德鸿. 基于有源阻尼的多逆变器并网谐振抑制 [J]. 电机与控制学报, 2017 (10).
[14] 王强, 唐朝垠. 用于无刷直流电机驱动的谐振极软开关逆变器 [J]. 电机与控制学报, 2017 (6).
[15] 刘宏宇. 永磁同步电机直接转矩控制的MTPA控制系统研究 [D]. 哈尔滨理工大学, 2017.
[16] 周实. 三相四桥臂永磁同步电动机控制系统的研究 [D]. 哈尔滨理工大学, 2013.

第 5 章　汽车动力转向系统

5.1　汽车动力转向系统概述

为减轻驾驶人转动方向盘的操作力，利用动力产生辅助力的装置，称为转向助力机构（简称动力转向）。动力转向是一种以驾驶人操纵方向盘（转矩和转角）为输入信号，以转向车轮的角位移为输出信号的伺服机构。动力部分跟踪手动操作，产生与转向阻力相平衡的辅助力，使车辆进行转向运动。与此同时，把部分输出力反馈给驾驶人，使其获得适当的手感，构成所谓的双动伺服机构（Bilateral Servo）。汽车转向系统是一个集成了机械传动、自动化、智能化控制，融合了信息检测与处理、嵌入式系统可靠性及安全性设计、控制算法设计等关键技术的科技含量较高的汽车电子产品。

汽车转向原理是：驾驶人转动方向盘，通过转向轴转动转向器的输入轴，再由转向器的输出轴使转向臂绕其轴线摆动，经直拉杆使转向轮绕着主销轴线转动，从而实现汽车转向。转向器是将来自方向盘的旋转力矩和旋转位移作适当变换后传给车轮而使汽车转向的核心部件。

汽车动力转向依次经历了机械式转向、液压式动力转向、电控液压式动力转向和电动助力转向这几个阶段。最早应用的机械转向系统转向动力来源于驾驶人转向盘输入扭矩，它不提供助力，仅通过机械传动减轻转向扭矩，很有限地辅助转向。为减轻转向扭矩，液压动力转向系统（Hydraulic Power Steering，HPS）应运而生，并于1928年首次装配在重型汽车上，经过十几年的应用和改进后，美国克莱斯勒（CHRYSLER）公司于1951年最先在轿车上装配 HPS，此后，HPS 在轿车上迅速得到普及。为改善 HPS 助力特性和其他缺陷，设计者将电子控制技术引入到动力转向系统，设计根据转向盘输入扭矩和车速等信号实时智能助力的速度感应型助力转向，即电控液压助力转向（Electric Hydraulic Power Steering，EHPS）。摒弃了液压油泵的电动助力转向（Electric Power Steering，EPS 或 Electric Assisted Steering，EAS）是20世纪80年代中期提出来的；1988年日本铃木公司首先在其 Cervo 车上装备 EPS，随后又应用在 Alto 车上；1993年本田汽车公司在爱克 NSX 跑车上装备 EPS 并取得了良好的市场效果，不久美国的 Delphi 公司生产的 EPS 被菲亚特轿车作为标准装备。至20世纪90年代初，日本铃木、本田、三菱，美国 Delphi、TRW，德国 ZF 等公司相继推出 EPS。近年来，随着汽车向智能化、电子化、网络化、舒适化和安全化方向发展,源于飞机制造的线控概念被引入到汽车领域,国际上又悄然兴起了线控转向(Steer – By – Wire,SBW),目前线控转向仅装配在汽车开发商展出的概念车上。

5.2 汽车动力转向系统工作原理

5.2.1 液压动力转向系统

液压动力转向系统按控制方式分为传统液压动力转向系统 HPS 和电控液压动力转向系统 EHPS。

传统液压式动力转向系统一般按液流的形式可分为:常流式和常压式两种类型。常压式是指在汽车行驶中,无论方向盘是否转动,整个液压系统总是一直保持高压。常流式是指汽车在行驶中,不转动方向盘时,流量控制阀在中间位置,油路保持常通。

HPS 一般由液压泵、油管、压力流量控制阀体、V 型传动皮带、储油罐等部件构成。无论汽车是否转向,系统总处于工作状态,能耗较高。这类动力转向的共同缺点是结构复杂、消耗功率大,容易产生泄漏,转向力不易有效控制,助力系统容易损坏且不易安装和维护等。随着高速公路的不断延伸与轿车车速的不断提高,传统的液压动力转向暴露出一个致命的缺点,即若要保证汽车在停车或低速掉头时转向轻便的话,那么当汽车在高速行驶时就会感到有"发飘"的感觉;反之若要保证汽车在高速行驶时操纵有适度感的话,那么当其要停车或低速掉头时就会感到转向太重,两者不能兼顾,这是由传统液压动力转向的结构所决定的。

由于动力转向在轿车上的日益普及,其性能要求已不再是单纯地为了减轻操作强度,而是要求其在低速掉头时保证转向轻便性的同时又能保证高速行驶时的操纵稳定性。为了达到上述要求只有通过采用速度传感型的动力转向才能解决。所谓速度传感型的动力转向是一种随着车速变化而能自动调节操纵力的动力转向装置。车速传感型动力转向在提高车辆操纵稳定性、安全性方面的作用很大。目前所采用的多为车速传感型动力转向,有两种基本形式:①采用电子控制的液压式动力转向系统;②采用电子控制的电动助力转向系统。

EHPS 是在 HPS 的基础上增设电子控制装置构成的,主要由电子控制系统、转向齿轮箱、油泵、分流阀等组成。根据控制方式可分为流量控制式、反力控制式和阀灵敏度控制式。

电子控制单元(ECU)根据从轮速传感器传来的信号,判别汽车是处于停止状态还是处于低速行驶或高速行驶工况,再根据判别出的汽车状态,对电磁阀线圈的电流进行线性控制。从而达到控制动力转向的目的。

当汽车低速行驶或大转角时，由于流经电磁线圈的电流较大，经分流阀分流后的油液就通过电磁阀返回蓄油器。因此，作用在柱塞上的油压较小。这时作用在控制阀轴上的压力（反力）也较小，在转向盘的转向力作用下，扭杆就可能产生较大的扭转变化。

当汽车进行高速直行时，转向角较小，扭杆产生的扭转变形也很小，旋转阀与控制阀相互连通的通道口开度也减小，使旋转阀一侧的油压上升。由于分流阀的作用，此时电磁阀一侧的油量会增加。同时，伴随着车速的提高，电磁线圈内的电流会减小，电磁阀的节流开度也会缩小，使作用在油压反力室的反力油压增加，柱塞作用到控制阀轴上的压力也随之增大。因此增加了转向操纵力，使驾驶人的手感增强，从而获得良好的转向路感。

当汽车中高速转向行驶时，从存在油压反力的中高速直行状态开始转向时，扭杆的扭转角会进一步减小，旋转阀与控制阀相连的阀口开度也减小，使旋转阀一侧的油压进一步升高。伴随着旋转阀油压的升高，通过固定阻尼孔的油液也供给到油压反力室。通过分流阀向油压反力室供给的一定量的油液和通过固定阻尼孔的油液相加，进一步加强了柱塞的压紧力。使得此时的转向力相应于转向角呈线性增加，从而获得在高速行驶时的稳定转向操纵感。

目前在用的电控式液压动力转向系统无不例外地把普通的无助力的转向系统作为后备，一旦助力转向系统出现某种故障时，可以应急和用手转向把车开回。

迄今为止，电子控制液压动力转向系统已在轿车上获得应用。虽然其工作状态由电子控制单元 ECU 根据车速、转向盘输入扭矩及转角等信号计算实时助力，控制电磁阀使转向助力放大倍率实现连续可调，满足高、低速时的转向助力要求，但即使是最新的 EHPS 也无法根除液压助力系统在布置、安装、密封性、操控性、能量消耗、磨损与噪声等方面的固有缺陷。

5.2.2 电动助力转向系统

汽车工业正面临着转向技术的革命。多年来，动力转向技术主要集中在液压系统上，但是由于具有燃油消耗和物流方面的优势，如今市场需求偏向于电子动力转向系统。德尔福公司的、日本精工株式会社（Koyo Seiko）TRW 等公司预计电子动力转向系统会有成指数倍的增长。为改善 EHPS 固有缺陷，用电动机取代液压动力源，并延续电子控制单元智能助力优点，产生了 EPS。

1. 电动助力转向系统结构及原理

电动转向系统符合现代汽车机电一体化的设计思想，EPS 利用电动机产生的动力协助驾车者进行动力转向，该系统一般是由转向传感装置、车速传感器、电子控制装置、电动机、离合器、减速器、上下转向轴及手动齿轮齿条式转向器等组成，其结构如图 5-1 所示。其中电动机、离合器与减速器往往结合成一个整体与转向轴承垂直布置。目前，EPS 有两种形式：转向轴助力式——减速器被直接安装在方向盘下方；小齿轮（齿条）助力式——减速器安装于齿轮齿条机构的小齿轮上。

该系统的工作原理是：当方向盘转动时，与转向轴相连的扭矩传感器不断地测出作用于转向轴上的扭矩，并由此产生一个电压信号；同时，由车速传感器测出的汽车车速，也产生一个电压信号。这两路信号均被传输到电子控制装置，经过其运算处理后，由电子控制装置向电动机和离合器发出控制指令，即输出一个合适的电流，在离合器结合的同时使电动机转动产生一个扭矩，该扭矩经离合器、减速器降速增矩后，施加在下转向轴上，下转向轴的下端与转向器总成中的小齿轮相连，于是由电动机发出的扭矩最后通过小齿轮施加到转向器上，使之得到一个与工况相适应的转向助力。

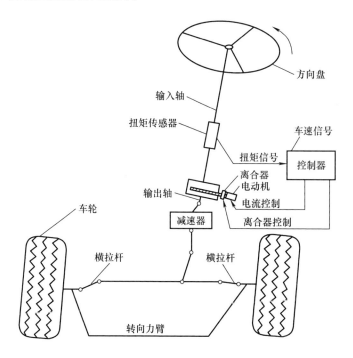

图 5-1 电动助力转向系统工作原理示意图

2. 电动助力转向系统分类

根据助力电动机的位置及助力传递方式，电动助力转向可分为：转向柱助力式、齿条助力式和小齿轮助力式，其结构稍有不同，但在原理及控制策略上是一致的。

齿条助力式 EPS 系统的电动机和减速机构安装在齿条处，直接驱动齿条提供助力，其中扭矩传感器单独地安装在小齿轮处，电动机与转向助力机构一起安装在小齿轮另一端的齿条处，用来给齿条助力。该类型又根据减速传动机构的不同可分为两种类型：一种是将电动机做成中空的，齿条从中穿过，电动机提供的辅助力经一对斜齿轮和螺杆螺母传动副以及与螺母制成一体的铰接块传给齿条。这种结构是第一代电动助力转向系统，结构复杂、价格比较高、维修也相当困难。另一种是电动机与齿条的壳体相互独立。电动机的动力经另一小齿轮传给齿条，由于易于制造和维修，成本较低，已经取代了第一代产品。因此，齿条由一个独立的齿轮驱动，可给系统较大的助力，主要用于重型汽车。

小齿轮助力式 EPS 系统的电动机和减速机构与小齿轮相连，直接驱动齿轮转向。小齿轮助力式转向系统的转矩传感器、电动机、离合器和转向助力机构仍为一体，只要整体安装在转向齿轮处，直接给齿轮助力，可获得较大的转向力。该类型可使各部件布置更方便，但当转向盘与转向器之间装有万向传动装置时，转矩信号的取得与助力车轮部分不在同一直线上，其助力控制特性难以保证准确。

转向助力式 EPS 的电动机固定在转向柱一侧，通过减速机构与转向轴相连，直接驱动转向轴转向。其转矩传感器、电动机、离合器和转向助力机构组成一体，安装在转向柱上。其特点是结构紧凑、所测取的转矩信号与控制直流电机助力的响应性较好。这种类型一般在轿车上使用。

3. 电动助力转向系统特点

电动助力转向给汽车动力转向带来了一场深刻的革命，它综合运用了 MCU 软硬件设计、现代传感器应用及其信号处理、嵌入式系统及控制算法设计等技术，将汽车动力转向助力特性提高到一个前所未有的高度，保证在各种路况和车速下，给驾驶人提供一个安全、稳定、轻便、舒适的驾驶环境，与其他转向系统相比，EPS 具有以下优点：

1）结构紧凑，易于装配：EPS 将电动机、离合器、减速装置、转向杆等各部件装配成一个整体，其结构紧凑、质量轻、具有良好的模块化设计、占用空间小、布置方便、易于生产线装配。一般，EPS 的重量比 EHPS 重量轻 25% 左右。Delphi 公司 EPS 开发调试时间从以前的 8 个月减少至一周，其生产线装配时间减少至 4min。

2）助力特性：EPS 通过编程软件参数调节和硬件控制，可实现全速范围内的最佳助力控制，彻底改变助力传动比不变或变化小的缺陷。EPS 还能提高停车泊位时的助力跟随性，电动机在起动时力矩最大，然后逐渐降低，这一特性非常符合汽车从静止到起动过程的转向力变化。

3）回正特性：EPS 利用软件参数调整可得到全速范围的一簇回正曲线，并且可通过参数调整实现在不同车型上的匹配，显著改善汽车回正能力；

4）抑制路面冲击：由于电动机具有弹簧阻尼的效果，EPS 能减少路面不平对转向盘的冲击力和车轮质量不平衡引起的振动，能更好地抑制路面的冲击。此外，数字信号处理器（DSP）的引入可减少助力电动机输出扭矩的波纹，减少或消除助力电机的振动，增强助力控制系统的跟踪性能。

5）操纵灵活性与稳定性：全速型的 EPS，它在任何车速和车况下都兼顾了低速时的操纵灵活性和高速时的操纵稳定性；另外，由于 EPS 内部采用刚性连接，系统的滞后特性可以通过软件加以控制，且可以根据驾驶人的操作习惯进行调整。

6）高效节能与环保：由于 EPS 没有转向油泵，电动机只在转向助力时才工作，其燃油消耗可降到最低；EPS 消除了由于转向油泵带来的噪声污染，去除了液压油的预热，提高了汽车在较冷环境下的冷起动性能。在不转向情况下，装有 EPS 的汽车燃油消耗降低了 2.5%，在使用转向情况下，降低了 5.5%；Delphi 公司的 EPS 比手动转向燃油消耗降低 4%。另外，EPS 的重复利用率高，组件的 95% 可以再回收利用，而传统的液压助力转向系统的回收利用率只有 85%。

7）安全性：EPS 系统控制核心 ECU 具有故障自诊断功能，当 ECU 检测到某一组件工作异常，能立即控制电磁离合器分离，停止助力，显示输出故障代码，采用汽车机械转向，以确保驾驶安全可靠。

8）可以独立于发动机工作：EPS 以电池为能源，以电动机为动力元件，只要电池电量充足，不论发动机处于何种工作状态，都可以产生助力作用。

4. EPS 的发展趋势

电动助力转向系统仍有一些技术瓶颈，目前大部分系统使用的都是 12V（或 24V）的电动机，所能提供的辅助动力仍然有限，因此仅能使用在轮胎直径较小、转向所需的辅助动力较小的较小型车种。目前需要攻克的是将 12V 电动机加大到 42V 电动机，以便成功应用在大型车种甚至是卡车上。

再者，EPS 系统中的转向盘转矩传感器要求结构简单、工作可靠、价格便宜、精度适中。考虑到可靠性的问题，目前国外多采用非接触式，接触式（如滑动电阻式）传感器应用较少。因而非接触式传感器技术将是动力转向技术的发展。

由于 EPS 系统在原有的机械式转向系统中增加了电动机和减速器，使得转向操纵机构的惯性增大，为此需引入惯性控制和阻力控制，避免电动机开始助力和终止助力时对转向操纵产生影响。同时，为了获得更好的"路感"，必须根据汽车的行驶速度和转向状态确定助力的大小和方向。

最后是 EPS 系统与整车性能的匹配：汽车本身是由各个子系统组成的既相互联系又相互制约的有机整体，当汽车某个子系统改变时，整车性能也产生相应的变化。因此，必须对 EPS 系统与汽车上的其他系统进行匹配，使得整车性能达到最优化。

5.2.3 嵌入式线控转向系统

1. 嵌入式线控转向系统的需求

尽管 EPS 在汽车动力转向应用上取得了巨大成功，但汽车控制系统正向电子化、自动化方向发展，传统的汽车机械操纵系统将变成通过高速容错通信总线与高性能 CPU 相连的电气系统，出现了线控（X – By – Wire）技术，如线控驾驶、线控制动、线控油门和线控悬架等，于是，国际上汽车动力转向技术又兴起了线控转向研究的热潮。

源于航天领域的线控技术的本质，是用电子控制机器运行并取代机械直接控制；采用线控技术的飞机控制系统（Fly – by – Wire）采集由各种传感器组成的驾驶人操纵手柄、以及操纵面板的各种指令及数据，并将其转换成电信号，利用计算机控制飞机飞行，这种控制方式引入到汽车技术上就产生了线控转向（Drive – by – Wire，Steer – by – Wire）、线控制动（Brake – by – Wire）等，统称为线控技术（X – by – Wire）。

开发线控转向主要有以下需求：

（1）安全因素

在车辆行驶中，被方向盘撞击是驾驶人最易受到的伤害。当车辆在高速行驶发生碰撞或紧急制动时，巨大的惯性会使驾驶人与方向盘、挡风玻璃等剧烈碰撞，造成严重伤害。线控转向不仅取消了方向盘转向柱机械连接，使用个性化的操作手柄，消除了车祸时与方向盘直接撞击的根源，还给驾驶室提供了更多的空间，方便汽车外形设计和安全气囊的改进与安装，提高了汽车驾驶的被动安全性。

（2）智能化和信息化

汽车智能化和信息化一直是汽车工程师们研究开发的热点，如自适性巡航控制系统、夜视系统和智能化动力转向系统等。通过该系统，汽车可同前面的车辆保持安全距离，即使雾天或夜晚也不会发生追尾事故；在装配 GPRS 系统后，当长途驾驶或外出旅行时，也不必担心方向和路径，预先输入的指令将保证汽车按最佳路线行驶。嵌入式线控转向正顺应了这一发展趋势，使汽车转向控制可完全信息化和智能化，并且提高了汽车驾驶的主动安全性。如丰田的概念车 PM 车载可视通信系统可让此车与另一辆 PM 车保持联系，共享信息，可达到"聊天"的目的，还可"集体行动"，一辆车带头，其余的在安全距离内紧随其后，唯一要做的是在前车导航系统里设置好目的地。

2. 线控转向系统结构及原理

图 5-2 所示为线控转向结构示意图，驾驶者不再通过传统的转向盘，将作用力和助力装置一起通过机械传动连接作用到转向齿条，而是操作模拟转向盘或手柄、电子制动踏板、电控油门等电控装置，电控装置将感应的电子信号通过数据总线传送至转向控制单元 ECU，ECU 再根据各组件信号，包括转向盘角度传感器、小齿轮角度传感器、汽车车速及负载等信号，进行分析计算得出转向控制信号和模拟转向盘反馈电动机控制信号，通过数据总线传送至电子驱动装置，如图中的 ECU3 和 ECU5，驱动转向机构和反馈电动机，完成转向控制。

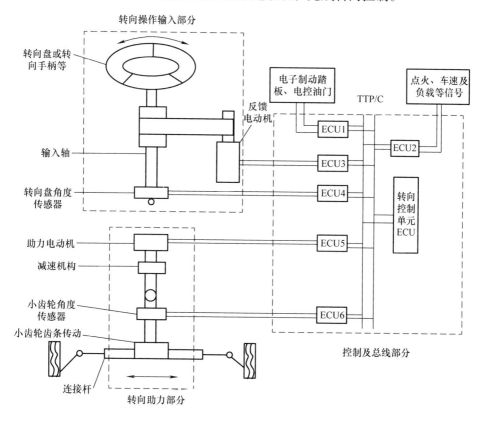

图 5-2 SBW 结构示意图

与图 5-1 相比，线控转向与电动助力转向的最大区别是：

1）取消了转向盘与助力机构机械连接，采用由组件及控制单元通过数据总线连接。

2）转向盘不再是传统意义上的转向装置，取代的是模拟转向装置，如转向手柄、模拟转向盘，其输出信号为数字信号。

3）制动装置及油门等组件也相应数字化。

3. 线控转向系统的发展

线控转向可追溯到 20 世纪 60 年代末，当时德国 Kasselinann 等人试图将转向盘与转向车轮之间通过导线连接，由于电子和控制技术的制约无法在实车上实现；到 1990 年左右，世界上各大汽车厂商、研发机构等先后对 SBW 深入研究。2000 年 9 月法兰克福卡车展览会上，德国奔驰（BENZ）和 ZF 公司展示了其线控转向系统，SKF 公司在 2001 年日内瓦汽车展览会展出的 Bertone – SKFFILO 概念车也配备了 SBW，2002 年 11 月在德国慕尼黑进行的 TTA 组织论坛上，美国 DELPHI 公司也展示了其 Audi S8 线控转向系统。丰田在 2003 东京国际车展中展出的 PM（Personal Mobility）和 Fine – N Concept 概念车，以及日本 Calsonic 在 2004 东京车展上展示的驾驶席模块概念模型——"E11 Cockpit Module Concept"，SKF 在 2004 年在上海展出的概念车 Bertone – SKF Novanta 均采用了 SBW 技术。线控转向预示着未来汽车动力转向的发展方向。

4. 线控转向系统关键技术

线控转向系统除了需要解决动力转向的功能性要求外，还需解决倍受关注的系统安全性和可靠性设计，其关键技术主要有如下方面：

（1）安全性设计

有专家指出，未来几年内，汽车上高新技术应用的重点对象不是提高汽车的舒适性，而是汽车的安全性。可靠性和安全性是线控装置中数据传输系统的最重要特征；线控转向安全性设计不仅体现在其数据传输及处理、转向驱动等主动安全性方面，还体现在其数据纠错、可靠性、容错技术等被动安全性方面。

（2）总线通信技术

在自动化领域中，特别是在实时嵌入式操作系统和安全至上的自动控制系统中，安全可预测的调度算法显得尤为重要。大量研究表明当需要高度可靠的系统操作时，时间触发 TDMA（Time Division Multiple Access）解决方案更好一些。适用于汽车线控系统的基于时间触发的 TTP/C（Time – Triggered Protocol Class C）协议由汽车工程师协会（The Society of Automotive Engineers，SAE）定义，由 Vienna 理工大学的 H. Kopetz 教授领导小组研发，并作为一个被欧洲委员会资助的进一步开发为一种汽车自动驾驶的应用系统，它是以开发实时高、可靠容错的嵌入式应用需求为目标而设计的，可用于设计高可靠性的嵌入式应用系统。TTP/C 网络结构如图 5-3 所示。

一个 TTP/C 总线结点由主机、通信网络接口（CNI）、TTP/C 通信控制器、被控对象 I/O 接口及 TTP/C 驱动器组成；控制对象 I/O 接口为主机与被控制部件的数据接口。系统控制信号起源于时间进程，它通过一个全局时钟进行驱动，系统的行为不仅在功能上是确定的，而且在时间上也是确定的，其各结点的事件

第 5 章 汽车动力转向系统

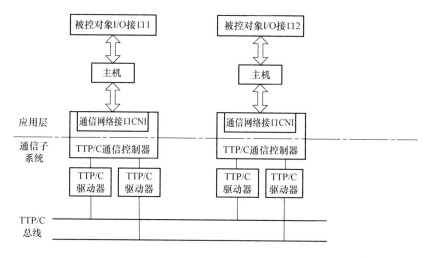

图 5-3 TTP/C 网络结构

都是预先安排好的,每个结点都在自己的时间槽内完成相应的任务。虽然显得不够灵活,但具有较高的可预测性和较为简便的及时测试功能,整个系统是可靠的,它适用于实时性高、可靠性高的场合。

(3) 容错技术

线控转向必须具有较高的容错技术。在线控转向中,容错技术包括:

1) TTP/C 网络采用两条总线进行互联,其中一条是冗余通道,保证系统在一个通道失效的情况下仍能继续工作。

2) 时序干扰的容错机制:如图 5-3 所示,位于主机和通信控制器之间的通信网络接口 CNI 是一个双端口的 RAM,该 RAM 除双向传输及缓冲数据外,还起到临时时间防火墙作用。当数据双向传输时,CNI 有效地脱离了主机与协议控制器的时序行为,消除网络和主机间的时序干扰。

3) 线控转向硬件冗余可靠设计:与线控飞行系统类似,所有的线控转向安全系统都应有内置的冗余结构。当系统某一组件或控制单元失效时,其冗余结构能继续工作,防止事故发生。

4) 系统控制算法的容错处理:当发生撞车等交通事故时,存在例如驾驶人紧张误踩油门等操作,由于系统控制全数字化,驾驶人误操作不会直接施加到组件,系统容错处理算法可纠正驾驶人误操作,提高驾驶被动安全性。

5. 线控转向系统特点

线控转向与传统液压及电动转向相比有其自身优点,包括:

1) 系统控制算法上的优势:采用数字化控制容易实现变传动比动力转向,可通过在线修改参数调整系统助力曲线,实现最佳的动力转向。

2) 可方便实现驾驶人驾驶个性化调整:通过软件参数调整驾驶人转向、制动和加速时的"感觉",对汽车驾驶进行个性化设置。

3)取消了转向盘、转向柱机械连接和脚踏板,消除了驾驶人车祸撞击转向盘危险,为驾驶室提供了更大的空间,提高了驾驶人的被动安全性。

4)控制精确、经济性好:采用线控油门比传统方式更精确,发动机能够根据汽车的各种行驶状态信息,精确调节进入汽缸的燃油空气,改善发动机的燃烧状况,从而大大提高了汽车的动力性和经济性。

5)结构紧凑、质量轻、性能高、响应快,采用稳固的电子接口取代传统机械连接。

6)系统模块化结构,安装、测试及调整简单快捷。

7)线控系统更加环保。

5.3 汽车电动助力转向系统

5.3.1 EPS的三种控制方式

EPS的基本助力控制过程:控制器(ECU)根据转矩传感器的输出和车速传感器的输出,由助力特性确定电动机的目标电流,然后通过电流控制器控制电动机的电流,使电动机输出目标助力扭矩。因此,EPS的控制中要解决的两个主要问题是:

1)确定电动机的目标电流。
2)跟踪电动机驱动电流,并根据目标电流对其进行实时控制。

EPS系统控制算法是系统控制性能的关键。根据汽车转向的不同情况,EPS有三种基本控制方式。

根据助力控制内容的不同,系统控制算法分为助力控制、阻尼控制和回正控制。助力控制协助驾驶人转向,减轻转向力;阻尼控制在汽车高速行驶时适当增加转向阻力,实现高速驾驶时的"稳重手感";回正控制协助汽车转向盘在转向后自动回正或在驾驶人操作下轻便地回正。在低速行驶时,控制内容以助力控制和回正控制为主,在高速行驶时,以阻尼控制为主。在不引起歧义情况下,对系统控制内容简称为助力控制,如电动助力控制,电动助力式转向系统等。按不同的控制方式,ECU作为实际的EPS系统的组成部分,所有的控制策略将以软件的形式存储在这里。EPS的控制策略包括电动机目标电流计算、电动机实际电流的反馈控制、回正阻尼控制等。

1)常规控制:方向盘离开中间位置时电控单元对电动机进行常规控制,通过计算得到的助力电动机电流,以获得合适的助力转矩,使转向操纵轻便灵敏。汽车在行驶过程中有以下几种转向情况:行驶时的高速、中速和低速转向,以及点火起动后的原地转向。高速行驶时助力最小,原地转向时助力最大。

2) 回正控制:回正控制可以改善汽车的回正性能。汽车低速行驶时,转向后方向盘回到中间位置附近时,电控单元使电动机电流迅速减小,以便转向轮迅速回正。

3) 阻尼控制:阻尼控制可以衰减汽车高速行驶时出现的方向盘抖动现象,消除转向轮因路面不平而引起的摆振。其原理很简单,即汽车处于高速行驶时,使电动机短路,其端电压变为零,电动机将不提供助力,但由于感应电动势的作用,电动机将产生与其转动方向相反的转矩。此过程等于增加了转向系统的阻尼,使驾驶人能够获得适当的路感,不致有"发飘"的感觉。

5.3.2　电动助力转向系统对传感器的要求

控制决策的执行主要取决于车速传感器信号和扭矩传感器信号,它们是整个EPS控制系统的神经末梢,其性能的优劣、寿命的长短,直接影响着转向系统各部分的控制效果和监测质量,所以各国对它们的研究与开发都非常重视。

一般来讲传感器的选用与以下几个方面密切相关:

1) 控制方面要求:涉及测定的目标、测量的对象、测量的范围以及精度要求等。

2) 传感器的性质:包括精度等级、稳定性、对象的特性影响等。

3) 使用条件:主要涉及应用现场的环境因素。

4) 供求水平和维护:即经济性和良好的维护性。

考虑到电动助力转向系统工作环境的多变性、路况的恶劣性、人身安全要求的高可靠性等,电动助力转向系统也有其自身的特殊要求。具体体现在以下几个方面:

1) 有较好的环境适应性。汽车工作环境温度变化范围较宽($-40 \sim 80℃$),道路表面质量相差较大。

2) 批量生产,并具有互换性。

3) 高可靠性、稳定性好。

4) 尽可能小型化、轻量化,便于安装。

5) 抗电磁干扰能力强。

6) 精度高、响应快,从而满足电动助力转向对实时性的要求。

以上这些要求是选择传感器的基本原则。

5.3.3　电动助力转向系统各部分特点及选用

1. 扭矩传感器

扭矩传感器是用来检测方向盘转矩的大小和方向,它是EPS的主要控制信号之一。精确、可靠、低成本的扭矩传感器是决定 EPS 能否迅速占领市场的关键因素。扭矩传感器的设计原理大体上分为两种：一种是以日本小野为代表的齿轮相位差测量法，而另一种是以德国技术为代表的应变片式测量法。

齿轮相位差测量法基本原理是：通过弹性轴、两组磁电信号发生器，把被测转矩、转速转换成具有相位差的两组交流信号，这两组交流信号的频率相同且与轴的转速成正比，而其相位差的变化又与被测转矩成正比，把这两组交流信号用专用屏蔽电缆线送入扭矩测量仪，就可得到转矩、转速及被测功率的精确值。

应变片式测量法的原理是：当应变轴受扭力影响产生微小变形后，粘贴在应变轴上的应变计阻值发生相应变化，我们将具有相同应变特性的应变计组成测量电桥，应变电阻的变化就可转变为电压信号的变化进行测量。

目前已经产品化的扭矩传感器大致分为以下几种：

(1) 电位计式扭矩传感器

电位计式扭矩传感器主要可以分为旋臂式、双级行星齿轮式和扭杆式。其中扭杆式测量结构简单、可靠性较高，在早期应用比较多。

扭杆式扭矩传感器主要由扭杆弹簧、转角/位移变换器、电位计组成。扭杆弹簧主要作用是检测司机作用在方向盘上的扭矩，并将其转化成相应的转角值。转角/位移变换器是一对螺旋机构，将扭杆弹簧两端的相对转角转化为滑动套的轴向位移，由刚球、螺旋槽和滑块组成。滑块相对于输入轴可以在螺旋方向上移动，同时滑块通过一个螺梢安装到输出轴上，可以相对于输出轴在垂直方向上移动。转动方向盘时，扭矩被传递到扭力杆，输入轴相对于输出轴方向出现偏差。该偏差是由于滑块出现了移动，这些轴方向的移动转化为电位计的杠杆旋转角度，滑动触点在电阻线上的移动使电位计的电阻值随之变化，电阻的变化通过电位计转化为电压。这样扭矩信号就转化成电压信号了。

扭杆是整个扭杆式扭矩传感器的重要部件，因而扭杆式扭矩传感器的设计关键是扭杆的设计。扭杆一端通过细齿形渐开线花键与方向盘轴连接，另一端通过径向梢与转向输出轴连接。

扭杆式扭矩传感器在早期的 EPS 中应用比较多，但由于是接触式的，工作时产生的摩擦使其易磨损，影响其精度，将会被逐步淘汰。

(2) 电磁式扭矩传感器

该扭矩传感器是基于电磁感应原理。在被测转向柱扭力轴的两端各安装一个齿形转轮，靠近转轮沿径向各放置一个感应式脉冲发生器。当转轮旋转时，便在两个脉冲发生器中产生正弦信号，而这两个正弦信号的相位差与外加转矩成正比，所以通过检测这个相位差，即可测出扭力轴所传递的扭矩。这种扭矩传感器也属于非接触式测量，测量精度高，转速范围大，结构简单、可靠，对工作环境要求不高，可测起动和低速转矩，但电磁兼容性不高。另外，转向扭力轴实际的转动角度范围较小，倘使采用此类传感器，就要考虑如何解决传感器占据的空间和测量角度范围不能过小这对矛盾。因此，很难直接应用于汽车电动助力转向系统中。

（3）光电式扭矩传感器

目前采用的光电扭矩传感器主要是光电编码器。光电编码器是在平板玻璃圆盘或其他透明材料上，通过光学刻画对盘面按一定的数学模式进行分割，形成明暗相间的刻线或刻区。基本上可以分为两类：一类是增量式光电编码器；另一类是绝对式光电编码器。应用于电动助力转向系统时，在光电编码盘的一侧放置光源，向盘投射可见光或红外光，在盘的另一面设置一组光电器件。汽车方向盘转动时，带动圆盘转动，光电器件就可以把透过圆盘的光信息转换成电信号。经过放大、整形等后续处理，就将转动信息传递给控制单元，从而获得转向轴上的扭矩大小。其输出多为格雷码，转化也比较方便：既可以采用硬件译码，也可以采用软件译码，其工作示意图如图5-4所示。

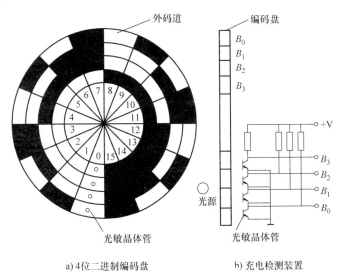

a) 4位二进制编码盘　　　b) 充电检测装置

图 5-4　光电扭矩传感器结构及其工作原理

光电式扭矩传感器的误差只与码盘的精度有关，不会产生多次计数的积累误差。要提高编码器的精度，关键在于提高码盘划分的精度和准确度。这种转矩传感器属于非接触测量，测量精度较高，结构比较单一，寿命较长，应用前景较好。但可靠性稍差、价格较高。

2. 角位移传感器

角位移传感器的功能是实时地给控制单元（ECU）提供方向盘的绝对位置、

方向盘的运动趋势,以及方向盘运动的角速度,从而为判断助力模式提供重要依据。由于助力电动机和方向盘转向柱是通过机械连接,通过对助力电动机的运动判断,从而来判断方向盘的运动,这是一般设计思路。对电动机的机械位置的定位和旋转角速度的计算,可以选用光电编码器。对助力电动机旋转角度的测量,可选用 EPC-755A 光电编码器作为传感器,考虑到汽车方向盘转动是双向的,既可顺时针旋转,也可逆时针旋转,需要对编码器的输出信号鉴相后才能计数。当光电编码器顺时针旋转时,通道 A 输出波形超前通道 B 输出波形 90°,当光电编码器逆时针旋转时,通道 A 输出波形比通道 B 输出波形延迟 90°,系统芯片通过对 A,B 通道波形的相位来判断助力电动机的旋转方向,从而来判断方向盘的旋转方向。

3. 电动机

电动机根据电子控制单元的指令输出适当的力矩,是 EPS 的动力源。电动机要有较大的功率质量比和扭矩惯量比,具有高起动转矩、低惯量和较宽广且平滑的调速范围。应采用体积、质量尽可能小的电动机。此外,电动机还必须具有较高的可靠性和稳定性,并且具有较大的短时过载能力。电动机具体参数的确定,一方面要依据负载特性,另一方面温升、过载和通频带也是确定参数的着眼点。电动机的主要要求归纳如下:

1) 起动快速、转矩惯量大。响应指令信号的时间愈短,伺服系统的灵敏性愈高,快速响应性能愈好,一般以伺服电动机的机电时间常数的大小来说明伺服电动机快速响应的性能。

2) 体积小、质量小、轴向尺寸短,调速范围宽。要有足够的调速范围,低速运行平稳、力矩波动小。

3) 能经受苛刻的运行条件,电动机在额定负载下运行时,允许施加周期性过载。

4) 温度、湿度和盐雾:当周围环境温度在 -45~125℃ 时,电动机能长时间连续运行。电动机在相对湿度不超过 100% 的情况下能正常工作。作为汽车电气设备产品,应具有一定的抗盐雾能力,并能满足相应的标准规定。

5) 防水、防尘、防振动。当淋雨、高压水冲洗时,电动机的构造、安装和通风的方式应保证电动机不出现损坏。同时,根据电动机安装部位,电动机及控制器应经受上下、左右、前后等方向的定频振动。

EPS 用电动机有直流伺服电动机、无刷直流电动机和直流力矩电动机三种方案。

直流伺服电动机的起动转矩大,调速范围广,机械特性和调节特性的线性度好,控制系统和控制方案简单。但是直流电动机的转子是带铁心的,加之铁心有齿槽,如果电动机的转动惯量大,机电时间常数较大,灵敏度较差;转矩波动较大、低速运转不够平稳；电动机换向时易产生火花，不够安全，并影响电动机的寿命。电动机结构做了特殊处理之后，可以保证转矩波动小，转动惯量低。由于直流伺服电动机有电刷和换向器，其间形成的滑动机械接触影响了电动机的精度和可靠性，所产生的电火花不够安全，因此有的电动助力转向系统采用无刷直流电动机。无刷直流电动机既有直流电动机的特性，又有交流电动机的结构简单、运行可靠及维护方便等优点。

无刷直流电动机（BLDC）是把电子技术融入电动机领域，将电子线路和电动机融为一体的产物。无刷直流电动机是由转子位置传感器和电子开关线路组成。直流电源通过开关电路向电动机定子绕组供电，位置传感器随时检测转子所处的位置，并根据转子的位置信号来控制开关管的导通和截止，从而控制哪些绕组通电，哪些绕组断电，实现了电子换向。无刷直流电动机没有换向器和电枢、维护方便、无火花、无电磁干扰、能在恶劣环境下工作，但无刷直流电动机的价格较高，且控制系统和控制方案复杂。

直流力矩电动机的工作原理与普通的直流伺服电动机相同。只在结构和外形尺寸的比例有所区别。直流力矩电动机结构上采用扁平电枢，可增加电枢槽数、元件数和换向器片数，由于加大了电动机气隙，所以力矩波动小，从而保证了低速下能够稳定运行。直流力矩电动机由于结构的特殊设计，因此其机械特性和调节的线性度好。直流力矩电动机的电磁时间常数小，电动机响应迅速，动态特性好，但价格比较高。

4. 电磁离合器

电磁离合器是保证电动助力只在预定的范围内起作用。当车速、电流超过限定值或转向系统发生故障时，离合器便自动切断电动机，恢复手动控制转向。此外，在不助力的情况下，离合器还能消除电动机的惯性对转向的影响。

5. 减速机构

减速机构用来增大电动机传递给转向器的转矩。它主要有两种形式：双行星齿轮减速机构和蜗轮蜗杆减速机构。由于减速机构对系统性能影响较大，因此在降低噪声，提高效率和左右转向操作的对称性方面对其提出了较高的要求。

6. EPS 控制器

整个控制器可分为上、下两层。基于助力特性及其补偿调节，上层控制器进行电动机目标电流的决策，下层控制器通过控制电动机电枢两端的电压，跟踪目标电流，对目标电流进行反馈和修正。

5.3.4　BLDC 的模拟控制系统示例

MC33033 是 Motorola 公司的第二代无刷直流电动机控制集成电路。它包含实现三相或四相电动机开环控制所需的全部功能。此器件由以下部分组成：一个用于确定换相顺序的转子位置译码器、可向传感器供电的温度补偿参考电压（6.25V）、频率可调锯齿波振荡器、误差放大器可用于闭环伺服应用、脉宽调制器比较器、三个集电极开路高侧驱动器和三个特别适于驱动功率 MOSFET 的大电流推挽输出电路的低侧驱动器。和它的上一代产品不同点在于，它没有分离的驱动电源和接地引脚、制动输入或故障输出信号，减少了引脚。

1. MC33033 引脚分配（见图5-5及表5-1）

1）引脚说明。输入端4、5、6脚都设有上拉电阻，输入电路与 TTL 电平兼容。其内部电路适用于传感器相位差为60°、120°、240°、360°的三相无刷直流电动机。由于有3个输入逻辑信号，原则上可能有8种逻辑组合。其中6种正常状态决定了电动机6个不同的位置状态。电动机的起停控制由19脚使能端来实现。

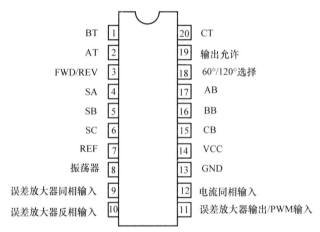

图5-5　MC33033 引脚分配图

2）驱动输出。芯片内设有欠电压保护电路，在芯片电压不足（典型值为低于9.1V）和基准电压不足（典型值为低于4.5V）两种情况下，关闭驱动输出，以保证芯片内部全部工作正常。由于 MC33033 的欠电压保护没有锁存功能，当电压恢复正常后，系统会自动恢复正常。

表5-1　MC33033 引脚功能

引脚号	功能说明
1, 2, 20	上侧输出端
3	正向/反向输入，用于改变电动机转向
4, 5, 6	转子位置传感器输入端
7	基准电压输出，典型值6.24V
8	振荡器，外接定时元件

(续)

引脚号	功能说明
9	误差放大器的同相输入端
10	误差放大器的反相输入端
11	误差放大器输出连接校正阻容元件/PWM 输入
12	电流检测输入，同相输入端
13	地
14	电源 10~30V
15,16,17	下侧输出端
18	60°/120°切换，低电平对应传感器相位 120°，高电平对应传感器相位 60°
19	使能控制端，逻辑高电平是电动机起动，低电平停车

2. 工作原理

MC33033 是由转子位置译码器、参考电压调节器、振荡器、误差信号放大器、脉冲宽度调制器（PWM）以及欠电压锁定、过电流限制（I_{Limit}）、过热关断和输出驱动电路等部分组成。

MC33033 内部的转子位置译码器是用来控制三个传感器（引脚 4、5、6）的输入状态的。同时，它还能为高侧和低侧的输出驱动提供正确的顺序。MC33033 的传感器输入电平与 TTL 电平兼容，门限电压为 2.2V。输入可直接与集电极开路的霍尔效应开关或光耦合器接口。

MC33033 控制器的 60°/120°选择引脚（引脚 18）能够方便地使控制器与具有 60°、120°、240°或 360°相位输入的电动机连接。由于有三个输入传感器，因此具有 8 种可能的输入码。其中 6 种是有效的，其余两种无效。这 6 种有效输入码经译码器译出后，确定电动机转子的位置。

正向/反向输入引脚利用其改变定子绕组上的电压来改变电动机的转动方向。当此输入状态由高电平变为低电平时，假如传感器的输入码为 100，则具有相同字母的高侧和低侧输出驱动将进行交换。即 A_T 变为 A_B、B_T 为 B_B、C_T 变为 C_B，此时电动机的转动顺序被颠倒，从而改变电动机的转动方向。

PWM 电路的主要任务是通过改变定子绕组上的电压平均值来对电动机的运行速度进行有效的控制。而欠电压锁定电路能够保证控制器和传感器可靠地工作，并保证控制器外接的功率晶体管免遭损坏。

3. 典型应用电路

三相六状态无刷直流电动机开环控制电路如图 5-6 所示。

三个高端（对应逆变器上桥臂开关管）驱动输出是集电极开路 NPN 晶体管，注入电流能力为 50mA，耐压值为 40V，可用来驱动外接逆变桥上桥臂的 PNP 功

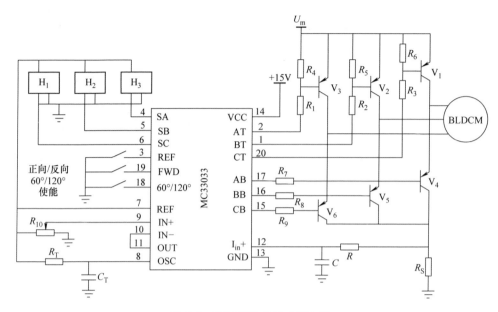

图 5-6 MC33033 典型应用电路

率管或 N 沟道 MOSFET 功率管。三个低端（对应逆变器下桥臂开关管）驱动输出是推挽输出，电流驱动能力为 100mA，可直接驱动 NPN 晶体管或 P 沟道功率 MOSFET。

H_1、H_2、H_3 为无刷直流电动机的霍尔位置传感器，MC33033 根据霍尔传感器输出的位置信号控制功率管的开关。内部振荡器的振荡频率由外接定时元件 C_T、R_T 决定。振荡器的推荐使用频率为 20~30kHz，过低会产生听觉噪声，过高则开关损耗增大。

5.3.5 数字化 BLDC 控制系统示例

1. 系统的硬件结构

图 5-7 所示为使用 DSP 实现的三相无刷直流电动机调速的控制电路。

所用的三相无刷直流电动机极对数为 1，采用三相星形联结，定子相电感为 40mH，相电阻 190mΩ，转速 5000r/min 时的电流极限为 4.3A，直流供电电压 12V，感应电动势波形为梯形。三个位置间隔 120°分布的霍尔传感器 H_1、H_2、H_3 经整形隔离电路后分别与 DSP 的三个捕捉引脚 CAP1、CAP2、CAP3 相连，通过产生捕捉中断来给出换相时刻，同时给出位置信息。

由于电动机每次只有两相通电，其中一相正向通电，另一相反向通电，形成一个回路，因此每次只需控制一个电流。用电阻 R 作为廉价的电流传感器，将其安放在电源对地端，就可方便地实现电流反馈。电流反馈输出经滤波放大电路

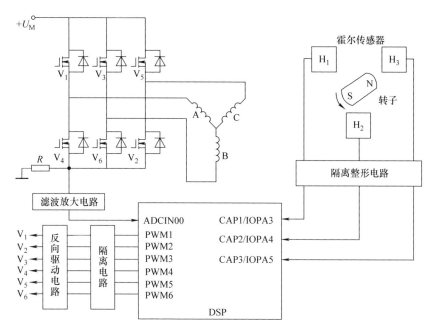

图 5-7　DSP 控制和驱动电路

连接到 DSP 的 ADC 输入端 ADCIN00，在每一个 PWM 周期都对电流进行一次采样，对速度（PWM 占空比）进行控制。DSP 通过 PWM1～PWM6 引脚经一个反相驱动电路连接到 6 个开关管，实现定频 PWM 和换相控制。

图 5-8 所示为三相无刷直流电动机全数字双闭环控制框图。

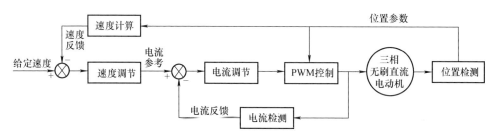

图 5-8　三相无刷直流电动机调速控制框图

给定转速与速度反馈量形成偏差，经速度调节后产生电流参考量，它与电流反馈量的偏差经电流调节后形成 PWM 占空比的控制量，实现电动机的速度控制。电流的反馈是通过检测电阻 R 上的压降来实现的。速度反馈则是通过霍尔位置传感器输出的位置量，经过计算得到的。位置传感器输出的位置量还用于换相控制。

2. 电流的检测和计算

电流的检测是用分压电阻 R 来实现的。电阻值的选择可考虑当过电流发生时能输出最大电压，同时起到过电流检测的作用。

每一个 PWM 周期对电流采样一次。如果 PWM 周期设为 $50\mu s$，则电流的采样频率为 20kHz。

但是有一个问题必须要注意：这就是在一个 PWM 周期中何时对电流进行采样。

如果对开关管采用单极性 PWM 控制（即两个对角开关管中的上桥臂开关管采用定频 PWM 控制，另一个开关管常开），在 PWM 周期的"关"期间，电流经过那个常开的开关管和另一个开关管的续流二极管形成续流回路，这个续流回路并不经过电流检测电阻 R，因此在 R 上没有压降，所以在 PWM 周期的"关"期间不能采样电流。

如果对开关管采用双极性 PWM 控制（即两个对角开关管都采用同样的定频 PWM 控制），在 PWM 周期的"关"期间，电流经过同一桥臂的另两个开关管的续流二极管到电源形成续流回路，在电阻上只有反向电流流过，产生负压降。所以在 PWM 周期的"关"期间也不能采样电流。

另外在 PWM 周期的"开"的瞬间，电流上升并不稳定，也不易采样。所以电流采样时刻应该是在 PWM 周期的"开"期间的中部，如图 5-9 所示（以对 V_1、V_4 开关管的控制为例）。它可以通过 EPWM 定时器采用连续增减计数方式时周期匹配事件启动 ADC 转换来实现。

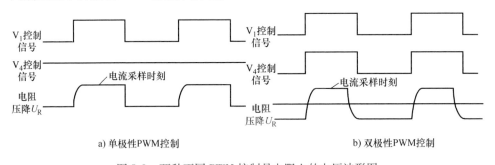

a) 单极性PWM控制　　b) 双极性PWM控制

图 5-9　两种不同 PWM 控制是电阻上的电压波形图

电流调节采用比例调节。即

$$\text{COMP}_k = \text{COMP}_{k-1} + e_{Ik} K \tag{5-1}$$

式中　COMP——产生下一个 PWM 的比较值；

　　　e_{Ik}——第 k 次电流偏差；

　　　K——比例系数。

比例系数 K 与电动机的参数有关。可根据下式确定

$$K = \frac{S}{\Delta i} \tag{5-2}$$

式中　S——一个 PWM 周期中的定时时钟个数；

　　　Δi——占空比为 100% 时的电流最大偏差。

3. 位置检测和速度计算

根据前面讲述的三相无刷直流电动机控制原理，为了保证得到恒定的最大转矩，就必须要不断地对三相无刷直流电动机进行换相。掌握好恰当的换相时刻，可以减小转矩的波动。因此位置检测是非常重要的。

位置检测不但用于换相控制，而且还用于产生速度控制量。下面我们讨论如何通过位置信号进行换相控制，以及如何进行速度计算。

位置信号是通过三个霍尔传感器得到的。每一个霍尔传感器都会产生 180°脉宽的输出信号，三个霍尔传感器的输出信号互差 120°相位差。这样它们在每个机械转中共有 6 个上升或下降沿，正好对应着 6 个换相时刻。通过将 DSP 设置为双沿触发捕捉中断功能，就可以获得这 6 个时刻。但是只有换相时刻还不能正确换相，还需要知道应该换哪一相。通过将 DSP 的捕捉口 CAP1～CAP3 设置为 I/O 口、并检测该口的电平状态，就可以知道哪一个霍尔传感器的什么沿触发的捕捉中断。我们将捕捉口的电平状态称为换相控制字，换相控制字与换相的对应关系见表 5-2。在捕捉中断处理子程序中，根据换相控制字查表就能得到换相信息，实现正确换相。

表 5-2　换相控制字与换相的对应关系

换相控制字（电平状态）			触发中断的沿状态	各开关管的工作状态					
CAP3	CAP2	CAP1		V_1	V_2	V_3	V_4	V_5	V_6
1	0	1	H_1 上升沿	PWM	OFF	OFF	PWM	OFF	OFF
0	0	1	H_3 下降沿	PWM	OFF	OFF	OFF	OFF	PWM
0	1	1	H_2 上升沿	OFF	OFF	PWM	OFF	OFF	PWM
0	1	0	H_1 下降沿	OFF	PWM	PWM	OFF	OFF	OFF
1	1	0	H_3 上升沿	OFF	PWM	OFF	OFF	PWM	OFF
1	0	0	H_2 下降沿	OFF	OFF	OFF	PWM	PWM	OFF

位置信号还可以用于产生速度控制量。我们都知道每个机械转有 6 次换相，这就是说转子每转过 60°机械角都有一次换相。这样，只要测得两次换相的时间间隔 Δt，就可以根据式（5-3）计算出两次换相时间间隔的平均角速度。

$$\omega = 60°/\Delta t \tag{5-3}$$

两次换相的时间间隔 Δt 可以通过捕捉中断发生时读定时器 2 的 T2CNT 寄存器的值来获得。定时器 2 采用连续增计数方式。转子转速越低，所花的时间 Δt 越长，T2CNT 寄存器中的值就越大。如果定时器 2 的周期值定为 FFFFH，预分频最大设为 1/128，因此每 1/6 机械转所用的最长时间为（计数时钟周期为 50ns）

$$50\text{ns} \times 128 \times 2^{16} = 0.42\text{s}$$

每转所用的时间为

$$6 \times 0.42\text{s} = 2.52\text{s}$$

最低平均转速为

$$(60/2.516544)\text{r/min} = 23.84\text{r/min}$$

可得到一个比例关系，当 T2CNT = FFFFH 时，对应的转速是 23.84r/min；当 T2CNT = X 时，对应的转速应该是 23.84r/min 的 FFFFH/X 倍。

通过这样计算所得到的速度值作为速度反馈量参与速度调节计算。

速度调节采用最通用的 PI 算法，以获得最佳的动态效果。计算公式如式 (5-4) 所示：

$$\text{Idcref}_k = \text{Idcref}_{k-1} + K_p(e_k - e_{k-1}) + K_i T e_k \tag{5-4}$$

式中 Idcref——速度调节输出，它作为电流调节的参考值；

e_k——第 k 次速度偏差；

K_p——速度比例系数；

K_i——速度积分系数；

T——速度调节周期。

速度调节每 62.5ms 进行一次，即 1250 个 PWM 周期（每个 PWM 周期 50μs）调节一次。因此采样周期 $T = 0.0625\text{s} = 2^{-4}$ s。这样，当 $K_i T$ 进行乘法计算时，只需通过右移 4 位即可求得。

参 考 文 献

[1] 宋波，陈争，刘林. 汽车电动助力转向系统控制策略分析 [J]. 科技与创新，2016 (19).

[2] 孙建民，周庆辉. 汽车电气及电子控制系统 [M]. 北京：机械工业出版社. 2016.

[3] 刘鑫. 汽车电动助力转向系统关键技术分析 [J]. 中国高新科技，2018 (4)：26-28.

[4] MA X, GUO Y. Exploration of the Reliability of Automotive Electronic Power Steering System Using Device Junction Electrothermal Profile Cycle [J]. IEEE Access, 2017, 4.

[5] WILHELM F, TAMURA T. Friction Compensation Control for Power Steering [C]. IEEE Transactions on Control Systems Technology for Sustainable Energy Systems, 2016.

[6] NOORI, MEHDI, ZHAO Y. Light-duty electric vehicles to improve the integrity of the electricity grid through Vehicle-to-Grid technology: Analysis of regional net revenue and emissions savings [J]. Applied Energy, 2016, 168: 146-158.

[7] MA X, GUO Y. Active disturbance rejection control for electric power steering system with assist motor variable mode [J]. Journal of the Franklin Institute, 2018, 355 (3): 1139-1155.

[8] 蒋玲，苏婷，朱虹. 浅谈汽车电动助力转向系统 [J]. 时代汽车，2017 (10).
[9] 王赢聪. 汽车电子控制器电路板电磁干扰分析与抑制 [D]. 重庆：重庆大学，2015.
[10] 于秩祥. 新型传感器和智能检测系统在汽车上的应用 [J]. 汽车电器，2014 (4).
[11] 杜弘，王辉，王丽新. 汽车电器及电子设备检修 [M]. 北京：北京理工大学出版社，2014.
[12] 代康伟，张炳力. 车用传感器技术现状及展望 [J]. 科技创新导报，2007 (36).
[13] 王巍，李杰，晁银丽. 汽车电子稳定控制系统控制器的设计 [J]. 农业装备与车辆工程，2017 (6).
[14] 梁长垠，唐建东，吴光斌. 基于 DSP 技术的汽车用传感器平台设计 [J]. 传感器与微系统，2005 (3)：41-43.
[15] 董玉. 汽车用传感器研发要求及发展方向 [J]. 农业科技与装备，2009 (2).
[16] 李明祥. 汽车电动助力转向电子控制系统的研究 [J]. 军民两用技术与产品，2017 (18).
[17] 张勇. 融合辅助转向功能的电动轮汽车电子差速控制研究 [D]. 江苏大学，2016.
[18] 平莉艳. 浅谈汽车电子点火系统的故障诊断 [J]. 科学大众（科学教育），2016 (11).
[19] 汪文忠. 汽车发动机点火故障诊断方法分析 [J]. 轻型汽车技术，2016 (3).
[20] 廖晓梅. 汽车 ESP 用传感器及其接口技术 [J]. 内燃机与配件，2017 (1).
[21] 张廷刚. BOOST + LLC 两级式车载电源的研究 [D]. 哈尔滨理工大学，2017.

第 6 章　汽车电源系统

6.1　汽车电源的特点

汽车电子系统越来越复杂。同时，汽车恶劣的工况使得汽车环境对任何电子产品来说都是很大的挑战，因为汽车电子系统要求运行电压很宽，并且有很大的瞬态电压和温度变化。另外，对性能要求也越来越高，电源必须具备以下特点：

1. 输入运行范围要宽

对于 14V 供电系统的汽车，稳压器通常被设置成能够在 6~18V 的输入电压范围内工作。而且必须能够承受 80V 的瞬间电压和反电压。有些汽车系统还要求电源 14V 和 24V 通用。

2. 宽负荷范围内效率要高

宽负荷的高效率电源转换在大部分汽车系统中都至关重要。例如，在 10mA~12A 负荷范围内的 5V 输出，要求电源转换效率在 85% 左右。

3. 多种保护范围

车载电源及汽车电子系统的电源保护电路一般都要有电源反接保护电路、电压瞬变和浪涌保护电路、电源过电压保护电路、电源欠电压保护电路、电源稳压电路、输出驱动（驱动灯泡、电磁阀、电磁离合器等）短路保护、过电流保护、过热保护电路等。

4. 低静态电流

汽车系统中的很多应用需要持续电源，即使是在停车的时候也是如此。这些应用最重要的要求是较低的静态电流。在轻负荷电流下，开关稳压器需要自动转换到突发模式运行。在这种模式下，12V 到 3.3V 转换器要求静态电流应该下降到 100μA 以下。静态电路在关机状态下应该低于 1μA。

5. 噪声和 EMI 低

尽管开关稳压器比线性调压器产生更多的噪声，但它们的效率要高得多。如果开关稳压器在正常状态下以恒定的频率切换，并且开关的边缘干净，没有过冲或高频振荡，那么 EMI 较小。此外，如果稳压器可以与低 ESR 陶瓷电容器一起使用，那么输入和输出电压纹波都可以实现最小化，它们是系统里另外的噪声源，应用时应特别注意。

6.2 汽车中的线性电源

我们常把稳压电源分成两类：线性稳压电源和开关稳压电源。目前，在汽车电子控制系统主机板的设计中，电源设计的好坏至关重要。开关电源最大的优点是效率高、体积小。缺点是精度低、稳定性差、噪声大；直流线性稳压电源最大优点是稳定性好、精度高、噪声小。缺点是效率低、体积大。因此，对于电源稳定性要求不高的一般情况供电和输出大功率电源，可选用开关电源，对于电源精度、噪声要求高的场合必须选用线性电源，比如电压基准源，高精度的测量仪器等。

许多低压电源都采用线性稳压电源来设计，线性稳压电源是比较早使用的一类直流稳压电源。线性稳压直流电源的特点是：输出电压比输入电压低；反应速度快，输出纹波较小；工作产生的噪声低；但是效率较低（现在经常看的 LDO 就是为了解决效率问题而出现的）；发热量大（尤其是大功率电源），间接地给系统增加热噪声；而且带负载能力相对较差，所以在设计线性稳压电路时，如何在保持低成本的前提下，不断提高电路的带载能力，以满足电路更高的带载能力的要求，是广大电源设计工程师面临的一个大挑战。

线性稳压电源是指调整管工作在线性状态下的直流稳压电源。调整管工作在线性状态下，可以理解为：R_W（见图 6-1）是连续可变的，亦即是线性的。而在开关电源中开关管（在开关电源中，我们一般把调整管叫作开关管）是工作在开、关两种状态下的：开——电阻很小；关——电阻很大。工作在开关状态下的管子显然不是线性状态。

图 6-1 所示为简单的线性稳压电源调节电压原理图。可变电阻 R_W 跟负载电阻 R_L 组成一个分压电路，输出电压为

$$U_o = U_i \times R_L / (R_W + R_L) \tag{6-1}$$

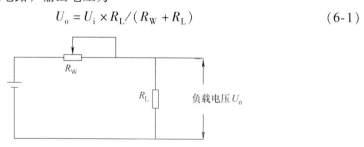

图 6-1 简单线性稳压电源调节电压原理图

因此通过调节 R_W 的大小，即可改变输出电压的大小。请注意，在这个式子里，如果我们只看可调电阻 R_W 的值变化，U_o 的输出并不是线性的，但如果把

R_W 和 R_L 一起看，则是线性的。还要注意，这个图中并没有将 R_W 的引出端画成连到左边，而画在右边。虽然这从公式上看并没有什么区别，但画在右边，却正好反映了"采样"和"反馈"的概念——实际中的电源，绝大部分都是工作在采样和反馈的模式下的，使用前馈方法很少，即使使用了前馈方法，也只是辅助方法而已。

如果我们用一个晶体管或者场效应晶体管，来代替图中的可变阻器，并通过检测输出电压的大小，来控制这个"变阻器"阻值的大小，使输出电压保持恒定，这样我们就实现了稳压的目的。这个晶体管或者场效应晶体管是用来调整电压输出大小的，所以叫作调整管。

如图 6-2 所示，由于调整管串联在电源跟负载之间，所以叫作串联型稳压电源。相应地，还有并联型稳压电源，就是将调整管跟负载并联来调节输出电压，典型的基准稳压器 TL431 就是一种并联型稳压器。由于调整管相当于一个电阻，电流流过电阻时会发热，所以工作在线性状态下的调整管，一般会产生大量的热，导致效率不高。这是线性稳压电源的一个最主要的缺点。

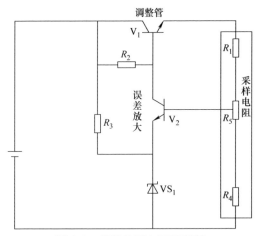

图 6-2　线性稳压电源原理图

一般来说，完整的线性稳压电源由调整管、参考电压、取样电路、误差放大电路等几个基本部分组成。另外还可能包括一些例如保护电路，启动电路等部分。常用的线性串联型稳压电源芯片有：78XX 系列（正电压型），79XX 系列（负电压型）（实际产品中，XX 用数字表示，XX 是多少，输出电压就是多少。例如 7805，输出电压为 5V）；LM317（可调正电压型），LM337（可调负电压型）；1117（低压差型，有多种型号，用尾数表示电压值。如 1117 - 3.3 为 3.3V，1117 - ADJ 为可调型）。

线性电源技术很成熟，可以达到很高的稳定度，波纹也很小，而且没有开关电源具有的干扰与噪声。但是它的缺点是需要庞大而笨重的变压器，所需的滤波电容的体积和重量也相当大,而且电压反馈电路是工作在线性状态,调整管上有一定的电压降,在输出较大工作电流时,致使调整管的功耗太大,转换效率低,还要安装很大的散热片。这种电源将逐步被开关电源所取代。

汽车电子装置中的微处理器对电源的要求特别高,电源的质量和性能直接影响汽车电子装置的可靠性,通常情况下汽车电子装置中的微处理器的电源不用普通的三端电源,而是根据具体情况采用专用的线性电源和开关电源。

汽车电子装置中现有功率电源一般多采用线性电源,适合于汽车的线性电源种类很多,TLE4275的特点是工作电压范围宽,压降低,而且具有很宽的温度范围。

TLE4275是一个单片集成低压降电压调节器,封装形式是5引脚贴片封装。其输出为5(1±2%)V,输入电压最低可为5.5V。输入电压最高可达45V。此芯片能提供的负载电流最高可达450mA且具有负载短路保护功能。芯片同时具有过温保护功能,当芯片温度超过预定的温度,芯片将停止工作。芯片可以对外产生一个复位信号,其典型值是4.65V,它的延迟时间可通过外接电容进行调节。

除此之外,还具有低的耗散电流、上电及欠电压复位、短路保护功能、极性反接保护功能等。

图6-3所示为TLE4275功能框图,图6-4所示为应用电路。

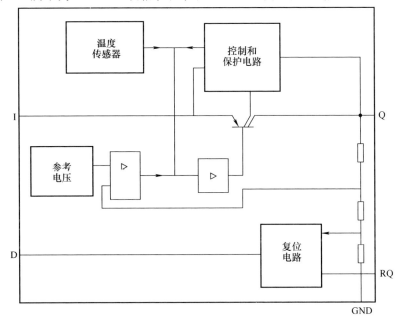

图6-3 TLE4275功能框图

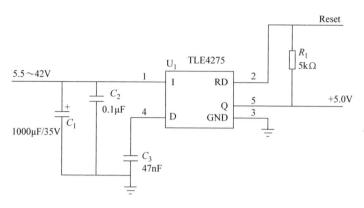

图 6-4　TLE4275 应用电路

6.3　汽车中的开关电源

6.3.1　开关电源概述

广义地说，凡用电力电子器件作为开关，将一种电源形态转变成为另一种形态的主电路都叫作开关变换器电路。转变时用自动闭环控制稳定输出并有保护环节，则称为开关电源（Switching Power Supply）。开关电源主要组成部分是 DC/DC 变换器，它是转换的核心，涉及频率变换，目前 DC – DC 变换中所用的频率提高最快。开关电源将输入的连续能量分成间断的能量，对每份能量的大小进行控制。因此开关电源适用于压差比较小的场合和升压的场合。

开关电源技术的出现使电源的变换效率大大提高。目前大部分开关电源采用 PWM 技术，极少数采用了频率调制和混合调制技术。如果设计得好的话，采用这种技术的适配器效率可以达到 80% 以上。

开关电源的特点是在稳压的过程中有一个交流逆变，即不管输入是 DC 还是 AC，都要先转换成 AC，所以对输入电压的要求很宽（AC 100～250），缺点是对纹波要求高的电路或设备不宜使用。因无须传统的变压器，所以体积小。图 6-5 所示为开关电源的逻辑原理图。

简单地说，开关电源就是通过电路控制开关管进行高速的导通与截止。将直流电转化为高频率的交流电提供给变压器进行变压，从而产生所需要的一组或多组电压，效率有了大大的提高。所以开关电源可以做得很小，而且工作时不是很热、成本很低。

图 6-6 所示为电动汽车中的 DC/DC 电源，可看出存在 3 种电源：12V、48V 及其电动机驱动控制器的功率电源。

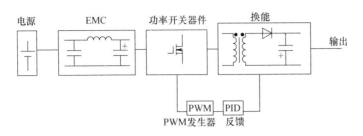

图 6-5 开关电源逻辑原理图

DC/DC 拓扑结构由非隔离和隔离型两种构成。其中 Buck、Boost、Buck-Boost、Cuk 和 Sepic 构成了非隔离型拓扑;单管正激、双管正激、单管反激、双管反激、半桥、全桥、移相全桥、推挽电路、LLC 等组成了隔离拓扑。出于安全考虑,车载 DC/DC 电源一般采用隔离型拓扑作结构。反激电路常在几百瓦的功率范围内使用;推挽电路性能差,并且常常存在偏磁问题,限制了其在电动汽车中的应用,这里不对其讨论。

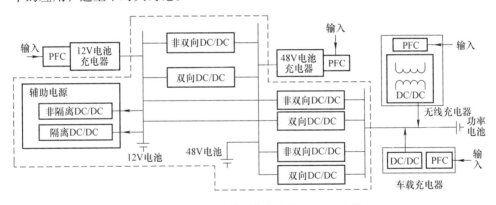

图 6-6 电动汽车中可能存在的 DC/DC 电源

6.3.2 常见拓扑结构

1. 单级隔离型 DC/DC 电源拓扑

正激 DC/DC 变换器结构简单,常应用于小功率场合。图 6-7 所示为辅助绕组复位正激变换器的原理图。

在辅助绕组复位正激变换器电路中仅仅通过一个二极管和一个复位绕组完成磁能的复位。在开关管关断的情况下,励磁绕组中的励磁能量经辅助绕组回馈能量向输入源,如果二极管压降为零则可认为辅助绕组的复位是没有损耗的复位。在占空比 D 小于 50% 的情况下,可靠复位才可实现。增加辅助绕组将使变压器绕制复杂同时漏感增加。通过分析可知辅助绕组复位正激变换器不适合宽输入电

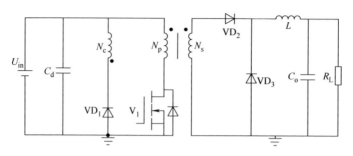

图 6-7 辅助绕组复位正激变换器原理图

压范围的场合。

由于控制方式简单、效率高、可靠性高，双管正激变换器得以在小功率应用场合使用。图 6-8 所示为双管正激电路原理图。双管正激电路不必向单管正激变换器那样需要添加辅助绕组就可实现变压器磁心的复位。一个功率开关管和一个二极管串联成为双管正激变换器的一路桥臂，因此不会像半桥和全桥电路那样存在开关管的直通问题。在两开关管 V_1、V_2 开通时，输入能量向输出端传输；开关管 V_1、V_2 关断时，二极管 VD_1、VD_2 为励磁电流提供续流路径，这就完成了变压器的磁复位。二次侧整流管续流发生在二极管续流阶段，此时磁复位已完成。在二极管 VD_1、VD_2 续流阶段，钳位开关管 V_1、V_2 的电压为输入电压。与单管正激变换器相比，双管正激开关管的电压应力比单管正激开关管的电压应力低一半。降低开关及通态损耗常使用通态电阻很小的管子。限制其不能工作在宽电压输入范围场合的原因是双管正激电路占空比 D 不能超过 50%。

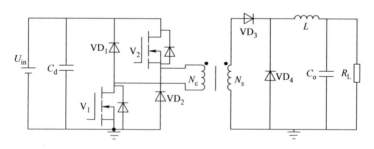

图 6-8 双管正激变换器拓扑原理图

传统半桥结构中，变压器一次侧仅承受一半的输入电压，从而使电流峰值增加，限制了在大功率场合的应用，因此一般只将其使用在输出功率较低的场合。图 6-9 所示为传统半桥的两种主要形式。当一次侧功率开关管关断后，由变压器漏感和功率开关管输出结电容引起的振荡是传统半桥存在的主要问题，振荡回路可消耗掉变压器漏感中能量。但是附加阻容电路抑制振荡所造成的后果损耗较大。

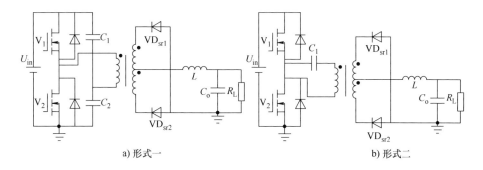

图 6-9 传统半桥电路的两种形式

图 6-10 所示为采用双桥臂四个功率开关管的硬开关全桥拓扑。虽然成本较高,但具有开关管电流应力较小、变压器无偏磁效率较高、PWM 控制方式简单等优点,在中大功率场合应用中比较常见。

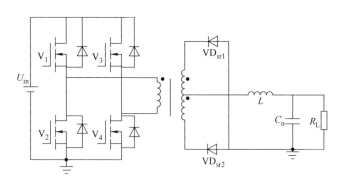

图 6-10 全桥拓扑电路图

移相全桥变换器结合了软开关技术和全桥拓扑的优点,正是因为移相全桥变换器拥有了软开关技术的高效性,在目前的中大功率变换器中得到较好的推广。图 6-11 为移相全桥拓扑电路。移相全桥控制方式的实现是通过移相控制完成的,更进一步地说也就是通过调节图中由 V_1、V_2 组成的超前桥臂开关管及由 V_3、V_4 组成的滞后桥臂开关管之间的移相角调节占空比来实现输出电压的调节。

虽然移相全桥变换器具有可实现功率开关管的 ZVS、提高开关频率就可提高功率密度;器件电压电流应力小等诸多优点,但是该电路同样存在着很多问题:负载较轻的情况下,滞后桥臂的 ZVS 难以实现;一次侧回路中的循环能量较大(这对效率的提高是有难度的);与一般拓扑存在的共性问题是二极管的反向恢复,开关过程中的电压电流变换率较大(干扰产生的主要原因);一次侧环流大,影响了变换器的效率。此外,一次侧串联谐振电感的增加可使 ZVS 范围提高,但带来的不良影响是占空比丢失会变得更大,效率不能得到显著提高;驱动电路复杂。所以说移相全桥变换器并不是宽电压输入车载 DC/DC 电源的首选。

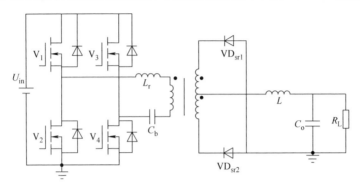

图 6-11　移相全桥拓扑电路图

2. 两级隔离型 DC/DC 拓扑

针对高压动力电池组电压范围宽的特点,车载 DC/DC 电源要具备输出电压稳定精确、低输出电压纹波、动态性能好及宽电压输入等优良特性。综合这些特性,在电源设计过程中要对设计参数进行折衷考虑,但这往往导致车载电源工作效率低,无法达到最优的工作状态。在宽范围输入电压的场合,两级拓扑结构在提高效率方面起到了重要的作用。两级拓扑结构可以将两级拓扑中的每一部分优点充分发挥出来。因此,经过参数优化设计的两级拓扑结构变换器将会获得比单级拓扑结构变换器更高的效率。

图 6-12 所示为典型两级拓扑结构框图。输出电压稳定性调节、动态响应特性是由前级变换器完成的,因此对前级变换器进行闭环控制设计。后级变换器进行参数设计优化从而得到效率的提高,后级变换器一般开环运行,这样设计的两级变换器控制简单并且可通过同步整流方式进一步提高变换器效率。

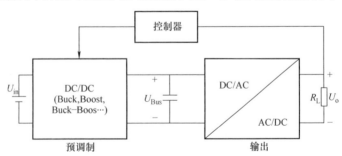

图 6-12　典型两级拓扑结构框图

简单的 Buck 降压拓扑和 Boost 升压拓扑常常作为前级预调节变换器,而半桥、推挽、全桥等拓扑结构作为后级变换器的主拓扑结构,那么后级变换器一次侧开关管 ZVS 和最大占空比下二次侧整流管 ZCS 可比较容易实现，小功率场合可使用有源钳位正激变换器等。常用的两级拓扑有 Buck + 正激、Buck + 半桥、Boost + 半桥、Boost + SRC，Boost + LLC 等。目前电源市场上还可见到深圳核达中远通电源有限公司、深圳雅达电子有限公司、深圳 Vmax 电子公司生产 Buck + 交错 LLC 两级结构的变换器，该变换器体积小、功率密度高、输出电压纹波小。另外文献提出了 Buck – Boost + LLC 两级变换器结构，其拓扑结构如图 6-13 所示。高压动力电池电压范围为 200~450V，经 Buck – Boost 变换后为 390V，然后经 LLC 谐振变换器降压为 14V。文献提出了交错并联 Buck – Boost 两级变换器结构，其拓扑结构如图 6-14 所示。高压动力电池电压范围 200~375V，经过交错并联 Boost 变换为额定电压为 400V 的后级 LLC 输入电压。再经过后级 LLC 转换为 12V，整机额定功率 1.5kW，最高效率可达 95.8%。

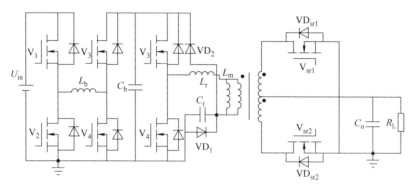

图 6-13　Buck – Boost + LLC 两级变换器结构

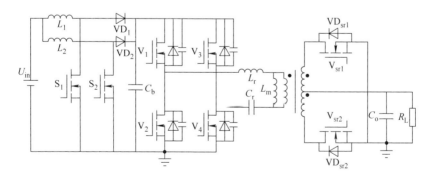

图 6-14　交错并联 Boost + LLC 两级变换器结构

3. 移相全桥（PSFB）变换器

PSFB 变换器具有出色的变压器磁心利用率和实现 ZVS 的能力，非常适合高输入电压应用场合，通过精心设计效率可超过 99%；但变压器一次侧需要 4 个开关器件,增加了控制的复杂程度。图 6-15 所示为 PSFB 电路的原理图。

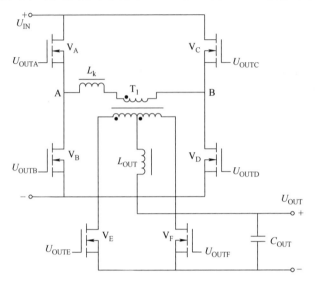

图 6-15 PSFB 电路的原理图

U_{IN}—直流输入电压 U_{OUT}—直流输出电压 V_A、V_B、V_C 和 V_D—4 个主开关管(V_A、V_B 称为超前臂开关管,V_C、V_D 称为滞后臂开关管) V_E 和 V_F—次级侧整流器开关管 OUTA、OUTB、OUTC、OUTD—这几个开关器件的驱动电压 T_1—移相全桥电源变压器 L_k——次侧变压器漏感 L_{OUT}—输出滤波电感 C_{OUT}—输出滤波电容

1. PSFB 概述

该拓扑具有如下特点:

1) 是降压衍生拓扑:$U_{out} = U_{in}DN$(D 为占空比,N 为一、二次侧线圈匝数比)。

2) 每个周期有 4 个开关状态:两次能量传输和两次续流状态。

3) 每个周期有 4 个 ZVS 转换。

4) 对于高压输入场合,可实现零电压开关。

此外,我们直接给出分析的结论:

1) 为实现 ZVS,需要考虑如下死区时间:V_A 关断和 V_B 导通之间的死区时间,V_C 关断和 V_D 导通之间的死区时间。

2) 为减少续流二极管的导通时间,需要考虑如下死区时间:V_A 关断和 V_F 关断之间的死区时间,V_B 关断和 V_E 关断之间的死区时间。

图 6-16 所示为 4 个主开关器件的 PWM 驱动波形,通过这个典型的驱动波形可知:

1) 同一桥臂上下开关管互补导通,占空比约为 50%,实际少 1% 或 2%,

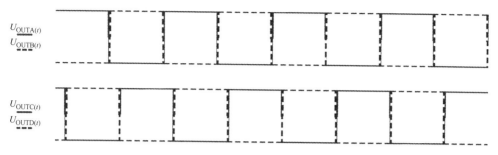

图 6-16　4 个主开关器件的 PWM 驱动波形

以便为 ZVS 转换预留时间。

2）OUTA 和 OUTB 为超前臂开关管参考驱动波形，OUTC 和 OUTD 与参考驱动波形相差一个相位，即移相角，通过调节移相角来控制占空比，从而调节输出电压。

3）当"对角"开关导通时（V_A 和 V_D 或 V_B 和 V_C 导通），会发生从一次侧到二次侧的电力传输。

2. PSFB 的 8 种工作模式

（1）模式 1：第一次能量传输

QA、QD、QF 导通；其他开关管断开。变压器一次侧产生正电压，一次侧电流（$I_{PRI} = I_{out}/N$，其中，N 为变压器变比）随之增加。能量从一次侧传输到二次侧，输出电感中的电流 I_{out} 也在增加。电流路径如图 6-17 所示，各开关管开关状态如图 6-18 所示。

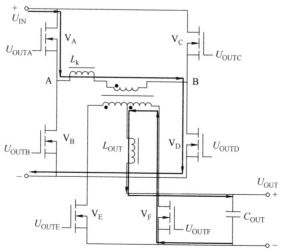

图 6-17　模式 1 电流流动路径

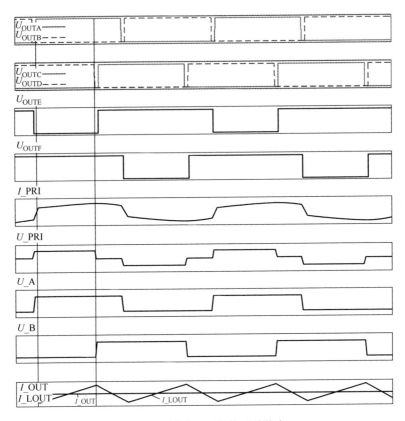

图 6-18 模式 1 开关管开关状态

(2) 模式 2：ZVS

DT_CD（见图 6-20）是 V_D 断开和 V_C 导通之间的死区时间。这段时间内存储在漏电感 L_k 中的能量对节点 B 处的电容充电，流经 V_D 的电流减为零，V_C 的续流二极管导通，谐振转换被钳位。DT_CD 时间后 V_C 开始导通，因此没有开关损耗，实现 ZVS。电路中电流流动路径如图 6-19 所示，各开关管开关状态如图 6-20 所示。

(3) 模式 3：续流

谐振转换结束后 V_E 导通，此时变压器的一次侧和二次侧都被短路。由于变压器一次电压为零（即 $U = 0$）并且有 $U = Ldi/dt$，因此 di/dt 也等于 0，这意味着死区时间后，一次电流可用于实现 ZVS 的谐振转换。

输出电流由变压器二次侧提供，该电流在变压器中不对称地流动。由于变压器二次侧短路，表明没有电压迫使电流从一个绕组流入另一个绕组。这种不对称性还表明变压器二次侧的损耗高于电流均分时的损耗。电路中电流流动路径如图 6-21 所示，各开关管开关状态如图 6-22 所示。

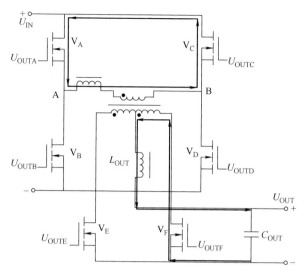

图 6-19 模式 2 电流流动路径

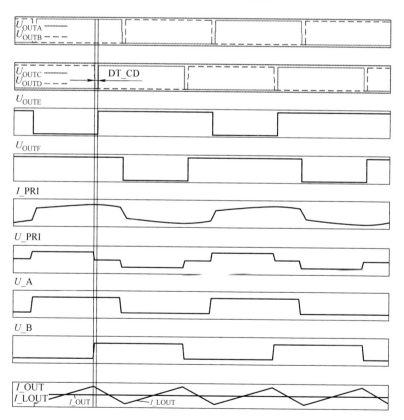

图 6-20 模式 2 开关管开关状态

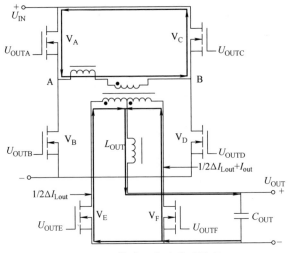

图 6-21 模式 3 电流流动路径

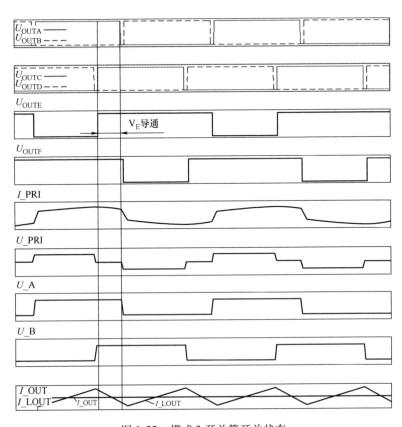

图 6-22 模式 3 开关管开关状态

(4) 模式 4：ZVS

DT_AB 是 V_B 导通和 V_A 断开之间的死区时间。当 V_A 断开时，节点 A 处电压由 U_{in} 变为零，V_B 在 DT_AB 后导通，实现 ZVS。V_F 在 DT_AB 期间断开，以准备第二次能量传输。各开关管开关状态如图 6-24 所示，电路中电流流动路径如图 6-23 所示。

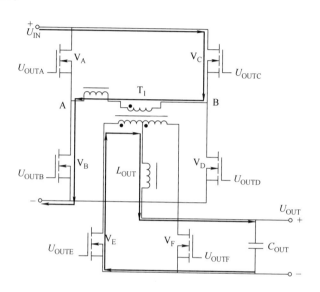

图 6-23　模式 4 电流流动路径

(5) 模式 5：第二次能量传输

这是开关周期内的第二次能量传递，其中 V_B、V_C、V_E 导通，其他开关器件均断开。本次变压器极性与第一次能量传递时极性相反，能量从一次侧传输到二次侧，输出电感中的电流 I_{out} 也在增加。各开关管开关状态如图 6-26 所示，电路中电流流动路径如图 6-25 所示。

(6) 模式 6（第二次能量传输）：

与模式 2 类似，读者可按照如图 6-28 所示的各开关管开关状态及如图 6-27 所示电流流动路径对照分析。

(7) 模式 7（第二次能量传输）：续流

与模式 3 类似，读者可按照图 6-30 所示的各开关管开关状态及图 6-29 所示电流流动路径对照分析。

(8) 模式 8（第二次能量传输）：ZVS

与模式 4 类似，读者可按照图 6-32 所示的各开关管开关状态及图 6-31 所示电流流动路径对照分析。

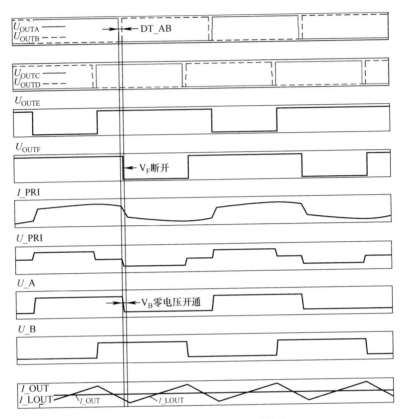

图 6-24 模式 4 开关管开关状态

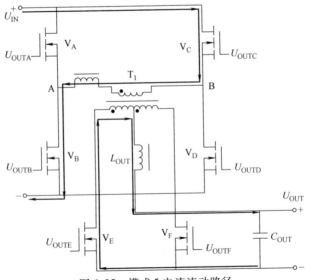

图 6-25 模式 5 电流流动路径

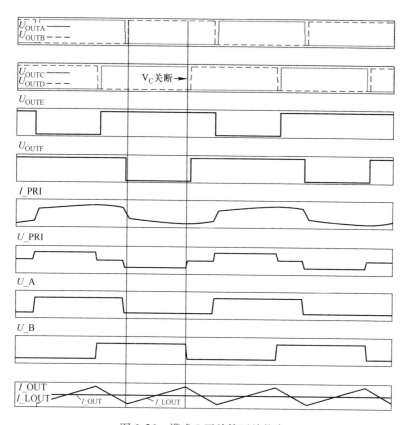

图 6-26 模式 5 开关管开关状态

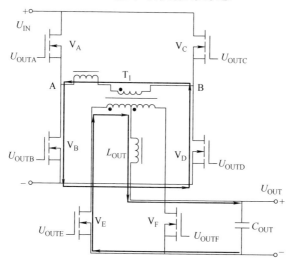

图 6-27 模式 6 电流流动路径

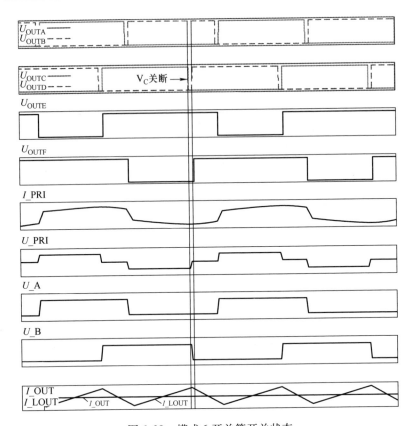

图 6-28 模式 6 开关管开关状态

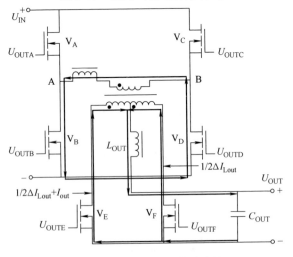

图 6-29 模式 7 电流流动路径

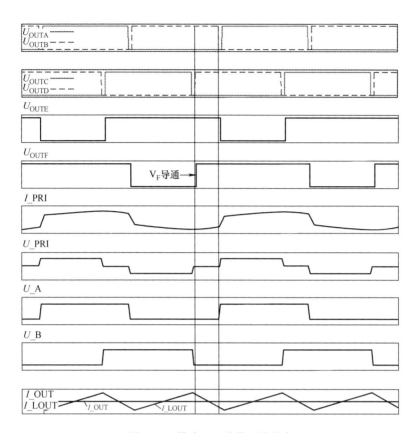

图 6-30 模式 7 开关管开关状态

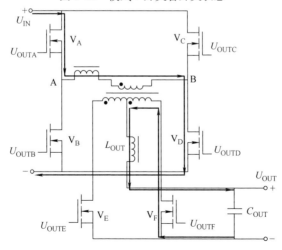

图 6-31 模式 8 电流流动路径

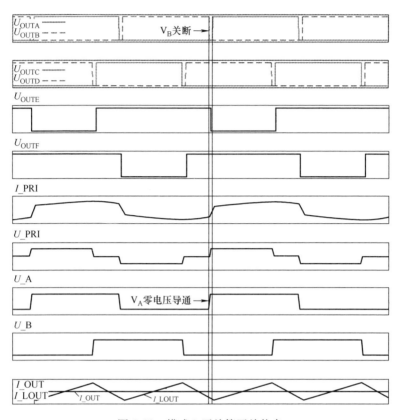

图 6-32 模式 8 开关管开关状态

6.4 精密电源

汽车电源除了像前面简单地分为线性电源和开关电源外，还有一种电源，那就是精密电源，这类电源主要是用在汽车传感器上。与日常普遍使用的传感器相比，汽车上的传感器是特制的，它们用来适应汽车上电子系统的要求。传感器的研发部门必须确保产品达到下列的五项基本性能指标：可靠性高、成本低、体积小、精度高、抗干扰能力强。传感器安装在车辆没有遮蔽的位置上，因此它们承受着特别恶劣的工作条件，并且能够适应较宽范围的不同压力：

1）机械式的（振动、冲击）；
2）气候的（温度、湿度）；
3）化学的（例如：盐雾、燃料、润滑油、蓄电池酸液）；
4）电磁的（放射、线路传导性的寄生脉冲、过电压、极性倒转）。

由于传感器本身的特点，传感器更适合直接安装在测量点上。这就表明传感器应能适合更加恶劣的工况。除去极个别特殊情况,汽车传感器精度要求相对适中。通常情况下,允许偏差不超过最终测量值的 1%。当考虑到不可避免的仪器老化问题,这个误差范围也适用。误差可通过有效手段进行调整。为了确保传感器在恶劣的条件下正常工作,就要加强传感器的保护措施,这就对传感器除了封装的要求很高以外,还要求给传感器供电的电源是精密电源。

6.5 电源的效率

根据定义,电源效率 = P_{out}/P_{in},具体用图 6-33 来表示。

下面分析一下线性电源效率低下、体积大、比较笨重的主要原因。它的稳压原理如下:当交流电源电压降低或负荷电流增大时,引起输出电压 U_o 降低,U_o 经取样电路送至比较器与基准电压比较,然后将误

图 6-33 电源效率

差信号放大去控制调整管两端的压降,使其减小;如果减小的数值正好等于输出电压降低的数值,则输出电压重新回升到原先的数值,从而保持了稳定。反之,当交流电源电压升高或负荷电流减小时,则使调整管两端压降增大,以维持输出电压的稳定。在工作过程中,调整管的状态始终处于晶体管特性曲线的线性放大区。这样,调整管本身就要耗费一定的功率,同时调整管还会由于较大的功耗而发热。为了散热,必须在调整管上配置庞大的散热器. 这是造成串联线性稳压电源效率低、体积大、比较笨重的第一个原因。

原因二:在串联线性稳压电源中,使用了工频降压变压器,该变压器不仅大大增加了电源的体积和重量,而且因变压器本身的效率为 80% ~ 90%,从而降低了整个电源的效率。

原因三:为使串联线性稳压电源正常工作,必须使调整管在任何时候都处于线性放大区,因此要给予调整管一定数值的压降,称它为起始电压 U_{CEmin},起始电压与调整管的饱和压降 U_{CES} 有关,也与整流、滤波后的直流电压 U_d 中的纹波电压峰 – 峰值 U_{pp} 有关,即

$$U_{CEmin} = U_{CES} + U_{pp}$$

U_{pp} 值的大小主要决定于滤波电容的数值,为了减少 U_{pp},就得增大滤波电容的数值,因而电源的体积、重量相应地增加。

在射极输出的电压控制型串联线性稳压电源中,U_{CES} 值因调整管接成 2 或 3 级达林顿复合管,通常达到 1.4 ~ 2.1V;在集电极输出的高效率电流控制型串联线性稳压电源中,U_{CES} 只需 0.65V。但集电极输出的电路因为工艺问题,极难做

成集成稳压器。此外，所谓的高效率也仅表现在 $U_{CES}=0.65\text{V}$ 这一点上，作用是很有限的。

而开关稳压电源结构比较简单，控制电路既可采用分立元器件，也可采用集成稳压器或集成脉冲调制器，电源的调试很方便，可靠性也比较高，而且由于电力晶体管工作在开关状态，电源的效率明显提高（特别在输入电压大幅度变动、输出电压大范围调节时），体积和重量也比线性电源明显减小，在电子计算机、军用电子设备及实验室中得到广泛的应用。

开关电源的效率比线性电源的效率有了很大的提高，但是它也有开关损耗和开关噪声问题。开关损耗与开关频率成正比，而同时，开关频率越高，开关电源的优点越显著，所以为了增加开关频率，一定要想办法降低开通和关断的损耗。下面简单分析一下高频电路的优缺点。

1）高频电路的优点：主要磁性元件变得更小；更高的功率密度，更低的损耗。

2）高频电路的缺点：较高的开关损耗；二极管反向恢复成为开通损耗中的主要因素；效率降低，有噪声。

另外，影响开关电源效率的因素很多，如变压器漏感的损耗、输出晶体管转换期的损耗、整流二极管的损耗等。

开关噪声是开关电源的一个独特问题，也是开关电源的最大弊病，要根据产生噪声的主要原因进行消除和隔离，以满足工程需要。噪声也是开关效率的一种表现，因为噪声本身是带有能量的。效率低的电源，噪声一也总是大的。产生噪声的原因有很多，主要有以下几种：

1）由漏感所产生的脉冲干扰；
2）由变压器其他元件及引线布局产生的分布电容等构成的寄生振荡；
3）开关时高次谐波通过变压器对空间的辐射产生的干扰；
4）输出的整流二极管 VD 的反向特性造成的换相干扰。

其中最主要的噪声来源是前面谈到的变压器和二极管。这两者不仅决定着效率，而且也是很强的噪声源。所以，解决噪声问题的首要一条是，既不使隔离变压器产生磁饱和，又最大限度地减小漏感，这也是一项极有效的技术措施，变压器必须采取双线并绕的办法或夹心法。

6.6 Boost + LLC 两级式 DC/DC 电源变换器设计

车载 DC/DC 电源的高效性、高功率密度、高可靠性直接影响着电动汽车的整体性能，车载 DC/DC 电源可以说是电动汽车不可或缺的重要组成部分。车载 DC/DC 电源的各项指标是非常关键的，其转换效率的高低直接对整车的经济性起着重要的作用。由于高压动力电池的电压范围较宽、电动汽车内部空间的局限性、电磁环境的复杂性等问题,因此设计一款宽范围输入电压、高工作效率、功率密度大、抗电磁干扰、高可靠性的车载 DC/DC 电源是研究的主要方向,于是 Boost + LLC 两级式车载 DC/DC 电源对新能源电动汽车发展具有重要意义。

图 6-34 所示为车载 DC/DC 电源系统整体方案框图。该车载 DC/DC 电源是输入电压范围为 250 ~ 430V、输出电压范围 12 ~ 16V、可调最大输出功率 2.5kW 双全砖模块并机的 DC/DC 电源,该电源前级拓扑为基于 ST 公司生产的 L4981A 升压 Boost 拓扑结构,后级为基于 ST 公司生产的 L6599D 半桥 LLC 谐振拓扑结构,输出级采用同步整流提高整机效率。LLC 谐振反馈回路使用 SI8233BD 实现驱动隔离。

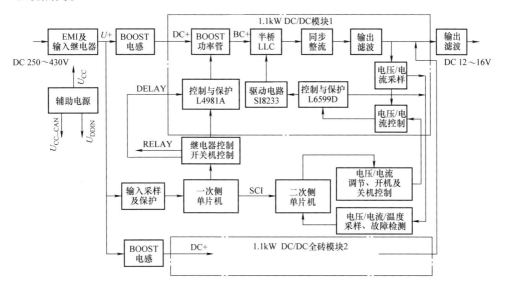

图 6-34 车载 DC/DC 电源系统整体方案框图

6.6.1 变换器工作原理详解

图 6-35 所示为 Boost + LLC 两级 DC/DC 变换器结构图,由前级 Boost 变换器、后级分体谐振电容型半桥 LLC 谐振变换器及同步整流构成。

前级采用 Boost 变换器来适应宽范围直流输入电压,并将宽范围输入直流电压转换为 710V 左右的高压,同时为适应宽范围的直流电压输出,Boost 变换器输出母线电压做相应的调整。其主要原因是当输出电压做调整时,母线电压也会做出相应调整,则增益变换范围会变小,有利于效率的提高。后级谐振变换器选择分体谐振电容型半桥 LLC 谐振变换器,LLC 谐振变换器驱动控制采用 PFM 控制方式。最终同步整流进一步提高整机工作效率。以下分别对 Boost 变换器和分体

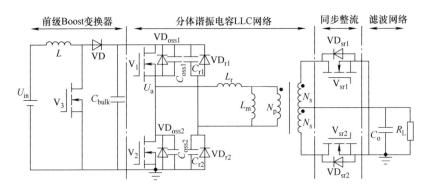

图 6-35 Boost + LLC 两级 DC/DC 变换器

谐振电容型半桥 LLC 谐振变换器进行详细分析介绍。

1. 前级 Boost 变换器

电感电流连续模式（CCM）、临界连续模式（CRM）和断续模式（DCM）分别为 Boost 变换器可工作的三种模式。Boost 变换器常工作在 CCM 模式下，有些工作场合也会使用 CRM 工作模式，DCM 工作模式应用较少。究其原因是如果 Boost 变换器工作在 CCM 模式下，电感电流纹波较小，功率开关管电流应力小；另外由于碳化硅（SiC）二极管的出现解决了 Boost 变换器工作在 CCM 模式下二极管反向恢复的问题，使得功率开关管电流应力、导通损耗大幅度减少，并可通过缓冲技术，可减少开关过程损耗。在 DCM、CRM 模式下，由于电感电流是断续的，所以二极管反向恢复问题是不存在的。但是纹波电流会很大，通常在相同功率等级条件下，CRM、DCM 模式的尖峰电流及纹波电流是 CCM 模式下的两倍及以上。这会增加开关管、二极管电流应力及导通损耗。一般 CRM 和 DCM 模式下的 Boost 变换器应用在 300W 以下小功率场合。这里针对单模块 1.1kW DC/DC 变换器，并选择 CCM 工作模式下的 Boost 电路作为前级变换器。

图 6-36 给出了前级 Boost 变换器工作在 CCM 模式下的主要工作波形及两个工作阶段。

T 表示开关周期，该周期内有两个工作时间段 $T_0 - T_1$，$T_1 - T_2$，分别表示功率开关管的导通阶段和关断阶段。当功率开关管 V_3 导通时，电源开始给电感 L 充电，电感电流线性增加，同时电容向负载 R_L 传递能量。当功率开关管 V_3 关断时，电源和电感中存储的能量一同经过二极管向电容和负载传输能量，电感电流线性减小。

2. 分体谐振电容型 LLC 谐振变换器

本例提出了一种分体谐振电容型 LLC 谐振变换器。如图 6-37 和图 6-38 分别为单体谐振电容型 LLC 谐振变换器与分体谐振电容型 LLC 谐振变换器结构图。

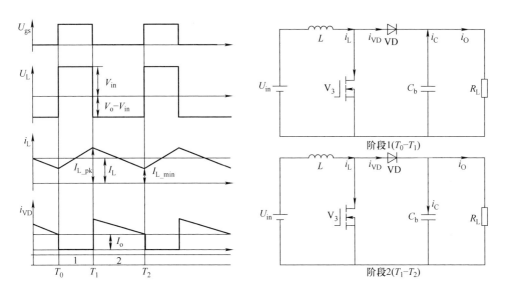

图6-36 前级Boost变换器主要工作波形及两个工作阶段

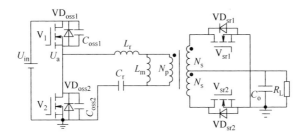

图6-37 单体谐振电容型LLC变换器结构

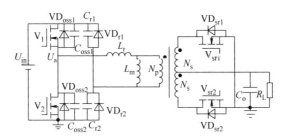

图6-38 分体谐振电容型LLC变换器结构

与传统单体谐振电容型LLC谐振变换器相比,分体谐振电容型LLC变换器有以下优点:

1)分体谐振电容型 LLC 变换器的输入电流纹波较小,同时因为在一个开关周期内每个谐振电容仅流过输入电流有效值的一半,所以说可以选用的每个分体谐振电容的容量仅为单体谐振电容的 1/2。

2)通过分体谐振电容上并联钳位二极管的方法可以达到简单的过载保护,由于发生过载时的分体谐振电容型 LLC 谐振变换器中的谐振电容两端电压将会比输入电压大,这时钳位二极管将会导通,因而谐振电容两端电压被输入电压钳位。分体谐振电容也因此可以选择较低额定电压值的谐振电容来避免高压谐振电容不易选择的问题。

3)分体谐振电容可以有效地减少功率开关网络前端输入电容上的电流应力,可以对启动时变压器偏磁(变压器上的伏秒不平衡)问题起到抑制作用,并且差模噪声得到减少。

从结构上来说,分体谐振电容型 LLC 谐振变换器的谐振电容是由两个谐振电容并联组成的,因此两个谐振电容与单体谐振电容是等效的,而且两个谐振电容的容值之和等于单体谐振电容的容值。在图 6-38 所示的电路结构中,V_1、V_2 为变换器功率开关管,其驱动脉冲为占空比 50% 的带死区的互补信号。VD_{oss1}、VD_{oss2} 分别为 V_1 和 V_2 的寄生二极管,C_{oss1}、C_{oss2} 分别为 V_1、V_2 的输出结电容。C_{r1}、C_{r2} 为分体谐振电容,它们的和为等效单体谐振电容容量的一半。VD_{r1}、VD_{r2} 为谐振电容的钳位二极管,过载保护主要由其实现。同步整流功率开关管为 V_{sr1} 和 V_{sr2},VD_{r1}、VD_{r2} 分别为 V_{sr1} 和 V_{sr2} 的寄生电容,C_f 为输出滤波电容。传统单谐振电容型 LLC 变换器有两个谐振频率。由于单体谐振电容型谐振变换器和分体谐振电容型谐振变换器是等效的,因此分体谐振电容型 LLC 谐振变换器也有相应的频率特性。其谐振频率为

$$f_{r1} = \frac{1}{2\pi \sqrt{L_r(C_{r1}+C_{r2})}} \qquad (6-2)$$

$$f_{r2} = \frac{1}{2\pi \sqrt{(L_r+L_m)(C_{r1}+C_{r2})}} \qquad (6-3)$$

同理,分体谐振电容型 LLC 谐振变换器也具有三个工作区间,开关频率记为 f_s。则三个工作频率区间为①$f_{r2}<f_s<f_{r1}$;②$f_s=f_{r1}$;③$f_s>f_{r1}$。

(1)$f_{r2}<f_s<f_{r1}$ 时的工作模态分析

图 6-39、图 6-40 给出了谐振变换器工作在 $f_{r2}<f_s<f_{r1}$ 时的主要波形及其对应的等效电路模型。

1)模式 1($t_0 \sim t_1$):t_0 时刻前,C_{oss1} 放电结束,功率开关管 V_1 的寄生二极管 VD_{oss1} 开始导通,只有在这样的条件下功率开关管 V_1 的 ZVS 才可以实现。当达到 t_0 时刻时,V_1 开始导通,变换器进入工作模态 1($t_0 \sim t_1$),如图 6-40a 所

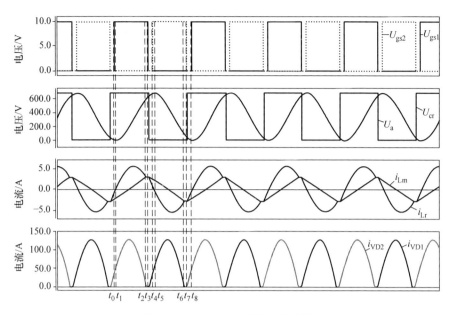

图 6-39 $f_{r2}<f_s<f_{r1}$ 时的主要波形

示。此模态中因为谐振电感 L_r 的谐振电流 i_{Lr} 比励磁电感 L_m 中的励磁电流 i_{Lm} 大,由基尔霍夫电流定律可知变压器一次侧的电流方向由一次侧同名端自上向下。此时二次侧同步整流管 V_{sr2} 导通,能量向负载流动。此时的励磁电感 L_m 将由于输出电压的钳位作用而进行线性充电,电流线性增加。该过程能量回馈输入源,C_{r1} 充电,C_{r2} 放电,谐振过程中励磁电感 L_m 是不参与的。t_1 时刻 i_{Lr} 减小到零,模态 1 结束。

2)模态 2($t_1 \sim t_2$):t_1 时刻谐振电流 i_{Lr} 由零变正,进入工作模态 2,如图 6-40b 所示。此时功率开关管 V_1 开通,谐振电流 i_{Lr} 以近似正弦波从零增加,谐振电流 i_{Lr} 比励磁电流 i_{Lm} 大,由基尔霍夫定律可知变压器一次侧的电流方向由原边同名端自上向下,二次侧同步整流管 V_{sr2} 继续导通。励磁电感 L_m 仍然被输出电压钳位,其不参与谐振。输入源对 C_{r1} 放电,C_{r2} 充电。t_2 时刻谐振电流 i_{Lr} 同 i_{Lm} 相等,模态 2 结束。

3)模态 3($t_2 \sim t_3$):t_2 时刻,由图 6-40c 可知谐振电流 i_{Lr} 与励磁电流 i_{Lm} 相等,一次绕组流经的电流为零,因此同步整流管 V_{sr1}、V_{sr2} 都处于截止状态,励磁电感 L_m 不再被输出电压钳位,励磁电感 L_m 参与谐振,C_{r1} 仍处于放电,C_{r2} 仍处于充电状态。直流电源能量不向二次侧负载传递。负载能量由输出电容 C_o 提供。t_3 时刻功率开关管关断,模态 3 结束。

4)模态 4($t_3 \sim t_4$):t_3 时刻,功率开关管 V_1、V_2 都处于关断状态,功率开

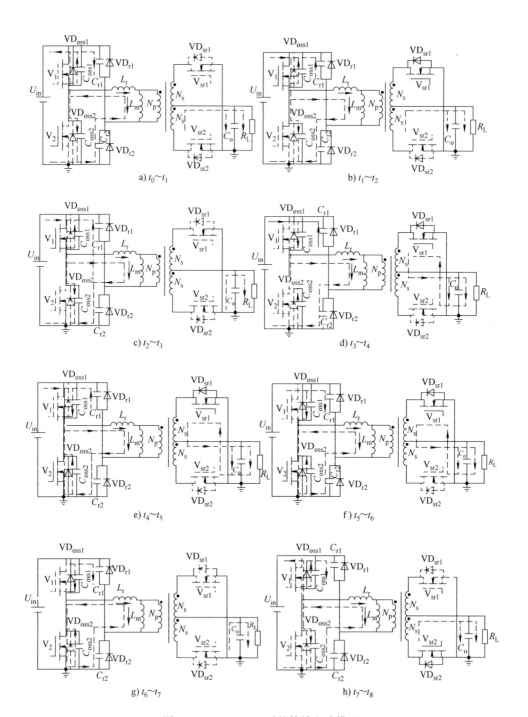

图 6-40 $f_{r2} < f_s < f_{r1}$ 时的等效电路模型

关管进入死区阶段。谐振电流 i_{Lr} 对功率开关管 V_1 的输出结电容 C_{oss1} 充电,功率开关管 V_2 的输出结电容 C_{oss2} 放电,同时 C_{r1} 仍处于放电状态,C_{r2} 仍处于充电状态。另外励磁电流 i_{Lm} 比谐振电流 i_{Lr} 大,故理想变压器一次侧绕组电流方向由下端流向同名端。因励磁电感两端电压被输出电压钳位而不参与谐振,此时副边同步整流功率开关管 V_{sr1} 导通,直流电源能量向二次侧负载传递。t_4 时刻 C_{oss2} 放电结束,之后功率开关管 V_2 的寄生二极管导通,V_2 可实现 ZVS,模态 4 结束。

5) 模态 5 ($t_4 \sim t_5$):t_4 时刻 C_{oss2} 结束放电,V_2 寄生二极管导通后,V_2 实现 ZVS 导通。C_{r1} 仍处于放电,C_{r2} 仍处于充电状态。另外励磁电流 i_{Lm} 比谐振电流 i_{Lr} 大,所以理想变压器一次绕组电流方向由下端流向同名端,由于输出电压的钳位作用励磁电感不发生谐振。二次侧同步整流功率开关管 V_{sr1} 导通。t_5 时刻点 i_{Lr} 降为零,模态 5 结束。

6) 模态 6 ($t_5 \sim t_6$):谐振电感电流 i_{Lr} 降为零后变换器进入模态 6,如图 6-40f 所示。可知,理想变压器原边绕组电流方向由下端指向同名端,同步整流管 V_{sr1} 仍在导通。此时 L_m 两端电压由于输出电压钳位作用导致 i_{Lm} 线性下降。C_{r1} 处于充电,C_{r2} 处于放电状态。谐振电感电流和励磁电感电流在 t_6 时刻相等,模态 6 结束。

7) 模态 7 ($t_6 \sim t_7$):t_6 时刻,谐振电感电流 i_{Lr} 和励磁电感电流 i_{Lm} 相等,那么流经理想变压器一次绕组的电流值为零。励磁电感 L_m 不再被输出电压钳位而参与谐振过程。二次侧同步整流管 V_{sr1}、V_{sr2} 都处于关断状态,负载能量来自输出电容存储的能量。t_7 时刻 V_2 关断,模态 7 结束。

8) 模态 8 ($t_7 \sim t_8$):t_7 时刻,开关管 V_1、V_2 都处于关断状态。功率开关管进入死区阶段。谐振电感电流 i_{Lr} 对功率开关管 V_2 的输出结电容 C_{oss2} 充电,为功率开关管 V_1 的输出结电容 C_{oss1} 放电,同时 C_{r1} 仍处于充电状态,C_{r2} 仍处于放电状态。另外励磁电流 i_{Lm} 比谐振电流 i_{Lr} 大,所以理想变压器一次绕组电流方向由同名端流向下端,因励磁电感两端电压被输出电压钳位而不参与谐振。此时副边同步整流功率开关管 V_{sr2} 导通。直流电源向二次侧负载传递能量。t_8 时刻 C_{oss1} 放电结束,之后功率开关管 V_1 的寄生二极管导通,V_1 可实现 ZVS,模态 8 结束。变换器进入下一个开关周期。

(2)$f_s = f_{r1}$ 时的工作模态分析

$f_s = f_{r1}$ 时,分体谐振电容型 LLC 谐振变换器主要工作波形如图 6-41 所示。

可以看出 $f_s = f_{r1}$ 是 $f_{r2} < f_s < f_{r1}$ 中的一种特殊的情形。只是没有 $f_{r2} < f_s < f_{r1}$ 时的模态 3 和模态 7。i_{Lr} 为标准正弦波。在该谐振频率下,谐振腔无功能量最小,变换器效率最高。功率开关管 V_2 可实现 ZVS,二次侧整流管可实现 ZCS。

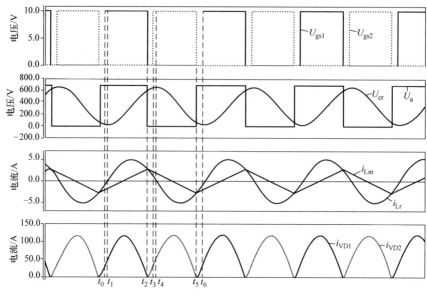

图 6-41 $f_s = f_{r1}$ 时主要工作波形

(3) $f_s > f_{r1}$ 时的工作模态分析

图 6-42 给出了 LLC 谐振变换器工作在 $f_s > f_{r1}$ 时的主要工作波形。同 $f_{r2} < f_s < f_{r1}$ 时一样工作分 8 个工作模态。工作模态等效模型如图 6-43 所示。

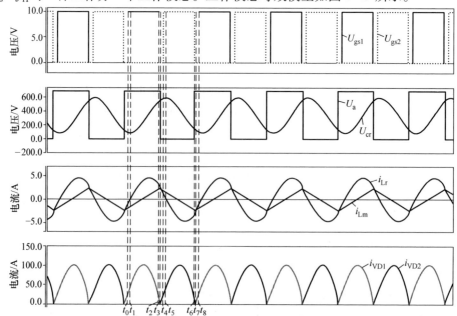

图 6-42 $f_s > f_{r1}$ 时的主要工作波形

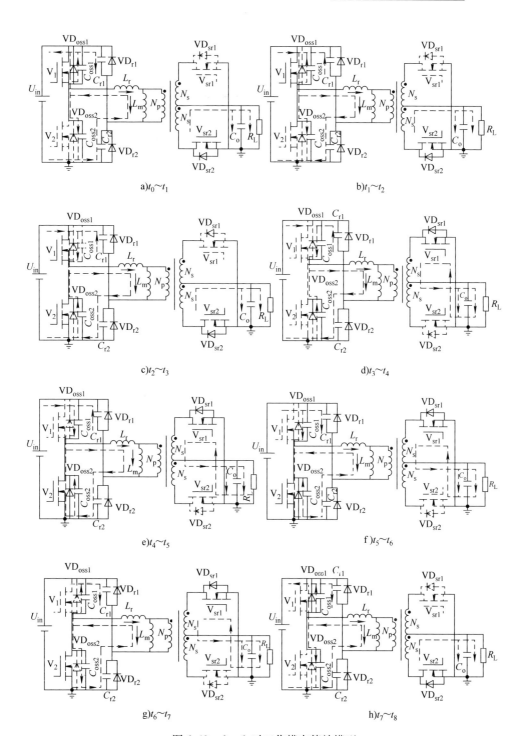

图6-43 $f_s > f_{r1}$ 时工作模态等效模型

1) 模态1 ($t_0 \sim t_1$): t_0 时刻之前, C_{oss1} 放电结束, 功率开关管 V_1 的寄生二极管 VD_{oss1} 开始导通, 只有在这样的条件下功率开关管 V_1 的 ZVS 才可以实现。当达到 t_0 时刻时, V_1 开始导通, 变换器进入工作模态1 ($t_0 \sim t_1$), 如图 6-43a 所示。因为谐振电流 i_{Lr} 比励磁电流 i_{Lm} 大, 一次绕组电流方向由原边同名端自上向下。另外由变压器原理可知同步整流管 V_{sr2} 导通开始, 此时的励磁电感 L_m 将由于输出电压 nU_o 的钳位作用而进行线性的充电, 电流线性增加。该过程能量回馈至输入源, C_{r1} 充电 C_{r2} 放电, 谐振过程中励磁电感 L_m 是不参与的。t_1 时刻 i_{Lr} 减为零, 模态1结束。

2) 模态2 ($t_1 \sim t_2$): t_1 时刻谐振电流 i_{Lr} 由零变正, 进入工作模态2, 如图 6-43b 所示。此时, 开关管 V_1 导通, 谐振电流 i_{Lr} 比励磁电流 i_{Lm} 大, 变压器一次电流方向由同名端自上向下, 二次侧同步整流管 V_{sr2} 继续导通。谐振过程中 L_m 不会参与, 由于输出电压的钳位, C_{r1} 放电, C_{r2} 充电。t_2 时刻开关管 V_2 关断, 模态2结束。

3) 模态3 ($t_2 \sim t_3$): t_2 时刻, V_1 和 V_2 处于关断状态, 进入死区阶段。此时谐振电流 i_{Lr} 大于励磁电流 i_{Lm}, 一次绕组电流由同名端向下端流动, 因此同步整流管 V_{sr2} 维持导通, 谐振过程中励磁电感 L_m 是不参与其中的, 由于输出电压的钳位, C_{oss2} 放电。同时 C_{r1} 仍处于放电状态, C_{r2} 仍处于充电状态。直流电源能量向负载传输。t_3 时刻谐振电流值等于励磁电流值, 模态3结束。

4) 模态4 ($t_3 \sim t_4$): t_3 时刻功率开关仍处于死区阶段。谐振电感电流 i_{Lr} 对功率开关管 V_1 的输出结电容 C_{oss1} 充电, 为 V_2 的输出结电容 C_{oss2} 放电, 同时 C_{r1} 仍处于放电, C_{r2} 仍处于充电。另外励磁电流 i_{Lm} 比谐振电流 i_{Lr} 大, 所以理想变压器原边绕组电流方向由下端流向同名端。因励磁电感两端电压被输出电压钳位而不参与谐振, 此时二次侧同步整流功率开关管 V_{sr1} 导通。直流电源向二次侧负载传递能量。t_4 时刻 C_{oss2} 放电结束, 之后功率开关管 V_2 的寄生二极管导通, V_2 可实现 ZVS, 模态4结束。

5) 模态5 ($t_4 \sim t_5$): t_4 时刻 C_{oss2} 结束放电, V_2 寄生二极管导通, V_2 实现 ZVS, C_{r1} 仍处于放电状态, C_{r2} 仍处于充电状态。另外励磁电流 i_{Lm} 比谐振电流 i_{Lr} 大, 所以理想变压器一次绕组电流方向由下端流向同名端。由于输出电压的钳位作用, 励磁电感不参与谐振过程。同步整流管 V_{sr1} 导通。t_5 时刻 i_{Lr} 降为零, 模态5结束。

6) 模态6 ($t_5 \sim t_6$): 谐振电感电流 i_{Lr} 降为零后变换器进入模态6, 如图 6-43f 所示。该阶段中, 理想变压器一次绕组电流方向由下端指向同名端, 二次侧同步整流管 V_{sr1} 维持导通。此时, 励磁电感 L_m 将由于输出电压 nU_o 的钳位作用而进行线性的充电。C_{r1} 处于充电, C_{r2} 处于放电状态。t_6 时刻功率开关管 V_2 关断, 模态6结束。

7) 模态 7 ($t_6 \sim t_7$): t_6 时刻 V_1、V_2 关断,开关管进入死区阶段。i_{Lr} 大于励磁电流 i_{Lm},则一次绕组的电流方向由下端指向同名端。励磁电感 L_m 被输出电压钳位而不参与谐振过程。二次侧同步整流管 V_{sr1} 处于导通状态,C_{r1} 处于充电,C_{r2} 处于放电状态。励磁电流和谐振电流在 t_7 时刻相等,模态 7 结束。

8) 模态 8 ($t_7 \sim t_8$): t_7 时刻,励磁电流和谐振电流相等,开关管仍处于死区阶段。经过谐振电感 L_r 的 i_{Lr} 对功率开关管 V_2 的输出结电容 C_{oss2} 充电,为功率开关管 V_1 的输出结电容 C_{oss1} 放电,同时 C_{r1} 仍处于充电,C_{r2} 仍处于放电。另外励磁电流 i_{Lm} 比谐振电感 L_r 的谐振电流 i_{Lr} 大,所以理想变压器一次绕组电流方向由同名端流向下端。因励磁电感两端电压被输出电源钳位而不参与谐振,此时二次侧同步整流功率开关管 V_{sr2} 导通。直流电源向二次侧负载传递能量。t_8 时刻 C_{oss1} 结束放电,该时刻后功率开关管 V_1 的寄生二极管导通,V_1 可实现 ZVS,模态 8 结束。变换器进入下一个开关周期。

通过上述分析可知,分体谐振电容型 LLC 谐振变换器同传统单体谐振电容型谐振变换器在原理上是等效的,基本工作模态是类似的。唯一区别是分体谐振电容式 LLC 谐振变换器有自身的过载保护功能。$f_s \geq f_{r1}$ 时,励磁电感两端电压一直被输出电压钳位,因而不参与谐振过程,一次侧功率开关管可实现 ZVS。由于二次侧电流连续因而开关管的 ZCS 丢失,寄生二极管在换流时会有损耗发生。$f_{r2} < f_s < f_{r1}$ 时,LLC 变换器的 V_1、V_2 可实现 ZVS,并且同步整流电流断续,实现了整流管的 ZCS,消除了因二极管反向恢复所产生的损耗。

6.6.2 系统硬件电路设计及参数计算

1. 输入电压采样电路设计

一般开关电源都具备输入电压采样电路,通过对输入电压的采样,单片机或其他硬件电路做出相应的响应,图 6-44 所示为输入电压采样电路。

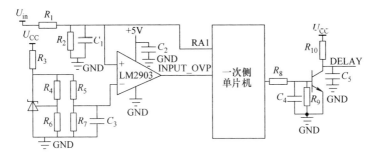

图 6-44 输入电压采样电路

输入电压正常时,单片机延迟 0.4s 后使 Delay 变为低电平,前级 Boost 控制芯片 L4981A 开始工作。若输入电压处于欠电压或者过电压状态,则控制信号 Delay 一直保持为低电平,前级 Boost 控制芯片 L4981A 和后级 LLC 谐振变换器控制芯片 L6599D 一直处于闭锁状态,以此提高变换器可靠性并减小变换器工作损耗。

2. 母线电压采样保护电路设计

为保证系统的高可靠性及变换器效率,对前级 Boost 输出母线电压 U_{Bus} 进行采样后做出相应的动作。图 6-45 所示为母线电压采样保护电路设计。

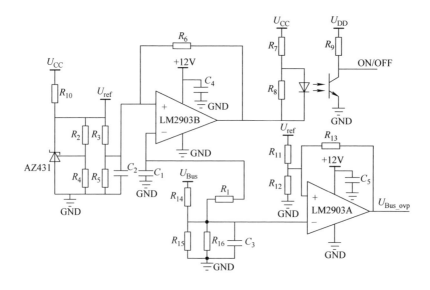

图 6-45 母线电压采样保护电路

当前级 Boost 输出母线电压稳定,并达到设定的基准值后,ON/OFF 信号变为低电平,后级 LLC 谐振变换器的控制芯片 L6599D 开启。为了避免因前级 Boost 变换器输出母线电压 U_{Bus} 过冲或者电压波动而造成的后级 LLC 谐振变换器的误动作,可通过 R_1 和 C_1 构成缓冲电路来降低。此外,当母线电压 U_{Bus} 超过比较器 LM2903 所设定的基准电位时,则发生母线过压保护,L4981A 停止工作。

3. 前级控制芯片 L4981A 外围电路设计

本例前级 Boost 控制芯片选择 L4981A。其内部包含电压基准、振荡器、误差放大器、乘法器、驱动和相关控制与逻辑电路等。选择 L4981A 的主要原因是:其工作电压范围宽,内部具备欠电压锁定、基准电压、环路控制差放和过电压保护电路等,可以简化外围控制电路。其外围电路设计如图 6-46 所示。

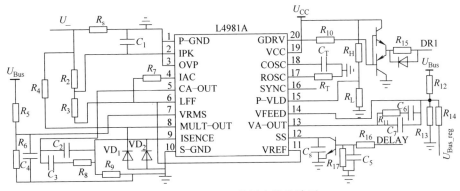

图 6-46 L4981A 外围电路设计图

(1) 电流采样及峰值电流保护

通过采样电阻对前级 Boost 变换器回路电流进行采样，采样电阻如图 6-46 中的 R_s。为了使 R_s 在输入电压最小、负载最大时的功耗最小，设其两端电压 U_{Rs} = 0.5V，则 $R_s = U_{Rs}/I_{Lpk} = 0.088\Omega$。

图 6-46 中 R_2 和 R_3 为峰值电流限制电阻，本例中取 $R_3 = 10k\Omega$。设定过电流保护点电流值 $I_{oc} = 6A$，则过电流保护时采样电阻 R_s 两端的电压 $U_{oc} = R_s I_{oc}$ = 0.528V，则 $R_2 = U_{oc}R_3/U_{ref} = 1k\Omega$。

(2) 外部振荡器频率设定

图 6-46 中的 R_T 和 C_T 为外部振荡器配置阻容，本例中的设定的开关频率 f_s = 65kHz，则：$C_T = 2.44/(R_T f_s) = 1000pF$，式中 R_T 设定为 $35k\Omega$。

另外，为了使 MULT-OUT 和 ISENCE 两个引脚的电位不低于 -0.5V，通过引入二极管来解决，如图 6-46 所示。通过二极管的钳位，避免其引脚低于 -0.5V。L4981A 中的 20 脚 GDRV 为 PWM 输出脚，驱动结构选用推挽结构，该结构增加了电流驱动能力，使 MOSFET 开通速度加快，并减少了芯片的驱动电流，因此通常不会出现 L4981A 过热现象。

4. 后级 LLC 谐振变换器控制电路设计

后级分体谐振电容型谐振变换器的控制芯片选择 L6599D。其工作频率可达 500kHz，并且具有两路相互隔离的、占空比为 50% 的驱动信号，该驱动信号之间的固有死区时间最高可达 400ns。同时内部集成了可做桥臂上管浮驱供电的自举二极管，浮驱供电电压最大值为 618V。除了上述特点外还有软启动、过/欠电压闭锁保护和两级过电流闭锁保护等。为了提升轻载下的后级 LLC 谐振变换器的效率，L6599D 可工作在脉冲间歇模式以减少其平均开关频率从而较少损耗。

本例中前级 Boost 变换器输出母线电压最高可达 730V，但因 L6599D 浮驱供电电压最大值为 618V，为了 L6599D 能够可靠使用，引入 SI8233BD 驱动隔离芯片。SI8233BD 可承输入电压高达 1500V，同时可代替光耦起到电气隔离的作用。

本例中死区时间 $T_{dead}=450\text{ns}$，但 L6599D 的两路驱动信号之间的死区时间最大只有 400ns，这就利用了 SI8233BD 的可编程死区功能，最大可编程死区时间为 60ns。

（1）后级控制芯片 L6599D 外围电路设计

后级 LLC 谐振变换器的开关频率主要由 L6599D 内部结构中的压控振荡器完成。通过对输出电压采样，将输出电压的变化量转换为电流的变换量后传输给内部的压控振荡器，控制开关频率的变化来调整输出电压。L6599D 驱动外围电路如图 6-47 所示。

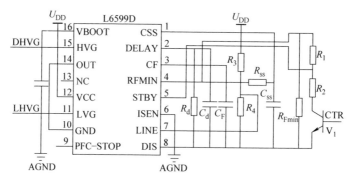

图 6-47 L6599D 外围电路设计

图中 4 脚对地有三条支路，其中一条支路为电阻 R_{Fmin} 对地构成，正常工作范围内的最小开关频率 f_{smin} 通过该电阻与 3 脚对地电容 C_F 设定。另一支路由电阻 R_1、R_2 和晶体管 V_1 构成。信号 CTR 控制晶体管集电极电流的大小，来调节整个流经 4 脚的电流以此调节后级开关管开关频率。当晶体管处于饱和导通状态时，R_{Fmin} 与 R_1、R_2 呈现并联的关系，它们和 3 脚对地电容 C_F 共同决定最大开关频率 f_{smax}。也就是说 R_{Fmin} 脚电流大小决定了开关频率大小。另外本例中的两级过电流保护功能不再使用，因此将脚 6 短接到地。

最大和最小开关频率分别为 $f_{smin}=95.69\text{kHz}$，$f_{smax}=200\text{kHz}$。则通过下式对频率设定阻容进行求取：$f_{smin}=1/(3C_F R_{Fmin})=95.69\text{kHz}$，$f_{smax}=1/[3C_F(R_{Fmin}\parallel(R_1+R_2))]=200\text{kHz}$。取 $C_F=470\text{pF}$，则 $R_{Fmin}=7.4\text{k}\Omega$，$R_1+R_2=6.8\text{k}\Omega$。

为了减少启动时后级变换器开机涌流，提高系统可靠性，L6599D 带有软启动功能。软启动电路由图 6-47 中的 R_{ss} 和 C_{ss} 构成。软启动的实现过程是：启动开始前，软启动电容 C_{ss} 完全放电，晶体管处于截止状态，启动时 4 脚通过电阻 R_{ss} 对电容 C_{ss} 充电，使其逐渐上升到 2V 停止。这段时间内，输出频率从软启动频率 f_{start} 处下降，当输出电压不断上升，输出功率逐渐建立起来。软启动频率 f_{start} 由电阻 R_{ss}、R_{Fmin} 和 C_F 决定：$f_{start}=1/[3C_F(R_{Fmin}\parallel(R_1+R_2))]$。

由数据手册可知，软启动频率 f_{start} 通常为 f_{smax} 的 4 倍，则软启动频率 $f_{start}=$

400kHz，那么软启动电阻 $R_{ss} = R_{Fmin}f_{smin}/(f_{start}-f_{smin}) = 2.3\text{k}\Omega$、软启动电容 $C_{ss} = 0.0003/R_{ss} = 1290\text{nF}$。

图6-47中的7脚决定后级芯片的开关机状态，若7脚的电压低于1.25V则芯片处于闭锁状态，说明输入电压低于输入电压范围的最小值；若输入电压正常也就意味着7脚电平高于1.25V，那么L6599D重新启动。本例中该功能不使用，所以通过分压网络维持7脚电平在1.25V以上。图中 $U_{DD} = 14\text{V}$，同时设定7脚电平为1.27V，$R_3 = 10\text{k}\Omega$，$R_4 = 1.27R_3/(U_{DD} - 1.27) = 1\text{k}\Omega$。

(2) SI8233BD 隔离驱动设计

SI8233BD芯片外围电路如图6-48所示。该控制芯片可代替光耦实现功率级与信号级的电气隔离。引脚11和15为输出驱动，其最大电流输出能力为4A，所以不必增加推挽结构。

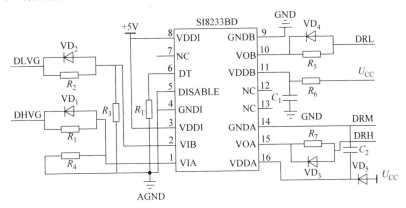

图6-48　隔离驱动外围电路设计

本例中，死区时间 $T_{dead} = 450\text{ns}$，然而L6599D最大死区时间只有400ns，因此需要使用SI8233BD的可编程死区功能。可编程死区时间的设定通过图6-48中6脚对地电阻 R_T 实现。可编程死区时间DT设定如式：$DT = 10R_T = 51\text{ns}$（$R_T = 5.1\text{k}\Omega$）。

DLVG与DHVG为L6599D的输出驱动信号，输出电压为14V，而SI8233BD驱动输入信号最大值仅为 $VDDI + 0.5\text{V} = 5.5\text{V}$，所以需要对L6599D的输出驱动进行分压处理后传输给SI8233BD，分压电阻如图6-48中的 R_1、R_2、R_3 和 R_4。本例中选择 R_5、R_7 为10Ω。

(3) 环路及恒压恒流的实现

后级LLC谐振变换器的控制环路如图6-48所示。本例中Boost + LLC谐振变换器须具备CV、CC工作模式，所以系统须具有维持输出电压和输出电流恒定的功能。由图6-49可看出本例中电流环为内环，电压环为外环。其中，U_{TRM} 为调压信号；U_{ref} 为电压基准；ITRM 为调流信号。

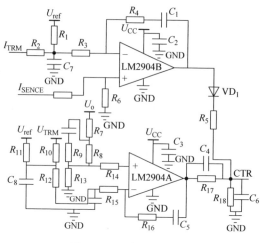

图 6-49 反馈环路设计

6.6.3 实验结果分析

对单模块电源进行了相关测试，其中包括开机软启动时序、原边开关管 U_{gs} 和 U_{ds} 波形、全输入输出范围内的谐振腔电压电流波形等。如图 6-50 所示为实验平台。

图 6-50 实验平台

1. 开机软启动波形

实验测得的开机软启动过程如图 6-51 所示。当输入电压达到工作范围后，前级 Boost 将延时 470ms 启动前级控制器，使得母线电压 U_{Bus} 逐渐建立。当母线

电压 U_{Bus} 接近稳定时，再经过电路采样延时 100ms 后，后级 LLC 谐振变换器开始启动，输出电压 U_o 逐渐建立。该过程对输出电压过冲起到抑制作用，减小了功率管的电压电流应力。

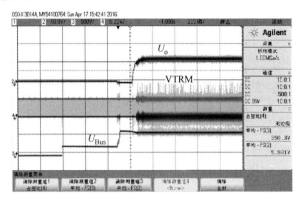

图 6-51　开机软启动波形

2. 前级 Boost 开关管 U_{ds} 及电感电流波形

图 6-52 所示为输出电流满载、母线电压 U_{Bus} 为 730V 时前级 Boost 开关管 U_{ds} 及电感电流 I_L 波形。从图中可以看出电感电流 I_L 在功率开关管开通时存在较大的毛刺。由于前级 Boost 工作在 CCM 模式下，所以存在二极管反向恢复的问题。本文使用 SiC 二极管代替快恢复二极管在很大程度上已经减小了毛刺的峰值。

3. 后级开关管 U_{ds} 及 U_{gs} 驱动波形

图 6-53 所示为后级 LLC 谐振变换器一次侧上下开关管的 U_{ds} 及 U_{gs} 驱动波形。可以发现一次侧上下开关管的驱动信号 U_{gs} 来临之前，开关管的漏源极电压 U_{ds} 已经降为零，实现了一次侧功率开关管的 ZVS 零电压开通。

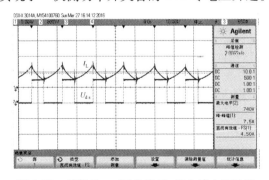

图 6-52　前级 Boost 开关管 U_{ds} 及电感电流波形

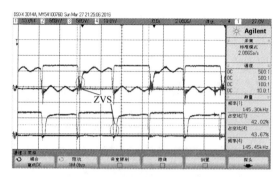

图 6-53　后级开关管 U_{ds} 及 U_{gs} 驱动波形

4. 后级谐振腔电压电流波形

图 6-54 ~ 图 6-56 为输出电压 $U_o = 16V$（额定电压），不同输入电压下谐振电压电流波形。其中 U_b 为谐振半桥中性点对地电压。U_{Cr} 为谐振电容两端电压，I_{Lr} 为流经谐振电感的谐振电流。

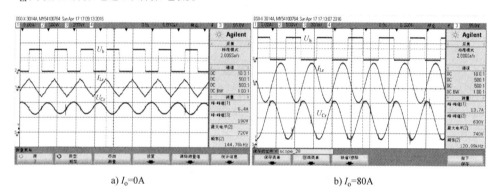

a) I_o=0A　　　　　　　　　　　b) I_o=80A

图 6-54　输入电压为 250V 下不同负载时的谐振腔电压电流波形

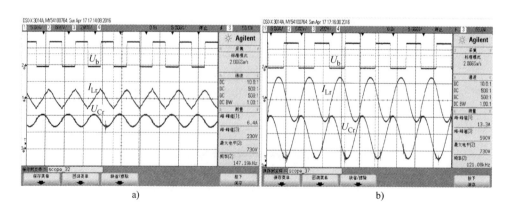

a)　　　　　　　　　　　b)

图 6-55　输入电压为 300V 下不同负载时的谐振腔电压电流波形
a) $I_o = 0A$　b) $I_o = 80A$

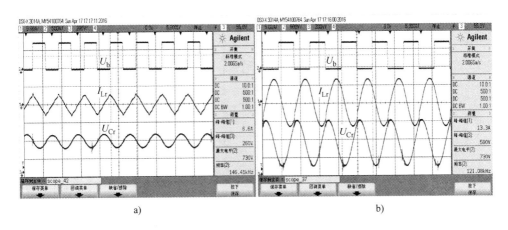

图 6-56 输入电压为 350V 下不同负载时的谐振腔电压电流波形

a) $I_o = 0A$ b) $I_o = 80A$

可以发现在不同输入电压条件下，空载时（$I_o = 0A$）谐振电流 I_{Lr} 波形近似线性的上升和下降，由于空载时仍会有微弱的电流流经二次侧同步整流管，因而励磁电感被输出电压钳位，励磁电感电流 I_{Lm} 线性变化。空载时谐振腔是存在一定环流的，该环流维持了空载时的软开关的实现。空载时谐振电流 I_{Lr} 与励磁电流 I_{Lm} 近似相等，所以谐振电流 I_{Lr} 也为线性变化的波形。同时从图中可以看出：带负载后，谐振电流 I_{Lr} 波形近似为正弦，说明了谐振腔的选频特性。

5. 输出电压纹波波形及效率

为了评估 Boost + LLC 两级结构单模块变换器输出电能质量，需测量其输出电压纹波。此时通常在输出电压端并联一个 $0.1\mu F$ 瓷片电容和一个 $10\mu F$ 电解电容进行带宽限制。图 6-57 为输出电压 $U_{onor} = 14V$ 满载时的输出电压纹波波形，可以看出该条件下的纹波峰峰值 $\Delta U_{pp} = 364mV$，可以说在最恶劣条件下也能够满足输出电压纹波的要求。图 6-58 给出了不同输入电压下单模块变换器效率曲线。可以看出随着输入电压的增加，效率不断提高，在最大输入电压下时，超过 80% 的负载范围内单模块效率在 90% 以上，最大效率可接近 94%。

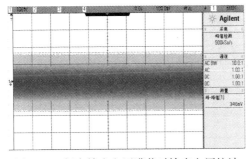

图 6-57 额定输出电压满载时输出电压纹波

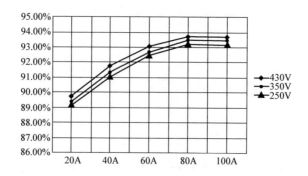

图 6-58　不同输入电压下单模块变换器效率

参 考 文 献

[1] 史文库，姚为民．汽车构造 [M]．5 版．北京：人民交通出版社，2013．
[2] 麻友良．汽车电器与电子控制系统 [M]．3 版．北京：机械工业出版社，2015．
[3] 冯国胜．车辆电子控制技术 [M]．北京：科学出版社，2018．
[4] 彭忆强．汽车电子及控制技术基础 [M]．北京：机械工业出版社，2014．
[5] 郭彬．汽车传感器与检测技术 [M]．北京：北京大学出版社，2014．
[6] 吉武俊，王彪．汽车电工电子技术基础 [M]．武汉：武汉理工大学出版社，2015．
[7] 唐文初，张春花．汽车电器与电子设备 [M]．北京：北京大学出版社，2015．
[8] 王霄锋．汽车底盘设计 [M]．北京：清华大学出版社，2018．
[9] 王兆安，黄俊．电力电子技术 [M]．4 版．北京：机械工业出版社，2003．

第7章 电动汽车充电系统

7.1 铅酸电池及锂电池的充电特点

7.1.1 电池——电动汽车的动力源

电池作为电动车的动力源,一直以来被视为电动车发展的重要标志性技术,也是制约电动车发展的重要瓶颈,其性能好坏直接关系到整车续航里程的长短。

从广义上讲,动力电池主要分为化学电池、物理电池和生物电池三大类,如图7-1所示。其中化学电池和物理电池已经大量应用于电动汽车中,而生物电池则被视为未来电动车电池的重要发展方向之一。目前主要使用的有铅酸电池和锂电池,铅酸电池笨重,价格便宜,性能稳定,技术较成熟;锂电池价格较贵,但使用时间较长。

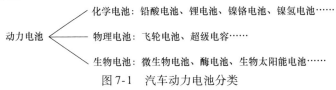

图7-1 汽车动力电池分类

电动汽车动力电池的选型主要取决于车辆的类型——在无牵引电动机的轻度混合动力车辆中,可选取高容量12V或48V的铅酸电池;而在使用电力牵引电动机的车辆中,常选取400V的锂电池。电动汽车的电池储能从3kW·h到135kW·h不等,这主要取决于车辆是混合动力汽车还是纯电动汽车。

7.1.2 铅酸电池简介及其充电特点

铅酸电池已经存在了150多年,尽管其年代久远,它仍然在汽车工业中得到广泛使用,其中以12V和48V类型的铅酸电池最为常见,它们提供的能量密度范围为33~42W·h/kg。

铅酸电池充电器必须在恒定电流(CC)和恒定电压模式(CV)下工作。如图7-2所示,铅酸电池初始充电的电流为恒定电流,电池端电压稳定增加到接近全电压,此时充电约占总容量的70%;之后充电器变为恒定电压以提供余下的30%左右的电量。一旦充电完全(充电电能约占总容量的98%),电压降至浮充电平。

1. 充电电流曲线

充电开始时，充电电流是一个恒定值，随着充电时间的推移，充电电流逐渐下降并趋于0。这是因为在放电过程中，电池内的电荷大量流失，当由放电变为充电时，电荷的增长速度较快，化学反应产生大量的气体和热量，对于密封电池

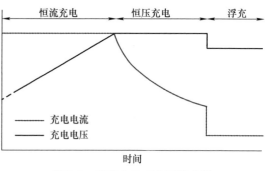

图 7-2 铅酸电池充电特性曲线

来说，尽管可由安全阀将气体和热量排放掉，但氢分子和水分子同时损失掉，使电池的储能下降，因此必须限定充电的电流值，随着电池容量的恢复，充电电流将自动下降。当充电电流为 10mA 以下时即认为电池基本充满，转入浮充状态。电池放电越深，恒流充电时间越长，反之越短。

2. 充电电压曲线

在电池恒流充电阶段，电池的电压始终是上升的，该阶段有时又称为升压充电。当恒流充电结束时，电池的电压基本保持不变，称为恒压充电。在恒压充电阶段，电池的电流逐渐降低并最终趋于0。恒压充电阶段结束后电池转入浮充状态，防止电池的自放电。铅酸电池充电的特点：

1）铅酸电池在不用时应保持充满电。

2）铅酸电池不能"快速充电"，充满电需 12~16h。

3）若铅酸电池未完全充电，可能会导致负极端子硫酸盐化，造成永久性损坏。

4）若铅酸电池过度充电，铅酸电池的正极板会腐蚀。

5）若铅酸电池深度放电，则会损坏电池。

7.1.3 锂电池简介及其充电特点

锂电池在 20 世纪 70 年代被首次提出并在 20 世纪 80 年代应用到实际系统，如今广泛用于消费电子产品中，如笔记本电脑，手机等。同样的在电动汽车中，锂电池可作为牵引电动机的能源。在牵引系统中，数千个独立的 4.2V 单节电池以串、并联方式构成具有约 400V 的典型输出电压和从 18kW·h 到 100kW·h 容量的电源。

相比于铅酸电池，锂电池对充电电压更敏感，因此锂电池充电器必须能够在"饱和阶段"和"充电阶段"保持严格的电压差。锂电池没有"浮充过程"，而是在终端电压下降时施加周期性充电电荷。过度充电会损坏电池，锂电池通常只

需要 2~3h 即可充满。

锂电池对电压精度的要求很高，误差不能超过 1%。目前普遍使用的是额定电压为 3.7V 的电池，该电池的充电终止电压为 4.2V，那么允许的误差范围就是 0.042V。锂电池通常都采用先恒流后恒压充电模式。充电开始为恒流阶段，电池电压较低，在此过程中充电电流稳定不变。随着充电的继续进行，电池电压逐渐上升到 4.2V，此时充电器应立即转入恒压充电，充电电压波动应控制在 1% 以内，充电电流逐渐减小。当电流下降到某一范围，即进入涓流充电阶段。涓流充电也称维护充电，在维护充电状态下，充电器以某一充电速率给电池持续补充电荷，最后使电池处于充足状态。图 7-3 所示为锂电池充电特性曲线。

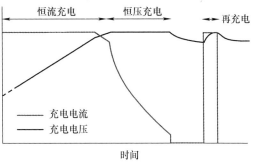

图 7-3 锂电池充电特性曲线

锂电池在充电速度、充电时间和电池寿命之间存在复杂的转换。充电至 100% 会使电池过载并缩短其使用寿命，因此最佳充电水平在 70%~85% 之间。深度放电后的锂电池必须使用较低的恒定电流进行预充电，直到其端电压上升到可以施加快速充电电流的时间点。

7.2 电动汽车充电系统概述

我国的电动汽车发展极其迅速。来源于中汽协会的数据表明，2019 年 4 月，新能源汽车产销分别完成 10.2 万辆和 9.7 万辆，比上年同期分别增长 25.0% 和 18.1%。其中纯电动汽车产销分别完成 8.2 万辆和 7.1 万辆，比上年同期分别增长 28.2% 和 9.6%；插电式混合动力汽车产销分别完成 2.0 万辆和 2.6 万辆，比上年同期分别增长 13.6% 和 50.9%；燃料电池汽车产销分别完成 9 辆和 7 辆，比上年同期分别下降 84.5% 和 87.5%。

2019 年 1~4 月，新能源汽车产销分别完成 36.8 万辆和 36.0 万辆，比上年同期分别增长 58.5% 和 59.8%。其中纯电动汽车产销分别完成 28.6 万辆和 27.8 万辆，比上年同期分别增长 66.1% 和 65.2%；插电式混合动力汽车产销分别完成 8.1 万辆和 8.2 万辆，比上年同期分别增长 36.3% 和 43.7%；燃料电池汽车产销分别完成 237 辆和 230 辆，比上年同期分别增长 154.8% 和 289.8%。

表 7-1 是 2019 年 1~5 月国内销售排名位于前 10 位的电动汽车品牌及销售量。

表 7-1 2019 年 1~5 月国内电动汽车销售量排名

排名	车型	2019 年 1~5 月销量
1	比亚迪元 EV	36627
2	北汽 EV 系列	31160
3	比亚迪 e5	26078
4	比亚迪唐 DM	21262
5	帝豪 EV	19250
6	荣威 Ei5	18077
7	奇瑞 eQ	17317
8	欧拉 R1	14883
9	江淮 IEV 6E	14120
10	宝骏 E100	12318

7.2.1 充电桩及其分类

对于每辆售出的电动车，一般至少配备一个 EVSE（电动车辆服务设备），允许车主持电动车开到家中后立即开始充电。车辆附带的这类 EVSE 没有任何高级功能，支持的功率等级较低。

如今许多用户都会选择在家中安装更高功率的充电站，以便能够更快地充电，除此之外，人们对于公共充电站的需求正在不断增长。这些公共充电站的功率一般会比家庭中部署的充电站高得多，并配备复杂的子系统。未来几年，我们可预计所有类型的 EVSE 都将实现超出电动车辆市场本身的发展速度。

1. 电动车充电站主要分为两大类

第一类使用内部 AC/DC 转换器，如图 7-4 所示。

图 7-4 充电系统功率流图（车载充电器）

交流电可直接传输至车辆本身，并在车辆中转换为高压直流电以便为电池组充电。由于该 AC/DC 转换器是作为车载型器件，其大小受车辆内的可用空间及高功率转换的汽车资质的限制。

第二类使用外部 AC/DC 转换器，即电动汽车充电桩。如图 7-5 所示，在这种情况下，转换器功率较大，将转换后的高压直流电直接输送至车辆中的电池组内。这类系统较复杂，需要充电桩与车辆进行高速通信，并且需要在外部实现高功率的转换。

当我们对电动汽车充电设备进行细分时，主要有以下 3 个级别，其中第 1 级和第 2 级属于第一类充电站，第 3 级属于第二类充电站。

1) 通常，车辆随附的具有较小功率充电设备称之为第 1 级。输入电压通常

图 7-5　充电系统功率流图（充电桩）

为 120V 单相交流电，充电功率为 1.44~1.92kW，充电时间较长约为 17h。

2）国际上第 2 级站通常使用于商业场合，它可实现比第 1 级更快速的充电效率。第 2 级输入电压通常为 208~240V 交流电，充电功率为 3.1~19.2kW，充电时间较长约为 8h。

3）现阶段第 3 级站的使用更加广泛。第 3 级站可直接对车辆进行直流充电，向车辆传输 300~600V 的电压，高达 400A 的电流。充电功率为 120~240kW，充电时间约为 30min。

2. 接口分类

类型 1：单相交流充电接口，如 SAEJ1772 接口。这种接口专门为单相电力传输而设计，是目前全球最流行的接口，主要用于北美和日本。它有两条交流电源线（L_1、L_2/N）和一条接地线（PE），还有检测和控制信号线（CS、CP），支持汽车之间的通信，如图 7-6 所示。

类型 2：单相和三相交流充电接口，如 VDE–AR–E 2623–2–2。该接口在欧洲作为三相充电标准。具有四条交流电源线（L_1、L_2、L_3、N）和一条接地线（PE），如图 7-7 所示。

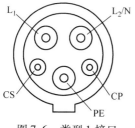
图 7-6　类型 1 接口

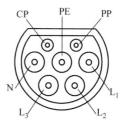
图 7-7　类型 2 接口

类型 3：加装安全遮板的单相和三相交流充电接口，类似于在住宅和商业建筑墙壁上的电源插座的安全遮板，接口布置与类型 2 完全相同。

类型 4：快速充电直流接口。该类型适用于如 CSS 或 CHAdeMO 的充电系统，这些系统需要高电压和高电流。当使用这些高功率充电系统时，都会增加额外的直流引脚。

CCS（Combined Charging System）联合充电系统是专门与 J1772 兼容而设计的。接口正面非常相似，存在向后兼容性，车辆可通过交流系统进行充电。CCS 的接口如图 7-8 所示，该接口具有额外的引脚，它结合了交流慢充和直流快充的特点，能够在 200~450V 电压范围内实现直流快速充电，充电功率高达 90kW。CCS 通过直流电力线来完成车辆、充电桩和智能电网之间的通信（使用 Home-Plug GreenPHY 通信协议）。由于直接为电池充电，因此充电站需要准确知晓所传输的电量。

CHAdeMO（Charge de Move）是日本和法国汽车制造商支持的快速充电接口，如图 7-9 所示。该接口可提供最大 50kW 的充电容量，峰值功率为 62.5kW，采用 CAN 接口通过专用线路进行通信。

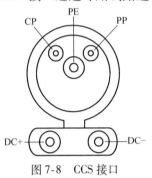

图 7-8　CCS 接口

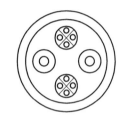

图 7-9　CHAdeMO 快充接口

7.2.2　充电系统的拓扑分析

1. 第 1 级和第 2 级交流充电桩

在 1 级和 2 级充电中，EVSE 只是交流电力输送的监控器，实际充电率由车辆本身确定。家用时充电电流最高为 16A，对于公共充电设备，充电电流可高达 80A。图 7-10 所示为 1 级和 2 级 EVSE 分解子系统。

电源模块和电压调节器：该部分实现交流-直流的转换过程。稳压器包含一系列 DC/DC 转换器及 LDO 线性稳压器，从而形成不同的电压等级。其中数字通信电平为 3.3V，某些通信接口需 5V 电平，试验信号电平为 ±12V，设计时需特别注意。

1）主机处理子系统：这部分是 EVSE 的核心，一般使用微控制单元（MCU）或微处理器（MPU）。这部分通过试验信号与车辆进行通信，同时它也运行所有的测量软件以及外部通信软件。

2）试验信号通信接口：它是 MCU 与车辆进行通信的接口，包含放大器和基本的感应电路。

3）测量子系统：除信号通信外，需要测量电压和电流，以确保向车辆正确输送电力。

4）通信接口：对于公共充电站，需要添加如 WiFi、NFC、ZigBee 和 6LoWPAN 高端通信接口。

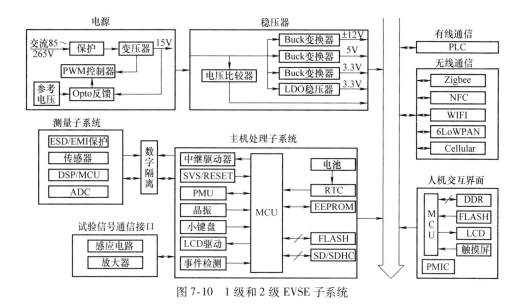

图 7-10　1 级和 2 级 EVSE 子系统

2. 第 3 级交流充电桩

与 1 级和 2 级 EVSE 相比，第 3 级不再仅仅输送交流电力，它实际上是独立的高功率 AC/DC 转换器。为了实现与车辆之间的直接通信，需要使用电池管理系统（BMS），由电力线通信或 CAN 网络实现。第 3 级 EVSE 系统采用微控制器和数字电源控制器，用于精确控制 AC/DC 和 DC/DC 的输出电压。如图 7-11 所示为第 3 级 EVSE 系统的示意图，由三部分构成。

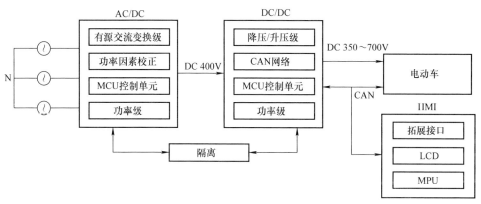

图 7-11　第 3 级 EVSE

第一部分是 AC/DC 变换级，此部分将三相交流电转换为 400V 直流电，通常采用三相维也纳整流电路。

第二部分是 DC/DC 变换级，此部分将 400V 直流电降压或升压到车辆所需的电压水平，通常采用 LLC 或移相全桥电路。

第三个部分是人机接口，它是整个系统的监控器，监控系统的运行过程和运行状态。

7.3　充电系统 AC–DC 设计

PFC 电路的主要功能就是把输入电流和输入电压调成同相位。如果电路前级加入 PFC 控制，能够大大提升充电桩的充电效率。PFC 电路有很多不同的拓扑方式，在充电桩领域应用比较广泛的是三相维也纳（VIEMVA）PFC 电路，如图 7-12 所示，该电路具有如下特点：

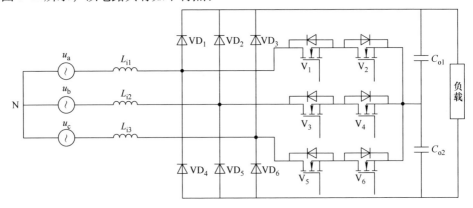

图 7-12　三相维也纳 PFC 电路

三相维也纳 PFC 电路控制桥臂的两个管子是串联结构，一端接到母线中线，另一端连接至输入三相电源。工作时管子两端承受的最高电压为母线电压的一半，而传统六管式 PFC 每个管子承载的最高电压为整个母线电压，因此 Vienna 整流电路可选择耐压等级较低的管子，同时由于管子上的管压降相对较低，因而开关损耗也较低。

三相维也纳 PFC 实际上是一个三电平电路，存在零电压状态，所以该电路的 EMC 和 EMI 比传统的 PFC 要好，更容易实现较高的效率。但是三相维也纳 PFC 存在一定的不足，其电流只能实现单向流动，不能实行双向流动，而传统六管 PFC 是可以实现电流的双向流动。因而在某些需要能量回馈的场合中，三相维也纳 PFC 并不实用。

7.3.1　三电平 VIENNA 整流器原理

1. 控制策略

三相三电平 VIENNA 整流器的通用控制方法包括：电流滞环法、固定开关频率法、单周期法和三电平空间矢量法。

（1）单周期控制策略

20 世纪 90 年代初，美国 Smedley 和 Cuk 教授提出了一种新型的、非线性电力电子变换控制理论，即单周期控制理论（OCC）。OCC 技术又称为积分复位技术，最初被应用在 DC/DC 变换，随着各国学者的不断研究，正逐渐被应用于电能质量控制和三相功率因数校正电路等。采用单周期控制的三相 VIENNA 整流器具有电路实现简单、抑制干扰能力强、响应迅速、功率因数高、电流畸变低等优点。

单周期控制的工作原理是无论在暂态还是稳态都可以通过对功率管占空比的控制，实现在每个开关周期内输出变量的平均值与给定量成比例或者相等。跟传统控制相比，无须电流滞环控制中的乘法器，具有电路简单、动态响应快、开关频率恒定、鲁棒性强的特点。

图 7-13 给出了单周期控制 VIENNA 整流器控制原理图。把直流侧输出电压 U_o 分压后连接于误差放大器的反向输入端，经过误差放大器输出一个与 U_o 成比例的 U_m。将放大值 U_m 与 U_m 的快速积分值 U_{int} 做差得电流控制基准信号 $U_c = U_m - U_{int}$。电感电流的采样信号 I_a、I_b、I_c 与电流控制基准信号 U_c 一道送入 COMP 比较器进行比较得出开关信号，当采样信号达到基准值时，比较器翻转，输出驱动信号。在不采集输入电压的情况下，单周期控制可以调制交流侧的电压电流同相位，从而等效为一个纯电阻。

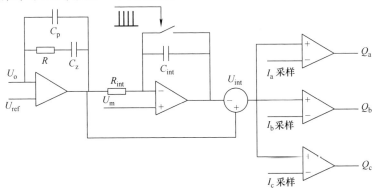

图 7-13 基于单周期控制的 VIENNA 整流器原理图

（2）开关频率固定的电流控制策略

固定开关频率电流控制，是指三角波的频率固定，以电流给定值与反馈值的差作为调制波的控制手法，并与三角载波相比较得到功率管的控制信号，如图 7-14 所示。U_{dc}^*、U_{dc} 为直流侧电压值及其给定值，两者之差经电压 PI 调节器提供指令电流 I_d，I_d 与来自电网、互差 120° 的三相正弦信号相乘作为电流环的电流给定,与反馈电流进行比较,结果与三角载波比较后控制功率开关管的通断,以此实现电流跟踪控制。开关频率固定的电流控制方法具有功率器件的最大开关频率固定,利于滤波电感设计的特点,并且易于和 DSP 进行接口。

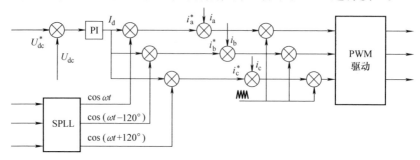

图 7-14 基于三角载波控制的 VIENNA 整流器原理图

(3) 电流滞环 VIENNA 整流器控制策略

如图 7-15 所示,电流滞环控制方法中,U_{dc}、U_{dc}^* 为直流侧电压给定和电压采样值,经电压 PI 调节输出电流正弦波给定的幅值,与来自电网、互差 120°的三相正弦信号相乘作为电流环的电流给定,与反馈电流进行比较,结果控制功率开关管的通断,以此实现电流跟踪控制。该方法的优点是方法简单、易于实现;缺点是开关频率与环路带宽有关,不够固定,增加了输入电感的设计难度,此外有时还会增加功率器件的开关损耗。

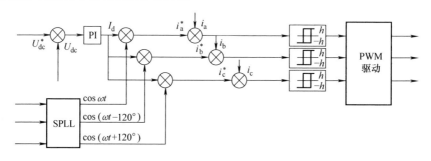

图 7-15 基于滞环控制的 VIENNA 整流器原理图

2. VIENNA 整流器的技术难点

与传统三电平变换器一样,中点电位平衡问题是必须解决的关键问题之一,影响三电平 VIENNA 整流器中点平衡的因素包括硬件参数的分散性、负载突变、控制策略的选取等。针对三电平 VIENNA 整流器的中点电位平衡问题,本书提出以下几种解决方案:

(1) 开环被动控制法

该方法通过矢量选择和顺序来控制中点电位,即在电压矢量的合成算法中,把正负小矢量的作用时间平均分配。该方法在负载发生扰动时，较难控制中点电位平衡，抗扰性较差。

（2）硬件中点平衡控制方法

基于硬件的平衡控制方法有多种，此处介绍常用的两种，第一种是使中点电流流入直流电源和电容之间新增加的换流器内，不从中点流入，以此达到中点平衡，该方法比较复杂成本高，不利于实现；第二种是利用Buck、Boost电路来对直流侧两电容进行充放电控制，通过检测两电容的电压差来实现均压控制，该方案原理简单，与负载及整流器无关，但需要增加对功率开关管的驱动控制，增加了系统的成本。

（3）基于平衡因子控制方法

该方法综合了交流侧电流的方向和直流侧两电容电压之间的关系得到平衡因子方程式，通过调节正负小矢量的作用时间来平衡中点电位。该方法具有较好的平衡效果。

3. VIENNA 整流器的工作原理及开关状态分析

VIENNA 整流电路的工作原理与开关管的状态及电源侧电流方向有关，每相桥臂都可以等效为一个正反 Boost 电路。三相三线制结构流入 M 点的一相电流通过另外两相构成回路。现以一相电流的流通路径为例，另两相与之相同。当电网电压为正半周，开关导通和关断时，每一个桥臂上电流的流通路径分别如图7-16中箭头所示。当电网电压为负半周，开关导通和关断时，每一个桥臂上电流的流通路径如图7-17中箭头所示。

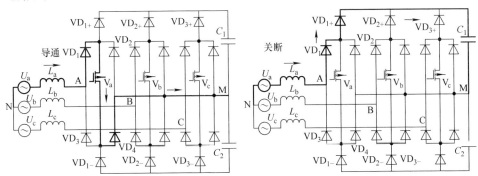

图 7-16　电网电压为正半周时 VIENNA 整流器工作原理

（1）I_a 为正时的工作状态（$U_a>0$）

当开关管 V_a 导通时，电流通过 V_a 流至电容中点，电流的流通路径为 N—L_a—VD_1—V_a—VD_4—M，该过程中电压 $U_a>0$，电流不断增大，对电感 L_a 进行储能。A 点相对于电容中点电位为 0。在开关 V_a 关断后，电流通过续流二极管 VD_1+续流，流通路径为 N—L_a—VD_1—VD_1+—C_1—M。电感释放能量，对电容

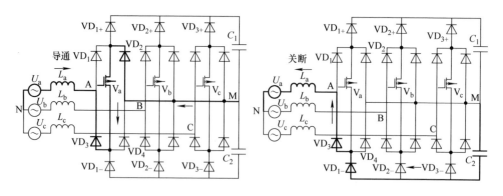

图 7-17　电网电压为负半周时 VIENNA 整流器工作原理

C_1 充电，A 点相对电容中点电位为 $U_{dc}/2$。这一过程相当于一个 Boost 电路的充放电过程。

(2) I_a 为负时的工作状态（$U_a < 0$）

当开关管 V_a 导通时，A 点电位被钳位至电容中点 M，A 点对中点电位为 0。电流流通路径为 M—VD_2—V_a—VD_3—L_a—N。开关 V_a 关断后，电流通过续流二极管 VD_1 续流，流通路径为 M—C_2—VD_1—VD_3—L_a—N。A 点对中点电位为 $-U_{dc}/2$。这一过程相当于反向 Boost 电路。

为了分析在三相电路之间的流通状态，特将一个电压周期分成 6 等分，每个部分为 60°。划分原则为在每个区间内电压极性保持一致，两相电压符号相同。划分方法如图 7-18 所示。

规定 0°~60° 区间为扇区一（$U_a > 0$、$U_b < 0$、$U_c > 0$），60°~120° 为扇区二（$U_a > 0$、$U_b < 0$、$U_c < 0$），120°~180° 为扇区三（$U_a > 0$、$U_b > 0$、$U_c < 0$），以此类推。由于每相桥臂有导通和关断两种状态，设开关 S_i（$i = a、b、c$） = 1 表示导通，S_i（$i = a, b, c$） = 0 表示关断。在扇区一工作状态（$U_a > 0$、$U_b < 0$、$U_c > 0$）下，三相 VIENNA 整流器共有 $2^3 = 8$ 种工作模式见表 7-2。

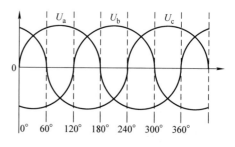

图 7-18　三相电压区间

表 7-2　区间 0°~60°内的开关模式

开关	状态							
S_a	0	0	0	1	1	1	0	1
S_b	0	0	1	0	0	1	1	1
S_c	0	1	0	0	1	0	1	1

三相 VIENNA 电路在扇区一内不同开关模态下的工作情况如图 7-19 所示。

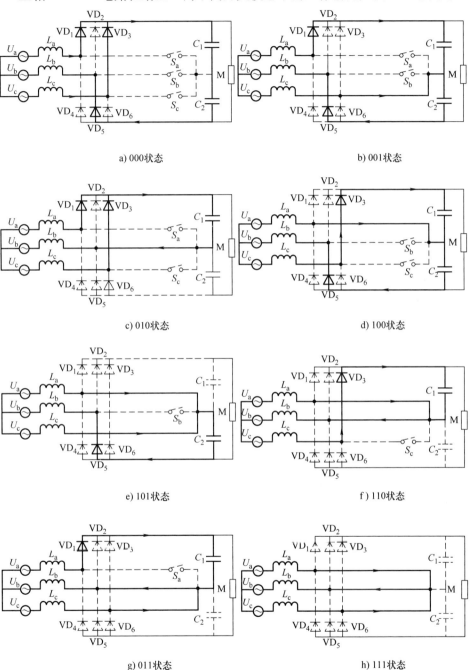

图 7-19 在 0°~60°电压区间内不同开关模态下的工作原理

其他区域的工作情况与区域 1 类似,通过对开关管的开通与关断控制,从而实现对电感电流的控制,使其工作在单位功率因数状态,又可以达到控制输出电压的目的。

7.3.2 三电平 VIENNA 整流器的数学模型

1. 基于三相静止坐标下的数学模型

在三相三电平电路中,通过控制每个桥臂双向开关的通断,并结合电流流向,每相交流侧都有 $U_{dc}/2$、$-U_{dc}/2$、0 三种电平状态。重新定义一个开关函数,设 S_i(i = a,b,c)为第 i 相的开关函数,则可以将 S_i 表示为 $S_i = 0$(S_i 导通);$S_i = 1$(S_i 关断且 $i_i > 0$);$S_i = -1$(S_i 关断且 $i_i < 0$)。

简化后 VIENNA 整流器的等效电路图如图 7-20 所示。

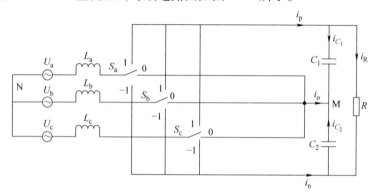

图 7-20 VIENNA 整流器等效简化电路图

将开关函数 S_i 分解为(S_{ip}、S_{io}、S_{in})3 个单刀开关。根据开关管的导通情况和电流的流向有以下关系式成立:若 $S_i = 1$,则 $S_{ip} = 1$,$S_{io} = 0$,$S_{in} = 0$;若 $S_i = 0$,则 $S_{ip} = 0$,$S_{io} = 1$,$S_{in} = 0$;若 $S_i = -1$,则 $S_{ip} = 0$,$S_{io} = 0$,$S_{in} = 1$。显而易见开关满足 $S_{ip} + S_{io} + S_{in} = 1$($S_{ij} = 0$ 或 1)约束关系,其中,i = a、b、c;j = p、n、o。

根据三相 VIENNA 整流器的等效简图,列出电路方程如式(7-1)所示。

$$\begin{cases} L_a \dfrac{di_a}{dt} = U_a - Ri_a - u_{aN} \\ L_b \dfrac{di_b}{dt} = U_b - Ri_b - u_{bN} \\ L_c \dfrac{di_c}{dt} = U_c - Ri_c - u_{cN} \end{cases} \quad (7\text{-}1)$$

式中 L_a、L_b、L_c——交流侧电感;
R——交流侧等效电阻;
i_a、i_b、i_c——三桥臂的交流电流。

u_{aN}、u_{bN}、u_{cN} 分别为每相桥臂交流输入端对交流电源中点 N 的电压,可以表示为式（7-2）：

$$\begin{cases} u_{aN} = u_{aM} + u_{MN} \\ u_{bN} = u_{bM} + u_{MN} \\ u_{cN} = u_{cM} + u_{MN} \end{cases} \quad (7\text{-}2)$$

式中 u_{aM}、u_{bM}、u_{cM}——整流桥三相桥臂交流输入端对输出中点 M 的电压；
u_{MN}——输出中点 M 对中性点 N 的电压。

由开关函数的定义和电路图可得交流侧电压,可以表示为式（7-3）：

$$\begin{cases} u_{aM} = S_{ap} U_{c1} - S_{an} U_{c2} \\ u_{bM} = S_{bp} U_{c1} - S_{bn} U_{c2} \\ u_{cM} = S_{cp} U_{c1} - S_{cn} U_{c2} \end{cases} \quad (7\text{-}3)$$

三相对称时,有恒等关系式（7-4）：

$$\begin{cases} u_a + u_b + u_c = 0 \\ i_a + i_b + i_c = 0 \end{cases} \quad (7\text{-}4)$$

可得：$u_{MN} = -(u_{aM} + u_{bM} + u_{cM})/3 = -[(S_{ap} + S_{bp} + S_{cp})U_{c1} - (S_{an} + S_{bn} + S_{cn})U_{c2}]/3$ (7-5)

$$\begin{cases} u_{aN} = \left(S_{ap} - \dfrac{S_{ap} + S_{bp} + S_{cp}}{3}\right) U_{c1} + \left(-S_{an} + \dfrac{S_{an} + S_{bn} + S_{cn}}{3}\right) U_{c2} \\ u_{bN} = \left(S_{bp} - \dfrac{S_{ap} + S_{bp} + S_{cp}}{3}\right) U_{c1} + \left(-S_{bn} + \dfrac{S_{an} + S_{bn} + S_{cn}}{3}\right) U_{c2} \\ u_{cN} = \left(S_{cp} - \dfrac{S_{ap} + S_{bp} + S_{cp}}{3}\right) U_{c1} + \left(-S_{cn} + \dfrac{S_{an} + S_{bn} + S_{cn}}{3}\right) U_{c2} \end{cases} \quad (7\text{-}6)$$

根据电压 p 点,可列出关系式（7-7）：

$$\begin{cases} i_p = i_{C_1} + i_R \\ i_{C_1} = C_1 \dfrac{dU_{C_1}}{dt} \\ i_p = S_{ap} i_a + S_{bp} i_b + S_{cp} i_c \end{cases} \quad (7\text{-}7)$$

根据电压 n 点,可列出关系式（7-8）：

$$\begin{cases} i_n = i_{C_2} - i_R \\ i_{C_2} = -C_2 \dfrac{dU_{C_2}}{dt} \\ i_n = S_{an} i_a + S_{bn} i_b + S_{cn} i_c \end{cases} \quad (7\text{-}8)$$

对直流侧中点 M 有关系式（7-9）：

$$\begin{cases} i_o = -i_{c2} - i_{c1} \\ i_o = S_{ao}i_a + S_{bo}i_b + S_{co}i_c \end{cases} \quad (7\text{-}9)$$

式中，C_1、C_2 为直流电容的值；U_{C_1}、U_{C_2} 分别为直流侧两电容电压。i_R 为直流侧负载电流；i_{C_1} 和 i_{C_2} 分别为两个直流电容的电流。

式（7-10）为在 abc 坐标系下 VIENNA 整流器的数学模型表达式，易知 VIENNA 整流器是一个多变量、强耦合、高阶次非线性系统。

$$Z\frac{dX}{dt} = AX + Bu \quad (7\text{-}10)$$

假设三相电网电压对称：

$$\begin{bmatrix} U_a \\ U_b \\ U_c \end{bmatrix} = U_p \begin{bmatrix} \cos(\omega t + \varphi) \\ \cos\left(\omega t + \varphi - \dfrac{2\pi}{3}\right) \\ \cos\left(\omega t + \varphi - \dfrac{4\pi}{3}\right) \end{bmatrix} \quad (7\text{-}11)$$

则矩阵 A 写为

$$A = \begin{bmatrix} -R & 0 & 0 & -\left(S_{ap} - \dfrac{S_{ap}+S_{bp}+S_{cp}}{3}\right) & \left(S_{an} - \dfrac{S_{an}+S_{bn}+S_{cn}}{3}\right) \\ 0 & -R & 0 & -\left(S_{bp} - \dfrac{S_{ap}+S_{bp}+S_{cp}}{3}\right) & \left(S_{bn} - \dfrac{S_{an}+S_{bn}+S_{cn}}{3}\right) \\ 0 & 0 & -R & -\left(S_{cp} - \dfrac{S_{ap}+S_{bp}+S_{cp}}{3}\right) & \left(S_{cn} - \dfrac{S_{an}+S_{bn}+S_{cn}}{3}\right) \\ S_{ap} & S_{bp} & S_{cp} & -\dfrac{1}{R_0} & \dfrac{1}{R_0} \\ -S_{an} & -S_{bn} & -S_{cn} & -\dfrac{1}{R_0} & -\dfrac{1}{R_0} \end{bmatrix}$$

$$(7\text{-}12)$$

因此，可画出 VIENNA 整流电路三相静止坐标系下的等效电路模型如图 7-21 所示。

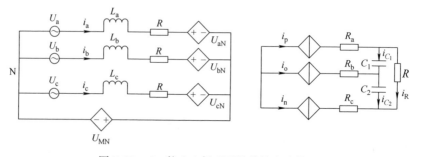

图 7-21　abc 静止坐标系下的等效电路模型

2. 基于同步旋转坐标下的数学模型

abc 坐标系下的 VIENNA 整流电路的三相变量互相耦合，为简化系统设计，在同步旋转坐标系下，三相交流量电压电流将成为直流量。设 dq 坐标系中 d 轴相对于 a 轴的角度初始角度为 0，则 abc 到 dq 的变换矩阵如式（7-13）：

$$K = \sqrt{\frac{2}{3}} \begin{bmatrix} \cos\omega t & \cos(\omega t - 2\pi/3) & \cos(\omega t + 2\pi/3) \\ -\sin\omega t & -\sin(\omega t - 2\pi/3) & -\sin(\omega t + 2\pi/3) \end{bmatrix} \quad (7\text{-}13)$$

所有 abc 坐标系下的三相变量通过上式的转换矩阵，转换为 dq 坐标系下的旋转直流量：

$$\begin{bmatrix} X_d \\ X_q \end{bmatrix} = K \begin{bmatrix} X_a & X_b & X_c \end{bmatrix}^T \quad (7\text{-}14)$$

对于开关函数相应的坐标变换为

$$\begin{bmatrix} S_{dp} \\ S_{qp} \end{bmatrix} = K \begin{bmatrix} S_{ap} & S_{bp} & S_{cp} \end{bmatrix}^T \quad \begin{bmatrix} S_{dn} \\ S_{qn} \end{bmatrix} = K \begin{bmatrix} S_{an} & S_{bn} & S_{cn} \end{bmatrix}^T$$

$$\begin{bmatrix} S_{do} \\ S_{qo} \end{bmatrix} = K \begin{bmatrix} S_{ao} & S_{bo} & S_{co} \end{bmatrix}^T \quad (7\text{-}15)$$

可得

$$\begin{cases} L\dfrac{di_d}{dt} = -Ri_d + \omega Li_q - S_{dp}U_{C_1} + S_{dn}U_{C_2} + U_d \\ L\dfrac{di_q}{dt} = -Ri_q - \omega Li_d - S_{qp}U_{C_1} + S_{qn}U_{C_2} + U_q \\ C\dfrac{dU_{C_1}}{dt} = S_{dp}i_d + S_{qp}i_q - i_R \\ C\dfrac{dU_{C_2}}{dt} = -S_{dn}i_d - S_{qn}i_q - i_R \end{cases} \quad (7\text{-}16)$$

3. VIENNA 整流器前馈解耦的双闭环控制

式（7-16）经过整理，可得

$$\begin{cases} U_d = L\dfrac{di_d}{dt} + Ri_d - \omega Li_q + S_{dp}U_{C_1} - S_{dn}U_{C_2} \\ U_q = L\dfrac{di_q}{dt} + Ri_q + \omega Li_d + S_{qp}U_{C_1} - S_{qn}U_{C_2} \end{cases} \quad (7\text{-}17)$$

令 $W_d = S_{dq}U_{C_1} - S_{dn}U_{C_2}$ 为交流侧电压在 d 轴的分量，$W_q = S_{qp}U_{C_1} - S_{qn}U_{C_2}$ 为交流侧电压在 q 轴的分量，设微分算子 $p = d/dt$，经过整理，把式（7-17）化简成：

$$\begin{cases} W_d = -(Lp + R)i_d + \omega Li_q + U_d \\ W_q = -(Lp + R)i_q - \omega Li_d + U_q \end{cases} \quad (7\text{-}18)$$

每一个恒等式中都含有 i_d、i_q。每一相电流的变化都会对另一相电压产生影响，为方便对电流的 dq 轴分量进行控制，现对相互耦合的电流 i_d、i_q 采用电流前馈解耦控制算法，引入前馈电流 i_d^*、i_q^*。

$$\begin{cases} U_d^* = \left(K_P + \dfrac{K_I}{S}\right)(i_d^* - i_d) + \omega L i_q + U_d \\ U_q^* = \left(K_P + \dfrac{K_I}{S}\right)(i_q^* - i_q) - \omega L i_d + U_q \end{cases} \quad (7\text{-}19)$$

通过式（7-19）得到的指令电压矢量值在 dq 坐标系的分量，再经过 Park 反变换即可得到在 α、β 坐标系下的分量。也就是指令电压矢量在 α、β 坐标轴中的投影。由于 d 轴代表有功分量，q 轴表示无功分量，通过解耦后的电压电流可以分别控制系统的有功与无功。指令电流矢量可以通过式（7-20）获得

$$i_d^* = \left(K_1 + \dfrac{K_2}{S}\right)(U_{\text{ref}} - U_{\text{dc}}) \quad (7\text{-}20)$$

图 7-22 为 VIENNA 整流器矢量控制框图，采用基于前馈解耦的电压电流双闭环控制策略。输出电压的采样值与给定值做差，经 PI 调节器可以得到电流指令值；三相电压电流经 Clark 变换、Park 变换，可以得到同步旋转坐标系下的直流量。输出的指令电压矢量值即是本空间矢量控制所需要跟踪的量。输入 SVPWM 矢量控制模块中，通过 SVPWM 算法实现对开关管的驱动。

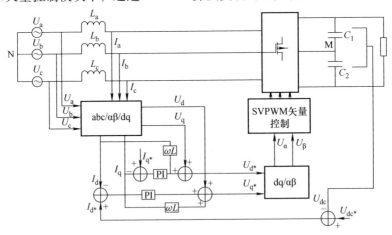

图 7-22　VIENNA 整流器矢量控制框图

7.3.3　VIENNA 整流器的空间矢量调制

1. VIENNA 整流器空间矢量平面

三相三开关三电平 VIENNA 整流器，根据电流方向，每个桥臂有 $U_{\text{dc}}/2$、0

和 $-U_{dc}/2$ 三种输出电压。为了更直观地表示电平状态,分别定义为状态 1、0、-1,所以三电平整流器共有 $3^3=27$ 种电平状态(其中,1、1、1,-1、-1、-1 为两种无效状态)。u_{aN}、u_{bN}、u_{cN} 的不同组合,即空间矢量的模在 abc 坐标系下的投影值。它们之间的关系见表 7-3。

表 7-3 输入端相电压值和旋转矢量模值

25 个矢量	电平状态	u_{aN}	u_{bN}	u_{cN}	模值
U_0	0, 0, 0	0	0	0	0
U_{1n}	0, -1, -1	$U_{dc}/3$	$-U_{dc}/6$	$-U_{dc}/6$	$U_{dc}/3$
U_{1p}	1, 0, 0	$U_{dc}/3$	$-U_{dc}/6$	$-U_{dc}/6$	$U_{dc}/3$
U_{2n}	0, 0, -1	$U_{dc}/6$	$U_{dc}/6$	$-U_{dc}/3$	$U_{dc}/3$
U_{2p}	1, 1, 0	$U_{dc}/6$	$U_{dc}/6$	$-U_{dc}/3$	$U_{dc}/3$
U_{3n}	-1, 0, -1	$-U_{dc}/6$	$U_{dc}/3$	$-U_{dc}/6$	$U_{dc}/3$
U_{3p}	0, 1, 0	$-U_{dc}/6$	$U_{dc}/3$	$-U_{dc}/6$	$U_{dc}/3$
U_{4n}	-1, 0, 0	$-U_{dc}/3$	$U_{dc}/6$	$U_{dc}/6$	$U_{dc}/3$
U_{4p}	0, 1, 1	$-U_{dc}/3$	$U_{dc}/6$	$U_{dc}/6$	$U_{dc}/3$
U_{5n}	-1, -1, 0	$-U_{dc}/6$	$-U_{dc}/6$	$U_{dc}/3$	$U_{dc}/3$
U_{5p}	0, 0, 1	$-U_{dc}/6$	$-U_{dc}/6$	$U_{dc}/3$	$U_{dc}/3$
U_{6n}	0, -1, 0	$U_{dc}/6$	$-U_{dc}/3$	$U_{dc}/6$	$U_{dc}/3$
U_{6p}	1, 0, 1	$U_{dc}/6$	$-U_{dc}/3$	$U_{dc}/6$	$U_{dc}/3$
U_{11}	1, 0, -1	$U_{dc}/2$	0	$-U_{dc}/2$	$U_{dc}/\sqrt{3}$
U_{12}	0, 1, -1	$U_{dc}/2$	$U_{dc}/2$	$-U_{dc}/2$	$U_{dc}/\sqrt{3}$
U_{13}	-1, 1, 0	$-U_{dc}/2$	$U_{dc}/2$	0	$U_{dc}/\sqrt{3}$
U_{14}	-1, 0, 1	$-U_{dc}/2$	0	$U_{dc}/2$	$U_{dc}/\sqrt{3}$
U_{15}	0, -1, 1	0	$-U_{dc}/2$	$U_{dc}/2$	$U_{dc}/\sqrt{3}$
U_{16}	1, -1, 0	$U_{dc}/2$	$-U_{dc}/2$	0	$U_{dc}/\sqrt{3}$
U_1	1, -1, -1	$2U_{dc}/3$	$-U_{dc}/3$	$-U_{dc}/3$	$2U_{dc}/3$
U_2	1, 1, -1	$U_{dc}/3$	$U_{dc}/3$	$-2U_{dc}/3$	$2U_{dc}/3$
U_3	-1, 1, -1	$-U_{dc}/3$	$2U_{dc}/3$	$-U_{dc}/3$	$2U_{dc}/3$
U_4	-1, 1, 1	$-2U_{dc}/3$	$U_{dc}/3$	$U_{dc}/3$	$2U_{dc}/3$
U_5	-1, -1, 1	$-U_{dc}/3$	$-U_{dc}/3$	$2U_{dc}/3$	$2U_{dc}/3$
U_6	1, -1, 1	$U_{dc}/3$	$-2U_{dc}/3$	$U_{dc}/3$	$2U_{dc}/3$

25 种电平状态得到的 25 种电压矢量,其中包括 12 个小矢量(可分为 6 个正小矢量和 6 个负小矢量)、6 个中矢量、6 个大矢量和 1 个 0 矢量,见表 7-4。认为 $U_{C_1} = U_{C_2} = U_{dc}/2$,按模值的不同,将 25 种电压矢量按大小分为零矢量、小

矢量、中矢量、大矢量。对应的模值大小分别为 0、$U_{dc}/3$、$U_{dc}/1.732$、$2U_{dc}/3$。可以产生 19 个不等的电压矢量值。25 个矢量的顶点组成一个正六边形空间矢量图，如图 7-23 所示。

表 7-4 三电平空间矢量表

零矢量		U_{00}
小矢量	正小矢量	U_{1p}、U_{2p}、U_{3p}、U_{4p}、U_{5p}、U_{6p}
	负小矢量	U_{1n}、U_{2n}、U_{3n}、U_{4n}、U_{5n}、U_{6n}
中矢量		U_{11}、U_{12}、U_{13}、U_{14}、U_{15}、U_{16}
大矢量		U_1、U_2、U_3、U_4、U_5、U_6

六个大矢量把空间矢量图划分成六个大区域，每个大区域又可以划分为六个小区域，如大区域一内的 1~6 六个小区域划分方法，矢量图中一共有 6*6=36 个小区域。

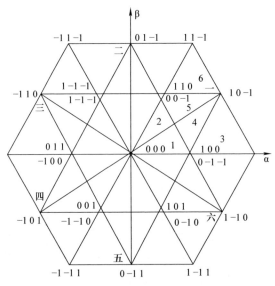

图 7-23 三电平电压空间矢量平面图

2. 矢量区域的判断

矢量区域的判断方法有多种，常用的有基于调制比 M 及矢量角度 θ 的判断方法和利用边界条件的判断方法两种。如图 7-24 所示，将参考矢量 U^* 在 α、β 坐标系下分解得到 u_α、u_β 坐标分量，它们之间的关系为 $|U^*|=\sqrt{u_\alpha^2+u_\beta^2}$，$\tan\theta = u_\beta/u_\alpha$。

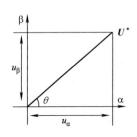

图 7-24 参考电压矢量

根据空间矢量平面图，利用 α、β 坐标系下的边界条件组合判断每一个区间。首先，判断大扇区，其判断的约束条件见表 7-5。

表 7-5 大区域的约束条件

扇区	约束条件	扇区	约束条件
一	$u_\beta>0$ 且 $\sqrt{3}u_\alpha-u_\beta>0$	二	$u_\beta>0$ 且 $\sqrt{3}u_\alpha-u_\beta\leq0$ 且 $\sqrt{3}u_\alpha+u_\beta\geq0$
三	$u_\beta>0$ 且 $\sqrt{3}u_\alpha+u_\beta<0$	四	$u_\beta\leq0$ 且 $\sqrt{3}u_\alpha-u_\beta\leq0$
五	$u_\beta\leq0$ 且 $\sqrt{3}u_\alpha+u_\beta<0$ 且 $\sqrt{3}u_\alpha-u_\beta>0$	六	$u_\beta\leq0$ 且 $\sqrt{3}u_\alpha+u_\beta\geq0$

小区域的判断方法与大区域类似，只是需要约束的边界条件更多，将每一个边界条件标于图 7-25 中，图中（1）~（9）所示边界公式。

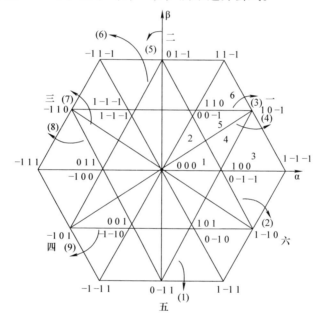

图 7-25 小区域的边界条件

（1）$-u_\beta-\sqrt{3}u_\alpha+\sqrt{3}/3U_{dc}=0$ （2）$-u_\beta+\sqrt{3}u_\alpha-\sqrt{3}/3U_{dc}=0$ （3）$-u_\beta-\sqrt{3}/6U_{dc}=0$

（4）$-u_\beta-\sqrt{3}/3u_\alpha=0$ （5）$-u_\alpha=0$ （6）$-u_\beta-\sqrt{3}u_\alpha-\sqrt{3}/3U_{dc}=0$

（7）$-u_\beta+\sqrt{3}/3u_\alpha=0$ （8）$-u_\beta+\sqrt{3}u_\alpha+\sqrt{3}/3U_{dc}=0$ （9）$-u_\beta+\sqrt{3}/6U_{dc}=0$

现在以第一大区域 $N=1$，小区域 $n=1$、2 为例，介绍区域约束条件是如何判断矢量所处区域的。现在假设矢量在第一大区域 $N=1$ 时，当公式（2）<0 时，可以确定矢量在 1、2 小区域内选择，当公式（4）<0 时，只有小区域 $n=1$ 满足条件，如果公式（4）>0，则矢量在小区域 $n=2$ 内。其他小区域的判断方法与此类似，只是约束条件各有不同。36 个小区域的判断方法详述见表 7-6。

表 7-6　小区域的边界约束条件

第一大扇区		第二大扇区	
第1小区	(2)<0，且 (4)<0	第1小区	(3)<0，且 (5)>0
第2小区	(2)<0，且 (4)>0	第2小区	(3)<0，且 (5)<0
第3小区	(1)<0	第3小区	(2)>0
第4小区	(1)>0，且 (2)>0，且 (4)<0	第4小区	(2)<0，且 (3)>0，且 (5)>0
第5小区	(2)>0，且 (3)<0，且 (4)>0	第5小区	(3)>0，且 (5)<0，且 (6)<0
第6小区	(3)>0	第6小区	(6)>0
第三大扇区		第四大扇区	
第1小区	(6)<0，且 (7)>0	第1小区	(4)>0，且 (8)>0
第2小区	(6)<0，且 (7)<0	第2小区	(4)<0，且 (8)>0
第3小区	(3)>0	第3小区	(6)>0
第4小区	(3)<0，且 (6)>0，且 (7)>0	第4小区	(4)>0，且 (6)<0，且 (8)<0
第5小区	(6)>0，且 (7)<0，且 (8)>0	第5小区	(4)<0，且 (8)<0，且 (9)>0
第6小区	(8)<0	第6小区	(9)<0
第五大扇区		第六大扇区	
第1小区	(5)<0，且 (9)>0	第1小区	(1)>0，且 (7)<0
第2小区	(5)>0，且 (9)>0	第2小区	(1)>0，且 (7)>0
第3小区	(8)<0	第3小区	(9)<0
第4小区	(5)<0，且 (8)>0，且 (9)<0	第4小区	(1)<0，且 (7)>0，且 (9)>0
第5小区	(1)>0，且 (5)>0，且 (9)<0	第5小区	(1)<0，且 (7)>0，且 (2)<0
第6小区	(1)<0	第6小区	(2)>0

基于 θ 角和调制比 M 的空间矢量调制算法：根据式子 $|U^*| = \sqrt{u_\alpha^2 + u_\beta^2}$，$\tan\theta = u_\beta/u_\alpha$ 可以得到参考矢量的幅值 $|U^*|$ 和矢量与 α 轴的夹角 θ，每一个大区域区间间隔 60°，利用 θ 角即可判断出矢量所在的大区域。判断出大区域后，利用调制比 M 和 θ 角即可判断出所在的小区域。现在定义三电平 VIENNA 整流器的调制比 M：

$$M = \frac{U^*}{2/3 U_{dc}} \tag{7-21}$$

为便于计算引入 $m = 2\sqrt{3}M/3$。通过反正切得到 θ 值，$\theta \in (-\pi, \pi)$。通过 θ 判断矢量所在大区域 N 的方法见表 7-7。

表 7-7　基于 θ 值大区域 N 的判断方法

N	一	二	三
判断条件	$\theta \in (0, \frac{\pi}{3}]$	$\theta \in (\frac{\pi}{3}, \frac{2\pi}{3}]$	$\theta \in (\frac{2\pi}{3}, \pi]$
N	四	五	六
判断条件	$\theta \in (-\pi, -\frac{2\pi}{3}]$	$\theta \in (-\frac{2\pi}{3}, -\frac{\pi}{3}]$	$\theta \in (-\frac{\pi}{3}, 0]$

为了便于直观判断大区域，现引入 θ^*，$\theta^* \in (0, 2\pi)$，如式 (7-22)：

$$\theta^* = \begin{cases} \theta + 2\pi & \theta \leqslant 0 \\ \theta & \theta > 0 \end{cases} \quad (7\text{-}22)$$

基于 θ^* 值大区域 N 的判断方法见表 7-8。

表 7-8 基于 θ^* 值大区域 N 的判断方法

N	一	二	三
判断条件	$\theta^* \in (0, \frac{\pi}{3}]$	$\theta^* \in (\frac{\pi}{3}, \frac{2\pi}{3}]$	$\theta^* \in (\frac{2\pi}{3}, \pi]$
N	四	五	六
判断条件	$\theta^* \in (\pi, \frac{4\pi}{3}]$	$\theta^* \in (\frac{4\pi}{3}, \frac{5\pi}{3}]$	$\theta^* \in (\frac{5\pi}{3}, \pi)$

判断完大区域后,再判断小区域,定义公式(7-23):

$$\theta'' = -\frac{\pi(N-1)}{3} + \theta^* \quad (7\text{-}23)$$

小区域的判断方法见表 7-9。

表 7-9 小区域的判断方法

小区域 n	判断条件
1	$\theta'' < \frac{\pi}{6}$,且 $\sin\left(\theta'' + \frac{\pi}{3}\right) < \frac{1}{2}$
2	$\theta'' \geqslant \frac{\pi}{6}$,且 $m\sin\left(\theta'' + \frac{\pi}{3}\right) < \frac{1}{2}$
3	$\theta'' < \frac{\pi}{6} m\sin\left(\theta'' + \frac{\pi}{3}\right) \geqslant \frac{1}{2}$
4	$\theta'' < \frac{\pi}{6}$时,且 $m\sin\left(\theta'' + \frac{\pi}{3}\right) \geqslant \frac{1}{2}$,$m\sin\left(\frac{\pi}{3} - \theta''\right) < \frac{1}{2}$,$m\sin\theta'' < \frac{1}{2}$
5	$\theta'' \geqslant \frac{\pi}{6}$时,且 $m\sin\left(\theta'' + \frac{\pi}{3}\right) \geqslant \frac{1}{2}$,$m\sin\left(\frac{\pi}{3} - \theta''\right) < \frac{1}{2}$,$m\sin\theta'' < \frac{1}{2}$
6	$\theta'' > \frac{\pi}{6}$时,且 $m\sin\theta'' \geqslant \frac{1}{2}$

两种方法各有优缺点,基于 θ 角度的调制方法,在矢量图中便于理解,通过 Matlab 仿真容易实现。但是涉及大量的反正切计算,不利于在 DSP 的数字实现。利用边界条件判断的算法,需要对 36 个小区域的边界条件进行细心设计。在每一个小区域中都要进行约束条件的判定,使得判定过程中容易出错。

3. 矢量作用时间的计算

第一步确定小区域后,选择矢量所处三角形的三个顶点矢量去合成参考电压矢量,根据伏秒平衡原理可以列出三个矢量的作用时间方程。

现在以第一大区内的 6 个小区域为例，分别确定每一个小区间内的三个矢量及求出三个矢量的作用时间。求解方法也同样可以分两种方法。

当指令电压矢量在大区域 $N=1$，小区域 $n=1$ 时，由图 7-26 可以确定三个矢量为 U_{01}、U_0、U_{02}，设 T_1、T_2、T_3 分别是三个矢量的作用时间，列出平衡方程式 (7-24)：

$$\begin{cases} \dfrac{1}{2}T_1 + \dfrac{1}{2}\cos(\dfrac{\pi}{3})T_3 = MT_s\cos(\theta) \\ T_1 + T_2 + T_3 = T_s \\ \dfrac{1}{2}\sin(\dfrac{\pi}{3})T_3 = MT_s\sin(\theta) \end{cases} \qquad (7\text{-}24)$$

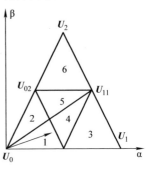

图 7-26 位于 (一) 1 区域

求解方程组 (7-24) 得 T_1、T_2、T_3：

$$T_1 = \dfrac{4\sqrt{3}}{3}MT_s\sin\left(\dfrac{\pi}{3}-\theta\right) \qquad T_2 = T_S - \dfrac{4\sqrt{3}}{3}MT_s\sin\left(\dfrac{\pi}{3}+\theta\right) \qquad T_3 = \dfrac{4\sqrt{3}}{3}MT_s\sin(\theta)$$

$$(7\text{-}25)$$

当指令电压矢量在大区域 $N=1$，小区域 $n=2$ 时，由图 7-27 可以确定三个矢量为 U_{02}、U_{01}、U_0，设 T_1、T_2、T_3 分别是三个矢量的作用时间，列出平衡方程：

$$\begin{cases} \dfrac{1}{2}T_2 + \dfrac{1}{2}\cos(\dfrac{\pi}{3})T_1 = MT_s\cos(\theta) \\ T_1 + T_2 + T_3 = T_s \\ \dfrac{1}{2}\sin(\dfrac{\pi}{3})T_1 = MT_s\sin(\theta) \end{cases} \qquad (7\text{-}26)$$

求解方程组 (7-26)，得 T_1、T_2、T_3：

$$T_1 = \dfrac{4\sqrt{3}}{3}MT_s\sin(\theta) \qquad T_2 = \dfrac{4\sqrt{3}}{3}MT_s\sin\left(\dfrac{\pi}{3}-\theta\right) \qquad T_3 = T_s - \dfrac{4\sqrt{3}}{3}MT_s\sin\left(\dfrac{\pi}{3}+\theta\right)$$

$$(7\text{-}27)$$

当指令电压矢量在大区域 $N=1$，小区域 $n=3$ 时，由图 7-28 可以确定三个矢量为 U_{01}、U_{11}、U_1，设 T_1、T_2、T_3 分别是三个矢量的作用时间，列出平衡方程式 (7-28)：

$$\begin{cases} \dfrac{1}{2}T_1 + \dfrac{\sqrt{3}}{2}\cos(\dfrac{\pi}{6})T_2 + T_3 = MT_s\cos(\theta) \\ T_1 + T_2 + T_3 = T_S \\ \dfrac{\sqrt{3}}{2}\sin(\dfrac{\pi}{6})T_2 = MT_s\sin(\theta) \end{cases} \qquad (7\text{-}28)$$

求解方程组得 T_1、T_2、T_3：

$$T_1 = \frac{4\sqrt{3}}{3}MT_s\sin(\theta) \quad T_2 = \frac{4\sqrt{3}}{3}MT_s\sin\left(\frac{\pi}{3}-\theta\right) \quad T_3 = T_s - \frac{4\sqrt{3}}{3}MT_s\sin\left(\frac{\pi}{3}+\theta\right)$$

(7-29)

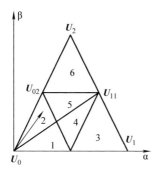

图 7-27 位于 (一) 2 区域

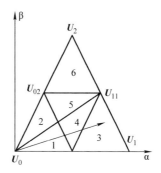

图 7-28 位于 (一) 3 区域

当指令电压矢量在大区域 $N=1$，小区域 $n=4$ 时，由图 7-29 可以确定三个矢量为 U_{01}、U_{11}、$-U_{02}$，设 T_1、T_2、T_3 分别是三个矢量的作用时间，列出平衡方程：

$$\begin{cases} \dfrac{1}{2}T_1 + \dfrac{\sqrt{3}}{2}\cos(\dfrac{\pi}{6})T_2 + \dfrac{1}{2}\cos(\dfrac{\pi}{3})T_3 = MT_s\cos(\theta) \\ T_1 + T_2 + T_3 = T_s \\ \dfrac{\sqrt{3}}{2}\sin(\dfrac{\pi}{6})T_2 + \dfrac{1}{2}\sin(\dfrac{\pi}{3})T_3 = MT_s\sin(\theta) \end{cases}$$

(7-30)

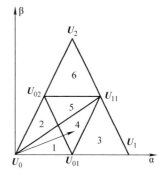

图 7-29 位于 (一) 4 区域

求解方程组得 T_1、T_2、T_3：

$$T_1 = T_s - \frac{4\sqrt{3}}{3}MT_s\sin(\theta) \quad T_2 = \frac{4\sqrt{3}}{3}MT_s\sin\left(\frac{\pi}{3}+\theta\right) - T \quad T_3 = T_s - \frac{4\sqrt{3}}{3}MT_s\sin\left(\frac{\pi}{3}-\theta\right)$$

(7-31)

当指令电压矢量在大区域 $N=1$，小区域 $n=5$ 时，由图 7-30 可以确定三个矢量为 U_{02}、U_{01}、U_{11}，设 T_1、T_2、T_3 分别是三个矢量的作用时间，列出平衡方程：

$$\begin{cases} \dfrac{1}{2}T_2 + \dfrac{1}{2}\cos(\dfrac{\pi}{3})T_1 + \dfrac{\sqrt{3}}{2}\cos(\dfrac{\pi}{6})T_3 = MT_s\cos(\theta) \\ T_1 + T_2 + T_3 = T_s \\ \dfrac{\sqrt{3}}{2}\sin(\dfrac{\pi}{6})T_3 + \dfrac{1}{2}\sin(\dfrac{\pi}{3})T_1 = MT_s\sin(\theta) \end{cases}$$

(7-32)

求解方程组（7-32），得 T_1、T_2、T_3：

$$T_1 = T_s - \frac{4\sqrt{3}}{3}MT_s\sin\left(\frac{\pi}{3} - \theta\right) \qquad T_2 = T_s - \frac{4\sqrt{3}}{3}MT_s\sin(\theta) \qquad T_3 = \frac{4\sqrt{3}}{3}MT_s\sin\left(\frac{\pi}{3} + \theta\right) - T$$

(7-33)

当指令电压矢量在大区域 $N=1$，小区域 $n=6$ 时，由图 7-31 可以确定三个矢量为 U_{02}、U_2、U_{11}，设 T_1、T_2、T_3 分别是三个矢量的作用时间，仿照前述即可列出平衡方程。

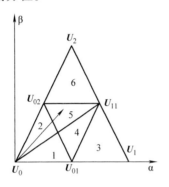 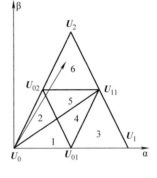

图 7-30 位于（一）5 区域　　　图 7-31 位于（一）6 区域

其他五个大区域的判断方法相同。将计算结果列入表 7-10 中。

表 7-10 矢量作用时间计算表

参考矢量所在区域		T_1、T_2、T_3
$N=1,2,3,4,5,6$	$n=1$	$T_1 = T_x$，$T_2 = T_s - T_y$，$T_3 = T_z$
	$n=2$	$T_1 = T_z$，$T_2 = T_x$，$T_3 = T_s - T_y$
	$n=3$	$T_1 = 2T_s - T_y$，$T_2 = T_z$，$T_3 = T_x - T_s$
	$n=4$	$T_1 = T_s - T_z$，$T_2 = T_y - T_s$，$T_3 = T_s - T_x$
	$n=5$	$T_1 = T_s - T_x$，$T_2 = T_s - T_z$，$T_3 = T_y - T_s$
	$n=6$	$T_1 = 2T_s - T_y$，$T_2 = T_z - T_s$，$T_3 = T_x$

上表中的 T_x、T_y、T_z 是为了方便计算引入的公式：

$$T_x = \frac{4\sqrt{3}}{3}MT_s\sin\left(\frac{\pi}{3} - \theta\right) \qquad T_y = \frac{4\sqrt{3}}{3}MT_s\sin\left(\frac{\pi}{3} + \theta\right) \qquad T_z = \frac{4\sqrt{3}}{3}MT_s\sin(\theta)$$

(7-34)

还有一种计算方法就是将 $M\sin(\theta)$、$M\cos(\theta)$ 用 $3u_\beta/2U_{dc}$、$3u_\alpha/2U_{dc}$ 表示，也可以列出不同大区域不同小区域内的所有时间关系式，进而求得时间。为了方便表示现设：

$$X = \frac{\sqrt{3}T_s}{U_{dc}}(\sqrt{3}u_\alpha + u_\beta) \qquad Y = \frac{\sqrt{3}T_s}{U_{dc}}(\sqrt{3}u_\alpha - u_\beta) \qquad Z = \frac{2\sqrt{3}u_\beta}{U_{dc}}T \quad (7\text{-}35)$$

易求解出 $T_x = Y$，$T_y = X$，$T_z = Z$，则所有时间关系见表 7-11。

表 7-11　时间计算表

第一大扇区				第二大扇区				第三大扇区			
小扇区	T_1	T_2	T_3	小扇区	T_1	T_2	T_3	小扇区	T_1	T_2	T_3
$n=1$	$T-X$	Y	Z	$n=1$	$T-Z$	X	$-Y$	$n=1$	$T+Y$	Z	$-X$
$n=2$	$T-X$	Y	Z	$n=2$	$T-Z$	X	$-Y$	$n=2$	$T+Y$	Z	$-X$
$n=3$	$2T-X$	$Y-T$	Z	$n=3$	$2T-Z$	$-Y$	$X-T$	$n=3$	$2T+Y$	$Z-T$	$-X$
$n=4$	$T-Z$	$X-T$	$T-Y$	$n=4$	$T+Y$	$Z-T$	$T-X$	$n=4$	$-T-Y$	$X+T$	$T-Z$
$n=5$	$T-Z$	$X-T$	$-Y$	$n=5$	$T+Y$	$Z-T$	$-X$	$n=5$	$-T-Y$	$X+T$	$T-Z$
$n=6$	$2T-X$	Y	Z	$n=6$	$2T-Z$	$-Y-T$	X	$n=6$	$2T+Y$	Z	$-X-T$

第四大扇区				第五大扇区				第六大扇区			
小扇区	T_1	T_2	T_3	小扇区	T_1	T_2	T_3	小扇区	T_1	T_2	T_3
$n=1$	$T+X$	$-Y$	$-Z$	$n=1$	$T+Z$	$-X$	Y	$n=1$	$T-Y$	$-Z$	X
$n=2$	$T+X$	$-Y$	$-Z$	$n=2$	$T+Z$	$-X$	Y	$n=2$	$T-Y$	$-Z$	X
$n=3$	$2T+X$	$-Y-Z$	$-Z$	$n=3$	$2T+Z$	$-T-X$	Y	$n=3$	$2T-Y$	X	$-Z-T$
$n=4$	$T+Z$	$-X-T$	$T+Y$	$n=4$	$T-Y$	$-T-Z$	$X+T$	$n=4$	$T-X$	$Y-T$	$T+Z$
$n=5$	$T+Z$	$-X-T$	$T+Y$	$n=5$	$T-Y$	$-T-Z$	$X+T$	$n=5$	$T-X$	$Y-T$	$T+Z$
$n=6$	$2T+X$	$-Z-T$	$-Y$	$n=6$	$2T+Z$	$-X$	$Y-T$	$n=6$	$2T-Y$	$X-T$	$-Z$

4. 矢量作用顺序的确定

矢量作用顺序的分配原则：1）为了减少功率管关断次数、降低功率管损耗，三相开关动作时，每次最好只有一个开关动作。2）合成指令电压矢量的一个周期内，矢量是对称分布的，首尾矢量相同，对应的开关状态也相同。3）可以利用小矢量平衡中点电位。

两电平整流器或者逆变器的 SVPWM 控制可以采用五段式合成方法和七段式合成方法，扩展到三电平整流器中仍然适用，但是三电平整流器含有冗余矢量，导致选择矢量合成方法具有多样性。现在以 $N=1$，$n=3$ 为例，根据矢量分配原则，分为正负五段矢量作用顺序 2 种。

1）正五段矢量作用顺序：U_{1p}—U_1—U_{11}—U_1—U_{1p}。
2）负五段矢量作用顺序：U_{1n}—U_1—U_{11}—U_1—U_{1n}。

如图 7-32 所示，左侧图是正小矢量工作时对应的矢量图，右侧图是负小矢量工作时对应的矢量图。

正负小矢量不同时出现在一个图中。在第一组图中 S_a 和第二组图中的 S_c 电

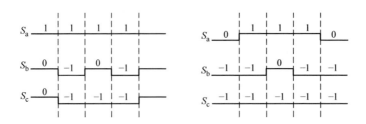

图 7-32 五段式矢量

平状态保持不变,因此开关保持不变,所以五段式矢量作用顺序方法开关损耗小,开关次数少。在第一组图中,矢量电平状态从(100)变为(111)。假设对应的电压区间为 $U_a > 0$,$U_b < 0$,$U_c < 0$。则对应的开关状态为(011)到(000),有两个开关管 S_b、S_c 同时从闭合到关断。违背了只有一相开关发生变化的原则。导致交流侧谐波增大。

还是以 $N = 1$,$n = 3$ 为例,根据矢量分配原则,分为正负七段矢量作用顺序2种。

1)正七段矢量作用顺序:U_{1p}—U_{11}—U_1—U_{1n}—U_1—U_{11}—U_{1p};
2)负七段矢量作用顺序:U_{1n}—U_1—U_{11}—U_{1p}—U_{11}—U_1—U_{1n};

七段式矢量变化图如图7-33所示,每一组图中每一个矢量变化只有一相电平发生改变,对应的同一时刻只有一相开关动作发生改变。由于七段式调制方法可以调节中点平衡,本文选用这种方法进行 SVPWM 调制。而且选择负七段式矢量作用顺序。首尾分别选择为负小矢量,中间矢量为正小矢量。以负小矢量为初始矢量的调制顺序见表7-12。

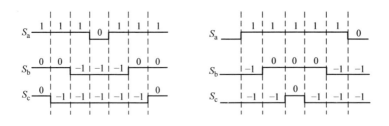

图 7-33 七段式矢量

当确定三个电压矢量后,相应的得到七段式矢量的电平状态和开关状态,虽然电平状态多达25种,但是对应的开关只有开通和闭合两种情况。当开关导通时以1表示,开关关断时为0,对应的开光状态最多有 $2^3 = 8$ 种。表7-13为七段式矢量调制方法在第一扇区内对应的开关状态和电平切换顺序。

表7-12 七段式矢量调制顺序

第一大扇区							第二大扇区						
小扇区	七个矢量作用顺序						小扇区	七个矢量作用顺序					
1	U_{1n}	U_{2n}	U_{00}	U_{1p}	U_{00}	U_{2n}	U_{1n}	1	U_{2n}	U_{00}	U_{3p}	U_{2p}	U_{3p}	U_{00}	U_{2n}
2	U_{2n}	U_{00}	U_{1p}	U_{2p}	U_{1p}	U_{00}	U_{2n}	2	U_{3n}	U_{2n}	U_{00}	U_{3p}	U_{00}	U_{2n}	U_{3n}
3	U_{1n}	U_1	U_{11}	U_{1p}	U_{11}	U_1	U_{1n}	3	U_{2n}	U_{12}	U_2	U_{2p}	U_2	U_{12}	U_{2n}
4	U_{1n}	U_{2n}	U_{11}	U_{1p}	U_{11}	U_{2n}	U_{1n}	4	U_{2n}	U_{12}	U_{3n}	U_{3p}	U_{3n}	U_{12}	U_{2n}
5	U_{2n}	U_{11}	U_{1p}	U_{2p}	U_{1p}	U_{11}	U_{2n}	5	U_{3n}	U_{2n}	U_{12}	U_{3p}	U_{12}	U_{2n}	U_{3n}
6	U_{2n}	U_{11}	U_2	U_{2p}	U_2	U_{11}	U_{2n}	6	U_{3n}	U_3	U_{12}	U_{3p}	U_{12}	U_3	U_{3n}

第三大扇区							第四大扇区						
小扇区	七个矢量作用顺序						小扇区	七个矢量作用顺序					
1	U_{3n}	U_{4n}	U_{00}	U_{3p}	U_{00}	U_{4n}	U_{3n}	1	U_{4n}	U_{00}	U_{5p}	U_{4p}	U_{5p}	U_{00}	U_{4n}
2	U_{4n}	U_{00}	U_{3p}	U_{4p}	U_{3p}	U_{00}	U_{4n}	2	U_{5n}	U_{4n}	U_{00}	U_{5p}	U_{00}	U_{4n}	U_{5n}
3	U_{3n}	U_3	U_{13}	U_{3p}	U_{13}	U_3	U_{3n}	3	U_{4n}	U_{14}	U_4	U_{4p}	U_4	U_{14}	U_{4n}
4	U_{3n}	U_{4n}	U_{13}	U_{3p}	U_{13}	U_{4n}	U_{3n}	4	U_{4n}	U_{14}	U_{5n}	U_{5p}	U_{5n}	U_{14}	U_{4n}
5	U_{4n}	U_{13}	U_{3p}	U_{4p}	U_{3p}	U_{13}	U_{4n}	5	U_{5n}	U_{4n}	U_{14}	U_{5p}	U_{14}	U_{4n}	U_{5n}
6	U_{4n}	U_{13}	U_4	U_{4p}	U_4	U_{13}	U_{4n}	6	U_{5n}	U_5	U_{14}	U_{5p}	U_{14}	U_5	U_{5n}

第五大扇区							第六大扇区						
小扇区	七个矢量作用顺序						小扇区	七个矢量作用顺序					
1	U_{5n}	U_{6n}	U_{00}	U_{5p}	U_{00}	U_{6n}	U_{5n}	1	U_{6n}	U_{00}	U_{1p}	U_{6p}	U_{1p}	U_{00}	U_{6n}
2	U_{6n}	U_{00}	U_{5p}	U_{6p}	U_{5p}	U_{00}	U_{6n}	2	U_{1n}	U_{6n}	U_{00}	U_{1p}	U_{00}	U_{6n}	U_{1n}
3	U_{5n}	U_5	U_{15}	U_{5p}	U_{15}	U_5	U_{5n}	3	U_{6n}	U_{16}	U_6	U_{6p}	U_6	U_{16}	U_{6n}
4	U_{5n}	U_{6n}	U_{15}	U_{5p}	U_{15}	U_{6n}	U_{5n}	4	U_{6n}	U_{16}	U_{1p}	U_{6p}	U_{1p}	U_{16}	U_{6n}
5	U_{6n}	U_{15}	U_{5p}	U_{6p}	U_{5p}	U_{15}	U_{6n}	5	U_{1n}	U_{6n}	U_{16}	U_{1p}	U_{16}	U_{6n}	U_{1n}
6	U_{6n}	U_{15}	U_6	U_{6p}	U_6	U_{15}	U_{6n}	6	U_{1n}	U_1	U_{16}	U_{1p}	U_{16}	U_1	U_{1n}

表7-13 第一大扇区各小区域的开关状态和电平状态

$n=1$	开关状态	100 110 111 011 111 110 100
	电平切换顺序	0 -1 -1 00 -1 000 100 000 00 -1 0 -1 -1
$n=2$	开关状态	110 111 011 001 011 111 110
	电平切换顺序	00 -1 000 100 110 100 000 00 -1
$n=3$	开关状态	100 000 010 011 010 000 100
	电平切换顺序	0 -1 -1 1 -1 -1 10 -1 100 10 -1 1 -1 -1 0 -1 -1
$n=4$	开关状态	100 110 010 011 010 110 100
	电平切换顺序	0 -1 -1 00 -1 10 -1 100 10 -1 00 -1 0 -1 -1

		(续)
$n=5$	开关状态	110 010 011 001 011 010 110
	电平切换顺序	00 -1 10 -1 100 110 100 10 -1 00 -1
$n=6$	开关状态	110 010 000 001 000 010 110
	电平切换顺序	00 -1 10 -1 11 -1 110 11 -1 10 -1 00 -1

如果 U_1、U_2、U_3 表示一个小区域内的三个矢量，T_1、T_2、T_3 表示对应矢量作用时间，则如图 7-34 坐标表示七段式矢量调制方式的每一个矢量作用顺序和相对应的作用时间。

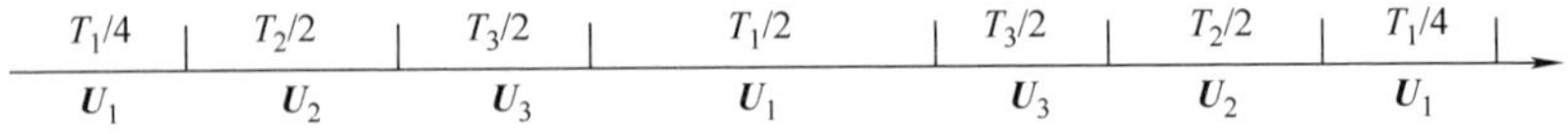

$T_1/4$	$T_2/2$	$T_3/2$	$T_1/2$	$T_3/2$	$T_2/2$	$T_1/4$
U_1	U_2	U_3	U_1	U_3	U_2	U_1

图 7-34 矢量作用时间

图 7-33 表示了第一个到第七个作用的矢量和对应的矢量作用时间。第一个矢量是负小矢量，第四个矢量是正小矢量。如果采用正小矢量作为初始矢量的七段式调制顺序可以用同样的方法得到对应的开关状态和电平切换顺序。

7.3.4 输出电容中点电位平衡的研究

VIENNA 整流器的一大难点在于中点平衡的研究。电路的不对称、电流的低频电流分量以及负载电压的波动都能导致中点电位不平衡。直流侧电压的不平衡会导致开关器件和二极管、电容的电压应力值增高。引起开关损耗增加，更有甚者毁坏器件，降低系统可靠性，增加输出电压低次谐波。国内外很多学者针对典型的三电平整流电路如二极管钳位电路中点电位平衡问题做了大量研究，对于三电平中点电位平衡的控制方法可以扩展应用到 VIENNA 整流电路中。

1. 产生中点电位不平衡的原因

如图 7-35 是直流输出侧，在电网电压三相对称、直流中点电压平衡的情况下，中点电流 i_0 平均值为 0，给电容充电的电流 i_{c1} 与 i_{c2} 值相等，电容均压，中点电位是 0。如果 $i_0>0$，则电流 i_0 对电容 C_2 充电，C_2 电压升高，C_1 电压降低。如果中点电流 $i_0<0$，则相反。

假定，$C_1=C_2=C$，求得电流：

$$\begin{cases} i_{C_1} = C_1 \dfrac{d(U_{dc}/2 - U_o)}{dt} \\ i_{C_2} = C_2 \dfrac{d(U_{dc}/2 - U_o)}{dt} \\ i_0 = i_{C_1} - i_{C_2} = -2C \dfrac{dU_0}{dt} \end{cases} \quad (7-36)$$

可见，电压 U_0 与输入电流 i_0、电容 C 有直接联系，而不受电容电流 i_{C_1}、i_{C_2} 的影响。本文采用两种方法研究零矢量、正负小矢量、中矢量、大矢量对中点电位影响。

第一种方法，中点电流影响分析法。三电平 VIENNA 整流器共有 25 个矢量，对应的每一个矢量对中点电位的影响都不同。根据图 7-36，例如正小矢量 U_{1p}（100），输入中点电流 $i_0 = i_{sc} + i_{sb}$，因为 $i_{sa} + i_{sb} + i_{sc} = 0$，所以 $i_0 = -i_{sa}$。同理可以求出其他 24 种矢量情况下的中点电流。得出的结果列入表 7-14 中。

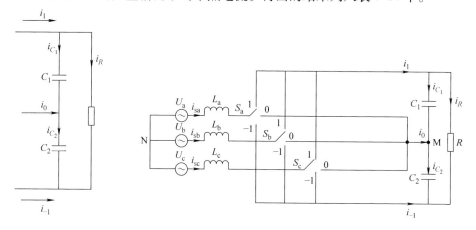

图 7-35 中点电流关系　　　　图 7-36 VIENNA 等效电路图

表 7-14 各开关状态对中点电位的影响

$(S_a、S_b、S_c)$	电压矢量	i_0	矢量类型	$(S_a、S_b、S_c)$	电压矢量	i_0	矢量类型
000	U_0	0	零矢量	0 -1 -1	U_{1n}	i_{sa}	负小矢量
100	U_{1p}	$-i_{sa}$	正小矢量	00 -1	U_{2n}	$-i_{sc}$	负小矢量
110	U_{2p}	i_{sc}	正小矢量	-10 -1	U_{3n}	i_{sb}	负小矢量
010	U_{3p}	$-i_{sb}$	正小矢量	-100	U_{4n}	$-i_{sa}$	负小矢量
011	U_{4p}	i_{sa}	正小矢量	-1 -10	U_{5n}	i_{sc}	负小矢量
001	U_{5p}	$-i_{sc}$	正小矢量	0 -10	U_{6n}	$-i_{sb}$	负小矢量
101	U_{6p}	i_{sb}	正小矢量	10 -1	U_{11}	i_{sb}	中矢量
01 -1	U_{12}	i_{sa}	中矢量	-110	U_{13}	i_{sc}	中矢量
-101	U_{14}	i_{sb}	中矢量	0 -11	U_{15}	i_{sa}	中矢量
1 -10	U_{16}	i_{sc}	中矢量	1 -1 -1	U_1	0	大矢量
11 -1	U_2	0	大矢量	-11 -1	U_3	0	大矢量
-111	U_4	0	大矢量	-1 -11	U_5	0	大矢量
1 -11	U_6	0	大矢量				

通过这个表格得出大矢量和零矢量对中点电流无影响，正负小矢量对中点电流的影响是互补的，中矢量对中点电流有影响。

第二种方法，矢量图形分析法。根据每种矢量对应的电平状态（开关状态），相应求解出主电路的等效电路图，主电路根据矢量状态的不同可以划分为7种类型，如图7-37所示。

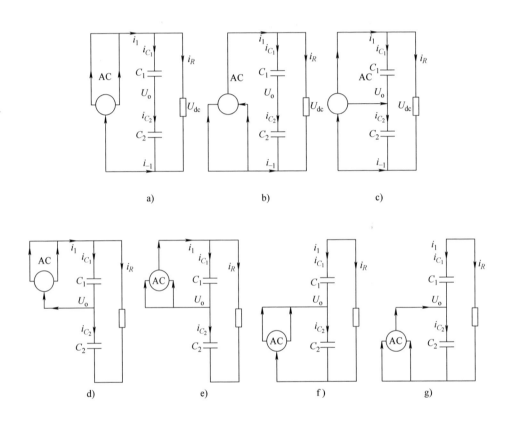

图7-37 等效电路图
a) 大矢量 U_2、U_4、U_6 的工作状态　b) 大矢量 U_1、U_3、U_5 的工作状态
c) 中矢量 U_{11}、U_{12}、U_{13}、U_{14}、U_{15}、U_{16} 的工作状态　d) 正小矢量 U_{2p}、U_{4p}、U_{6p} 的工作状态
e) 正小矢量 U_{1p}、U_{3p}、U_{5p} 的工作状态　f) 负小矢量 U_{2n}、U_{4n}、U_{6n} 的工作状态
g) 负小矢量 U_{1n}、U_{3n}、U_{5n} 的工作状态

观察图7-37a、b，大矢量不与直流侧中点相连，对中点电流 i_0 无影响。图c中，中矢量与直流侧中点相连，对中点电流有影响，但是无法设计中矢量控制直流侧电压平衡。图d、图e正小矢量与直流侧电容 C_1 相连，图f，g负小矢量与

直流侧电容 C_2 相连，两种矢量都对中点电流有影响。可以利用正负小矢量的成对出现对于中点电流进行控制。两种方法都比较简便直观。无论采用哪一种方法均可得出同样的结论。

2. 基于平衡因子的中点电位平衡控制方法

中点电位平衡控制一直是三电平变换器研究热点。常用的控制方法有开环被动控制法、滞环矢量协调法、基于平衡因子控制法、基于不平衡空间矢量控制法、基于坐标变换控制因子法等。

平衡因子控制法，只需对成对出现的正负小矢量作用时间进行调节，即可达到控制中点平衡的目的。控制简单、系统鲁棒性强、准确性高、调节效果好。

采用的七段式矢量作用顺序，是以负小矢量为首尾矢量，第四个中间矢量为正小矢量。正负小矢量成对出现。首先了解正负小矢量对直流侧电容电压的影响，定义平衡因子 f'，改造正负小矢量的作用时间后即可达到调节的作用。

控制因子的计算方法如式（7-37）所示，其中：f' 为平衡因子，$\Delta U_{\max}$ 为最大压差。

$$\begin{cases} \Delta V = V_{C_1} - V_{C_2} \\ f' = \dfrac{\Delta V}{\Delta V_{\max}} \end{cases} \quad (7\text{-}37)$$

以负小矢量 U_{1n}（0-1-1）为例，查表可得出流入中点电流为 i_{sa}。

1）若 $i_{sa} > 0$，则 U_{1n} 对 U_{C_1} 有使其↓的趋势，对 U_{C_2} 有使其↑的趋势。设调节因子 $f = 1 + f'$。当 $U_{C_1} > U_{C_2}$ 时，$f' > 0$，$f > 1$。U_{1n} 的作用时间 $f \times t(U_{1n}) > t(U_{1n})$。$U_{1n}$ 作用时间变长，使 U_{C_1} 减小，U_{C_2} 增大直到两电压值相等；当 $U_{C_1} < U_{C_2}$ 时，$f' < 0$，$f < 1$。U_{1n} 的作用时间 $f \times t(U_{1n}) < t(U_{1n})$。$U_{1n}$ 作用时间变短，使 U_{C_1} 增大，U_{C_2} 减小直到两电压值相等。

2）若 $i_{sa} < 0$，则 U_{1n} 对 U_{C_1} 有使其↑的趋势，对 U_{C_2} 有使其↓的趋势。设调节因子 $f = 1 - f'$。当 $U_{C_1} > U_{C_2}$ 时，$f' > 0$，$f < 1$。U_{1n} 的作用时间 $f \times t(U_{1n}) < t(U_{1n})$。$U_{1n}$ 作用时间变短，使 U_{C_1} 减小，U_{C_2} 增大直到两电平值相等；当 $U_{C_1} < U_{C_2}$ 时，$f' < 0$，$f > 1$。U_{1n} 的作用时间 $f \times t(U_{1n}) > t(U_{1n})$。$U_{1n}$ 作用时间变长，使 U_{C_1} 增大，U_{C_2} 减小直到两电平值相等。

通过以上分析方法可以得到每一个负小矢量分别在交流电流正、负情况下的直流侧电压变化趋势以及平衡因子的公式，如表 7-15 所示。

表 7-15　小矢量对电容电压的影响趋势

负小矢量	交流电流正负	U_{C_1}、U_{C_2} 变化趋势	f
U_{1n}	$i_{sa} > 0$ (<0)	$U_{C_1} \downarrow U_{C_2} \uparrow$ ($U_{C_1} \uparrow U_{C_2} \downarrow$)	$f = 1 + f'$ ($f = 1 - f'$)
U_{2n}	$i_{sc} < 0$ (>0)	$U_{C_1} \downarrow U_{C_2} \uparrow$ ($U_{C_1} \uparrow U_{C_2} \downarrow$)	$f = 1 + f'$ ($f = 1 - f'$)
U_{3n}	$i_{sb} > 0$ (<0)	$U_{C_1} \downarrow U_{C_2} \uparrow$ ($U_{C_1} \uparrow U_{C_2} \downarrow$)	$f = 1 + f'$ ($f = 1 - f'$)
U_{4n}	$i_{sa} < 0$ (>0)	$U_{C_1} \downarrow U_{C_2} \uparrow$ ($U_{C_1} \uparrow U_{C_2} \downarrow$)	$f = 1 + f'$ ($f = 1 - f'$)
U_{5n}	$i_{sc} > 0$ (<0)	$U_{C_1} \downarrow U_{C_2} \uparrow$ ($U_{C_1} \uparrow U_{C_2} \downarrow$)	$f = 1 + f'$ ($f = 1 - f'$)
U_{6n}	$i_{sb} < 0$ (>0)	$U_{C_1} \downarrow U_{C_2} \uparrow$ ($U_{C_1} \uparrow U_{C_2} \downarrow$)	$f = 1 + f'$ ($f = 1 - f'$)

3. 基于硬件控制方式的平衡中点电位的方法

该方法的优点就是不管在何种控制策略下都可以独立对直流侧电容进行均压控制，只需知道直流侧两电容电压关系。

图 7-38 为中点电位平衡的硬件控制方式的主电路拓扑图，V_1、V_2、V_3 为 DC – DC 变换开关管，VD_1、VD_2 为续流二极管，L_1、L_2 是储能电感，C_1、C_2 为三电平变换器直流侧分压电容。引入开关管 VD_3，通过 VD_3 的开关状态改变可以使该电路在直流电压稳定及电压跌落两种情况下均能实现电容均压，现分别以直流电压稳定及电压跌落两种情况进行分析。

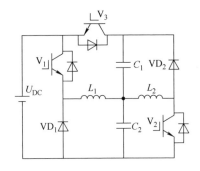

图 7-38　DC – DC 变换中点电压平衡电路图

（1）直流侧电压 U_{DC} 稳定的情况

当直流侧电压稳定时，两分压电容电压值之和为恒量，这时两电容电压将会表现出相反的变化趋势，因此通过调整 C_1、C_2 的电压即可实现中点电位平衡。对于直流侧电压 U_{DC} 稳定的情况，开关管 V_3 保持导通状态，其等效电路如图 7-39 所示。

通过前面的分析可知，该电路通过 DC – DC 变换调节电容电压从而实现中点电压平衡。其中，V_1、VD_1、L_1 和 C_2 组成 Buck 变换器，V_2、VD_2、C_1 和 L_2 组成 Boost 变换器。因此，可以分为 Buck、Boost 两种工作方式对该电路进行分析。

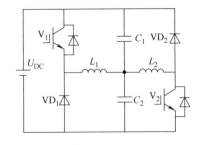

图 7-39　直流电压稳定时中点电压控制

由于 Buck 及 Boost 变换器分别控制电容 C_1、C_2 的电压，且 C_1、C_2 电压不会同时改变，故两变换器工作于互补方式。

电容 C_1 电压大于 C_2 时，通过 Buck 斩波电路调节电容 C_2 的电压进而实现中点电位的平衡控制。直流母线电压 U_{DC} 和分压电容 C_1 同时对电容 C_2 的调节产生影响，开关管 V_1 导通时，U_{DC} 中的能量通过 $V_1 \to L_1 \to C_2$ 回路为 L_1 电感储能；同时电容 C_1 通过 $V_1 \to L_1 \to C_2$ 回路向电感储能，V_1 关断时，储能电感 L_1 上的能量通过 $V_1 \to L_1 \to C_2$ 支路将能量转移到 C_2 上，此时电容 C_2 电压升高。

电容 C_1 电压小于 C_2 时，通过 Boost 斩波电路实现电容 C_1、C_2 电压的重新分配进而实现中点电位的平衡控制。当开关管 V_2 导通时，$C_2 \to L_2 \to V_2$ 构成回路，电感 L_2 储能，当开关管 V_2 关断时，$L_2 \to VD_2 \to C_1$ 支路为 C_1 电容充电，通过 Boost 电路对电容 C_1 电压进行校正，直至中电电压平衡。

（2）直流电压跌落时中点电压控制

当电压 U_{DC} 跌落时，开关管 V_3 处于关断状态，此时的等效电路如图 7-40 所示。

在这种情况下，Buck、Boost 变换器不再工作于互补模式，两种斩波电路同时工作，既可以平衡电容 C_1 和 C_2 上的电压，又可以使直流侧电压 U_{DC} 稳定。

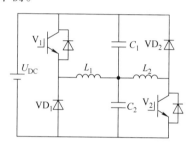

图 7-40　直流电压跌落时中点电压控制

Buck 斩波电路调节电容 C_2 的电压，同时 Boost 变换器通过 C_2 向 C_1 提供能量调节 C_1 的电压。因为 V_3 关断，不存在 Buck 斩波电路工作时 C_1 向 C_2 提供能量的情况发生，因此调节中点电位电压的同时可以控制直流侧电压 U_{DC} 的稳定，使系统可以在极端条件下工作。

图 7-41 为未采用中点电位平衡方法的直流侧两电容上的电压波形图。在没有采取中点平衡控制策略的情况下，可以发现两电容上电压值相差很大。

图 7-42 为采用中点电位平衡方法的直流侧两电容上的电压波形图。可以得出，两电压趋于一致。通过加入了中点平衡控制策略，可以很好地达到预期的设计目标。

7.3.5　实验结果分析

表 7-16 所示为实验参数。图 7-43 是 VIENNA 整流器在空间矢量调制下的交流侧电压、电流实验波形。从图形可以看出交流侧电压电流可以实现同相位。输入电压稳定在 311V，输入电流约为 22A。达到了功率因数校正的功能。图 7-44 是三电平 VIENNA 整流电路交流输出侧的 A 相相电压实验波形图，图 7-45 是交流输出 AB 线电压实验波形图，图 7-46 是直流母线电压实验波形图。

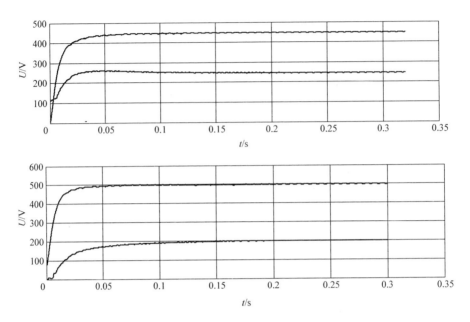

图 7-41 两电容上电压

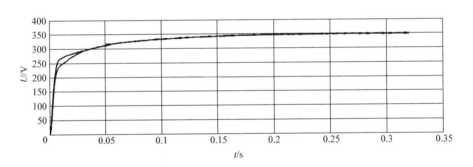

图 7-42 两电容上电压

表 7-16 实验预设仿真参数

参数	单位	数值
输入电压	V	三相相电压有效值 220
输出电压	V	700
开关频率	kHz	20
输出额定功率	kW	10
输入交流电感	mL	1.5
输出电容	μF	3200

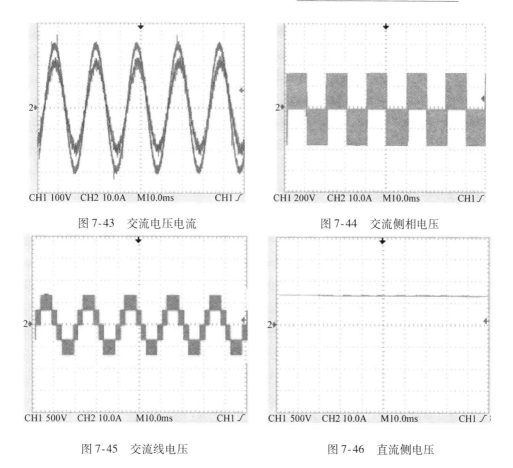

图 7-43　交流电压电流　　　　　图 7-44　交流侧相电压

图 7-45　交流线电压　　　　　　图 7-46　直流侧电压

参 考 文 献

[1] 杜常清，潘志强，赵奕凡. 电动汽车车载充电系统研究 [J]. 电源技术，2016 (6).
[2] 郭志勇. 新能源汽车电力电子技术 [M]. 北京：人民交通出版社，2017.
[3] 王庆年，曾小华. 新能源汽车关键技术 [M]. 北京：化学工业出版社，2017.
[4] 赛斯·莱特曼，鲍勃·布兰特. 电动汽车设计与制造基础 [M]. 王文伟，周小琳，译. 北京：机械工业出版社，2016.
[5] 节能与新能源汽车技术路线图战略咨询委员会，中国汽车工程学会. 节能与新能源汽车技术路线图 [M]. 北京：机械工业出版社，2016.
[6] 国家电网有限公司营销部. 电动汽车充换电关键技术 [M]. 北京：中国电力出版社，2018.
[7] 孙焕新. 电动汽车充电系统充电模式分析 [J]. 时代汽车，2017 (6).
[8] 徐晨洋，张强，等. 电动汽车无线充电系统建模与分析 [J]. 计算机仿真，2017 (9).

[9] 卢闻州，沈锦飞，方楚良. 磁耦合谐振式无线电能传输电动汽车充电系统研究 [J]. 电机与控制学报，2016（9）.
[10] 马海啸，叶海云，龚春英. 三相四桥臂逆变器的三角波辅助控制策略 [J]. 电机与控制学报，2016（1）.
[11] 麻友良. 汽车电器与电子控制系统 [M]. 3版. 北京：机械工业出版社，2015.
[12] BORGEEST K. 汽车电子技术——硬件、软件、系统集成和项目管理 [M]. 武震宇，译. 北京：机械工业出版社，2014.
[13] 葛庆，张清小. 新能源电源变换技术 [M]. 北京：中国铁道出版社，2016.
[14] 王芳，夏军. 电动汽车动力电池系统设计与制造技术 [M]. 北京：科学出版社，2017.
[15] 王庆年，曾小华. 新能源汽车关键技术 [M]. 北京：化学工业出版社，2017.

第8章 汽车总线系统

随着汽车中各种功能的不断完善,汽车电子控制单元越来越多,控制装置的数量和复杂性也不断增加,庞大的线束不但会占去大量的车内空间、增加系统成本,同时也会降低系统的可靠性和可维护性。传统的控制方案和布线方法已不能适应汽车技术发展的需要,繁琐的现场连线正在被简洁单一的现场总线网络所代替。而现场总线技术的不断发展和其内容的不断丰富,使各种控制、应用功能与功能块、控制网络的网络管理、系统管理等内容不断扩充,现场总线已经超出了原有的定位范围,不再只是通信标准和通信技术,而成为网络系统和控制系统。CAN 总线作为现场总线的重要成员,其本身就是作为一种汽车车内串行数据通信总线而提出的,现今 CAN 总线已经被广泛地应用在众多国外汽车上。作为 CAN 总线的辅助总线网络而出现的 LIN 总线是一种低成本的串行通信总线网络,用于实现汽车中的分布式电子系统控制,也得到越来越广泛的应用。

汽车总线技术是现场总线的应用之一,最初现场总线只是用于工业控制。所谓现场总线是应用在生产最底层的一种总线型拓扑的网络。进一步讲,这种总线是用作现场控制系统的、直接与所有受控(设备)节点串行相连的通信网络。汽车电子控制的现场范围可以从车窗升降器驱动机构到仪表显示装置,也可以从汽车悬架系统到发动机电子点火系统、安全气囊系统。汽车上受控设备和网络所处的环境很特殊,对信号的干扰往往是多方面的,而不同的部分要求控制的实时性也有所区别,这就决定了汽车上的现场总线既具有区别于一般网络的特点又具有区别于一般工业自动化控制现场总线的特点。

在汽车中引入总线技术最初是为了解决日益增长的线束问题,后来逐渐演绎出另外一个重要功能,即优化汽车电子控制。目前,汽车电子控制已经从初期的"电子–机械替代"阶段过渡到"独立系统的精确量化反馈控制"阶段,并朝着"多目标综合控制和智能化控制"的方向发展,即把整体上相关、功能上相对独立而位置上分布安装的电子系统或装置组成一个协调控制的综合系统。为了实现多目标的优化控制,进一步全面提高汽车的整体性能,根据智能化的要求和综合协调控制的特点,综合控制系统将更多地依赖系统内、外部信息的获取,这要求互相独立的电子系统和装置间进行数据交换和信息传递。因此,现代汽车采用总线技术解决分布式控制是一种必然,使用汽车总线技术不仅可以减少线束,而且能够提高各控制系统的可靠性,减少冗余的传感器及相应的软硬件配置,实现各子系统之间的资源共享,便于集中实现各子系统的在线故障诊断。

汽车电子控制采用网络化设计可大大降低设计成本，缩短设计周期，其经济效益是十分明显的。为此最初只属于高档车的网络概念，现已逐步扩展到大批量生产的经济型车上。今天网络化的电子系统已成为所有级别汽车中至关重要的部件。以下是对汽车中用到的几种网络总线的简单介绍。

1. CAN 总线

CAN 总线技术，全称为"控制器局域网总线技术（Controller Area Network - Bus）"。

汽车上面布满了各种控制单元，越是高级的汽车，其控制单元越多，控制系统越复杂。每个控制单元都可看作一台独立的电脑，它可以接收信息，同时能对各种信息进行处理、分析，然后发出一个指令。比如发动机控制单元会接收来自进气压力传感器、发动机温度传感器、加速踏板位置传感器、发动机转速传感器等的信息，在经过分析和处理后会发送相应的指令来控制喷油嘴的喷油量、点火提前角等，其他控制单元的工作原理也都类似。在这里可以给大家做一个比喻：车上的各种控制单元就好比一家公司各个部门的经理，每个部门的经理听取来自自己部门员工的工作汇报，经过分析做出决策，并命令该部门的员工去执行。

部分汽车的控制单元之间的所有信息都通过两根数据线进行交换，这种数据线也叫 CAN 数据总线。通过这种方式，所有的信息，不管信息容量的大小，都可以通过这两条数据线进行传递，这种方式充分地提高了整个系统的运行效率。

总线系统之所以称为 CAN - Bus，也是因为它的工作原理与运行中的公共汽车很类似。每个站点相当于一个控制单元，而行驶路线则是 CAN 数据总线，区别在于 CAN 数据总线上传递的是数据，而公共汽车上承载的是乘客。某个控制单元接收到负责向它发送数据的传感器的信息后，经过分析处理会采取相应措施，并将此信息发送到总线系统上。这样此信息会在总线系统上进行传递，每个与总线系统连接的控制单元都会接收到此信息，如果此信息对自己有用则会被存储下来，如果对其无用，则会被忽略。

目前汽车上的 CAN 数据总线连接方式主要有两种，一种是用于驱动系统的高速 CAN 总线，速率可达到 500kbit/s，另一种是用于车身系统的低速 CAN 总线，速率为 100kbit/s。当然对于中高级轿车还有一些如娱乐系统或智能通信系统的总线，它们的传输速率更高，可以超过 1Mbit/s。CAN 总线具有以下优势：

1）数据传输速度更高。

2）布线方式节省线束，降低了车身重量，同时优化了车身的布线方式。

3）若控制单元中有一个发生故障，其他控制单元仍可发送各自的数据，互不影响。

4）CAN 系统的双绞线设计可有效地防止电磁波的干扰和向外辐射。

5）基于 CAN 总线系统可以实现更丰富的车身功能。

2. 以太网

新的汽车功能,如自动泊车系统、车道偏离检测系统、盲点检测和高级信息娱乐系统等引发了对新的数据总线需求。显然,未来我们需要的是更加开放、高速,且易于与其他电子系统或者设备集成的车载网络,同时有助于减少功耗、线束重量和部署成本。

传统车载网络支持的通信协议较为单一,而车载以太网可以同时支持 AVB、TCP/IP、DOIP、SONIP 等多种协议或应用形式。其中,Ethernet AVB 是对传统以太网功能的扩展,通过增加精确时钟同步、带宽预留等协议增强传统以太网音视频传输的实时性,是极具发展潜力的网络音视频实时传输技术。SOME/IP (Scalable Service-Oriented MiddlewarE on IP) 则规定了车载摄像头应用的视频通信接口要求,可应用于车载摄像头领域,并通过 API 实现驾驶辅助摄像头的模式控制。

作为 AVB 协议的扩展,车载时间敏感网络则引入时间触发式以太网的相关技术,能高效地实现汽车控制类信息的传输。此外,1Gbit/s 速率通信标准的车载以太网同时还支持 POE (Power Over Ethernet) 功能和高效节能以太网 (Energy-Efficient Ethernet,EEE) 功能,POE 功能可在双绞线传输数据的同时为连接的终端设备供电,省去了终端外接电源线,降低了供电的复杂度。

当前,以太网和 CAN 的连接通过以太网网关来实现。以太网目前还不是用来取代 CAN 的,主要还是应用在非 CAN 的部分。车载以太网不仅具备了适应 ADAS、影音娱乐、汽车网联化等所需要的带宽,而且还具备了支持未来更高性能的潜力(如自动驾驶时代所需要的更大数据传输)。它将成为实现多层面高速通信的基石,相对于 20 世纪 90 年代的控制器局域网(CAN)革命,它的规模将更大,意义将更深远。专家预测,到 2020 年,汽车中部署的以太网端口将达 5 亿个。

3. LIN 总线

LIN 总线是针对汽车分布式电子系统而定义的一种低成本的串行通信网络,是对控制器局域网(CAN)等其他汽车多路网络的一种补充,适用于对网络的带宽、性能或容错功能没有过高要求的应用。LIN 总线是基于 SCI (UART) 数据格式,采用单主控制器/多从设备的模式,是 UART 中的一种特殊情况。

LIN 总线是面向汽车低端分布式应用的低成本、低速串行通信总线。它的目标是为现有汽车网络提供辅助功能,在不需要 CAN 总线的带宽和多功能的场合使用,降低成本。

相对于 CAN,LIN 总线的成本节省主要是由于采用单线传输、硅片中硬件或软件的低实现成本和无须在从属节点中使用石英或陶瓷谐振器。这些优点是以较低的带宽和受局限的单宿主总线访问方法为代价的。LIN 总线上的所有通信都由主机节点中的主机任务发起，主机任务根据进度表来确定当前的通信内容，发送相应的帧头，并为报文帧分配帧通道。总线上的从机节点接收帧头之后，通过解读标识符来确定自己是否应该对当前通信做出响应以及做出何种响应。基于这种报文滤波方式，LIN 可实现多种数据传输模式，且一个报文帧可以同时被多个节点接收利用。

4. FlexRay

FlexRay 是宝马（BMW）、戴姆勒 - 克莱斯勒 DaimlerChrysler 以及摩托罗拉（Motorola）和飞利浦（Philips）等公司制定的功能更强大的通信网络协议，是一种用于汽车的高速、可确定性的，具备故障容错能力的总线技术，它将事件触发和时间触发两种方式相结合，具有高效的网络利用率和系统灵活性特点，可以作为新一代汽车内部网络的主干网络。FlexRay 是汽车工业的事实标准（Facto Standard）。FlexRay 的拓扑结构多样，既可以像 CAN 总线一样使用线形结构，也可以使用星形结构。中心节点负责转发信息。当除中心节点外的某个节点损坏或线路故障时，中心节点可以断开与该节点的通信；但当中心节点损坏时，整个总线便无法工作。FlexRay 支持同步和异步通信，传输时不需要仲裁，数据传输率达到 10Mbit/s，净传输率也达到 5Mbit/s，可以通过数据传输速率确定信息传输延迟和抖动。FlexRay 协议制定了快速错误监测和错误通知机制，通过独立的总线监管来抑制错误，除此之外，FlexRay 协议还支持冗余传输通道提供以全局时间为基准的容错时钟同步。

8.1 CAN 通信原理

CAN（Controller Area Network）即控制器局域网，最初是德国博世（BOSCH）公司为汽车的监测与控制而设计的，以解决汽车众多控制设备与仪器仪表之间的大量数据交换用硬件接线带来的问题。当今 CAN 的应用已不再局限于汽车行业，而向过程工业、机械工业、机器人、数控机床、医疗器械和传感器等领域发展。CAN 节点数从 20 世纪 90 年代开始直线上升，增加趋势明显。CAN 也是唯一形成国际标准的串行通信协议。

8.1.1 CAN 的标准化

依据 ISO/OSI（International Standardization Organization/Open System Interconnection）参考模型，CAN 的 ISO/OSI 参考模型的层结构如图 8-1 所示。

CAN 总线中的常见名词解释如下：

1) 报文（Message）：总线上的报文以不同报文格式发送，但长度受到限制。当总线空闲时，任何一个网络上的节点都可以发送报文。

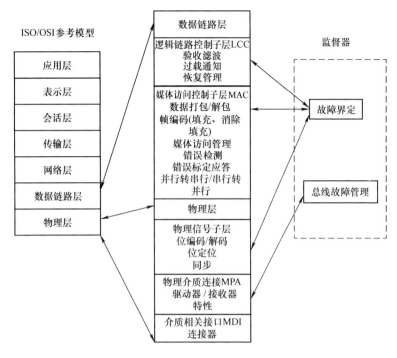

图 8-1 CAN 总线协议的分层结构

2) 信息路由（Information Routing）：在 CAN 网络中，节点不使用任何关于系统配置的报文，比如站地址，由接收节点根据报文本身特征判断是否接收这帧信息。因此系统扩展时，不用对应用层以及任何节点软件和硬件做任何改变，可以直接在 CAN 网络中增加节点。

3) 标识符（Identifier）：要传送的报文有特征标识符（是数据帧和远程帧的一个域），它给出的不是目标节点地址，而是这个报文本身的特征。信息以广播方式在网络上发送，所有节点都可以接收到。节点通过标识符判定是否接收这帧信息。

4) 数据一致性：应确保报文在 CAN 网络里同时被所有节点接收或同时不接收。这是配合错误处理和再同步功能实现的。

5) 位速率：不同的 CAN 系统速度不同，但在一个给定的系统里，位速率是唯一固定的。

6) 优先权：由发送数据中的标识符决定占用总线的优先权。标识符越小，优先权越高。

7) 远程数据请求（Remote Data Request）：通过发送远程帧，需要数据的节点请求另一节点发送相应的数据。回应节点传送的数据帧与请求数据的远程帧由相同的标识符命名。

8)仲裁(Arbitration):只要总线空闲,任何节点都可以向总线发送报文。如果有两个或两个以上的节点同时发送报文,就会引起总线访问冲突。通过使用标识符的逐位仲裁可以解决这个冲突。仲裁的机制确保了报文和时间均不损失。当具有相同标识符的数据帧和远程帧同时发送时,数据帧优先于远程帧。在仲裁期间,每一个发送器都对发送位的电平与被监控的总线电平进行比较。如果电平相同,则这个单元可以继续发送,如果发送的是一"隐性"电平而监视到的是一"显性",那么这个单元就失去了仲裁,必须退出发送状态。

9)总线状态:总线有"显性"和"隐性"两个状态,"显性"对应逻辑"0","隐性"对应逻辑"1","显性"状态和"隐性"状态线与为"显性"状态,故两个节点同时分别发送"0"和"1"时,总线上呈现"0"。CAN总线采用二进制不归零(NRZ)编码方式,所以总线非"0"即"1"。但是CAN协议并没有具体定义这两种状态的具体实现方式。具体如图8-2所示。

10)故障界定(Confinement):CAN节点能区分瞬时扰动引起的故障和永久性故障。故障节点会被关闭。

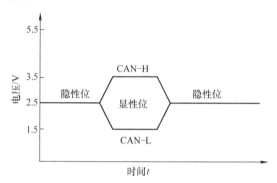

图8-2 根据ISO11898的额定总线电平

11)应答:接收节点对正确接收的报文给出应答,对不一致报文进行标记。

8.1.2 CAN的实现及数据帧格式

在CAN2.0B的版本协议中有两种不同的帧格式,不同之处为标识符域的长度不同,含有11位标识符的帧称之为标准帧,而含有29位标识符的帧称为扩展帧。如CAN技术规范1.2版本所描述,标准帧格式数据/远程帧格式是等效的,而扩展格式是CAN2.0B协议新增加的特性。为使控制器设计相对简单,并不要求执行完全的扩展格式,对于新型控制器而言,必须不加任何限制的支持标准格式。但无论是哪种帧格式,在报文传输时都有以下4种不同类型的帧:

1)数据帧(Data Frame):数据帧将数据从发送器传输到接收器。

2) 错误帧（Error Frame）：任何单元检测到总线错误就发出错误帧。

3) 远程帧（Remote Frame）：总线单元发出远程帧，请求发送具有同一标识符的数据帧。

4) 过载帧（Overload Frame）：过载帧用在相邻数据帧或远程帧之间提供附加的延时。

数据帧或远程帧与前一个帧之间都会有一个隔离域，即帧间间隔。数据帧和远程帧可以使用标准帧及扩展帧两种格式。

在报文传输时，不同的帧具有不同的传输结构，下面将分别介绍4种传输帧的结构，只有严格按照该结构进行帧的传输，才能被节点正确接收和发送。

1. 数据帧

数据帧结构如图8-3所示。数据帧由七种不同的位域（Bit Field）组成：帧起始（Start Of Frame）、仲裁域（Arbitration Field）、控制域（Control Field）、数据域（Data Field）、CRC校验码域（CRC Field）、应答域（ACK Field）、帧结束（End of Frame）。数据域的长度可以为0~8个字节。

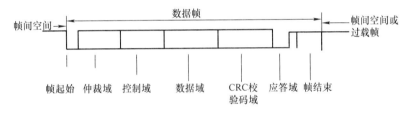

图8-3 报文的数据帧结构

（1）帧起始（SOF）

帧起始（SOF）标志着数据帧和远程帧的起始，仅由一个"显性"位组成。在CAN的同步规则中，当总线空闲时（处于隐性状态），才允许站点开始发送（信号）。所有的站必须同步于首先开始发送报文的站的帧起始前沿（该方式称为"硬同步"）。

（2）仲裁域

如图8-4所示，仲裁域由标识符和RTR位组成，标准帧格式与扩展帧格式的仲裁域格式不同。标准格式里，仲裁域由11位标识符和RTR位组成。标识符位有ID28~ID18。扩展格式里，仲裁域包括29位标识符、SRR位、IDE位、RTR位。其标识符有ID28~ID0。为了区别标准格式和扩展格式，CAN协议1.0~1.2的保留位r1现表示为IDE位。IDE（Identifier Extension）位为显性表示数据帧为标准格式，IDE位为隐性表示数据帧为扩展格式。在扩展帧中替代远程请求位（Substitute Remote Request，SRR）位为隐性。仲裁域传输顺序为从最高位到最低位，其中最高 7 位不能全为零。RTR 的全称为"远程发送请求位（Remote Transmission Request）"。RTR 位在数据帧里必须为"显性"，而在远程帧里必须为"隐性"。它是区别数据帧和远程帧的标志。

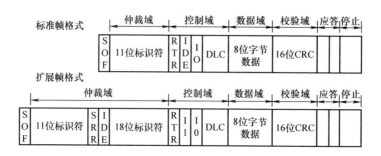

图 8-4 数据帧中的仲裁域结构

（3）控制域

控制域由六位组成，包括两个保留位（r0、r1，同于 CAN 协议扩展）及 4 位数据长度码，允许的数据长度值为 0~8 个字节。保留位必须以显性位发送，接收节点接收显性位和隐性位的所有组合。

（4）数据域

发送缓冲区中的数据按照长度代码指示长度发送。对于接收的数据，同样如此。它可以为 0~8 个字节，每个字节包含 8 个位，首先发送的是 MSB，即最高位。

（5）循环冗余校验域（CRC 检验码域）

由 CRC 检验码域（15 位）及 CRC 边界符（一个隐性位）组成。CRC 计算中，被除的多项式包括帧的起始域、仲裁域、控制域、数据域及 15 位为 0 的解除填充的位流给定。此多项式被下列多项式 $X^{15} + X^{14} + X^{10} + X^8 + X^7 + X^4 + X^3 + 1$ 除（系数按模 2 计算），相除的余数即为发至总线的 CRC 序列。发送时，CRC 序列的最高有效位被首先发送/接收。之所以选用这种帧校验方式，是由于这种 CRC 码对于少于 127 位的帧是最佳的。

（6）应答域

应答域由发送方发出的两个（应答间隙及应答界定）隐性位组成，所有接收到正确的 CRC 序列的节点将在发送节点的应答间隙上将发送的这一隐性位改写为显性位。因此，发送节点将一直监视总线信号已确认网络中至少一个节点正确地接收到所发信息。应答界定符是应答域中第二个隐性位，由此可见，应答间隙两边有两个隐性位：CRC 界定位及应答界定位，如图 8-5 所示。

（7）帧结束域

每一个数据帧或远程帧均由一串 7 个隐性位的帧结束域结尾。这样，接收节

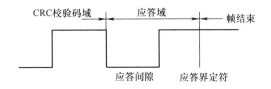

图 8-5 应答域

点可以正确检测到一个帧的传输结束。

2. 错误帧

错误帧由两个不同的域组成,第一个域是来自控制器的错误标志,第二个域为错误界定符,其结构如图 8-6 所示。

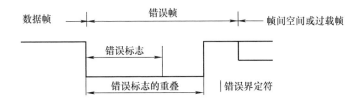

图 8-6 错误帧结构

(1) 错误标志

有两种形式的错误标志:

1) 激活 (Active) 错误标志,它由 6 个连续显性位组成。

2) 认可 (Passive) 错误标志,它由 6 个连续隐性位组成,它可由其他 CAN 控制器的显性位改写。

(2) 错误界定符

错误界定符由 8 个隐性位组成。传送了错误标志以后,每一站就发送一个隐性位,并一直监视总线直到检测出一个隐性位为止。然后就开始发送其余 7 个隐性位。

3. 远程帧

远程帧也有标准格式和扩展格式,而且都由 6 个不同的位域组成:帧起始、仲裁域、控制域、CRC 校验码域、应答域、帧结束。与数据帧相比,远程帧的 RTR 位为隐性,没有数据域,数据长度编码域可以是 0~8 个字节的任何值,这个值是远程帧请求发送的数据帧的数据域长度。当具有相同仲裁域的数据帧和远程帧同时发送时,由于数据帧的 RTR 位为显性,所以数据帧获得仲裁,发送远程帧的节点可以直接接收数据。远程帧结构如图 8-7 所示。

4. 过载帧

过载帧由两个区域组成,超载标识及超载界定符,下述 3 种状态将导致过载

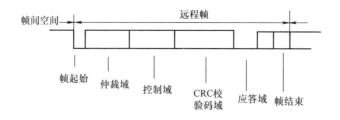

图 8-7 远程帧结构

帧发送:

1) 接收方在接收一帧之前需要过多的时间处理当前的数据（接收尚未准备好）;

2) 在帧空隙域检测到显性位信号;

3) 如果 CAN 节点在错误界定符或过载界定符的第 8 位采样到一个显性位节点会发送一个过载帧。

过载帧的具体结构如图 8-8 所示。

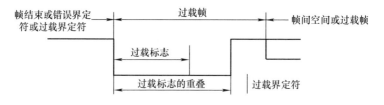

图 8-8 过载帧结构

8.1.3 德州仪器 F28x 系列 CAN 模块应用

F28x 的 CAN 单元是一个完整的 CAN 控制器，以 Delfino 系列 DSP 为例，其结构如图 8-9 所示。

F28x 的 CAN 单元与 CAN2.0B 协议兼容，即可以发送和接收标准（11 位标识符）和扩展帧（29 位标识符）；又具有可编程的总线唤醒行为和自检模式；支持高达 1Mbit/s 的数据速率；具有 32 个邮箱，每一个邮箱具有以下特点：

1) 每一个邮箱均可配置为接收或发送邮箱，均可配置为标准帧或扩展帧。

2) 具有可编程的接收掩码。

3) 由 0~8 字节的数据组成。

4) 使用 32 位时间戳。

5) 具有两级可编程中断及可编程报警超时功能。

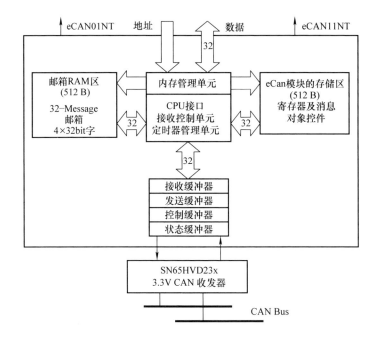

图 8-9 F28x 中 CAN 的系统结构

1. CAN 模块相关寄存器

图 8-10 所示为 CAN 寄存器在 DSP 片上内存的存储地址。

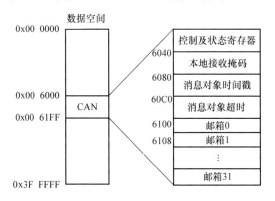

图 8-10 CAN 寄存器的存储地址

2. CAN 接收数据代码示例

CAN 模块的使用区别于前面提到的串行通信，使用时需注意以下几点规则：
1) CANTX 和 CANRX 为复用 IO，需要设置 GPIO 引脚为 CAN 功能。
2) 由于 eCAN 的寄存器需要 32 位的入口，如果只对其中一位进行操作，编译时可能会将入口拆分为 16 位。解决办法之一是直接按 32 位进行操作；解决办法之二是定义一个映射寄存器，保证 32 位入口。先将所有的寄存器备份到映射寄存器中，更改映射寄存器的相应位，再全部复制到寄存器中。例如：

EALLOW；

    ECanaShadow. CANTIOC. all = ECanaRegs. CANTIOC. all；

    ECanaShadow. CANTIOC. bit. TXFUNC = 1；

    ECanaRegs. CANTIOC. all = ECanaShadow. CANTIOC. all；

    ECanaShadow. CANRIOC. all = ECanaRegs. CANRIOC. all；

    ECanaShadow. CANRIOC. bit. RXFUNC = 1；

    ECanaRegs. CANRIOC. all = ECanaShadow. CANRIOC. all；

EDIS；

3) eCAN 控制寄存器受 EALLOW 保护，进行 eCAN 控制寄存器初始化，该寄存器受 EALLOW 保护。

4) 设置 Bit Timing 之前，需要将 CANES. all. bit. CCE 置 1，置位完成后，才允许更改 CANBTC。更改结束后，等待 CCE 位清零，以表示 CAN 模块已设置成功。

5) 发送或接收过程结束后，需要对相应标志复位。最好先将 shadow（映射寄存器）相应的寄存器清零，然后再至相应位，防止在此过程中将其他的邮箱复位。

CAN 发送一个数据帧示例，其中 CAN 模块的配置信息：CAN 波特率 100kbit/s；消息标识符 0x1000 0000（扩展帧）；使用 Mailbox#5 作为传输邮箱。操作步骤：

① 配置 CPU 的系统时钟：SYSCLKOUT = 150MHz，CAN 输入时钟为 75MHz，此处代码省略。

② GPIO_ Init（ ）函数中，配置 GPIO30 和 GPIO31 引脚为 "CANA_ RX" 和 "CANA_ TX"，并将 GPIO34 配置为输出。

    GpioCtrlRegs. GPAMUX2. bit. GPIO30 = 1；   // CANA_ RX

    GpioCtrlRegs. GPAMUX2. bit. GPIO31 = 1；   // CANA_ TX

③ 对寄存器 CANBTC 进行配置：

BRP = 49

TSEG1 = 10

TSEG2 = 2

④ 主函数参考程序

void main（void）

{

```
structECAN_REGS ECanaShadow;
/*系统初始化*/
InitSysCtrl( );
DINT;
InitPieCtrl( );
IER = 0x0000;
IFR = 0x0000;
InitPieVectTable( );

GPIO_Init( );                                          // GPIO 初始化
InitECan( );                                           // CAN 初始化

ECanaMboxes.MBOX5.MSGID.all      = 0x10000000;         // 消息 ID
ECanaMboxes.MBOX5.MSGID.bit.IDE  = 1;                  // 使用扩展帧

/* 邮箱 5 - 发送模式 */
ECanaShadow.CANMD.all    = ECanaRegs.CANMD.all;
ECanaShadow.CANMD.bit.MD5 = 0;
ECanaRegs.CANMD.all      = ECanaShadow.CANMD.all;

/* 使能邮箱 5  */
ECanaShadow.CANME.all    = ECanaRegs.CANME.all;
ECanaShadow.CANME.bit.ME5 = 1;
ECanaRegs.CANME.all      = ECanaShadow.CANME.all;

/* 数据长度为 1 个字节 */
ECanaMboxes.MBOX5.MSGCTRL.all     = 0;
ECanaMboxes.MBOX5.MSGCTRL.bit.DLC = 1;

EALLOW;
PieVectTable.TINT0 = &Time0_ISR;  //将定时器 0 的函数入口提供给 PIE
                                  //中断向量表
EDIS;

InitCpuTimers( );                                      // 定时器初始化
```

```
ConfigCpuTimer (&CpuTimer0, 150, 100000);           // 每隔100ms 进入
                                                    //  中断
PieCtrlRegs.PIEIER1.bit.INTx7 = 1;                  // 使能定时器 0
                                                    //  中断
IER | =1;                                           // 使能 INT1
EINT;                                               // 使能总中断
CpuTimer0Regs.TCR.bit.TSS = 0;                      // 启动定时器
while (1)
{
        while (CpuTimer0.InterruptCount < 10)       // 等待 10*100ms
          {
             EALLOW;
             SysCtrlRegs.WDKEY = 0xAA;              // 喂狗
             EDIS;
          }
        CpuTimer0.InterruptCount = 0;
        ECanaMboxes.MBOX5.MDL.byte.BYTE0 = counter & 0x00FF ;
                                                    // 写入消息
        ECanaShadow.CANTRS.all = 0;
        ECanaShadow.CANTRS.bit.TRS5 = 1;            // 发送消息
        ECanaRegs.CANTRS.all = ECanaShadow.CANTRS.all;
        // 等待 TA5 置位（等待发送成功）
        while (ECanaRegs.CANTA.bit.TA5 = = 0)
          {
             EALLOW;
             SysCtrlRegs.WDKEY = 0xAA;              // 喂狗
             EDIS;
          }
        ECanaShadow.CANTA.all = 0;
        ECanaShadow.CANTA.bit.TA5 = 1;              // 发送成功应答
        ECanaRegs.CANTA.all = ECanaShadow.CANTA.all;
        GpioDataRegs.GPBTOGGLE.bit.GPIO34 = 1;      // GPIO 翻转电平
    }
}
```

3. CAN 发送数据代码示例

CAN 接收一个数据帧，其中 CAN 模块的配置信息：CAN 波特率 100 kbit/s；消息标识符 0x1000 0000（扩展帧）；使用 Mailbox#1 作为接收邮箱，操作步骤：

1）配置 CPU 的系统时钟：SYSCLKOUT = 150MHz，CAN 输入时钟为 75MHz，此处代码省略。

2）GPIO_Init（ ）函数中，配置 GPIO30 和 GPIO31 引脚为 "CANA_RX" 和 "CANA_TX"，并将 GPIO34 配置为输出。

```
GpioCtrlRegs.GPAMUX2.bit.GPIO30 = 1;    // CANA_RX
GpioCtrlRegs.GPAMUX2.bit.GPIO31 = 1;    // CANA_TX
```

3）对寄存器 CANBTC 进行配置：

BRPREG = 49：TQ =（49 +1）/ 75 MHz = 0.667 us；
TSEG1REG = 10：tseg1 = 1us（10 +1） = 7.333 us；
TSEG2REG = 2：tseg2 = 1us（2 +1） = 2 us；

4）主函数设计：

```
void main (void)
{
    structECAN_REGS ECanaShadow;
    Uint16 temp;
    /*系统初始化*/
    InitSysCtrl ( );
    DINT;
    InitPieCtrl ( );
    IER = 0x0000;
    IFR = 0x0000;
    InitPieVectTable ( );

    GPIO_Init ( );    //GPIO 初始化
    InitECan ( );     //CAN 初始化 波特率为 100kbit/s

    ECanaMboxes.MBOX5.MSGID.all     = 0x10000000;    // 消息 ID
    ECanaMboxes.MBOX5.MSGID.bit.IDE = 1;             // 使用扩展帧
    /* 邮箱 1 - 接收模式 */
    ECanaShadow.CANMD.all = ECanaRegs.CANMD.all;
    ECanaShadow.CANMD.bit.MD1 = 1;
    ECanaRegs.CANMD.all = ECanaShadow.CANMD.all;
```

```c
/* 使能邮箱 1 */
ECanaShadow.CANME.all = ECanaRegs.CANME.all;
ECanaShadow.CANME.bit.ME1 = 1;
ECanaRegs.CANME.all = ECanaShadow.CANME.all;
EALLOW;
PieVectTable.TINT0 = &Time0_ISR;   //将定时器 0 的函数入口提供给
                                    PIE 中断向量表
EDIS;
InitCpuTimers( );                   // 定时器初始化
ConfigCpuTimer(&CpuTimer0, 150, 100000);  // 每 100ms 进入中断
PieCtrlRegs.PIEIER1.bit.INTx7 = 1;  // 使能定时器中断 0
IER |=1;                            // 使能 INT1
EINT;                               // 使能总中断
CpuTimer0Regs.TCR.bit.TSS = 0;      // 启动定时器 0
while(1)
{
    while(CpuTimer0.InterruptCount == 0);
    CpuTimer0.InterruptCount = 0;
    EALLOW;
    SysCtrlRegs.WDKEY = 0x55;       //喂狗
    EDIS;
    if(ECanaRegs.CANRMP.bit.RMP1 == 1)
                                    // 若邮箱 1 有新消息
    {
        temp = ECanaMboxes.MBOX1.MDL.byte.BYTE0;
                                    // 获取数据
        ECanaRegs.CANRMP.bit.RMP1 = 1;  // 清除 RMP1 标志
        if(temp & 1)
            GpioDataRegs.GPASET.bit.GPIO9 = 1;
        else
            GpioDataRegs.GPACLEAR.bit.GPIO9 = 1;
        if(temp & 2)
            GpioDataRegs.GPASET.bit.GPIO11 = 1;
        else
            GpioDataRegs.GPACLEAR.bit.GPIO11 = 1;
```

```
        if (temp & 4)
            GpioDataRegs.GPBSET.bit.GPIO34 = 1;
        else
            GpioDataRegs.GPBCLEAR.bit.GPIO34 = 1;
        if (temp & 8)
            GpioDataRegs.GPBSET.bit.GPIO49 = 1;
        else
            GpioDataRegs.GPBCLEAR.bit.GPIO49 = 1;
    }
  }
}
```

8.2 FlexRay 总线原理

8.2.1 总线概述

1. FlexRay 的产生及发展

随着汽车中增强安全和舒适体验的功能越来越多，用于实现这些功能的传感器、传输装置、电子控制单元（ECU）的数量也在持续上升。如今高端汽车有 100 多个 ECU，如果不采用新架构，该数字可能还会增长，ECU 操作和众多车用总线之间的协调配合日益复杂，严重阻碍线控技术（X-by-Wire，即利用重量轻、效率高、更简单且具有容错功能的电气/电子系统取代笨重的机械/液压部分）的发展。即使可以解决复杂性问题，传统的车用总线也缺乏线控所必需的确定性和容错功能。例如，与安全有关的信息传递要求绝对的实时，这类高优先级的信息必须在指定的时间内传输到位，如制动，从制动踏板踩下到制动起作用的信息传递要求立即正确地传输，不允许任何不确定因素。同时，汽车网络中不断增加的通信总线传输数据量，要求通信总线有较高的带宽和数据传输率。目前广泛应用的车载总线技术 CAN、LIN 等由于缺少同步性、确定性及容错性等并不能满足未来汽车应用的要求。

宝马和戴姆勒-克莱斯勒很早就意识到了传统的解决方案并不能满足汽车行业未来的需要，更不能满足汽车线控系统（X-by-Wire）的要求。于是在 2000 年 9 月，宝马和戴姆勒-克莱斯勒联合飞利浦和摩托罗拉成立了 FlexRay 联盟。该联盟致力于推广 FlexRay 通信系统在全球的采用，使其成为高级动力总成、底盘、线控系统的标准协议。其具体任务为制定 FlexRay 需求定义、开发 FlexRay 协议、定义数据链路层、提供支持 FlexRay 的控制器、开发 FlexRay 物理层规范并实现基础解决方案。

2. FlexRay 的特点

FlexRay 提供了传统车内通信协议不具备的大量特性，包括：

（1）高传输速率

FlexRay 的每个信道具有 10Mbit/s 带宽。由于它不仅可以像 CAN 和 LIN 网络这样的单信道系统一般运行，而且还可以作为一个双信道系统运行，因此可以达到 20Mbit/s 的最大传输速率，是当前 CAN 最高运行速率的 20 倍。

（2）同步时基

FlexRay 中使用的访问方法是基于同步时基的。该时基通过协议自动建立和同步，并提供给应用。时基的精确度介于 $0.5 \sim 10\mu s$ 之间（通常为 $1 \sim 2\mu s$）。

（3）确定性

通信是在不断循环的周期中进行的，特定消息在通信周期中拥有固定位置，因此接收器已经提前知道了消息到达的时间。到达时间的临时偏差幅度会非常小，并能得到保证。

（4）高容错

强大的错误检测性能和容错功能是 FlexRay 设计时考虑的重要方面。FlexRay 总线使用循环冗余校验 CRC（Cyclic Redundancy Check）来检验通信中的差错。FlexRay 总线通过双通道通信，能够提供冗余功能，并且使用星形拓扑可完全解决容错问题。

（5）灵活性

在 FlexRay 协议的开发过程中，关注的主要问题是灵活性，反映在如下几个方面：

1）支持多种方式的网络拓扑结构。

2）消息长度可配置，可根据实际控制应用需求，为其设定相应的数据载荷长度。

3）使用双通道拓扑时，既可用于增加带宽，也可用于传输冗余的消息。

4）周期内静态、动态消息传输的时间都可随具体应用而定。

3. FlexRay 的应用场合

目前 FlexRay 最主要的应用领域是汽车，业界正致力于在汽车设计中转向全电子系统，它将通过创新的智能驾驶辅助系统为驾驶人和乘员提供更高的安全性以及更舒适的车内环境。而这种智能系统必然需要大量的采样、通信以及协调控制，对车载网络提出了较高的要求，这也应该是 FlexRay 联盟研发 FlexRay 的动力所在。

（1）车载骨干网络

FlexRay 的拓扑结构非常灵活，包括单/多通道总线结构，单/多通道星形结构以及多种不同总线、星形混合结构等,网络可与现有其他各种总线(如 LIN、CAN 等)系统兼容。同时,其灵活的系统结构,也可使设计者针对不同的应用背景选择不同的可靠等级以控制成本。

(2)线控系统

FlexRay 的重要目标应用之一是线控操作(如线控转向、线控制动等),即利用容错的电气/电子系统取代机械/液压部分。汽车线控系统是从飞机控制系统引申而来的,飞机控制系统中提到的 Fly – by – Wire 是一种电线代替机械的控制系统,它将飞机驾驶人的操纵控制和操作命令转换成电信号,利用机载计算机控制飞机的飞行。这种控制方式引入到汽车驾驶上,就称为 Drive – by – Wire(电控制动),引入到制动上就产生了 Brake – by – Wire(电控制动),引入到转向控制上就有 Steering – by – Wire(电控转向),因此统称为 X – by – Wire。这些创新功能的基础是一种能够满足严格容错要求的宽带总线结构,而 FlexRay 的高传输速率和良好的容错性使其具有该方面的应用潜力。线控转向系统结构框图如图 8-11 所示。

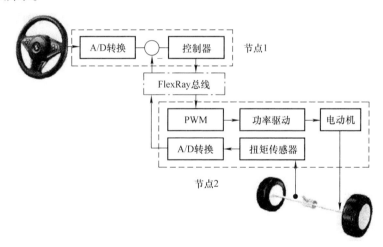

图 8-11 线控转向系统结构

(3)工业领域前景

虽然目前现场总线种类繁多,各种总线处于共存状态,工业以太网的应用也越来越广泛,但是由于现场总线几乎覆盖了所有连续、断续领域,不同运用领域的需求各异,还没有哪种工业总线可以完全适用于生产领域的各个方面。因此,FlexRay 总线虽然不能涵盖工业生产的全部领域,但一定可以像其他总线技术那样,在特定的领域中发挥优势,比如汽车制造领域以及对实时性、可靠性有很高要求的检测控制领域。

(4) 企业上的实际应用

首个投入生产的 FlexRay 应用是宝马公司 X5 运动型多功能轿车（SAV）上名为 Adaptive Drive 的系统。Adaptive Drive 基于飞思卡尔半导体的 32 位 FlexRay 微控制器，它可以监视有关车辆速度、方向盘转度、纵向和横向加速度、车身和轮子加速度和行驶高度的数据。当驾驶人按下按钮选择"运行"或"舒适"驾驶时，Adaptive Drive 会通过控制抗侧倾杆中的旋转发动机和减震器上的电磁阀来相应调整车辆的侧角和阻尼，控制单元相互作用以防止紧急翻车，宝马工程师选择了 10Mbit/s 带宽的 FlexRay 以获得这些控制单元之间的快速数据传输。

宝马 7 系中配备的博世 ESP 至尊版是全球第一个带有 FlexRay 界面的制动控制系统。通过这一新数据总线，系统能够与相应的传感器、自适应巡航控制（ACC）、集成底盘管理系统（ICM）、发动机以及传输控制单元通信。

新款奥迪 A8 轿车采用恩智浦的 FlexRay、CAN、LIN 和 SBC 收发器打造车载网络（IVN），为轿车增加了高级驾驶辅助系统、自适应巡航控制和主动底盘稳定系统等一系列最新应用。恩智浦的 IVN 技术通过集线器连接众多电子器件，集线器由几根轻质铜线构成，不仅减轻了车身重量，更节约了油耗。轻质结构还令轿车提速更快、碳排放更低。

尽管 FlexRay 目前还只是应用在豪华车上，但随着通信要求的进一步提高和技术的进一步成熟，其在汽车上的普及只是时间的问题。然而，从更长远的角度来看，汽车发展的趋势是实现全自动无人驾驶（或近乎全自动驾驶），这将需要大量不同功能的传感器、传输装置以及电子控制单元，而这些零部件的相互通信和协调控制则对车载网络提出了更高的要求。因此，FlexRay 及车载网络还有待进一步研究和发展。

8.2.2　FlexRay 通信协议

1. 节点架构

ECU（Electronic Control Unit），即节点（Node），是接入车载网络中的独立完成相应功能的控制单元。主要由电源供给系统（Power Supply）、主处理器（Host）、固化 FlexRay 通信控制器（Communication Controller, CC）、可选的总线监控器（Bus Guardian, BG）和总线驱动器（Bus Driver, BD）组成，如图 8-12 所示。主处理器提供和产生数据，并通过 FlexRay 通信控制器传送出去。其中 BD 和 BG 的个数对应于通道数，与通信控制器和微处理器相连。总线监控逻辑必须独立于其他的通信控制器。总线驱动器连接着通信控制器和总线，或是连接总线监控器和总线。

节点的通信过程为

1）发送数据：Host 将有效的数据送给 CC，数据在 CC 中进行编码，形成数

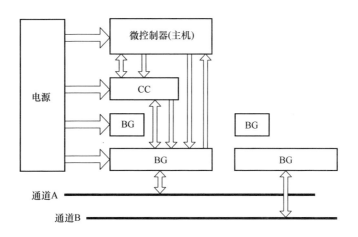

图 8-12 FlexRay 节点

据位流,通过 BD 发送到相应的通道上。

2)接收数据:在某一时刻,由 BD 访问栈,将数据位流送到 CC 进行解码,将数据部分由 CC 传送给 Host。

2. 拓扑结构

FlexRay 的拓扑主要分为 3 种:总线式、星形、总线星形混合型,如图 8-13 ~ 图 8-15 所示。

图 8-13 总线式

通常,FlexRay 节点可以支持两个信道,因而可以分为单信道和双信道两种系统。在双信道系统中,不是所有节点都必须与两个信道连接。

与总线式结构相比,星形结构的优势在于:它在接收器和发送器之间提供点对点连接。该优势在高传输速率和长传输线路中尤为明显;另一个重要优势是错误分离功能。例如,如果信号传输使用的两条线路短路,总线系统在该信道不能进行进一步的通信。如果使用星形结构,则只有到连接短路的节点才会受到影响,其他所有节点仍然可以继续与其他节点通信。

图 8-14 星形

图 8-15 混合型

3. 数据帧

一个数据帧由头段（Header Segment）、有效负载段（Payload Segment）和尾段（Trailer Segment）三部分组成。FlexRay 数据帧结构如图 8-16 所示。

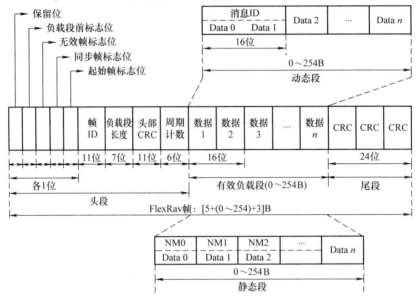

图 8-16　FlexRay 数据帧结构

(1) 头段

头段共由 5 个字节（40 位）组成，包括以下几位：

1) 保留位（1 位）：为日后的扩展做准备。
2) 负载段前标志位（1 位）：指明负载段的向量信息。
3) 无效帧标志位（1 位）：指明该帧是否为无效帧。
4) 同步帧标志位（1 位）：指明这是否为一个同步帧。
5) 起始帧标志位（1 位）：指明该帧是否为起始帧。
6) 帧 ID（11 位）：用于识别该帧和该帧在时间触发帧中的优先级。
7) 负载段长度（7 位）：标注一帧中能传送的字数。
8) 头部 CRC（11 位）：用于检测传输中的错误。
9) 周期计数（6 位）：每一通信开始，所有节点的周期计数器增 1。

(2) 有效负载段

是用于传送数据的部分，FlexRay 有效负载段包含 0~254 个字节数据。

对于动态帧，有效负载段的前两个字节通常用作信息 ID，接收节点根据接收的 ID 来判断是否为需要的数据帧。

对于静态帧，有效负载段的前 13 个字节为网络管理向量（NM），用于网络管理。

（3）尾段

尾段只含有 24 位的校验域，包含了由头段与有效负载段计算得出的 CRC 校验码。计算 CRC 时，根据网络传输顺序将从保留位到负载段最后一位的数据放入 CRC 生成器进行计算。

4. 编码与解码

编码的过程实际上就是对要发送的数据进行相应的处理"打包"的过程，如加上各种校验位、ID 符等。编码与解码主要发生在通信控制器与总线驱动器之间，如图 8-17 所示。

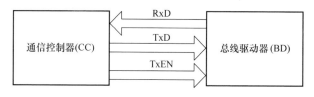

图 8-17 编码与解码

其中，RxD 为接收信号，TxD 为发送信号，TxEN 为通信控制器请求信号。信息的二进制表示采用"不归零"码。对于双通道的节点，每个通道上的编码与解码过程是同时完成的。

静态数据帧编码如图 8-18 所示。

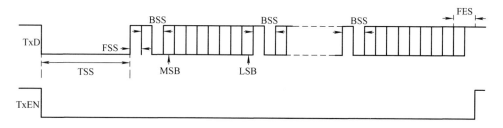

图 8-18 静态数据帧编码

TSS（传输启动序列）：用于初始化节点和网络通信的对接，为一小段低电平。

FSS（帧启动序列）：用来补偿 TSS 后第一个字节可能出现的量化误差，为一位的高电平。

BSS（字节启动序列）：给接收节点提供数据定时信息，由一位高电平和一位低电平组成。

FES（帧结束序列）：用来标识数据帧最后一个字节序列结束，由一位低电平和一位高电平组成。

动态数据帧编码如图 8-19 所示。

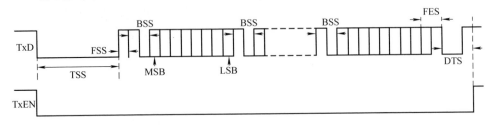

图 8-19　动态数据帧编码

DTS（动态段尾部序列）：仅用于动态帧传输，用来表明动态段中传输时隙动作点的精确时间点，并防止接收段过早的检测到网络空闲状态。由一个长度可变的低电平和一位高电平组成。

将这些序列与有效位（从最高有效位 MSB 到最低有效位 LSB）组装起来就是编码过程，最终形成能够在网络传播的数据位流。

5. 媒体访问方式

在媒体接入控制中，一个重要的概念就是通信周期（Communication Cycle），如图 8-20 所示。一个通信周期由静态段（Static Segment）、动态段（Dynamic Segment）、符号窗口（Symbol Window）和网络空闲时间（Network Idle Time）4 个部分组成。FlexRay 提供两种媒体接入时序的选择：静态段采用时分多址方式（TDMA），由固定的时隙数组成，不可修改，且所有时隙的大小一致，用来传输周期性的数据信息；动态段采用灵活的时分多址（FTDMA），由较小的时隙组成，可根据需要扩展变动，一般用于传输事件控制的消息。符号窗用于传输特征符号。网络空闲时间用于时钟同步处理。

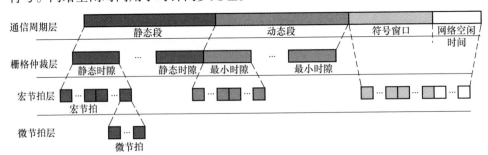

图 8-20　媒体访问方式

仲裁层包含仲裁网络，它构成了 FlexRay 媒介仲裁的主干部分。在静态段，仲裁网络由叫作静态时槽（Static Slots）的连续时间间隔组成，在动态段，由称为微型时槽（Minislots）的连续时间间隔组成。

仲裁网络层是建立在由宏节拍（Macrotick）组成的宏节拍层之上。每个本地宏节拍的时间是一个整数倍的微节拍的时间。已分配的宏节拍边缘叫作行动点（Action points）。行动点是一些特定的时刻，例如传输的开始和结束。

微节拍层是由微节拍组成。微节拍是由通信控制器外部振荡器时钟刻度，选择性地使用分频器导出的时间单元。微节拍是控制器中的特殊单元，它在不同的控制器中可能有不同的时间。节点内部的本地时间间隔尺寸就是微节拍。

6. 时钟同步

如果使用基于 TDMA 的通信协议，则通信媒介的访问在时间域中控制。因此，每个节点都必须保持时间同步，这一点非常重要。所有节点的时钟必须同步，并且最大偏差（精度）必须在限定范围内，这是实现时钟同步的前提条件。

时钟偏差可以分为相位和频率偏差。相位偏差是两个时钟在某一特定时间的绝对差别。频率偏差是相位偏差随时间推移的变化，它反映了相位偏差在特定时间的变化。

FlexRay 使用一种综合方法，同时实施相位纠正和频率纠正，包含两个主要过程：时间同步校正机制（最大时间节拍生成 MTG）和时钟同步计算机制（时钟同步进程 CSP）。如图 8-21 所示，MTG 控制时隙初值，即周期计数器和最大时钟节拍的计数器，并对其进行修正。CSP 主要完成一个通信循环开始的初始化，测量并存储偏差值，计算相位和频率的修正值。

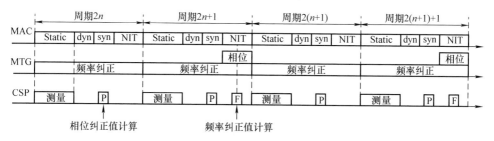

图 8-21 时钟同步机制

相位修正仅在奇数通信周期的 NIT 段执行，在下一个通信周期起始前结束。相位改变量指明了添加到 NIT 相位修正段的微节拍数目，它的值由时钟同步算法决定，并有可能为负数。相位改变量的计算发生在每个周期内，但修正仅应用在奇数通信周期的末尾。

在频率纠正中，需要使用两个通信循环的测量值。这些测量值之间的差值反映每个通信循环中的时钟偏差变化。它通常用于计算双循环结束时的纠正值。在随后的两个通信周期中，都使用该纠正值。

7. 唤醒与启动

为了节省资源，当部分节点处于不工作状态时，进入"节电模式"。当这些节点需要再次工作时，就需要"唤醒"它们。主机可以在通信信道上传输唤醒模式，当节点接收到唤醒特征符（Wakeup Symbol）后，主机处理器和通信控制器才进行上电。

在通信启动执行之前，整个簇需要被唤醒。启动节点工作需要在所有通道上同步执行。初始一个启动过程的行为被称为冷启动（Coldstart），能启动一个起始帧的节点是有限的，它们称作冷启动节点（Coldstart Node）。在至少由三个节点组成的簇中，至少要有三个节点被配置为冷启动节点。冷启动节点中，主动启动簇中消息的节点称之为主冷启动节点（Leading Coldstart Node），其余的冷启动节点则称之为从冷启动节点（Following Coldstart Node）。

当节点被唤醒并完成初始化后，它就可以在相应的主机控制命令发出之后进入启动程序。在非冷启动节点接收并识别至少两个相互通信的冷启动节点前，非冷启动节点一直等待。同时，冷启动节点监控两个通道，确定是否有其他的节点正在进行传输。当检测到信道没有进行传输时，该节点就成为主冷启动节点。

主冷启动节点先在两个通道上发送无格式的符号（一定数量的无效位），然后启动集群。在无格式符号发送完毕后，主冷启动节点启动该节点的时钟，进入第一个通信周期。从冷启动节点可以接收主冷启动节点发送的消息，在识别消息后，从冷启动节点便可确认主冷启动节点发送的消息的时槽位置。然后等待下一个通信周期，当接收到第二个消息后，从冷启动节点便开始启动它们的时钟。根据两条消息的时间间隔，测量与计算频率修正值，尽可能地使从启动节点接近主冷启动节点的时间基准。为减少错误的出现，冷启动节点在传输前需等待两个通信周期。在这期间，其余的冷启动节点可继续接收来自主冷启动节点以及完成集群冷启动节点的消息。

从第五个周期开始，其余的冷启动节点开始传输起始帧。主冷启动节点接收第五与第六个周期内其余冷启动节点的所有消息，并同时进行时钟修正。在这个过程中没有故障发生，且冷启动节点至少收到一个有效的起始帧报文对，主冷启动节点则完成启动阶段，开始进入正常运行状态。

非冷启动节点首先监听通信信道，并接收信道上传输的信息帧。若接收到信息帧，便开始尝试融入到启动节点。在接下来的两个周期内，非冷启动节点要至少确定两个发送启动帧的冷启动节点。若无法满足条件，非冷启动节点将退出启动程序。非冷启动节点接收到至少两个启动节点连续的两组双周期启动帧后，开始进入正常运行状态。非冷启动节点进入正常工作状态，比主冷启动节点晚两个周期。

图8-22描述了正确的启动过程。其中，A是主冷启动节点，B是从冷启

节点，C是非冷启动节点。

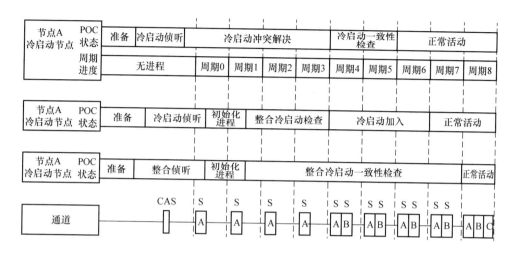

图 8-22 FlexRay 启动过程

8.2.3 FlexRay 与 CAN 总线的区别

1. 总线分配的方式不同

FlexRay 和 CAN 总线最本质的区别是总线分配的方式不同。CAN 总线是采用 CSMA/CA（Carrier Sense Multiple Access with Collision Avoidance）机制。各节点会一直监听总线，发现总线空闲时便开始发送数据。当多个节点同时发送数据时，会通过一套仲裁机制竞争总线。每个节点会先发送数据的 ID，ID 越小，优先级越高，优先级高的会自动覆盖优先级低的 ID。当节点发现自己发送的 ID 被覆盖掉时，就知道有比它优先级更高的消息正在被发送，便自动停止发送。优先级最高的消息获得总线使用权，开始发送数据。当高优先级的数据包发送完后，各节点便又尝试竞争总线。如此反复下去。这样能最大程度地利用总线。弊端是存在一定的延迟，优先级越低的数据包，可能需要等待的时间越长。从这点上来讲，CAN 总线不是一种实时总线。FlexRay 用的是 TDMA（Time Division Multiple Access）和 FTDMA（Flexible Time Division Multiple Access）两种方法。FlexRay 将一个通信周期分为静态部分、动态部分、网络空闲时间。静态部分使用 TDMA 方法，每个节点会均匀分配时间片，每个节点只有在属于自己的时间片中才能发送消息，即使某个节点当前无消息可发，该时间片依然会保留（也就造成了一定的总线资源浪费）。在动态部分使用 FTDMA 方法，会轮流问询每个节点有没有消息要发，有就发，没有就跳过。静态部分用于发送需要经常性发送的重要性高的数据，动态部分用于发送使用频率不确定、相对不重要的数据。FlexRay 这种总线分配方式的好处是实时性高。每个节点都知道在什么时间点接收什么数据，在什么时间发送数据。这样会使得消息能及时地发出和收到。

2. 数据的传输速率不同

CAN 总线分为高速和低速两种，高速 CAN 最高速度为 1Mbit/s（最大传输长度 40m），低速 CAN 为 250kbit/s。FlexRay 单通道最高速度为 10Mbit/s，为了安全会再加一条冗余通道，也就是一共最高 20Mbit/s 的速度。

3. 拓扑结构不同

尽管 FlexRay 和 CAN 同为串行通信总线。但是 CAN 总线一般为线形结构，所有节点并联在总线上。当一个节点损坏时，其他节点依然能正常工作。但当总线一处出现短路时，整个总线便无法工作。

4. 错误处理方式不同

当 CAN 总线发现当前发送的数据有误时，会发送错误帧告知总线上的所有节点。发送错误数据的节点会重发。每个节点都有一个错误计数器。当一个节点总是发送或接收错误超过一定次数时，会自动退出总线。而当 FlexRay 总线通信过程中出现数据错误时，该周期里接收到的所有数据都会被丢弃掉，但没有重发机制。所有节点会继续进行下一个周期的通信。FlexRay 同样也有错误计数器，当一个节点发送接收错误过多时会被踢出总线。

FlexRay 的安全性、实时性要比 CAN 强，传输速度也比 CAN 高。因此 FlexRay 被认为可以用在安全性要求极高的地方，如飞行器、X – by – Wire（电子方向盘、电子制动等），但 FlexRay 成本太高，不能完全取代 CAN 通信。

8.3 基于 CAN/LIN 总线的车灯驱动控制系统

8.3.1 汽车照明系统概述

在汽车领域中，电子系统的应用已经越来越广泛，两年前，电子技术已开始渗透到车辆照明系统之中。一个好的汽车照明系统，掌握各种路况信息是继汽车照明装置解决了工程及布局问题之后的决定性因素。

1. 汽车照明的发展

从 20 世纪 70 年代早期开始，车辆已经开始使用卤素灯照明，它是一种将钨丝装到充满卤族元素气体的石英封套中的照明技术。由于加电时灯丝变热，钨有一部分会蒸发。与一般灯泡不同的是，钨与卤素气体结合后又会沉积于灯丝上。这使灯丝在高温的时候也能长期使用。提高灯丝的温度会使照明灯的亮度加大。卤素的使用是迈向可靠控制和精确控制的主要一步。

另一个巨大的进步是欧洲 20 世纪 90 年代早期引入的 HID 照明设备。使用

HID 设备不会发生灯丝断裂或烧尽的情况，它使用高压点火器在产生光的灯管生成电弧。灯管内充满氙气，并装有两个位置靠得很近的电极。电弧一旦点燃，镇流器对所需的电压和电流进行反馈控制并使之稳定。

运用 HID 概念的结果是系统光的强度 3 倍于卤素灯，而所需能量仅为它的 65%。由于没有灯丝，灯泡可以使用 3000h 以上。有人甚至认为这些灯泡能一直装配在车辆上直到车辆报废。灯光的颜色也是不同的，卤素灯产生很有特点的黄色光，而 HID 的稍显蓝色的灯光更接近于自然光的色温度，可见性更佳。

HID 的成本已经下降并有继续有下降的趋势。在欧洲，高档车的购买者要花费超过 1500 美元在他们的汽车上安装这一照明系统。在美国，装有 HID 的新车占市场份额的 6%，据预测，在以后 20 年将达到 10%。预计在以后的很长一段时期，HID 的优点将使得更多消费者需要并愿意付钱购买它。

HID 照明设备的成本并不会不利于汽车后市场。欧司朗（OSRAM Sylvania）公司、海拉（Hella）公司以及其他一些供应商已经为将现有的车辆照明设备转换为 HID 提供了工具。

在欧洲，作为道路法规，照明灯校准和清洗系统是必须安装的。车辆后部照明灯使后面驾驶人致盲的现象得到广泛关注。照明灯校准系统使用传感器来决定照明灯相对地面的位置，使用伺服电动机来调整光源的角度位置。

2. 智能照明系统

智能照明系统是基于连接到车内数据网络的传感器。现有的空调系统的阳光传感器、车速传感器和转角传感器等将被用于监测车辆的运转状况。新型的采用计算机算法的传感器将被用于识别光线条件（日间、夜间、黎明、黄昏、隧道、桥梁等），然后由人或者照明计算机决定在特定环境下哪一种照明设置才是最好的。

关键是要实现实时更换照明设置，这样才能使驾驶人在需要的时候体会到改进的照明系统所带来的好处。Hella 公司向车辆制造商展示一种叫作"秘 - 氙灯"的产品。今天一般的 HID 系统在车前灯的远距离光束时采用卤素灯，在近距离采用氙灯。而在秘 - 氙系统中，用一个活动罩放置于光源和投影透镜之间。活动罩在某一个位置时，光线全部穿过透镜形成远距离光束，而在另一个位置，活动罩则遮挡一部分光线形成近距离光束。

Hella 公司的 VarioX 前灯系统用一个电动机驱动的圆柱体放在光源和投影透镜之间。圆柱体的外形不是圆形而是经过雕琢的。在每个转动位置，光线都以不同的方式部分被遮掩，从而产生不同的透射光。它可以产生多达 5 种不同的光线。根据传感器探测到的信息，计算机控制的 VarioX 前灯系统产生最优的照明光线。

HID 灯也可以借鉴当前正在新型分布式车辆照明系统中使用的另一个概念。

这种概念使用远离需要照明处的单一光源，并以光纤传递光线。单一光源可以为多个位置提供照明而无须配线、连接器和灯泡。它对造型设计也很有帮助，因为只要有空间，光就可以通过所谓光管道抵达所需的地方。这使得设计者以独特的方式设计车辆前后端的外形而不必为传统前灯或尾灯留下安装空间。

电子技术已经介入车辆照明系统。作为与政府合作项目的一部分，在对新一代车辆——规则实验车（Precept Experimental Car）的研制中，通用汽车公司发现采用 HID 会使照明系统的电力需求从 170W 降低到 94W，相当于节省燃油 0.04L/km（1.5 加仑/百英里）。从改进后的照明系统所带来的安全性的提高来看，您就会明白为什么电子系统和照明系统是一对很好的搭档。

3. 汽车照明光源的应用现状及发展趋势

汽车行驶时，照明灯具是不可缺少的。汽车灯具主要的功能有两点：一是照明功能，即照亮道路、交通标志、行人、其他车辆等，以识别标志和障碍物；二是信号功能，即显示车辆的存在和传达车辆行驶状态的信号。汽车照明和信号装置是汽车重要的安全部件。在有关汽车的 105 项欧洲 ECE 法规中有 36 项是直接与汽车照明和信号灯有关的。在各种汽车灯中，前照灯的作用尤为重要，与行车安全有着十分密切的关系。有关的统计数据表明，夜间行车比白天行车发生交通事故的概率要大一些，这与夜间照明条件不佳有着非常直接的关系。随着汽车工业的发展和行车速度的提高，汽车照明的质量正受到人们越来越多的重视。而汽车光源是汽车灯具的发光部件，是其核心所在，因此选择合适的汽车光源，提高汽车光源的质量和效率，对提高汽车照明的质量和增加行车安全性有着十分重要的作用。

在汽车上使用照明装置大约开始于 20 世纪初。最先使用的是煤油灯和乙炔灯，接下来开始使用电光源，经历了从真空白炽灯、充气白炽灯、卤钨灯到气体放电灯的发展过程。随着光源工业的发展，汽车光源也不断更新，以适应不断提高的汽车照明的要求。汽车前照灯既要照亮汽车前方的路面和交通信号标志，又不能给对方来车驾驶人造成不舒适的眩光。这就要求前照灯的空间光强分布满足十分精确的要求。在我国，汽车前照灯的光分布标准是等同于相关的欧洲 ECE 法规。近光前照灯的光分布完全不对称。中间是一个高光强区域，以尽可能照亮前方的路面。光束在水平方向有所散开，以利于辨清路边的情况。在指向对方来车驾驶人眼睛的方向上光强很小，不产生眩光。在前照灯产生的明、暗区之间有一条十分鲜明的分界线，称为光强截止线。由于法规对汽车照明有着十分严格的要求，因此与普通光源相比，汽车光源在结构和性能上有一些特殊之处，从而形成了一个独立的汽车光源系列。为了方便灯具设计，现在很多汽车光源在国际上都已经标准化。

8.3.2 控制系统硬件电路设计

1. 基于 CAN/LIN 总线的车灯驱动控制系统硬件选取

（1）CAN 模块微处理器

微控制器 MCU 是整个控制系统的核心部分，它的选择决定了系统的软件开发环境以及硬件连接方式等一系列的问题。MCU 的选择是系统设计时最关键的一步。

在综合考虑了 CAN 总线和 LIN 总线的特点、性能/价格比、功能完善性等方面的因素后，选用 MC68HC908GZ16 作为 CAN 主机节点的 MCU，MC68HC908QL4 作为 LIN 从机节点的 MCU。

MC68HC908GZ16 将 HC08 内核与 CAN 控制器模块集成在一起，增强了该芯片的功能，这样，不仅使 CAN 总线的通信有更高的可靠性，而且在设计原理图时，就不必再进行 CAN 控制器的选择，只需要一个 CAN 收发器即可实现 CAN 总线通信，既简化了硬件结构，又降低了成本。另外，MC68HC908GZ16 内部具有锁相环模块，可以将外部晶振的低频信号转化为用于内部数据通信的高频信号，提高了 MCU 的抗干扰性；MC68HC908GZ16 还提供了 SPI（Serial Peripheral Interface，串行外围设备接口）模块。通过 SPI（串行外围设备接口）模块，MCU 可以直接与驱动芯片或者开关量采集芯片进行通信，所用的引脚非常少，便于原理图的设计和 PCB 的制图。

1）MC68HC908GZ16 的主要特性：MC68HC908GZ16 以它的高性能、低功耗、低价位在汽车领域得到广泛的应用。它的主要特性为

① 适于 C 语言的 M68HC08 高速执行性能。

② 完全向上与 M6805、M146805 和 M68HC05 系列产品相兼容。

③ 8MHz 内部总线频率。

④ 时钟发生模式支持 1~8MHz 的晶振。

⑤ 具有 MSCAN08 模块（执行由 BOSCH 公司在 1991 年 9 月定义的 2.0A/B 协议）。

⑥ 16KB 片内 FLASH 存储器，具有在线编程能力和保密功能。

⑦ 1KB 片内 RAM。

⑧ 增强型串行通信口和串行外围接口。

⑨ 8 路 10 位 A/D 转换器。

⑩ 具有 LIN 协议特点。

⑪ 所有口由最高 2mA 输入电流保护。

⑫ WAIT、STOP 低功耗模式。

⑬ 上电复位。

2) MSCAN08 模块介绍：MSCAN08 是 MC68HC908GZ16 内部集成的模块，完全执行由 BOSCH 公司在 1991 年 9 月定义的 CAN2.0A/B 协议。MSCAN08 模块充分利用内部缓冲器结构，进行实时操作，采用内部集成 CAN 控制器不但简化了硬件结构，降低了成本，而且简化了软件设计，提高了软件开发速度。

MSCAN08 模块的主要特点：

① MSCAN08 模块的使用采用软件进行控制，当 CONFIG2 内的 MSCANEN = 1 时，该模块被使能。

② 模块化结构。

③ 执行 CAN2.0A/B 版本协议。

④ 支持远程帧。

⑤ 双缓冲器接收模式。

⑥ 采用内部优先级的三缓冲器发送结构。

⑦ 灵活的屏蔽 ID 号模式。

⑧ 支持可编程的自循环模式。

⑨ 低功耗休眠模式。

采用 MC68HC908GZ16 的 CAN 系统设计结构图如图 8-23 所示。可以看出采用 MC68HC908GZ16 芯片进行 CAN 总线通信结构比较简单。

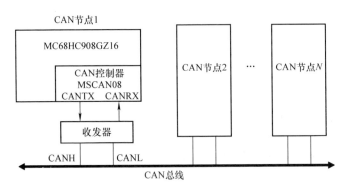

图 8-23　CAN 系统结构图

(2) LIN 模块微处理器

LIN 总线是一种基于 UART 的单主（节点）多从（节点）网络架构，最早是为汽车传感器和自动装置（Actuator）的联网应用而开发的。它为电动机、开关、传感器和车灯提供了一种低成本的网络连接方式。LIN 总线不仅仅可以连接独立的传感器和自动装置，其主节点还可在 LIN 与 CAN 等更高级网络之间进行连接。故 LIN 总线对硬件要求低、成本低、结构简单。如果采用将 LIN 总线协议集成在芯片内的 MCU，除了减小体积外，还可以不必再考虑电路板设计、制作与错误检测等问题，同时还会使软件设计更加容易、可靠性更高。在本设计中所选取的 MC68HC908QL4 就是将 LIN 总线协议集成在芯片内部的一款微处理器，该芯片具有很好的性价比。

1）MC68HC908QL4 是 M68HC08 系列 8 位低成本、高性能中的一款单片机，该芯片在车身电子技术应用中得到广泛使用。其主要特性如下：

① 具有高性能 M68HC08 CPU 内核。

② 完全向上与 M68HC08 系列兼容。

③ 5V 和 3.3V 操作电压。

④ 5V 电压时 8MHz 内部总线频率，3.3V 时 4MHz 内部总线频率。

⑤ 从节点 LIN 模块。

⑥ 2 路 16 位定时器。

⑦ 6 路 10 位 A/D 转换器。

⑧ 片内 FLASH 和片内 RAM。

⑨ 低压禁止模式。

⑩ 上电复位。

2）MC68HC908QL4 中的 SLIC（Slave LIN Interface Controller）模块，主要作为从节点与 LIN 总线相连接。LIN 总线是一种开放式标准串行总线协议，与汽车中的传感器、电动机和传动装置相连。SLIC 模块引脚（SLCRX 和 SLCTX）与 PB4 和 PB5 的 I/O 端口复用。

该模块的主要特点是：

① 完整的 LIN 信息标识符和 8 个字节的数据。

② 自动位速率检测和同步。

③ 自动处理和纠正 LIN 同步间隔（SYNCH BREAK）和同步域（SYNCH BYTE）。

④ 自动检测和计算。

⑤ 没有错误的 LIN 信息最多产生两个中断。

⑥ 完整的 LIN 错误检测和报告。

⑦ 高速 LIN 可以达到 83.33 ~ 120kbit/s。

⑧ 增强型检测和（包括 ID）的产生。

由以上特点可以看出，只要对模块中相应的寄存器按照需要进行相应的设置，比如，对 SLIC 模块的控制寄存器 SLCC1 和 SLCC2 进行设置，就可以自动按照 LIN 总线协议进行和发送数据。这相对于不包含 SLIC 模块的单片机来说，在软件开发上既降低了难度，又加快了开发速度。

另一方面，由于该芯片功能有限，因此在其他控制复杂的应用中，再采用该芯片就不能满足要求，故它也有自己的不足之处。在本设计中采用该芯片完全能

(3) 控制器电源模块

电源系统是任何汽车系统设计中最重要的子系统之一。整体功耗、电池反极保护、汽车启动、车辆噪声和汽车休眠功率都是在设计电源时必须考虑的因素。如果电源设计不够理想,再好的系统也不能正常发挥作用。

在 CAN/LIN 模块的硬件电路设计中均采用 LT1121-5 电压调节器作为电源。LT1121-5 的应用电路如图 8-24 所示。

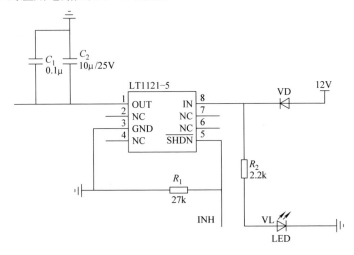

图 8-24　LT1121-5 应用电路

图 8-24 中 INH 端为 LIN 总线收发器 MC33399 的引脚,通过该引脚可以在总线上没有活动时使电源进入停止模式,不需要控制器进行直接控制,节省了微处理器的资源。

(4) CAN 总线收发器

PCA82C250 是专门为 CAN 总线高速通信应用而设计,是 CAN 协议控制器和物理总线间的接口,主要用于节点逻辑电平和 CAN 总线差动电平之间的电平转换,对总线提供差动发送能力和对 CAN 控制器提供差动接收能力。采用 PCA82C250 的总线收发器电路如图 8-25 所示。

(5) LIN 总线物理接口模块

MC33399 芯片是专用于 LIN 的单线物理接口器件。该器件的功耗非常低,可控制外部稳压器,完全符合 LIN 规范,抗干扰能力强,是一种高性能的模拟器件,适用于比较复杂的工作环境。MC33399 具有 8 个引脚,各引脚的功能说明见表 8-1。

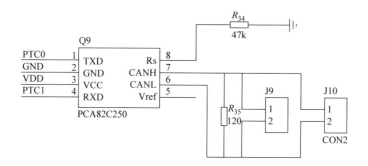

图 8-25　PCA82C250 电路图

表 8-1　MC33399 引脚与功能

引脚号	引脚名	功能
1	RXD	接收数据输出端
2	EN	使能端
3	WAKE	唤醒端，使芯片从睡眠中唤醒
4	TXD	发送数据输入端
5	GND	地
6	LIN	LIN 总线接口端
7	VSUP	电源端
8	INH	外部稳压器控制端

　　MC33399 的工作模式由使能端 EN 来控制，当 EN = 1 时，电路处于正常工作状态，此时由 TXD 引脚到 LIN 总线以及由 LIN 总线到 RXD 引脚的两条传输路径均被激活。当 EN = 0 时，芯片进入睡眠或低功耗模式，两条传输路径被禁止。睡眠模式下，LIN 引脚可通过上拉电阻和上拉电流源保持在高电平，并通过 VSUP 引脚经电源向芯片提供静态电流（典型值为 20μA）。MC33399 的 LIN 引脚用于完成单线收发功能，TXD 引脚则用于控制 LIN 引脚的输出状态，工作时，这两引脚的状态始终保持一致。而 RXD 引脚则可用来显示 LIN 总线的状态，LIN 总线呈现高电平（隐性）时，RXD 为高；反之，LIN 总线为低电平（显性）时，RXD 为低。RXD 输出为典型的 CMOS 推挽输出结构。

　　由于其特定的内部结构，当地电位漂移或者电源连接失败时，将不会有反向电流从 LIN 总线进入芯片内部。MC33399 允许 WAKE 引脚输入高压唤醒，同时也可用 WAKE 引脚由高到低或由低到高的两种跳变唤醒，当芯片进入睡眠状态时，芯片将记录下当前 WAKE 引脚的状态。而当电路检测到 WAKE 端相反状态时，就认为发生了唤醒事件。此外，芯片还内置有噪声滤波器，它能够抑制总线高频噪声干扰，防止误唤醒。

由于该电路内部在 LIN 引脚与 VSUP 引脚集成了上拉电阻和串联二极管，所以总线从节点不需要外置上拉元件，但对于主节点，则必须在外部增加 10kΩ 的上拉电阻器，并且要串联一个二极管以防止掉电时 MC33399 通过总线上电。

通过 WAKE 引脚外接开关可为 WAKE 引脚输入高压，以将 MC33399 从睡眠模式中唤醒。当 WAKE 引脚的输入电压超过 14V 时，为防止输入电流过大，必须接入串联电阻器来限制瞬时脉冲电流。同时必须注意 WAKE 引脚不得悬空。若不使用该引脚，必须将其接地以防止错误唤醒。

由 MC33399 构成的主节点电路和从节点电路如图 8-26 和图 8-27 所示。MC33399 电路以其完善的性能被广泛应用于汽车车身控制系统中。

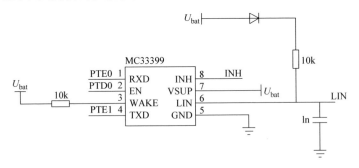

图 8-26 MC33399 构成的 LIN 总线主节点电路

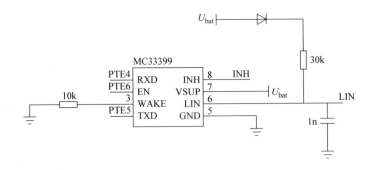

图 8-27 MC33399 构成的 LIN 总线从节点电路

（6）功率驱动电路

传统的汽车功率驱动大多数采用继电器进行驱动，继电器再由微处理器或其他敏感的电子设备进行控制。一个良好的线圈驱动电路要求在继电器和微处理器电路之间进行隔离，而且有效地驱动电路必须考虑到驱动电流和驱动电压的要求，以及有效地抑制 di/dt 的瞬态过程。因此在电路设计中，需要设计各种保护电路，考虑因素比较多。目前，随着电力电子技术的发展，各种功率器件逐渐代替了传统的驱动方式。需要大电流驱动时，多采用独立的功率 MOSFET 或 IGBT，外部另加驱动和保护电路，在本设计中，前照灯的驱动采用的是独立 MOSFET 驱动，驱动电路如图 8-28 所示。

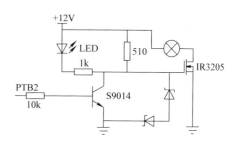

图 8-28　由 MOSFET 构成的前照灯驱动电路

MOSFET 采用 IR3205，其驱动电流可达到 110A。当驱动电流不大时，比如功率只有 21W 和 5W 的车灯，可以采用集成的功率模块进行驱动，如采用 MC33286 功率驱动模块，它是一个双高端功率开关，用于低电压及工业照明方面的应用，与机械继电器相比，MC33286 具有可靠性高，并有保护功能及诊断功能。MC33286 是一个包含两个独立开关的表面封装器件，其中 $R_{DS(ON)}$ = 35mΩ。它可以直接与微处理器连接，用于控制和诊断。该器件具有过电流保护、断电流保护和过热保护关断功能。

选该芯片可用来驱动 21W 和 5W 的车灯，如转向灯、制动灯、行车灯等小功率灯。其典型应用电路设计如图 8-29 所示。

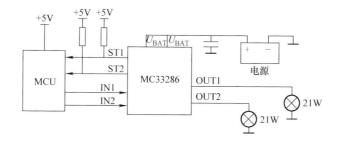

图 8-29　车灯驱动模块应用电路

应用电路中，只是进行开关控制，未进行状态反馈。

2. 系统硬件电路设计

系统的硬件电路是在对系统控制过程和 CAN/LIN 总线原理有充分认识和了解基础之上，并对需采用的芯片认真选取以后进行设计。图 8-30 所示为 LIN 通信系统图以下是系统整体硬件设计介绍。

（1）基于总线的车身系统控制方案

车身控制模块的控制功能很多，其中包括遥控中央门锁和防盗、电动车窗玻璃升降器、内外灯、刮水器、后窗和后视镜加热控制、电动座椅和空调等。为了

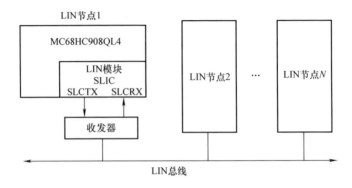

图 8-30　LIN 通信系统图

达到舒适、安全和方便的目的，同时随着车上网络技术的发展，集成了上述功能的全部或部分的车身控制模块逐渐应用于高档轿车。

在一般设计中通常采用通用模块化软、硬件设计思想，所有节点采用相同的硬件电路。设计方案包括 5 个 CAN 总线控制节点和 4 个 LIN 总线控制节点，如图 8-31 所示，其中左前门节点、右前门节点、左后门节点、右后门节点和中央控制器节点构成了 CAN 局域网；左、右前灯及左、右后灯和中央控制器节点构成了 LIN 局域网，另有一个在线监测和控制节点用来监测该网络，并用故障诊断仪通过 K 线协议（ISO9141 标准）与中央控制器通信，以实现对该车身控制器局域网的故障诊断。

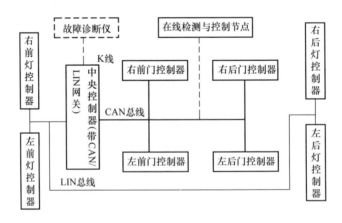

图 8-31　系统设计方案

CAN 网络四个门节点的主要功能是控制相应玻璃窗升降器、门锁等。其中左、右前门节点还将控制左、右后视镜电动机，左前门节点还能控制其他 3 个门节点的玻璃窗升降器及集控门锁功能。而中央控制器主要负责总线休眠功能、各种控制的信息转换传输及行李舱锁芯电动机的控制。

LIN 网络 4 个车灯系统构成的节点主要接收来自 CAN 的信息帧并通过 LIN 网络对车灯进行相应的控制，为本节讨论的重点。

4 个车灯节点构成 LIN 网络车灯控制系统，中央控制器作为网关，它在 CAN 总线和 LIN 总线之间以使 CAN 和 LIN 总线相联通。这样，中央控制器成为整个网络的控制枢纽，它可以将控制命令转发到 LIN 网络中，实现对车灯系统的控制。

设计中采用 LIN 总线实现车灯控制使得整个车身网络层次分明，在一定程度上降低了车灯控制节点的成本。

车灯控制系统作为 CAN/LIN 网络的控制对象，主要由轿车车身外部各类车灯所组成。

1) 前后车灯包括：前照灯（90W）、示廓灯（55W）、转向灯（21W）、雾灯（21W）、制动灯（21W）、尾灯（5W）、倒车灯（21W）。

2) 需要实现的车灯控制功能包括：雾灯控制、尾灯控制、前照灯控制、示廓灯控制、倒车灯控制、制动控制、报警控制等。

转向控制时相应侧的转向灯闪烁；报警控制时 6 个转向灯同时闪烁，此时转向控制不起作用；示廓控制时 6 个转向灯同时保持打开状，不闪烁。

3) 表 8-2 列出了某款车型中各个车灯的功率和所采用的功率开关类型。

表 8-2 车灯的功率和所采用的功率开关类型

车灯功能描述	开关类型	功率/W
停车灯前左	高边开关	5
停车灯前右	高边开关	5
尾灯后左	高边开关	5
尾灯后右	高边开关	5
转向灯前左	高边开关	21
转向灯前右	高边开关	21
转向灯后左	高边开关	21
转向灯后右	高边开关	21
转向灯左侧	高边开关	5
转向灯右侧	高边开关	5
示廓灯左	高边开关	55
示廓灯右	高边开关	55
前照灯左	高边开关	90
前照灯右	高边开关	90
雾灯前左	高边开关	55
雾灯前右	高边开关	55

(续)

车灯功能描述	开关类型	功率/W
制动灯左	高边开关	21
制动灯右	高边开关	21
雾灯后	高边开关	21
倒车灯左	高边开关	21
倒车灯右	高边开关	21

车灯的开关类型为高边驱动是指半导体功率开关的一端接电源另一端接负载，而负载的另一端接地。

(2) CAN 主节点硬件电路

网络中的节点即信息的接收与发送站点。简化的 CAN 节点是一个单芯片，可以直接将采集到的引脚电平或 A/D 信号转化为 CAN 报文远程传送，在网络中充当一个网关。这种装置对于驱动远程执行器或采集数字量或模拟量都非常理想，它们能够被看作中央处理器的远程附件。多数应用系统中的 CAN 节点采用独立 CAN 控制器与微处理器接口，或采用集成 CAN 控制器的微处理器。常用的独立 CAN 控制器有 SJA1000/82C200 和 CC750/CC770 等。由于 CAN 网络被广泛应用于基于微处理器的系统中，所以多数微处理器生产商都开发了具有 CAN 控制器接口的微处理器芯片，把 CAN 控制器以接口形式直接集成在微处理器中，应用中避免了硬件上的设计。嵌有 CAN 协议的微处理器产品主要有 C167/C515C、AN87C196、MC68HC908GZ16、TMS320LF2406 和 P8XC592/8 等。这里选用带有嵌入 CAN 协议的 MC68HC908GZ16 芯片，选用该控制器不仅要作为 CAN 的一个节点，同时还作为连通 CAN/LIN 总线的网关，因此在模块设计中，主要用到 MC68HC908GZ16 控制器的两部分资源：MSCAN08 模块和 ESCI 模块。MSCAN08 模块的主要任务是与车身控制中的其他低速 CAN 节点进行通信，从而形成完整的控制系统。ESCI 模块的主要任务是将 CAN 信息转换成 LIN 总线信息格式发送到 LIN 总线上，由此完成 CAN/LIN 网关的任务。另外还要用到的芯片主要有电源 LT1121-5、CAN 收发器 PCA82C250 和 LIN 物理接口 MC33399。电源芯片主要为 MC68HC908GZ16 和 PCA82C250 提供电源。PCA82C250 和 MC33399 分别用于 CAN 信号和 LIN 信号电平的转换。综上所述，CAN 主节点硬件电路设计的结构框图如图 8-32 所示。

CAN 主节点硬件采用模块化设计，在主机单元框图中，控制器接收来自车身控制系统中 ECU 的控制信息，同时将该节点的输入开关量通过 CAN 收发器发送到 CAN 总线上，反应本节点的情况。作为网关，当收到来自 ECU 的信息后，要将该信息转换成 LIN 信息再发送到 LIN 总线上，完成信息的传递。具体的硬件原理图如图 8-33 所示。

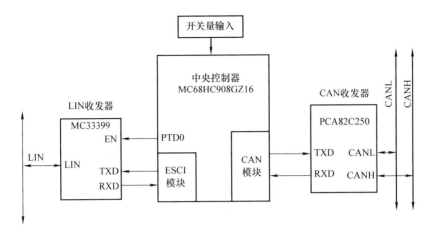

图 8-32 CAN 主节点结构图

图 8-34 所示为车灯系统中 CAN 主节点及 CAN/LIN 网关实际电路板。

(3) LIN 从节点硬件电路

由于车灯控制系统中 4 个灯控模块的功能几乎相同,只是在功率开关的数量上和驱动电流的大小上有所不同,所以 4 个车灯模块的工作原理相同,硬件电路结构相近。

车灯控制系统 LIN 从节点设计中,所用的主要芯片有 MC68HC908QL4、MC33286、LT1121 - 5 和 MC33399。MC68HC908QL4 是一个 8 位的微处理器,它主要负责接收符合本节点要求的 LIN 信息,同时根据接收到的信息要求通过功率驱动芯片对车灯进行控制。MC33286 是专门用于车灯驱动的功率芯片,其输入与 TTL 电平相兼容,可以直接由微处理器进行控制,共有 4 路输出,OUT1 和 OUT2 由 IN1 控制,OUT3 和 OUT4 由 IN2 控制。电源电压为 12V 时,可以驱动 21W 和 5W 功率的车灯。MC33399 是 LIN 总线收发器,将 LIN 逻辑信号转化成物理电平;LT1121 - 5 为系统提供 5V 的电源。

车灯控制中 LIN 从节点的功能主要包括两方面,一方面接收来自主节点的控制信号,完成解码,获得控制信息;另一方面完成对车灯的驱动控制。图 8-35 所示为车灯控制系统 LIN 从节点电路原理图,图 8-36 所示为从节点的结构框图。实际电路板如图 8-37 所示,该电路板面积只有 $14cm^2$,能同时驱动 4 个车灯,与传统的控制方式相比既节省了空间,又提高了可靠性,这也是采用 LIN 总线进行低速控制的重要原因之一。

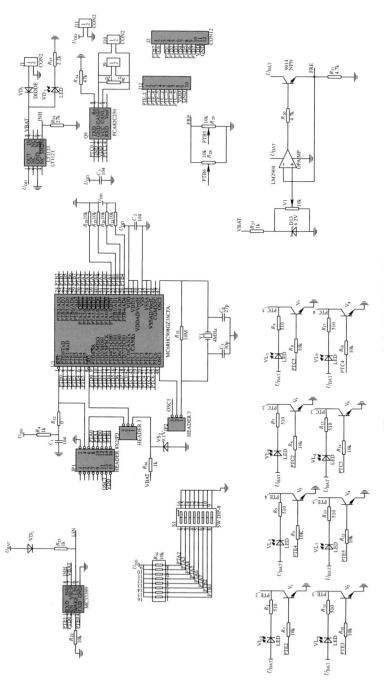

图 8-33 CAN 主节点电路原理图

第8章 汽车总线系统 355

图 8-34 CAN 节点电路板

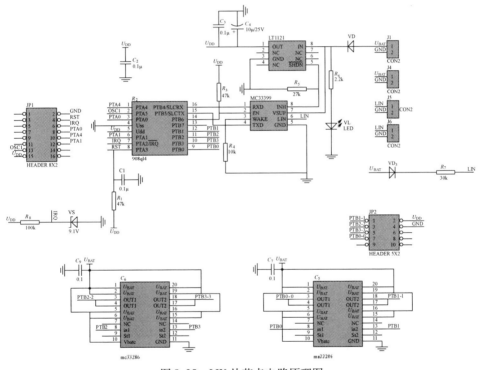

图 8-35 LIN 从节点电路原理图

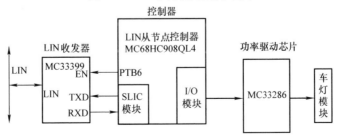

图 8-36 LIN 从节点结构图

图 8-37　LIN 节点电路板

8.3.3　控制系统软件设计

1. 基于 CAN/LIN 总线的车灯驱动控制系统软件分析

（1）功能简介

在车灯控制系统设计中主要完成两个功能：一是 CAN 主节点的信息收发转换功能，即 CAN 主节点作为网关获取有关控制车灯的信息，同时将该信息转换为 LIN 信息帧通过 LIN 总线传送到各节点。另一方面是实现 LIN 节点对车灯的控制功能，这些控制包括前左转向灯、前右转向灯、后左转向灯、后右转向灯、左前照灯、右前照灯、前雾灯、后雾灯、制动灯、倒车灯等信号灯的控制。

在设计中所用 ID 标识符是为实验方便而自己定义的，将 CAN 主节点的标识符 ID 定义为 0x55。在车灯控制系统中 CAN 主节点实时监测 CAN 总线上的报文信息，通过 MC68HC908GZ16 根据 ID 标识符来判断报文信息是否是该节点所需要的信息，然后根据信息内相应位的状态来判断信息应该传给车灯控制系统中四个节点中的哪一个，由此来确定 LIN 总线信息的传送。

汽车车灯控制系统中，前后左右四个节点的控制思想是相同的，在此以右前车灯和右后车灯为例进行说明。在右前车灯控制信息中，包括对右前照灯、右前示廓灯、右转向灯和右雾灯的控制信息，即需要数据信息中的四位八种控制状态就可以完成对右前车灯的全部控制。在右后车灯控制中，包括对右后转向灯、右制动灯、右后尾灯和倒车灯的控制信号，同样也需要数据信息中的四位八种控制状态来完成对右后车灯的控制。其左侧灯的控制与右侧灯的控制相同，在此就不再重复。

（2）开发环境

设计中硬件编译器上选用的是某电子有限公司的 M68UICS08，软件编辑开发环境选用的是某公司的 Codewarrior。

M68UICS08 是一个接口电路板，它对 HC08 系列控制器具有通用性，比如对 QT、QY、QB、QL、JL、JK、GP、GT 等系列控制器都适用。在使用不同的单片机前，只需按照用户手册对电路板进行简单的改动，就能够使用。M68UICS08 经过标准的串行接口与 PC 相连，然后系统程序通过 16 针的扁平电缆写入微处理器内，进行在线或者离线调试都可以。该硬件编译器如图 8-38 所示。

图 8-38 硬件编译器

Metroworks Codewarrior 是在 PC 上运行的软件开发环境。它提供一个非常友好并且功能齐全的操作界面，用户既可以创建一个全新的基于给定型号目标单片机的项目文件，并在已创建的项目文件中编辑自己的应用程序，又可以在其中实现目标单片机的在线调试。

2. 系统软件设计

（1）软件结构

一个系统工作性能的好坏很大程度上取决于程序结构的合理性。合理地安排程序结构有助于提高程序的运行速度和可靠性。该车灯控制系统的软件设计分两部分：车灯 CAN 主节点设计和车灯 LIN 从节点设计。

车灯 CAN 主节点程序的主流程图如图 8-39 所示。首先对程序中涉及的所有变量、MCU 的端口状态以及驱动函数进行初始化，由于主机节点同时又作为 CAN/LIN 总线的网关，程序中还需要对 ESCI 控制模块进行相关的初始化设定。然后，程序就进入到循环执行的主体部分，在这一部分中，首先检测 MCU 的输入开关量的状态，并将输入信号的二进位值存入用户设定的变量中；然后按照主节点的功能要求进行相关报文的逻辑组合；之后进行 CAN 报文的发送工作，CAN 报文的接收是采用中断方式进行的，再接下来是进行 LIN 报文的发送处理，最后，程序回到循环体的入口进行下一个循环的程序执行。

车灯从节点的程序整体组成与主节点相比缺少了 CAN 报文的处理与输入信号的处理。当信号发生变化时，主节点才进行相关 LIN 报文的发送，而 LIN 从

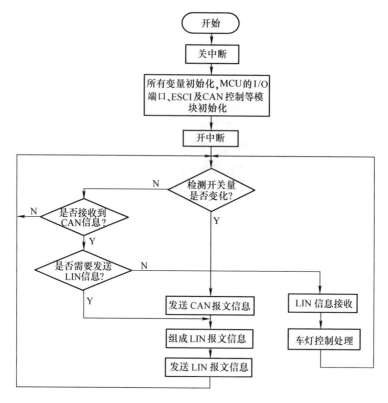

图 8-39 CAN 主节点主流程图

节点需要实时地进行相关信息报文的发送。这样，对于 LIN 从节点就需要在等待接收主节点 LIN 发送的报文的时间内处理本地节点的驱动以及本地 LIN 报文的发送等工作。从节点的驱动函数的实现与主节点基本相同。

无论是哪个车灯的信号发生变化，首先应该将此信号通过总线传输到其他节点上，然后再同步执行该输入信号所要求的动作。由于 LIN 总线是挂在 CAN 总线下面作为其子总线进行通信的，所以程序循环体首先应该处理 CAN 报文的发送和接收，然后再进行 LIN 报文的发送处理。而 LIN 从节点需要实时地接收 CAN 主节点发送的数据，然后分析所接收到的数据信息，最后完成对相应信号灯的控制。图 8-40 为 LIN 从节点主流程图。

（2）CAN 主节点发送 LIN 信息帧子程序

在 CAN 主节点的流程图中，可以看出该模块的软件设计中包括两个发送子程序：一个是 CAN 报文信息的发送，另一个是 LIN 信息的发送。这两个发送子程序都采用循环查询方式来调用。由于 MC68HC908GZ16 控制器中已嵌入了 CAN 的底层协议，因此在发送时只需将相应的控制器及数据信息设置好，直接启动发送即可，但 LIN 信息的发送要借助 ESCI 模块来完成。因此这里主要介绍采用

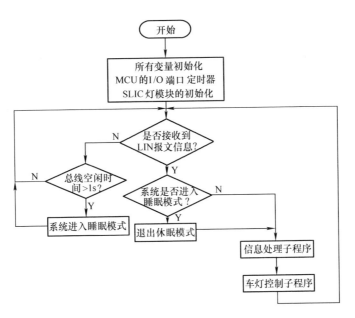

图 8-40 LIN 从节点主流程图

ESCI 模块来发送 LIN 报文信息的过程。在 MC68HC908GZ16 控制器的 ESCI 模块中,有一个比较重要的控制位:SBK(发送中止符),所谓中止符是指一系列低电平(即"0"),由前面的 LIN 协议可知,在 LIN 信息开始时要有至少 13 位低电平的同步域,而当 SBK=1 时恰好可以产生 13 位的低电平,故在 LIN 信息帧的开始首先置位 SBK=1,然后再使 SBK=0,接着发送 0x55 同步间隔,再发送要发送的控制信息(2 个字节),最后发送检验和("0xFF")。图 8-41 所示为 CAN 主节点发送 LIN 信息帧的子程序流程图。

(3) CAN 主节点接收子程序

在车灯控制系统的 CAN 主节点程序设计中,包括两个接收子程序:一个是 CAN 报文信息的接收,另一个是 LIN 信息的接收。为了实现实时的控制,这两个接收子程序都采用中断方式来完成。这里主要介绍 CAN 报文信息的接收过程,主节点 LIN 信息的接收与 ESCI 的数据接收相似,不再详述了。

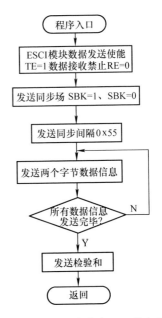

图 8-41 CAN 主节点 LIN 报文的发送子程序流程图

CAN 总线节点实时检测 CAN 总线上的信息，并判断总线上的信息是否是本地节点所需的信息。本地节点标识符为 0x55，因此在 MC68HC908GZ16 微处理器由 MSCAN 模块中 CIDMRx（标识符屏蔽寄存器）和 CIDARx（比较寄存器）来对所检测到的信息进行筛选，如果标识符 ID 异或比较寄存器内的二进制数的结果和屏蔽寄存器内的二进制数取反相与的结果为零，则可以接收该信息帧，否则拒绝。除了在系统初始化时对屏蔽寄存器和比较寄存器进行设置外，其他操作都是由微处理器自动完成。接收完该信息帧后，可以直接从 DSRx（数据寄存器）中直接将所接收到的信息读出，以备后用。本设计中，由于控制信息量较少，每个信息帧只传送 2 个字节的数据，接收节点也只接收 2 个字节的数据。数据信息中各个位所代表的意义是人为规定的，即所控制哪个信号灯是由程序设计者自己定义的。图 8-42 所示为 CAN 节点接收信息帧的子程序流程图。

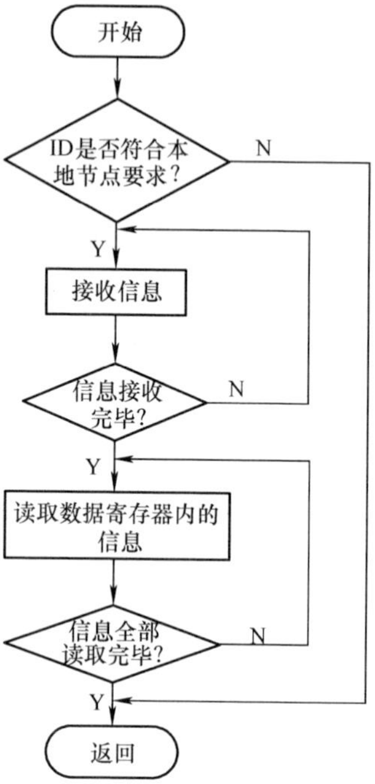

(4) 从节点接收和发送子程序

车灯驱动控制的 4 个节点都是与 LIN 总线直接连接，因此车灯的控制信号也是由 LIN 信息传送，这包括 LIN 信息的接收和对从节点车灯状态的反馈信息的发送。由于车灯 4 个节点的控制相似，现以右后灯为例说明 LIN 信息的传送。

图 8-42 CAN 接收信息子程序流程图

汽车右后灯 ID 号设为 0x02，其 ID 域设为 0x42，传送的信息数据为 2 个字节。LIN 信息的接收采用中断方式，当 MC68HC908QL4 控制器检测到符合该节点要求的信息帧后，则首先根据 ID 来判断本地节点接收到的是什么信息帧，如果为数据帧，则接收 2 个字节的数据信息；如果是命令帧，则将本地节点车灯的状态以信息帧的形式发送回主节点，以反映节点情况。然后，如果是接收数据帧，则在 SLIC 模块中的 SLCDx（数据寄存器）读取相应的信息。最后根据数据信息中相关的位进行车灯控制。右后灯模块所需要控制的灯主要有右转向灯、制动灯、尾灯和倒车灯，由于灯的控制只需要两个状态：开和关，因此每个灯只需要一个二进制位就可以控制："1" 使相应的灯亮，"0" 使相应的灯灭。在设计中，数据信息相应位的定义分别为：数据信息中第一个字节的第一位代表右转向灯，第二位代表制动灯，第三位代表尾灯，第四位代表倒车灯。为控制的准确性和减少对功率驱动芯片的操作，并没有直接用所接收到的信号去控制，而是采用将这次收到的信息与上次收到的信息进行比较，如果一致，则保持上次车灯的状态不变，否则才会对功率芯片进行操作，完成车灯状态的转换。对于 LIN 信息的发送，由于 MC68HC908QL4 已将 LIN 协议嵌入了底层结构，因此只需将车灯的状态信息装入发送数据寄存器即可。

图 8-43 所示为 LIN 从节点对信息帧的处理子程序流程图，该流程图包含了 LIN 信息的接收和发送两部分。

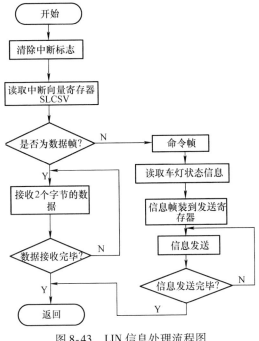

图 8-43　LIN 信息处理流程图

8.3.4　CAN/LIN 总线的部分信号图

由 CAN 控制模块的开关作为车灯控制开关，控制器根据开关信号发出满足 LIN 总线协议的控制信息。通过示波器可以方便地在基于 CAN/LIN 总线的车灯驱动控制系统硬件电路中，直观地看到 CAN 总线和 LIN 总线上的波形图。CAN 主节点的报文信息格式波形如图 8-44 所示，这是一个完整的数据帧，包括了帧起始、仲裁域、控制域、数据域、CRC 校验码域、应答域、帧结束，这个数据帧数据域只传送了一个字节的数据，数据字节的多少根据信息传输的要求是可以修改的。这里一个字节已经能够满足信号的控制要求。

车灯的 4 个从节点信息是采用 LIN 总线进行传输的，各节点的标识符分别是 0x01、0x02、0x03 和 0x04，相应的 ID 域分别为 0xC1、0x42、0x03 和 0xC4。由 LIN 总线的协议可知，LIN 总线中的不同标识符代表不同的任务，在本系统中，

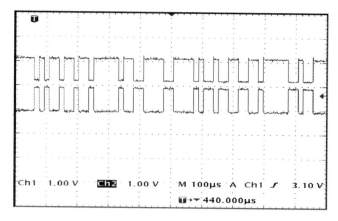

图 8-44　标识符为 0x55 的 CAN 节点信息帧

由于一个标识符传送的信息量足以完成一个节点所要完成的控制功能，故每个节点只定义一个标识符。在车灯控制系统中，每个灯的控制信号可以用数据信息中的一位来控制，"1"代表灯亮，"0"代表灯灭。图 8-45 和图 8-46 分别为右前灯和右后灯 LIN 总线上由 MC68HC908GZ16 发出的控制信息。

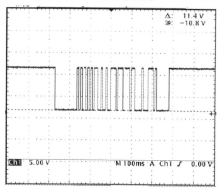

图 8-45　右前灯 LIN 控制信息

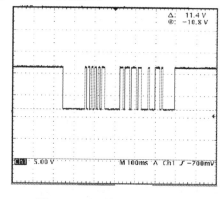

图 8-46　右后灯 LIN 控制信息

以上较系统地介绍了基于 CAN/LIN 总线的车灯驱动控制系统硬件和软件设计，比较接近实际应用情况，但在实际应用设计中还应注意的是：硬件设计还要考虑工艺、可靠性和对环境的适应性，当然也包括电磁兼容性。软件设计差异较小，主要是通信的速率和 ID 号要遵循所采用的标准。

参 考 文 献

[1] 杨保成，焦洪宇. 汽车电器与电子控制技术 [M]. 北京：清华大学出版社，2016.
[2] 麻友良. 汽车电器与电子控制系统 [M]. 3 版. 北京：机械工业出版社，2013.

［3］REIF K. 汽车电子学［M］.5 版. 李裕华，马慧敏，李航，译. 西安：西安交通大学出版社，2016.
［4］乌福尧. 浅析汽车总线系统故障诊断思路［J］. 汽车维护与修理，2017（4）.
［5］路平，孙灿. 基于 CAN/LIN 总线技术的车身控制器设计与应用［J］. 汽车电器，2016（2）.
［6］徐硕繁，戴飞，吉爽. 基于 CAN 总线的车灯控制系统设计与实现［J］. 汽车零部件，2018（3）.
［7］孟妮. 基于 LIN 总线汽车车门电子控制系统设计［J］. 机械设计与制造工程，2018，47（5）.